POPULARE SCHREIBKULTUR

Untersuchungen des Ludwig-Uhland-Instituts der Universität Tübingen
im Auftrag der Tübinger Vereinigung für Volkskunde
herausgegeben von Hermann Bausinger,
Utz Jeggle, Wolfgang Kaschuba, Gottfried Korff, Carola Lipp
und Bernd Jürgen Warneken

70. Band

1987

TÜBINGER VEREINIGUNG FÜR VOLKSKUNDE E.V., SCHLOSS, TÜBINGEN

POPULARE SCHREIBKULTUR

Texte und Analysen

Studentische Projektgruppe:

Dirk Bredenbeck, Thomas Briem, Mechthild Fuhrer, Barbara Götz, Margret Gröner, Constanze Holdermann, Sabine Ilg, Norbert Kortz, Maria Loy, Margit Müller, Karl Poschner-Martell, Martina Pfeifle-Schmidt, Gesine von Prittwitz, Aagje Ricklefs, Mechthild Rogge, Karin Wiesner

Leitung: Bernd Jürgen Warneken

TÜBINGER VEREINIGUNG FÜR VOLKSKUNDE E.V., SCHLOSS, TÜBINGEN

Umschlagfoto: Helmut Maier

ISBN: 3-925340-52-1

Druck: Gulde-Druck GmbH, Tübingen

Inhalt

* * *

Vorwort

Die Beiträge dieses Bandes beschäftigen sich mit dem Gebrauchs- und Gelegenheitsschreiben unterer und mittlerer Bildungsschichten. In einem Aufsatz des "Tübinger Korrespondenzblatts" von 1981 wurde für dieses Forschungsgebiet der Begriff der "popularen Schreibkultur" vorgeschlagen[1]. Von "popularem" statt von "Laien"-Schreiben zu reden, entspricht der Absicht, diese Schreibpraxis nicht als unvollkommene Variante professioneller oder "hoher" Literaturpraxis, sondern primär im Zusammenhang der Kultur und Lebensweise ihrer Produzenten und Rezipienten zu betrachten. Der Begriff der popularen "Schreibkultur" wiederum paßt eher als z.B. die Prägung von der popularen "Literatur" zu dem Erkenntnisinteresse, potentiell das ganze Spektrum schriftlicher Ausdrucksformen vom Alltagsnotat bis zum relativ autonomen Kunstwerk sowie sei's biographische, sei's strukturelle Zusammenhänge zwischen diesen Formen zum Gegenstand zu machen; und es deutet eher darauf hin, daß die Aufmerksamkeit nicht nur den Schreibprodukten gilt, sondern auch den Schreibbedingungen und dem Schreibvorgang samt seiner praktisch-technischen Seite.

Für die volkskundlich-kulturwissenschaftliche Forschung ist die populare Schreibkultur, die in den letzten Jahren steigende Aufmerksamkeit von kulturpolitischer wie von wissenschaftlicher Seite auf sich gezogen hat, in doppelter Hinsicht von Interesse: Zum einen geht es dabei um literarische "Kultur von unten", um "Volksliteratur" nicht nur unterm Rezeptions-, sondern auch unterm Produktionsaspekt, eine Form ästhetischer Praxis, der die Volkskunde in Zukunft ebensolche Beachtung schenken sollte wie der Volkskunst und dem Volkserzählen. Zum andern interessiert sie als Quelle der "Geschichte von unten", der Geschichte alltäglicher Lebensumstände sowie ihrer mentalen Aneignung bei den nichthegemonialen Schichten, die aus deren Briefen, Tagebüchern, Gelegenheitsgedichten, Erinnerungstexten oft viel besser erschließbar ist als aus nichtsprachlichen Zeugnissen oder gar aus Fremdzeugnissen, wie sie in der Alltagsgeschichtsforschung bisher dominieren.

---

1 Vgl.: Zum Themenkreis des Projektseminars "Schreibkultur". In: Tübinger Korrespondenzblatt 22, Juni 1981, S. 12–18. – Anders als z.B. bei Helmut H. Koch und Winfried Pielow ist der Begriff "Schreibkultur" hier nicht wertend, sondern deskriptiv gemeint: Er faßt die Untersuchungsfelder Schreibverhältnisse, Schreibverhalten und Schreibprodukte zusammen. (Vgl. Helmut H. KOCH / W. PIELOW: Vorüberlegungen zu Möglichkeiten einer Schreibkultur. In: Jahrbuch der Deutschdidaktik 1980, Königstein/Ts. 1981, S. 57–86.)

Dabei haben schon relativ einfache Sichtungsbemühungen gezeigt, daß solche schriftlichen Selbstzeugnisse auch in unteren Sozial- und Bildungsschichten weit mehr verbreitet sind, als z.B. volkskundliche Erzählforscher und Oral-History-Vertreter es gemeinhin anzunehmen neigten[2]. Erfreulicherweise scheinen Literatur- und Sozialhistoriker diese Tatsache in der letzten Zeit zunehmend zur Kenntnis zu nehmen: Dafür sprechen z.B. die 1984 erfolgte Gründung einer literaturwissenschaftlichen Forschungsgruppe "Populare Autobiographik" innerhalb der Wissenschaftlichen Einheit "Popularliteratur Kinderkultur Spielkultur" der Universität Bremen und ein Autobiographieprojekt, das der u.a. als Oral-History-Forscher hervorgetretene Lutz Niethammer 1986 an der Fernuniversität Hagen begonnen hat.

Der vorliegende Band vereinigt Dokumente und Analysen zu diesem Forschungsfeld. Zunächst kommen dessen Akteure, Gelegenheitsautorinnen und -autoren, zu Wort – mit Berichten über die eigene Schreib-Biographie, die in einem Schreibaufruf 1981/82 von Einsender(inne)n zu Erinnerungswettbewerben erbeten wurden. Einige Ergebnisse dieser Umfrage nach "Erlebnissen mit dem Schreiben" wurden bereits 1983 publiziert[3], die Einleitung zur hier nun abgedruckten Texteauswahl bringt eine eingehendere, u.a. mit Quantifizierungen arbeitende Auswertung. Auch sie ersetzt jedoch natürlich nicht annähernd die Lektüre der "Schreiberlebnisse" selbst, die neben einer Fülle an Details vor allem lebensgeschichtliche Kontexte des Schreibenlernens, des Pflicht- und Kürschreibens von der Kindheit bis heute zeigen – und im übrigen die breite Palette an popularen Schreibweisen und Schreibfähigkeiten selbst demonstrieren und nicht nur über sie berichten. Die hier veröffentlichten 59 Berichte stellen nur etwa ein Drittel der Einsendungen dar[4]; die übrigen, hier lediglich aus Platznot nicht wiedergegebenen "Schreiberlebnisse" sind Bestandteil des "Erzählarchivs" des Ludwig-Uhland-Instituts und können von Interessierten eingesehen werden.

Die anderen Beiträge des Bandes sind allesamt Produkte oder besser Folge-Erscheinungen eines Projektseminars "Zur Entwicklung der Schreibkultur", das 1980/1981 stattfand; die Entscheidung, die Seminarergebnisse in die Form von Buchbeiträgen zu bringen, fiel allerdings erst später und wurde dann neben und

---

2 Vgl. dazu ausführlich Bernd Jürgen WARNEKEN: Populare Autobiographik. Empirische Studien zu einer Quellengattung der Alltagsgeschichtsforschung. Tübingen 1985, insbes. S. 10–26.

3 Vgl. Bernd Jürgen WARNEKEN: Populare Schreibkultur. Eine explorative Studie über die Schreibpraxis älterer Gelegenheitsautoren. In: SPIEL (Siegener Periodicum zur Internationalen Empirischen Literaturwissenschaft) 2. Jg. 1983, H.1, S. 1–23.

4 Zu den Auswahlkriterien siehe S. 22.

auch nach der Erledigung anderer Lehr- bzw. Studienaufgaben in die Tat umgesetzt.

Die ersten drei dieser Beiträge behandeln verschiedene Aspekte der Schreibverhältnisse und des Schreibverhaltens: *Norbert Kortz* und *Aagje Ricklefs* widmen sich einer materiellen Voraussetzung der Ausbreitung und Veralltäglichung des Schreibens: dem Wandel der Schreibgeräte. *Dirk Bredenbeck* skizziert, komplementär dazu, die Geschichte der Briefsteller, der Ratgeber zur Verbreitung eines "guten" Schreibstils. Beide Beiträge leitet das Interesse an einer "Demokratisierung der Schreibkultur", beide fragen für ihr Gebiet nach den fördernden und hindernden Faktoren für diesen Prozeß. Eine explorative Studie von *Constanze Holdermann* und *Maria Loy* über dörfliche Schreibverhältnisse schließt diese Sequenz ab.

Danach geht es nicht mehr um das Schreiben, sondern das Geschriebene. Behandelt werden populare Texte aus zwei verschiedenen Kommunikationskreisen. *Gesine von Prittwitz* und *Thomas Briem* analysieren Leserinnenberichte in einer Frauenzeitschrift, die zuvor von *Martina Pfeifle-Schmidt* vorgestellt wird. Aufgezeigt werden dabei nicht nur die teilweise deutlich an Trivialliteratur orientierten Inhalts- und Formmuster der Einsendungen, sondern auch die Entfaltungsgrenzen, die Illustriertenrubriken der hier untersuchten Art der popularen Literatur setzen. Mit einem in den letzten Jahren gewachsenen, nichtkommerziellen Zweig dieser Literatur beschäftigen sich *Barbara Götz, Sabine Ilg, Vreni Kobelt, Mechthild Rogge* und *Karin Wiesner:* Sie untersuchen Erzähltexte zur Zeitgeschichte, die bei Schreibaufrufen des Fernsehens eingesandt wurden, und fragen dabei vor allem danach, inwieweit in diesen Beiträgen zu einer "Geschichte von unten" verbreitete Verleugnungs- und Verdrängungstendenzen nochmals affirmiert oder aber aufgebrochen werden.

Als Anhang aufgenommen wurde eine Recherche in eigener Sache: *Margret Gröner* und *Karl Poschner-Martell* wenden sich dem Problemkreis der studentischen Schreibkultur zu, die gerade in den letzten Jahren, als die populare Schreibkultur Aufschwungtendenzen zeigte, von vielen Seiten als Kultur im Niedergang apostrophiert wurde. Es steht zu hoffen, daß nicht nur die Ergebnisse und Argumente des Beitrags von Gröner und Poschner-Martell, sondern auch die hier versammelten Texte der studentischen Projektteilnehmer diese Niedergangsthese korrigieren oder differenzieren helfen.

Wir danken hier nochmals ganz herzlich allen Autorinnen und Autoren der "Schreiberlebnisse" für ihre Mitarbeit; danken Sabine Kienitz für die Erstellung des Registers, Gerlinde Betz für das Composern der Druckvorlage – und den auf diesen Band Harrenden für ihre (denn doch noch belohnte) Geduld.

Bernd Jürgen Warneken

GESCHICHTEN VOM SCHREIBEN

Einsendungen zu einer Umfrage

Bernd Jürgen Warneken

Vorbericht

In den Umkreis des "Schreibkultur"-Projekts am Ludwig-Uhland-Institut gehörte auch eine Fragebogenaktion, bei der ältere Gelegenheitsautoren um Angaben zu ihrer Schreibpraxis gebeten wurden.[1] Die Antworten auf diese Umfrage machten uns Appetit auf mehr: Sie enthielten Hinweise auf die in Genres, Anlässen und Themen breit ausgefächerte Schreibpraxis der Befragten, auf Schreiberfahrungen von der Schulzeit bis heute, auf schicht- und geschlechtsspezifische Unterschiede – aber eben nur Hinweise, da der Fragebogen über Ja und Nein hinaus nur stichwortartige Antworten zugelassen hatte. Um nun Ausführlicheres zu hören, um Zusammenhänge besser verstehen zu können und auch das Selbstverständnis der Autorinnen und Autoren von diesen Zusammenhängen kennenzulernen, fragten wir im Juli 1981 265 Teilnehmer unserer Umfrage[2] und im Oktober 1981 nochmals 64 Einsender zu einem Erzählwettbewerb des baden-württembergischen Landesseniorenrats[3], ob sie nicht ihre "Erlebnisse mit dem Schreiben" zu Papier bringen könnten. Etwa die Hälfte der Angeschriebenen, nämlich 166 von ihnen, verfaßte in den Monaten nach dem Anschreiben eine solche "Schreibbiographie"; die Umfänge reichten von einer halben Seite bis 70 Seiten, im Durchschnitt waren die Texte etwa dreieinhalb Seiten lang.[4] Ein großer Rücklauf also – überraschend groß wird ihn freilich nur der nennen, der die Schreibfähigkeiten und die Schreibbereitschaft älterer Gelegenheitsautoren bis dahin unterschätzt hat.

---

1 Vgl. dazu S. 312.

2 Nochmals angeschrieben wurden dabei alle, die bei der ersten Umfrage a) durch relativ vollständiges Ausfüllen des Fragebogens Auskunftsbereitschaft erkennen hatten lassen, b) sich nicht als Berufs-, sondern als Hobby- oder Gelegenheitsautoren bezeichnet hatten.

3 Vgl. zu diesem Schreibaufruf Bernd Jürgen WARNEKEN: Populare Autobiographik. Empirische Studien zu einer Quellengattung der Alltagsgeschichtsforschung. Tübingen 1985, S. 80–88. Von den an diesem Aufruf Beteiligten waren die Verfasser/innen von 'ganzen' Lebensgeschichten schon in anderem Zusammenhang angeschrieben worden; für die neuerliche Umfrage wurden unter ihnen die Volksschulabsolventen ausgewählt, damit möglichst viele Beiträge aus den unteren Bildungsschichten zusammenkämen.

4 Zugrundegelegt sind 1 1/2zeilig beschriebene Schreibmaschinenseiten.

Einsendungen und Einsender. Einige Daten

Die Sammlung, über die wir verfügen, umfaßt also 166 Texte, und zwar 86 von Frauen, 80 von Männern. Nach der Schulbildung differenzieren sich die Einsender/innen folgendermaßen:[5]

Volksschulabschluß:	64
davon Frauen	31
Männer	33
Mittlere Reife:	77
davon Frauen	48
Männer	29
Abitur:	25
davon Frauen	7
Männer	18

Die Texte von Frauen und Männern sind etwa gleich lang, ebenso die von Autoren bzw. Autorinnen mit Volks- und mit Mittlere-Reife-Abschluß. Etwas umfangreicher als die der anderen Männer sind die Schreiberlebnisse der Abiturienten.[6] Größere Unterschiede ergaben sich jedoch bei der Differenzierung in handschriftliche und maschinenschriftliche Einsendungen: Die Frauen schrieben öfter von Hand als die Männer, und die Benutzung der Schreibmaschine steigt mit der Schulbildung an:

In Maschinenschrift schrieben:

Frauen mit Volksschulabschluß	38 %
Männer mit Volksschulabschluß	60 %
Frauen mit Mittlerer Reife	76 %
Männer mit Mittlerer Reife	82 %
Frauen mit Abitur	85 %
Männer mit Abitur	83 %

5 In der Volksschulgruppe sind Volksschulabsolventen mit und ohne anschließende Lehre o.ä. zusammengefaßt. Die Mittlere-Reife-Gruppe umfaßt Mittelschulabsolventen und Personen, die Mittel- und Oberschule wenigstens zeitweise, höchstens aber bis zur Mittleren Reife besuchten. Zur Abitursgruppe sind auch die Absolventen von Lehrerseminaren gerechnet.

6 Die durchschnittliche Länge der maschinengeschriebenen Texte liegt für die männlichen "Abiturienten" bei 4,8, für die weiblichen bei 4,1 Seiten. Die Texte der übrigen Gruppen weisen Durchschnittslängen von 3,2 bis 3,4 Seiten auf.

Der Schreibaufruf

Sehr geehrte Frau/sehr geehrter Herr ...

zunächst möchte ich Ihnen herzlich dafür danken, daß Sie den Fragebogen ausgefüllt an uns zurückgesandt haben, den wir Mitte Dezember verschickt haben.
Die Ergebnisse der Umfrage werden die Erzähl- und Erzählerforschung sicher ein Stück weiterbringen!

Nun sind Fragebögen natürlich eine recht unpersönliche Angelegenheit. Sie machen nur wenige "trockene" Angaben möglich. Manche der Angeschriebenen haben deshalb auch längere Zusätze mitgeschickt und darin etwas ausführlicher dargestellt, worüber sie schon geschrieben haben, wie sie zum Schreiben kamen oder was das Schreiben und Erzählen für sie bedeutet. Das hat uns nun auf eine Idee gebracht:

Könnten Sie nicht zur Feder (oder Schreibmaschine) greifen und etwas zum Thema

MEINE ERLEBNISSE MIT DEM SCHREIBEN

zu Papier bringen?

Unter "Schreiben" wäre dabei das Briefeschreiben und das Tagebuchführen, das Verfassen von Zeitungsartikeln und -leserbriefen ebenso zu verstehen wie das Schreiben von Erzählungen, Kurzgeschichten, Gedichten. Unter unserem Thema "Meine Erlebnisse mit dem Schreiben" könnten Sie z.B. erzählen

- vom Schreiben in der Schule.
  Wie man in Ihrer Kindheit schreiben lernte. Welche Erinnerungen Sie an das Schönschreiben, an das Diktatschreiben haben. Aufsätze, die Ihnen im Gedächtnis geblieben sind. Lehrer, die den Spaß am Schreiben förderten oder die einem die Lust am Schreiben eher verdarben...
- vom Schreiben zuhause in der Familie.
  Wie man damals Hausaufgaben machte. Wie sich Ihre Eltern zu Ihren ersten eigenständigen "Dichtungen" stellten. Zu welchen Anlässen wurde in der Familie damals geschrieben und gedichtet? Wie ging das vor sich? Führte man ein Poesiealbum, ein Stammbuch, und was stand darin?
- vom Schreiben für Freunde, Bekannte, für Gruppen, in denen man verkehrte oder verkehrt: Texte für Vereine, für kirchliche Anlässe, für den Betrieb, für Gewerkschaften oder Parteien... Das erste Gedicht, das Sie öffentlich vortrugen. Der erste Zeitungsartikel. Für wen Sie heute schreiben und welche Erlebnisse Sie dabei haben.
- Von Ereignissen in Ihrem Leben, die Sie zum Schreiben brachten – oder wieder davon abbrachten. Themen, die Sie zum Schreiben anregen. Warum Sie schreiben...

Diese Anregungen sind natürlich unvollständig. Und sie sind natürlich nicht "verpflichtend". Über welche Art von Schreiberlebnissen Sie berichten, ist ganz Ihre Sache.

Der Text kann kurz oder lang werden. Er kann ein Bericht sein oder eine Erlebnisschilderung. Ein Überblick über Ihre persönliche "Schreibgeschichte" wäre ebenso möglich wie das Herausgreifen eines einzelnen Ereignisses, das Sie mit dem Schreiben einmal hatten.

Zum Beispiel könnten Sie ja berichten, wie Sie darauf gekommen sind, bei einem Schreibaufruf wie dem des Landesseniorenrats mitzumachen, und warum Sie gerade die eingesandte Erzählung ausgewählt bzw. geschrieben haben, und welche Erlebnisse sich mit diesem Wettbewerb für Sie verbanden.

Es ist selbstverständlich, daß wir die an uns gesandten Texte nicht an Dritte weitergeben und sie nicht ohne Ihre Erlaubnis irgendwo publizieren. Wir nehmen alle "Erlebnisse mit dem Schreiben" in unser Erzählarchiv auf – sicher geben sie eine interessante Quelle zur Geschichte des Schreibens ab.

Außerdem wollen wir versuchen, eine Auswahl der eingehenden Texte in Buchform herauszubringen. Ob das verwirklichbar ist, kann man freilich erst dann sagen, wenn sich das Echo auf diesen Schreibaufruf überblicken läßt. Kommt ein Buch zustande, werden die Autoren vorher informiert und Fragen wie die Höhe des Autorenhonorars mit ihnen geklärt.

Bitte senden Sie – wenn Sie mitmachen – Ihren Text an

Dr. Bernd Jürgen Warneken
Ludwig-Uhland-Institut
Schloß

74 Tübingen

Einsendebeginn ist ab sofort.

Einsendeschluß ist am 31. März 1982.

In der Hoffnung auf Ihre Mitarbeit

grüßt Sie freundlich

Ihr

P.S. Das beigefügte Rückporto reicht für einen 50g-Brief (falls die Postgebühren nicht steigen!), das sind ca. 8 Seiten plus ein Umschlag DIN A 5. Wenn Sie mehr Seiten einsenden, ersetzen wir gern die Mehrkosten. Zurückzusenden brauchen Sie die Marke in keinem Fall!

Offenbar besitzen oder beherrschen die Gelegenheitsautorinnen und -autoren der unteren Bildungs- bzw. Sozialschichten seltener eine Schreibmaschine – was ihre Teilnahme an der literarischen Öffentlichkeit zusätzlich erschwert.

Frauen fügten ihren Schreiberlebnissen weit häufiger als Männer entschuldigende Bemerkungen bei. Ca. 7 % der Einsender baten um Verständnis für (eventuelle) Tippfehler, darunter überdurchschnittlich viele Frauen mit Mittlerer Reife, nämlich 12,5 % – oft frühere Büroangestellte. Rechtschreibfehler bat ca. 1 % der Autorinnen und Autoren zu verzeihen, und zwar waren dies nur Frauen mit Volksschulabschluß – bei ihnen betrug die Quote 6,5 %. Bedenken, daß der Inhalt ihrer Einsendung uns nicht zusagen könnte, äußerten ca. 10 % der Frauen und 3 % der Männer mit Volksschulbildung, dazu ca. 10 % der Männer mit Mittlerer Reife, bei den Frauen dieser Bildungsgruppe und bei denen der Abitursgruppe niemand. Die Entschuldigungszusätze insgesamt nahmen von der Volksschul- über die Mittlere Reife- zur Abitursgruppe kontinuierlich ab (31 % zu 12 %).

Nach Schulbildung und Geschlecht sehr verschieden war die Art der Titelgebung für die Texte:

	Kein Titel	*Vorgegebner Titel "(Meine) Erlebnisse mit dem Schreiben"*	*Eigner Titel*
Frauen mit Volksschulabschluß	52 %	36 %	13 %
Männer mit Volksschulabschluß	53 %	31 %	15 %
Frauen mit Mittlerer Reife	48 %	42 %	10 %
Männer mit Mittlerer Reife	31 %	35 %	34 %
Frauen mit Abitur	43 %	28 %	29 %
Männer mit Abitur	33 %	45 %	22 %

Die freie Titelgebung nimmt also mit der Schulbildung zu, und Männer 'wagen' sie weit häufiger als Frauen. Ein paralleles Bild ergibt sich bei der Gestaltung der Texte selbst: Die Autoren formen häufiger als die Autorinnen ihre Berichte z.B. durch erzählerische, nicht nur auflistende Darstellungsweise, und diese Formbemühung nimmt mit steigendem Schulbildungsgrad zu. Damit ist jedoch nur in ganz wenigen Texten und Passagen ein Überschreiten der Grenze zu fiktional anmutender Darstellung verbunden. Die "Schreiberlebnisse" sind in keinem Fall primär als literarisches Kunst-Stück konzipiert; fast durchgängig handelt es sich um dokumentarische Texte, die nicht nur Einblick in die Subjektivität der Erzählenden, sondern zugleich auch Informationen über ihre frühere und heutige Schreibpraxis geben.

Ein Inhaltsüberblick

Welcher Art sind nun die Informationen und die Erkenntnisse, die diese Berichte für die Schreibkulturforschung enthalten? Eine erste Erkenntnis ist schon einmal die, daß die Bitte um "Schreiberlebnisse" auch bei wirklich nur gelegentlich zur Feder oder in die Tasten greifenden Autoren auf Widerhall stieß und bei vielen von ihnen zahlreiche und oft sehr genaue Erinnerungen zu evozieren vermochte. So waren z.B. das Schreibenlernen und das Aufsatzschreiben in der Schule bei vielen mit Erlebnissen verbunden, die heute noch nachdrücklich im Gedächtnis haften. Dazu gehört u.a. das Vorlesen eines gelungenen Aufsatzes durch Lehrerin oder Lehrer – wobei zuweilen auch das Aufsatzthema, ja der Aufsatzinhalt erinnert werden –, dazu gehören auch das erste eigene Gedicht und die Umstände, die es zuwegebrachten. Aber nicht nur Erfolge werden erzählt – die verbreitete Vorstellung von der doch nur verklärenden Erinnerung der Älteren an ihre Kindheit und die "gute alte Zeit" erweist sich auch hier wieder als unzutreffend. Unpädagogische Pädagogen, die Schreibunterricht nach dem Exerzierreglement praktizierten, Spott von Verwandten und Freunden über erste Dicht-Versuche, Bruch des Tagebuchgeheimnisses durch die Eltern – solche schreibhemmenden Einflußnahmen z.B. werden immer wieder erwähnt. Häufig sind, insbesondere natürlich bei Volksschulabsolventen, Klagen darüber, daß man "zu wenig lernen durfte" und deshalb auch die Schreibgewandtheit nicht so groß wie gewünscht sei; und es wird in teilweise plastischen Schilderungen dargelegt, wie Berufs- und Hausarbeitspflichten dem Schreibwunsch im Wege standen.

Neben Entfaltungsschranken der popularen Schreibkultur werden auch die Versuche geschildert, sie zu überwinden, werden die Umstände deutlich, unter denen sich auch angesichts vieler objektiver und subjektiver Hindernisse eine oft recht konstante Schreibpraxis herausbilden konnte. Häufige lebensgeschichtliche Anlässe für das schriftliche Sichausdrücken auch der von Haus und Schule aus dafür wenig Prädestinierten kristallisieren sich heraus: Liebschaften in andere Orte hinüber, die zu Briefschaften führen; das massenweise Getrenntwerden der Zusammengehörigen in den Kriegen dieses Jahrhunderts; der Eintritt in einen Verein, eine Gewerkschaft, wo Protokollführer, Festdichter, Chronisten vonnöten sind; das Erreichen des Rentenalters, das Wegziehen der Kinder aus dem Haus, wodurch ein Lebensrückblick motiviert und zugleich die freie Zeit geschaffen wird, ihn auch zu Papier zu bringen. Auch zeigt sich die große Bedeutung der Lokalpresse, der Vereins- und Verbändepublizistik und einer am Erzähl- und Schreibvermögen älterer Mitbürger interessierten Sozial- und Kulturarbeit für die Aktivierung und die öffentliche Präsenz popularer Autoren. Kurzum: Die "Schreiberlebnisse" geben Einblick in vielfältige Zusammenhänge von Biographie und Schreibbiographie, von Lebens- und Schreibweisen, und eröffnen den Blick auf eine in Anlässen, Zwecken, Kommunikationskreisen, Genres und Themen tiefgestaffelten popularen Alltags- und Gelegenheitsliteratur, deren Geschichte und Gegenwart von Literatur- wie Kulturwissenschaft bisher bestenfalls in Segmenten zur Kenntnis genommen wurde.

Quantifizierte Ergebnisse

Der Aufruf zum Verfassen von "Erlebnissen mit dem Schreiben" enthielt zwar Hinweise, welche Aspekte dabei behandelt werden könnten, überließ die Themenwahl aber den Autorinnen und Autoren. Gegenüber standardisierten Umfrageformen bot das mehrere Vorteile: daß die Befragten auch Bereiche und Probleme ansprechen konnten, die für sie von Bedeutung sind, auf die wir aber gar nicht gekommen wären; daß die Präferenzen der Befragten selbst die Abfolge und die Gewichtung der Berichtthemen bestimmten; daß diese einzelnen Thematisierungen Teile eines Berichtsganzen wurden, über dessen Struktur die Befragten und nicht die Frager entschieden; und daß die Antworten auf unsere Schreibbitte in der Sprache erfolgten, die die Angesprochenen selbst für angemessen hielten.

Der Nachteil dieser Verfahrensweise liegt darin, daß die eingesandten Texte nur bedingt vergleichbar sind, da sie weder jeweils dieselben Themen behandeln noch, insofern das doch geschieht, dies in derselben Ausführlichkeit, unter denselben Fragestellungen und in derselben Darstellungsweise tun. Dennoch erlauben die Texte für etliche Teilaspekte auch eine quantifizierende Inhaltsanalyse. Einige zentrale Ergebnisse einer solchen Auswertung sollen im folgenden vorgestellt werden.[7]

7 Bei der Lektüre der folgenden Auswertungsergebnisse ist natürlich zu beachten, daß sie sich auf Themen- und Problemnennungen in den Texten beziehen und nicht auf schreibbiographische Tatsachen. Mit Vorsicht sind auch die aufgeführten Prozentangaben zu genießen: Schon die absoluten, d.h. die Textgesamtheit meinenden Zahlenangaben dürfen nicht à la chiffre genommen, sondern müssen als Annäherungswerte gelesen werden;

Was zunächst das Schreibenlernen in der Schule angeht, so berichten darüber 50 % der Volksschul- und 47 % der Mittlere-Reife-Gruppe, aber – obwohl deren Texte ja etwas länger sind – nur 24 % der Abitursgruppe. Diese gehen vielleicht eher davon aus, daß sie Wichtigeres zu beschreiben haben als jene ersten Versuche. Über ein Drittel (ca. 35 %) derer, die über das Schreibenlernen berichten, spricht von damit verbundenen Mühen oder auch Ängsten, ein knappes Drittel (ca. 30 %) erwähnt strenge, z.T. prügelnde Lehrer; Männer tun dies im übrigen weit häufiger als Frauen (ca. 13 % zu ca. 47 %). Jeder siebte Text bewertet dies strenge Lehrerverhalten ausdrücklich positiv – von prononcierter Verklärung der Kindheitsjahre ist in diesem Punkt wenig zu spüren. Ca. 28 % der Frauen und 36 % der Männer schreiben, daß sie in Schönschrift schlecht bis mäßig abgeschnitten hätten; die selbstbewußte Aussage, man habe zwar nicht schön geschrieben, aber dafür gute Diktate oder Aufsätze abgeliefert, findet sich weit häufiger bei der Abitursgruppe als bei Mittlere-Reife- und Volksschulgruppe (ca. 50 % zu ca. 19 % bzw. ca. 9 %). Vor allem Autorinnen und Autoren der Volksschulgruppe (ca. 22 % gegenüber ca. 8 % der Mittlere-Reife- und 0 % der Abitursgruppe) bedauern, daß heute nicht mehr deutsche Schrift gelernt werde. Öfters verbindet sich dies mit der Klage, die Enkel könnten die großelterliche Schrift nicht mehr entziffern. Man kann vermuten, daß das Problem der nicht mehr lesbaren Schrift hier symbolisch für generelle Probleme des nicht mehr Gehört- und Verstandenwerdens überhaupt steht.

Daß sie "im Aufsatz gut" waren, betonen in dieser oder ähnlicher Formulierung ca. 75 % derjenigen Frauen und ca. 56 % derjenigen Männer, die zum Thema Aufsatz Stellung nehmen, wobei Mittlere-Reife- und Volksschulgruppe dies öfter berichten als die Abitursgruppe (ca. 76 % bzw. 66 % gegenüber ca. 39 %). Bei den Autoren und Autorinnen mit Mittlerer Reife findet sich auch am häufigsten die Erwähnung, ein Aufsatz von ihnen sei einmal als beispielhaft vor der Klasse vorgelesen worden (ca. 31 % gegenüber ca. 14 % der Volksschul- und 12 % bei der Abitursgruppe). Das schon erwähnte Bedauern, man habe eine zu kurze Schulausbildung gehabt, findet sich bei nicht weniger als 28 % der Volksschulgruppe – wobei diejenigen, die sich kritisch über Schulzeit und Lehrer

---

schließlich liegt ihnen die Einordnung komplexer sprachlicher Darstellungen in ein simples, oft nur binäres Schema zugrunde. Noch prekärer sind die relativen, auf Aussageunterschiede zwischen den genannten Autoren-Untergruppen abhebenden Quantifizierungen. Denn Behandlung und Nichtbehandlung eines Themas hängen ja nicht nur mit der Gesamtlänge der einzelnen Texte zusammen, deren Schnitt – wie erwähnt – zwar bei allen Gruppen ähnlich, jedoch nicht genau gleich ist, sondern auch mit der einem einzelnen Themenbereich gewidmeten Textmenge, und diese ist sicherlich auch im Schnitt der gebildeten Gruppen verschieden groß.

äußern, diese Versäumnisklage nicht seltener führen als die anderen, die das Verhalten von Lehrern nicht oder positiv darstellen.

Die Ausführungen zum Schreiben neben und nach der Schule, die in den "Schreiberlebnissen" gemacht werden, sind thematisch so vielgestaltig, daß eine quantitative Auswertung sich nur in wenigen Punkten anbietet. Zu diesen Punkten gehört, daß Frauen weit häufiger vom Brief- und vom Tagebuchschreiben berichten als Männer: In den Passagen über die Jugendzeit erwähnen ca. 16 % der Frauen und ca. 6 % der Männer eine eigene Briefpraxis, ca. 22 % der Frauen und ca. 6 % der Männer ein Tagebuch; für die zurückliegende Erwachsenenzeit ist das Verhältnis beim Briefeschreiben ca. 19 % zu ca. 9 %, beim Tagebuchschreiben ca. 22 % zu ca. 11 % und für die Gegenwart ca. 22 % zu ca. 5 % bei den Briefen und ca. 7 % zu ca. 4 % beim Tagebuch. Daß der häufigeren Erwähnung nicht nur ein größeres Berichtinteresse, sondern eine tatsächlich größere Schreibpraxis der Frauen zugrundeliegt, belegen die Ergebnisse unserer schon erwähnten Fragebogenumfrage: Danach erreichen die männlichen Gelegenheitsautoren zwar mehr als die weiblichen mit ihren Texten irgendeine Form der publizistischen oder literarischen Öffentlichkeit, doch Brief und Tagebuch, also ganz zentrale Genres des Alltagsschreibens, sind eine weibliche Domäne.[8] Hinzufügen läßt sich, daß die Autorinnen der "Schreiberlebnisse" etwa viermal so oft (ca. 24 % zu ca. 6 %) von Texten erzählen, die sie zu Familienfesten verfaßt haben[9], und daß sie bei den in der Jugend geführten Poesiealben ebenso deutlich (ca. 22 % zu ca. 5 %) 'vorne liegen'.

Zu den wenigstens annähernd quantifizierbaren Themen zählen auch Aussagen über gegenwärtige Schreibmotive.[10] Ganz oben rangiert die Erklärung, man wolle mit dem Schreiben Erinnerungen festhalten (ca. 35 %), wobei in etwa zwei Dritteln dieser Fälle hinzugefügt wird, man denke dabei an die junge Generation. Daß man mit dem Schreiben "Probleme bewältigen" wolle, drücken in dieser oder ähnlicher Formulierung etwa 15 % der Einsendungen aus – die Frauen mit ca. 23 % etwa dreimal so häufig wie die Männer mit ca. 8 % und die Abitursgruppe etwa doppelt so oft wie die Volksschulgruppe (ca. 20 % zu ca. 10 %). "Schönes" festhalten zu wollen bekunden ca. 2,5 %; die Autorinnen mit Volksschulabschluß liegen dabei mit 6,5 % Nennungen an der Spitze. Zu zeigen, daß man geistig noch aktiv sei, erwähnt die Abitursgruppe weit häufiger als Schreibzweck als die Gruppe mit Volksschulabschluß (ca. 22 % zu ca. 9 %).

8 Vgl. dazu WARNEKEN (wie Anm. 3), S. 11–19.

9 Vgl. ebd., S. 138.

10 Bei den Zahlenangaben hierzu ist zu bedenken, daß in einem Text manchmal mehrere Motive genannt werden.

Ähnlich ist die Verteilung bei der Aussage, man wolle mit dem Schreiben seine individuelle Meinung kundtun: Das sagen so oder ähnlich ca. 16 % der Abiturs-, aber nur ca. 8 % der Volksschulgruppe.

Etwa 9 % der "Schreiberlebnisse" nennen auch literarisch-ästhetische Ambitionen als Schreibzweck, und zwar sind es ca. 24 % der Abitursgruppe und je ca. 6,5 % der Volksschul- und Mittelschulgruppe, die so etwas wie einen "Formtrieb" bei sich vermelden. Ca. 24 % der Autoren und Autorinnen mit Abitur geben auch an, daß sie bekannten Schriftstellern nachzustreben versuchten; bei Volksschul- und Mittlere-Reife-Gruppe schreiben dies nur jeweils ca. 5 %. Die Bekundung im engeren Sinn künstlerischer Intentionen und der Hoffnung auf literarischen Ruhm ist demnach nur bei wenigen konstatierbar. Gewiß wird man hier die Existenz geheimer, nicht einbekannter Wünsche in Rechnung stellen müssen – doch auch der Schreibstil der Einsendungen und die aus ihnen sprechende Gesamthaltung zur eigenen Schreibpraxis erlauben es wohl doch, die weitaus meisten Autoren von einem gegenüber "Laienschriftstellern" gern gehegten Verdacht freizusprechen, den Gisela Wölbert in "Schreiben kann jeder" so beschrieb: "Ein Amateurschreiber wirkt exzentrisch, er erweckt Peinlichkeit. Es klebt an ihm der Verdacht des Größenwahns, der Angeberei, der Sucht nach Anerkennung."[11] Die Ergebnisse unserer Umfrage zeigen, daß solche Fern- und Vorurteile über Gelegenheitsautoren weder der Vielfalt ihrer Schreibbedürfnisse noch dem Charakter ihrer oft sogar zu bescheidenen Selbsteinschätzungen gerecht werden.

Zu den abgedruckten Berichten

59 der insgesamt 166 eingesandten "Schreiberlebnisse" sind im folgenden abgedruckt. Der Umfang dieser Dokumentation ist das Ergebnis eines Kompromisses zwischen dem Interesse, möglichst viele Texte zu veröffentlichen, und der Absicht, die Kapazitäten unseres Hausverlags und unserer Leser doch nicht zu überfordern. Die Texteauswahl folgte mehreren Kriterien: Frauen und Männer sowie die verschiedenen Schulbildungsgruppen sollten ungefähr im selben Zahlenverhältnis wie bei den Einsendungen insgesamt vertreten sein; zugleich sollte ein möglichst breites Spektrum von Schreibpraxen und Erzählweisen präsentiert werden. Besonders langen Texten wurde die Vorstellung mehrerer kürzerer Einsendungen vorgezogen. Im Ergebnis stammen nun 35 der abgedruck-

---

11 Gisela WÖLBERT: Die richtigen Worte finden. In: Heiner Boehncke, Jürgen Humburg: Schreiben kann jeder. Handbuch zur Schreibpraxis für Vorschule, Schule, Universität, Beruf und Freizeit. Reinbek 1980, S. 231–149; hier S. 244.

ten Beiträge von Frauen, 24 von Männern; Autorinnen bzw. Autoren mit Volksschulabschluß sind 15 bzw. 9 mal, solche mit Mittlerer Reife o.ä. 16 bzw. 11 mal, mit Abitur 2 bzw. 4 mal vertreten. (Bei zwei Autorinnen war eine Zuordnung nicht zweifelsfrei möglich.) Der Schulbildungsgrad der Autor(inn)en ist bei den Texten allerdings nicht jeweils vermerkt: Eine entsprechende Angabe unmittelbar nach dem Namen hätte leicht als simple Klassifizierung von Individuen mißverstanden werden können.

“Meine Erlebnisse mit dem Schreiben”. 59 Berichte

Beim seinerzeitigen Aufruf zur Einsendung von “Schreiberlebnissen“ hatten wir die Möglichkeit einer späteren Publikation bereits erwähnt. Die Autor(inn)en der zum Abdruck ausgewählten Texte wurden aber dann nochmals um ihr Einverständnis mit dem Abdruck im vorliegenden Projektband gebeten; sie erhielten zudem Kopien ihrer Einsendungen, um diese noch einmal prüfen und eventuell Änderungen vornehmen zu können. Von 64 so Angeschriebenen antworteten 59, allesamt positiv. Die nachträglichen Textveränderungen durch die Einsender(innen) waren gering und betrafen nur Formalia. Die redaktionelle Bearbeitung der Manuskripte bestand vor allem in der Korrektur von Tipp- und Orthografiefehlern, insofern diese nicht einen Eigen-Sinn erkennen ließen. Außerdem wurde “u.” zu “und” gemacht; andere Abkürzungen wurden belassen. Wo nicht das gesamte Manuskript wiedergegeben wurde, ist die Auslassung vermerkt und das Ausgelassene in Klammer resumiert. Die Absätze wurden original belassen, ebenso die von den Autor(inn)en gewählten Anreden bzw. Überschriften. Die Berufsangaben beim Namen sind mit den Autor(inn)en abgesprochen worden. Wir haben uns also bemüht, die zahlreichen Beispiele eines selbstherrlichen Editoren-Umgangs mit popularen Texten nicht um ein weiteres zu vermehren.

B.J.W.

Klara Kraus-Danner
(Schneidermeisterin, Hausfrau, geb. 1893)

Sehr geehrter Herr Warneken!

Diesesmal kann ich Ihnen nicht viel helfen, denn ich war noch nie literarisch tätig. In der Schule lernten wir die ersten beiden Jahre nur deutsch schreiben, und da hieß es immer: Auf, ab – Strichle drauf. Meine Mutter konnte mir nicht viel helfen, da 1899, als ich mit 6 Jahren in die Schule kam, mein Bruder, damals das 6. Kind geboren wurde und noch ein Kind mit 2–4, ich 6, meine Schwester 10 und Bruder 11 J. alt da waren. Da half mir meine Schwester bei den

Aufgaben. In der 3. Klasse bekam man erst Papier und Tinte (vorher Griffel und Schiefertafel), und da lernte man auch Lateinisch schreiben, zuerst die kleinen und dazu die großen Buchstaben. Schönschreiben war nie meine starke Seite, wohl aber Rechtschreiben und Aufsatz. Gedichte mußte man viel auswendig lernen, und ich kann jetzt noch eine Menge, allerdings jetzt in Mundart und lustige, wo ich in meinem langen Leben schon unzählige vorgetragen habe, zuerst ledig im Arbeiterinnenverein und später im Frauenbund und bei den Altennachmittagen, aber alles auswendig, Gedichte und Witze, es kam deshalb schon mancher Artikel über mich in der Zeitung, aber ich selbst habe noch keinen geschrieben und auch keinen Leserbrief. Vor Jahren schrieb ich einmal an die "Bunte", die brachte dauernd Artikel in der Zeitung über die damalige noch ledige Prinzessin Anna. Was ich schrieb, weiß ich nicht mehr, weiß nur, daß ich noch schrieb, es fehle nur noch, daß Sie uns mitteilen, was für eine Farbe das Klopapier von der Prinzessin hatte. Im Verein, ledig, habe ich eine sogenannte Chronik geführt, ungefähr so: Bei der Versammlung am Sonntag hielt der Präses einen Vortrag, sei dankbar – sei höflich, je nachdem oder: Bei herrlichstem Sonnenschein fuhr der Verein auf die Burg Hohenzollern, und zwar auf Leiterwagen, da befestigte man auf beiden Seiten Bretter, und so fuhr man unter Gesang und Hallo nach Hechingen, von da ging es zu Fuß auf die Burg.

Auf dem Heimweg, kehrten wir dann in Hechingen ein und fuhren, solange es noch Tag war, müde, aber glücklich und zufrieden mit Gesang nach Hause. Auf den Leitern hat es uns ja schön geschüttelt, aber, schön war es doch und wir waren jedenfalls glücklicher und zufriedener als die heutige Jugend, die mit modernen Omnibussen Ausflüge machen?? Die Post erledigen obliegt mir auch heute noch und ich schreibe auch regelmäßig meinen Lieben, der Tochter und Schwester in Rottenburg öfter, allerdings der Tochter nicht mehr so viel, da die und wir Telefon haben. Zum Leidwesen meines Enkels schreibe ich auch heute noch alle Briefe deutsch, und das kann die heutige Jugend ja nicht mehr lesen. Hätte auch diesen Brief gerne deutsch geschrieben, aber ich weiß ja nicht, ob Sie schon zur vorgeschrittenen Jugend gehören, wenn nicht, hätten Sie ja mein Schreiben gar nicht lesen können. Ein Poesie Album hatten wir nicht, dazu reichte das Geld nicht, denn Vater hatte noch keine Maschinen und mußte alles mit der Hand hobeln und sägen, hatte aber immer einen guten Humor und sang viel in der Werkstatt. Er war im Liederkranz und im Domchor, dort waren wir zu siebt, Vater, ein Bruder und 5 Mädel, also 4 Schwestern noch von mir. Ein Nachbar sagte mal, der Danner singt, der hat Hunger. Ein paar Jahre später sagte mein Vater zu dem Nachbarn, der Danner singt immer noch, wenn Er auch keinen Hunger mehr hat. Vor der Lehre war ich zuerst 2 Jahre in Stellung und zwar von 14 – 15 in Wurzach im Kloster aber nicht als Zögling, sondern als

Dienstmädchen. Die Briefe wurden aber auch mir, wie den Zöglingen aufgemacht. Einmal nahm ich die Post in Empfang, als die Schwestern in der Kirche waren, und da war auch ein Brief an mich dabei. Nachher bekam ich Gewissensbisse, weil ich den Brief aufgemacht habe, und bat eine Schwester, den Brief der Oberin zu bringen und mich zu entschuldigen, ich hätte so Heimweh gehabt und den Brief aufgemacht. Die sagte aber, ja den mußt du schon selbst der Oberin bringen?? Auch heute, nach 74 Jahren, ärgere ich mich noch über mich, daß ich so dumm war, und nicht einfach den Brief behalten habe, er war doch an mich gerichtet und hätte kein Mensch etwas davon gewußt. Damals war ich noch sehr schüchtern, was mir aber heute niemand mehr glaubt.

(Es folgt eine Erlebnisschilderung, die aber laut Verfasserin "nicht zur Sache gehört", B.J.W.)

Wünsche Ihnen noch als unbekannt frohe Feiertage und viel Glück zum Neuen Jahr. Klara Kraus.

Julie Blum
(Landwirtschaftsgehilfin, geb. 1894)

Sehr geehrter Herr Dr. Warneken!

Ihrem Wunsche gemäß will ich Ihnen schreiben, wieso ich bei dem Wettbewerb "Alte Menschen schreiben Geschichte" mitgemacht habe. Unser Heimleiter, Herr Konstanzer, hat es im Speisesaal bekannt gemacht. Es hat sich aber niemand gemeldet. Darauf sagte er zu mir: "Also Julie, Du schreibst". Und an einem Sonntag Nachmittag bin ich hingesessen und habe sieben Seiten geschrieben in einem Zug. Sonst, wenn ich einen Brief schreibe, bringe ich nichts aufs Papier. Aber es war, wie wenn es mir jemand diktieren würde. Das Schreiben ist gar nicht meine Liebhaberei, die Arbeit ist mir lieber. Niemals habe ich gedacht, daß ich den ersten Preis bekomme. Es haben über 2100 geschrieben. Ich war die Älteste, 87, und habe den ersten Preis bekommen. Und durch die Geschichte wurde ich Fernsehstar. Meiner Lebtag war ich eine armselige Bauernmagd, die nichts lernen durfte. Hiermit sende ich Ihnen meine Lebensgeschichte. Vielleicht könnten Sie es mir wieder schicken.

Hochachtungsvoll
grüßt Julie Blum.

Margarete Gerisch
(Justitiarsekretärin, Hausfrau und Mutter, geb. 1905)

Meine Erlebnisse mit dem Schreiben

Was das Schreiben anlangt, so liegt es mir seit vielen Jahren sehr, mich ausführlich über alles mögliche zu äußern. So geht beispielsweise seit eh und je eine noch so kurz erwartete Antwort, so *kurz* nicht an den Empfänger weiter. In solchen Fällen bin ich wiederholt gefragt worden, wo ich bloß immer den Stoff zum Schreiben hernehme.

Mein Schreiben bezieht sich auf das Korrespondieren mit guten Freunden, Verwandten und ganz besonders mit meinem Sohn und Familie, die seit 9 Jahren von Berlin nach Westdeutschland verzogen sind und fast regelmäßig jede Woche eine Abhandlung von dem zu lesen bekommen, was sich inzwischen bei mir ereignet hat. Mein Sohn hat sich bisher noch nie darüber geäußert, ob meine Berichte besonders lesenswert sind, sich aber einmal sehr darüber gewundert, daß ich einmal eine Zeit des Schweigens eingeschoben hatte. Meine Antwort darauf, daß ich ihm gewiß mit meinen Äußerungen "auf den Wecker fallen" könnte, begegnete er mit dem Einwand, daß das auf gar keinen Fall so sei, im Gegenteil. Daraus entnehme ich, daß mein Sohn sowohl als auch meine Schwiegertochter nebst 17-jähriger Enkelin meine Briefe "gern" lesen.

Chronologisch berichte ich jetzt über das Schreiben: Als 9–11-jähriges Schulmädchen fand ich beispielsweise Gefallen daran, meinem Vater regelmäßig Briefe ins Feld (Krieg 1914 – 1918) zu schicken, um ihn u.a. über unser häusliches und heimatliches Geschehen zu unterrichten. Meine Briefe sind übrigens stets angekommen, was ich aus den Antworten entnahm, die von Freude, Dank und Anerkennung zeugten. Angeregt zum Schreiben wurde ich auch durch eine Klassenlehrerin in der Grundschule, die uns Schülerinnen alle bat, unsere Vater-Briefe zum Vorlesen mit in die Schule zu bringen. Vor der Klasse wurden meine kindlichen Ergüsse vorgelesen und fanden so viel Beifall, daß ich ermutigt wurde, in dieser Art fortzufahren. Selbst der Schulleiter, ich weiß noch den Namen "Herr Rektor Wulf", bezeichnete mich als ein braves Kind und war stolz, in seiner Schule Schülerinnen zu wissen, die den im Felde stehenden Vätern im Kampf um das Vaterland Mut und Kraft spendeten. Die Zensur für Deutsch in der Grundschule war stets "sehr gut", während in der Helene Lange Schule, einer Mittelschule, in der ich die "mittlere Reife" bestand, die Noten für Deutsch niedriger lagen.

Meine spätere Berufsbeschäftigung verlangte von mir vor allem einwandfreies und möglichst logisches Deutsch, war ich doch als Sekretärin einem Kammergerichtsanwalt als Sekretärin zugeordnet, der nebenberuflich juristische Artikel für s.Zt. die Deutsche Allgemeine Zeitung verfaßte, die er mir in die Maschine diktierte, was mir – nebenbei bemerkt – sehr viel Spaß machte.

Als ich mich verheiratete, konzentrierte sich mein Schreiben auf das Korrespondieren mit Freunden und Verwandten sowie auf Berichte an die Gerichte, mit denen mein Mann 2 Prozesse erfolgreich führte, und zwar einen Lärmprozeß und einen Erbschaftsprozeß. Der Lärmprozeß wurde durch 3 Instanzen bis zum Bundesgericht zu unseren Gunsten entschieden. Den Erbschaftsprozeß gewannen wir ebenfalls. Selbstverständlich hatten wir bei den Gerichten die dafür zugelassenen Juristen als unsere Vertreter beschäftigt. Die Unterlagen, die für die erfolgreiche Durchführung oben genannter Prozesse von Wichtigkeit waren, lieferten mein Mann und ich, die in den Schriftsätzen an die Gerichte verwendet wurden. Das war damals eine langwierige, aber dennoch spannende Zeit. Stolz war dann mein Mann schon, daß beide Prozesse auf Grund unseres Zutuns positiv ausgingen. Sämtliche Schilderungen von meinem Mann und teils auch von mir entworfen wurden von mir mit der Maschine geschrieben und zwecks Erleichterung der Schriftsätze an die Herren Juristen weitergeleitet. Leider konnte mein Mann seinen Lebensabend nicht erleben, er starb mit 64 Jahren.

Während meiner Ehe versuchte ich, anläßlich von Festlichkeiten kleinere Reden zu halten oder Selbstgedichtetes vorzutragen, das alles mit Beifall bedacht wurde. Diese Zustimmung spornte mich dazu an, in dieser Richtung fortzufahren. Ich traute es mir sogar zu, ein Gedicht und einen Epilog anläßlich der Hochzeit meines Sohnes zu schreiben und vorzutragen. Das Gedicht war allerdings zum Mitsingen geeignet, das der anwesenden Gesellschaft zur Freude gereichte und Beifall fand. Ich war sehr glücklich darüber.

In meiner Witwenzeit, die bereits 16 Jahre währt, hatte ich stets viel Zeit, mich mit dem Schreiben zu beschäftigen. Ich unterhielt eine rege Korrespondenz mit vielen Freunden in der DDR, die mir stets antworteten, daß sie sich über meine Ausführungen freuten und mich wiederholt um viele ausführliche Briefe baten, um den Kontakt zum Westen aufrechtzuerhalten. Ich hatte immer einen Heidenspaß, derlei Briefe zu beantworten, und fand wiederholt in ihren Briefen den Vermerk, daß sie sich über meine Briefe so freuten, daß sie sie sogar aufhoben. Leider sind alle 4 Ost-Freundinnen inzwischen gestorben, obwohl sie alle in meinem Alter waren. Zu ihren Lebzeiten waren sie wiederholt meine Gäste, und ich war besonders froh darüber, den so lieben und gütigen Menschen schöne Tage, von denen sie nachher schrieben, daß sie unvergeßlich für sie waren, bescheren zu können.

In meiner vielen Freizeit, die ich in meinem Witwendasein habe, wollte ich zu gern meinem geliebten Skat-Hobby frönen. Und so trat ich bald nach dem Tode meines Mannes in eine Skatgruppe ein und wurde anläßlich einer Mitgliederversammlung als Schriftführerin dieses Vereins gewählt. Diesen Posten bekleide ich bereits seit über 15 Jahren. Nicht nur daß ich in jeder Woche die Skatgewinnpunkte errechne und für die Jahres-Abrechnung notiere, schreibe ich stets die Protokolle der Versammlungen und die Artikel für den Sportteil der Werkzeitung. Sobald eine Skatveranstaltung besonderer Art stattfindet, wird meinerseits eine Abhandlung in der Sportsparte der Werkzeitung niedergelegt. Alle 2 Jahre findet eine Skat-Mitgliederversammlung statt, in der Vorstand, Kassierer sowie Schriftführer gewählt werden. In jeder dieser Versammlungen wurde ich als Schriftführerin wiedergewählt. Daraus durfte ich entnehmen, daß meine dafür geleistete Arbeit bisher volle Zustimmung gefunden hat. Selbstverständlich bin ich in dieser Beziehung nicht frei von Kritik, die an mir vorgenommen werden sollte, die sachlich und korrekt gegen mich vorgebracht werden sollte.

Über das Skatspiel ist zu berichten, daß in jedem Jahr der Jahresmeister ermittelt wird und ich bereits zweimal Jahresmeisterin wurde.

Zu dem Wettbewerb "Erzähl doch mal" bin ich dadurch gekommen, daß ich es mir einfach zutraute, mir etwas vom Herzen zu schreiben, wo Resonanz dafür vorhanden sein kann. Die in meinem Bericht erzählten Vorkommnisse waren in der damaligen Zeit oft von so einprägsamer negativer Art, daß ich mich einmal davon frei *schreiben* mußte. Das im wahrsten Sinne des Wortes *Herzens*bedürfnis ist befriedigt. Meine Schwiegertochter sagte nach dem Lesen meiner damaligen Ausführungen "Mutti, das mußt Du unbedingt für uns aufheben".

Erika Komm
(Kindergärtnerin, Buchhandelsangestellte, Mutter, Seniorenleiterin, geb. 1906)

Sehr geehrter Herr Dr. Warneken!

Heute erhielt ich Ihr Schreiben und freue mich, daß Sie an meinen weiteren Informationen interessiert sind. Da der Seniorenkreis zurzeit Ferien macht und meine Kinder alle außerhalb wohnen, habe ich nun ein bißchen mehr Zeit, um auf Ihre Fragen etwas näher einzugehen. Ich werde mich also schön an die Reihenfolge Ihrer Fragen halten, soweit ich sie überhaupt beantworten kann.

Da ist zunächst vom Schreiben in der Schule die Rede. Schönschreiben und Diktat waren mir von jeher ein Greuel. Überhaupt interessierte mich die Schule immer nur in so weit, so lange sie meine Phantasie beanspruchte. Alles andere war nur ein lästiges Zubehör. Ich kann mich nicht erinnern, daß mich jemals ein Lehrer zum fröhlichen Schreiben ermuntert hätte. – Oh, unsere Hausaufgaben! Das ist mir noch gut in Erinnerung. Meistens wurden dieselben unter strenger Aufsicht im Studierzimmer des Vaters gemacht. (War auch bestimmt nötig) – Meine ersten Dichtungen wurden von meinen Eltern voll anerkannt. Zu einem Weihnachtsfest hatte ich sie in einem kleinen Heft zusammengestellt. Wie ich schon in meinen Lebenserinnerungen erwähnte, hatten meine Geschwister und ich ein geistiges Erbe von beiden Eltern mitbekommen. Meine Mutter schrieb einige Märchen, während mein Vater zu jeder Gelegenheit, sei's zum Geburtstag, sei's für eine Schulfeier oder sonst einen Anlaß die schönsten Gedichte verfaßte. Das hat unsere Feste immer so besonders schön gemacht. Wir Kinder wurden erstmalig in der Adventszeit dazu veranlaßt, jeder eine kleine Weihnachtsgeschichte zu schreiben, die dann an den vier Adventssonntagen vorgelesen wurden. Ich glaube, das war meine erste eigene Geschichte.

Ein Poesie-Album hatten wir natürlich auch, mit sehr viel kitschigen Versen und Bildern von den Mitschülern. Die guten Sprüche der Lehrer wurden darum doppelt gut bewertet.

In meinen Backfischjahren dichtete ich dann für mich selbst. Alles, was mich besonders beglückte oder traurig machte, brachte ich zu Papier. Vor allem gelangen mir auf einer schönen Wanderung die besten Ergüsse. – Etwas später dann begann ich an besondere Freunde meine Briefe in Versen zu schreiben, was mir immer viel Freude machte. –

In meinem Beruf als Kindergärtnerin kam mir dieses geistige Erbe natürlich ebenfalls zugute, denn bei Kinderfesten jeglicher Art konnte ich das Programm um manches bereichern. – Zu dieser Zeit wurde ich auch in Bethel aufgefordert, für die "Kindergabe" kleinere Erzählungen zu schreiben, was mir sehr viel Freude machte und mir die ersten Honorare einbrachte, worauf ich sehr stolz war (anbei einige Exemplare davon.) –

Als ich dann später nach Laufenburg kam, arbeitete ich in dieser Hinsicht viel mit meiner inzwischen verstorbenen Zwillingsschwester zusammen. Für die Feiern von Seniorenkreisen, für oekumenische Feiern, für Mitarbeiterfeiern usw. verfaßten wir gemeinsam allerlei Unterhaltsames. Entweder wir traten als Bänkelsänger auf, die die Ereignisse Laufenburgs besangen, oder als Sperrmüllsäcke (natürlich auch so verkleidet), die über alles meckerten, was nicht hinein gehörte usw. Nun muß ich leider die Seniorenarbeit wieder alleine tun, aber glücklicherweise ist mir bis jetzt immer wieder was eingefallen (Ernstes und Heiteres), womit ich meiner Arbeit dienen kann.

Daß ich mich damals entschloß, an dem Seniorenwettbewerb teilzunehmen, daran ist mein Seniorenkreis schuld.

Ich hoffe, ich haben Ihnen mit meinem heutigen Bericht etwas Brauchbares geschickt. Es würde mich sehr freuen. –

Anbei einige meiner Gedichte und Erzählungen, die Ihnen ein Bild von meiner dichterischen Ader vermitteln soll.

Mit freundlichen Grüßen und den besten Wünschen für eine gesegnete Weihnacht

Frau Erika Komm

Hanna Baumgärtel
(Kindergärtnerin, Hausfrau und Mutter, geb. 1906)

Schicksalhafte Begegnungen durch mein Schreiben

Es war in Wien. Ich war noch ein Kind von ungefähr 10 Jahren. Ich lag im Bett, aber ich schlief nicht, wie meine Mutter wohl dachte. O nein!

Im Nebenzimmer saß sie an dem runden Wohnzimmertisch, mit Näharbeiten beschäftigt. Manchmal mußte sie die Wäsche von uns vier Kindern ausbessern, lieber aber hatte sie eine feine Handarbeit in den Händen, Lochstickerei oder Richelieu. Mein Vater fand es immer recht sonderbar, daß man Löcher in eine Decke schnitt, um sie dann mit feinen Stichen zu umranden. Er neckte sie oft damit. Meine Mutter liebte diese Arbeiten. Ich bin traurig, daß keines von uns Kindern eine dieser kostbaren Decken gerettet hat. Durch die spätere Flucht aus Schlesien sind sie verloren gegangen.

Während meine Mutter Stich an Stich reihte, las meine Schwester vor. Sie war älter als ich und ging schon in das Gymnasium.

Gerne erinnere ich mich daran, wie traulich das Licht durch die geöffnete Zimmertür fiel, wie wunderbar es war, wenn die Stimme meiner Schwester deutlich zu mir drang, und durch das, was sie las, eine neue märchenhafte, manchmal aufregende Welt erstand. Sprache wurde Erleben, Sprache vermittelte Freude, vermittelte leidvolles Geschehen.

Noch heute sind Namen wie Amalaswintha oder Mariam aus "Ein Kampf um Rom" vertraut. Damals wußte ich freilich die Titel der Bücher nicht. Erst als ich sie selber las, kamen mir viele Geschichten seltsam bekannt vor. Theodor Storm, Adalbert Stifter und viele andere waren keine Fremden mehr.

In Wien wurde das Leben hart während des Krieges 1914–1918. Meine beiden Schwestern kamen auf ein Rittergut einer Tante in Schlesien. Ich blieb mit meinem jüngeren Bruder bei meiner Mutter. Mein Vater wurde eingezogen. Die gemütlichen Vorlese-Abende nahmen ein Ende.

Ich aber wollte nun allein in das Reich der Bücher eindringen. Eine ältere Freundin im Haus hatte viele Jugendschriften, die sie mir gerne lieh. Da gab es Geschichten, die ich immer wieder lesen wollte. Was tat ich? Ein einfaches Schulheft brauchte ich nur, um das, was mich beeindruckt hatte, nachzuerzählen. Manche Stellen schrieb ich ab, um sie so wieder zu geben, wie sie im Buch standen. Dieses Nacherzählen waren meine ersten Schreibübungen. Ein Buch "Heimatlos" füllte ein ganzes Heft, als ich die Erleben des kleinen Jungen schrieb. Ich liebte das Buch, suchte es später, aber habe es nie mehr gefunden.

Später zogen wir nach Breslau, der Krieg war beendet, unsere Familie wieder beisammen.

Hier bekam ich mein erstes Tagebuch geschenkt. Leere weiße Seiten waren darin gleich einem Poesie-Album, wie wir Kinder in der Schule es hatten. Ein Tagebuch aber war nicht dasselbe!

Meine Schwester erklärte mir, daß ich alles hineinschreiben könnte, was ich am Tage erlebe, Lustiges und Trauriges. Da saß ich erst vor den unbeschriebenen, weißen Blättern, sann vor mich hin und fand keinen Anfang. Ich schlug es zu und legte es beiseite.

Da blieb es liegen, bis Erlebnisse kamen, die mich so erfüllten, daß ich sie allein nicht tragen konnte.

An meinem 14. Geburtstag durfte ich zum ersten Mal in Breslau in das Stadttheater in die Oper "Der fliegende Holländer" von Richard Wagner. Meine Schwester hatte mir vorsorglich das Textbuch zu lesen gegeben.

Alles, die Musik, das Spiel, der Gesang, die ganze Atmosphäre beeindruckte mich so, daß ich wie verzaubert heimging. Da, weil ich empfand, was ich niemanden sagen konnte, holte ich mein Tagebuch aus dem Versteck, und nun konnte ich plötzlich dem Büchlein mein Herz ausschütten.

Zu Beginn hatte ich hineingeschrieben:

Tagebuch, mein liebes,
Sei mein zweites Ich.
Heiteres und Trübes
Hab ich stets für Dich!
Ist mein Herz voll Freude,
Ist mein Herz voll Lust,
Kann ich's nicht mehr tragen
In der eignen Brust,
Bring ich all mein Hoffen,
All mein Glück zu Dir.
Was mich hat betroffen,
Trag es treu mit mir.

Von nun an war das Theater, die Oper meine Welt. Und das Tagebuch füllte sich mit den Schwärmereien eines Backfisches für eine junge Sängerin Maria Rossi, die von vielen verehrt und geliebt wurde.

Ihre Rollen, Margarethe in der Oper von Gounod, Elisabeth in Tannhäuser von R. Wagner, die Elsa in Lohengrin, das Evchen in den Meistersingern sang und spielte sie so beseelt, daß der Beifall kein Ende nehmen wollte. Die Jugend erwartete sie am Schauspielertürchen und begleitete sie heim.

In der Zeit schrieb ich mein erstes Buch, Geschichten, in deren Mittelpunkt sie stand. Mühsam schrieb ich es mit der Maschine ab.

Wie stolz war ich, als ich es der so beliebten Sängerin nach einem Konzert überreichen durfte. Durch eine Reihe von Wartenden wurde ich in ihr Zimmer hinter der Bühne eingelassen. O wunderbarer Augenblick! Sie kannte mich natürlich schon, denn nie fehlte ich in ihrem Gefolge.

Dieses Buch aber schenkte mir die Freundschaft dieser Künstlerin für Jahre! Sie verließ die Bühne, als sie den Grafen von Pfeil heiratete und in Wildschütz bei Breslau ihre Heimat fand. Ich durfte auf dem Landschloß unvergessene Stunden erleben. Die schönsten wohl, als sie einmal die Oper Margarethe für mich sang. Sie begleitete sich selber auf dem Flügel. Als der Graf sie fragte, für wen sie so herrlich sänge, meinte sie: "Meine beste Zuhörerin ist bei mir."– ––

Der Weltkrieg brachte uns auseinander. Auch sie verlor alle Güter, Sie ging nach Tirol zurück, wo ihre Eltern beheimatet waren. Ihr Vater, Graf von Spiegelfeldt, war Stadthalter von Tirol. Mein erstes Buch brachte mir also mehr als Druck und Geld. ––––

Schreiben wurde von da ab meine Freizeitbeschäftigung. Märchen, Geschichten, Ritterromane erstanden und sind verloren gegangen. Tagebücher füllten sich und gingen zum großen Teil denselben Weg.

Einige Jahre vergingen. Ich arbeitete in einem Literatur-Zirkel mit, der von einer Dame geleitet wurde. Sie gab ein Thema, wir sandten unsere Arbeiten, die dann reihum gingen, um sie zu beurteilen.

Eines Tages kam ein Brief mit großer, steiler Schrift für mich ins Haus. Wer konnte mir schreiben? Verwundert öffnete ich den Briefumschlag.

Eine meiner Geschichten hatte so gefallen, hatte einen Menschen so beeindruckt, daß er mir es sagen mußte.

Wieder war es geschehen, daß ich durch mein Schreiben einen Menschen gefunden hatte, der mir einige Jahre seine Freundschaft schenkte. Eine Freundschaft, die es wohl heute nicht mehr geben würde.

Er, ein Kunststudent, ich im Seminar für Kindergärtnerinnen. Ich war die erste in der Familie, die damals eine richtige Ausbildung erstrebte. Meine beiden Schwestern waren bis zu ihrer Hochzeit im Haus geblieben. Wohl besuchten sie Theater, Konzerte, hatten wie auch ich Klavierstunden, aber einen Beruf hatten sie nicht erlernt.

Wir waren beide jung, beide Suchende in einer Zeit, in der viel Neues in jeder Beziehung in unser Leben einbrach. Breslau, die deutsche Stadt des Ostens, bot vielseitige Vorträge, Kunstausstellungen, Theateraufführungen und Konzerte. Ich hatte nun einen Begleiter, einen etwas älteren Kameraden, mir eine neue, geistige Welt zu erschließen. Auch in religiöser Beziehung wurde ich mit Richtungen bekannt gemacht, die mir bis dahin fremd waren. Theosophie, Anthroposophie beeindruckten mich. Die Musik wurde dadurch vertieft, das Sein wurde weiter, freier. Die Welt wurde transzendent dem Göttlichen, das Leben bekam Sinn, es wurde getragen von einer Kraft, die ich bisher nicht kannte. Angst verschwand aus dem Alltag, das Selbstbewußtsein wuchs. Aber vor Gott blieb die Demut.

Diese Jahre ließen reifen. Ich möchte sie nicht missen. Die damals aufkeimende Liebe machte mich glücklich, aber sie führte zu keiner Vereinigung. Meine Eltern verstanden es, mich zu einer Aufgabe, die ich mir immer gewünscht hatte, zu bewegen. Ich bekam die Leitung eines Kindergartens an einem anderen Ort. Wir trennten uns, schrieben uns noch einige Zeit, dann war diese Freundschaft Erinnerung geworden. Und doch, die Lebensgrundlage war festgelegt.

Die Arbeit an den Kindern machte viel Freude. Ich konnte meine Gabe des Schreibens weiter verwenden, konnte mir Märchen ausdenken, konnte sie bei festlichen Anlässen zu Theateraufführungen umwandeln. Jedes Kind bekam seine kleine oder größere Rolle je nach Alter und Begabung zugeteilt, von mir gereimt oder in Prosa geschrieben. Ich hatte viel Beifall, wenn die Kleinen auf der Bühne ihr Spiel zeigten. ---

Und, wie es das Schicksal so wollte, mein kleines Talent, Gedanken in Worten auszudrücken, Briefe zu schreiben, führte mir meinen zukünftigen Mann zu.

Kurz auf einer Reise kennen gelernt, verband uns ein Briefwechsel von drei Jahren. Indessen machte ich mein Staatsexamen in Krankenpflege. Die einzige Freizeit, die mir in dieser Zeit blieb, verbrachte ich damit, Briefe an diesen fernen Freund in Cairo/Aegypten zu schreiben. Wir hatten täglich Dienst von 6 Uhr morgens bis 10 Uhr abends. Nur Sonnabend nachmittags holte ich Papier, Feder und Tinte, und einige Seiten füllten sich immer! Dieser Briefwechsel erfüllte mich mit viel Freude und einer Liebe, die ich an meinen Kranken verschwenden konnte. Damals waren diese zu mehreren in einem Raum, aber im Grunde war es gemütlicher als in den heutigen Krankenhäusern, in dem die Patienten von so viel Technik bedient werden, daß das Menschliche dahinter zurück bleibt. Der Kranke fühlte sich nie einsam. Einer war immer dabei, der mit Humor begabt, die anderen aufmunterte, half, wo es Not tat. Und wenn ich im Zimmer zu tun hatte, konnte ich gleich mehreren meine scheinbar recht lustigen Erleben erzählen, denn es wurde trotz Krankheit viel gelacht. ––

Ich sollte schon vor meinem Examen nach Cairo kommen, aber meine Eltern sahen es nicht gerne, daß ich in ein so fernes Land gehe. Fernes Land! Heute ist es lächerlich, es so zu benennen. Damals aber war Aegypten fern und fast unbekannt. Und ein Mädchen dahin reisen zu lassen zu einem Mann, den die Eltern nicht kannten, unmöglich.

Aber nach dem Examen kam doch der Tag, an dem ich mich auf den Weg machte. Durch meine Schwester hatte eine dortige Freundin mein Hotelzimmer mit Rosen schmücken lassen. In bunter Fülle und betäubendem Duft begrüßten sie uns nach meiner Ankunft aus Alexandria. Durch die Briefe waren wir uns so nahe gekommen, daß es keine Schranken gab. Kurze Zeit darauf, heirateten wir.

Schreiben wurde zum Schicksal! –––

In all den folgenden Jahren, die durch den zweiten Weltkrieg so wechselhaft wurden, blieb ich dem Schreiben treu. Ein Kindertagebuch, das treulich all unser Erleben schildert, liegt heute noch vor.

Als uns der Weg nach dem Krieg nach Teheran führte, ich als Hilfslehrerin die Deutsche Schule mit aufbauen durfte, da es an Lehrkräften mangelte, konnte ich gut auch die Deutschstunde übernehmen.

Und in die Heimat zurückgekehrt, leitete ich 14 Jahre den Frauenkreis der Holzlarer Gemeinde, einem Vorort von Bonn. Viele Manuskripte mußten erarbeitet werden, Geschichten erdacht, um die Arbeit interessant und abwechslungsreich zu gestalten.

Sonderbarer Weise dachte ich nie an Veröffentlichung meiner Ausführungen, trotzdem ist es manchmal geschehen, daß ich gedruckt wurde.

Nun ist der Lebensabend erreicht. Ein Tagebuch führe ich heute noch, in dem ich eintrage, was mich beeindruckt und berührt. Wie lange noch? ————————

Eines ist in meinem Leben gewiß! Schreiben war eine besondere Bereicherung und hat schicksalshaft eingegriffen in meine Erdentage.

Magdalena Müller
(Bauerntochter, Geschäfts- und Hausfrau, Mutter, geb. 1906)

Vom Schreiben!

In der Zeit, als ich noch nicht zur Schule ging, hatten meine Eltern eine landwirtschaftliche Arbeiterin, die weder lesen noch schreiben konnte. Wenn sie einmal eine Unterschrift zu leisten hatte, machte sie ein "X" – daß das Kreuzchen als Unterschrift anerkannt wurde, hat mich als Kind sehr beeindruckt! –

Als Schülerin habe ich sehr gerne geschrieben. Das Diktat- und Aufsatzschreiben machte mir immer besonderen Spaß. In der Schule wurde damals auf das "Schönschreiben" sehr viel Wert gelegt. Eine Schulstunde in der Woche wurde dafür verwandt. Dabei ging es abwechselnd einmal lateinisch und einmal in deutscher Schrift, und jeder Schüler gab sich Mühe, wirklich "schön" zu schreiben. Außerdem übten wir das Briefeschreiben. Bei der Anschrift wurde der Familienname und der Ort "lateinisch" geschrieben, der Vorname aber deutsch. Diese Eigenart habe ich bis heute behalten. Sehr wichtig nahmen wir Mädchen das Einschreiben ins Poesie-Album; fein säuberlich mußte es sein, nach Möglichkeit geschmückt mit einer Federzeichnung. Später erfreute mich das Briefeschreiben mit Freundinnen und Verwandten. Bei Familienfesten wurden Tafellieder aufgeschrieben und Gedichte gereimt, die meine Töchter aufsagten. Noch heute gibt es mir eine innere Befriedigung, durch Selbstgereimtes zur Feststimmung beizutragen.

Wenn ich alleine bin, lese ich gerne Briefe aus vergangenen Zeiten. Briefe von lieben Menschen, die längst verstorben sind. Es geht eine besondere Weihe von ihnen aus: die bekannte Handschrift, der Wortlaut und die Namen!

Für mich sind die alten Briefe wertvolle Dokumente!

Der Feldpostbrief!

"Feldpostbrief" – war damals im Krieg ein Wort, das jeder kannte!

Es wurde im Krieg viel geschrieben, denn die Feldpost war die einzige Möglichkeit der Verbindung zwischen Heimat und Soldat, und auch die billigste, denn der Feldpostbrief brauchte nicht frankiert zu werden. Er war mehr als nur ein Brief. Er war ein Lebenszeichen, ein Stück vom geliebten Menschen selbst. Man lebte von einem Brief zum andern. Und für den Soldaten war er ein Stück Heimat – ein Stück seiner Familie, wo seine Gedanken weilten. Ich bekam viele Feldpostbriefe von meinem Mann und meinem Bruder. Manchmal waren sie schnell befördert worden, dann wieder klappte die Zustellung nicht und die Post geriet ins Stocken. Wenn sie ausblieb, war man in Sorge, und die Freude war groß bei ihrer Ankunft. Immer aber blieb die Ungewißheit: Wieviel kann zwischen dem Schreiben des Briefes und dem Empfangen des Feldpostbriefes passiert sein! Es war ja Krieg!

Oft trat dann ein, was man im Unterbewußtsein schon lange geahnt hatte: Statt des ersehnten Feldpostbriefes kam vom Wehrmeldeamt ein blauer Brief, der kurz den Tod "für Volk und Vaterland" mitteilte.

Auch ich erhielt 1944 die traurige Nachricht, daß unser Bruder am 20.7.1944 gefallen sei. Es wurde nur diese Tatsache mitgeteilt.

Sein blühendes Leben war ausgelöscht, kein Brief würde nun mehr von ihm kommen. So wollte ich wenigstens noch etwas *über* ihn und seine letzte Stunde erfahren, ob er noch viel leiden mußte und ob er eventuell noch etwas gesagt hätte. Ich schrieb einen Feldpostbrief: An einen Kameraden des Obergefr. Konrad Stalle. – Ich wartete 3 lange Monate, dann kam die Post von einem Obergefr. Müller. – Durch meinen Namen "Müller" als Absender geriet mein Feldpostbrief mit anderen Postsachen zusammen von der Kompanie, die inzwischen aufgelöst war, zurück an die Heimatanschrift eines Obergefr. Müller, der zufällig ein guter Kamerad meines Bruders war. –

Was ich erfuhr, schmerzte sehr – aber ich war dankbar, daß auf diesem verschlungenen Wege noch einmal ein Brief kam, der nicht nur die Tatsache, sondern die menschliche Seite des Soldatentodes meines Bruders, seine Gedanken und seine Gespräche, schilderte.

Dieser Kameradenbrief tröstete mich. Ich habe ihn heute noch. –

Anastasia Klieber
(Krankenpflegerin, Angestellte in einem Sägewerk, geb. 1907)

Vom Schreiben. Warum schreibe ich?

Ich schreibe weil es mir Spaß macht.

Weil ich es gerne tue.

Weil Erinnerungen wach werden.

Weil ich mich frei fühle, wenn ich dem Papier meine Probleme anvertrauen kann.

Weil es mich freut, wenn noch Jemand an diesem Geschreibsel Interesse zeigt.

Weil ich mich erleichtert fühle, wenn ich weiß, daß dies auch gelesen wird, oder gar verwertet werden kann.

Weil man geistig wach und rege bleibt.

Weil ich es brauche. *Das Schreiben.*

Auch ist es eine Befreiung von Sorgen und Problemen.

Ich kann mich erinnern an meine Schulzeit. Wie man das Schreiben lernte. Ich bin 1913 in die Schule gekommen. Das Alphabet, das ich beilege, ist die Schrift, die man dortmals lernte. Aus einer Fibel v. J. 1905, so hat man geschrieben. Etwas später lernte man Latein. An einen einzigen Aufsatz kann ich mich erinnern, *"Der faule Jockl"*, weil ich ihn manchmal meinen Enkeln erzähle, wenn sie nicht wollen; und das Aufräumen von Spielsachen der eine auf den andern schiebt. Dann sagt der Markus zum Robert: Du bist ein fauler Jockl.

Da hatt' der Bauer den Knecht auf das Feld geschickt um den Hafer zu mähen; als der Knecht den vielen Hafer sah, verging ihm die Lust zum Arbeiten und er legte sich hin und schlief ein. Und weil der Jockl nicht heim kam – sagte der Bauer zu seinem Pudel: Lauf hinaus und beiß den Jockel; so lange bis er den Hafer gemäht hat. Der Pudel lief hinaus zum Jockel und sah, daß er schlief, er legte sich zum Jockel und schlief auch. Der Jockel sah wohl den Hund und er dachte – es wird nicht so eilig sein mit der Arbeit. Morgen ist auch noch ein Tag – und er schlief weiter. Es wurde Abend und als der Jockel und auch der Pudel nicht nach Hause kamen, nahm der Bauer einen Prügel und ging selber hinaus aufs Feld. Er prügelte den Pudel, der Pudel biß den Jockel und der Jockel mähte den Hafer. Heute nimmt man solche Aufsätze in den Schulen nicht mehr durch, wie z.B. den Erlkönig oder die beiden Ziegenböcke u.s.w.

Warum habe ich an dem *Wettbewerb* teilgenommen *"Erzähl doch mal"?*

Wie lernte ich meinen Ehepartner kennen? Dieses "Erzähl doch mal" kam ja dortmals immer wieder im Fernsehen.

Es kamen manchmal Erzählungen; die gar nicht gefielen. Da dacht ich mir: Mach mal mit.

Auf so eine lustige-bayerische Art und Weise lernt man selten einen Partner kennen.

Da hätt ich gerne gewußt, wie es bei den andern war; und ich bin sicher, daß solche Anekdoten, wenn es mehrere sind, Humor verschaffen und die Menschen zum Lachen bringen und aufheitern würden. In meinen frühern Berichten finden Sie mehr darüber. Und ich habe Ihnen freie Hand gegeben, darüber zu verfügen.

Da wäre der Fragebogen beendet, mehr kann ich darüber nicht schreiben. Sie finden in meinen Berichten auch etwas für den Wettbewerb, der jetzt läuft. Im Z.D.F. "Bei uns zu Hause. (Daheim)"

Mit frd. Grüßen Fr. Klieber.

Vielleicht haben Sie bei den andern Bewerbern mehr Erfolg.

Ilse Pohl
(Hausfrau, Mutter, geb. 1907)

Meine Erlebnisse mit dem Schreiben

In ein Schulheft mit blauem Deckel und linierten Seiten schrieb ich meinen ersten "Roman". Ich war neun Jahre alt und widmete ihn meinem Bruder, der gerade elf geworden war. Da ich den "Roman" für wertvoll hielt, schrieb ich auf die erste Seite "Nur für die reifere Jugend". Um ihn vor unwürdigen Lesern zu schützen. Doch schneller als mir lieb war, machte er in der nahen und weiteren Familie die Runde und löste ungeahnte Heiterkeit aus. Das kränkte mich. Denn das Thema war nicht zum Lachen, es handelte von einer unglücklichen Liebe. Ich beschloß – wenn überhaupt – nur noch heimlich zu schreiben. Für's erste hatte ich genug.

Zu meinem nächsten Geburtstag bekam ich von meiner Mutter ein Tagebuch. Sie meinte: “Wenn’s dich überkommt (das Schreiben), schreibst du alles da hinein. Das ist besser und nebenbei eine gute Übung für dich.” Doch der Strom meiner Gefühle war einstweilen versiegt und ich beschränkte meine Eintragungen nur auf banale Dinge: Heute gabs Kohlrüben, gestern auch (Das war 1917.). Im Diktat eine 2, habe Stachelbeeren mit ä geschrieben. Oder: Schulfrei wegen Kaisers Geburtstag, zog mein weißes Kleid an mit der hellblauen Schärpe. Wir haben alle “Heil dir im Siegerkranz gesungen”. Schade, daß er nicht im Sommer Geburtstag hat, da ist es wärmer.

1945, als amerikanische Besatzungssoldaten unsere Wohnung beschlagnahmten, gingen fast alle meine Tagebücher verloren. Es waren eine ganze Menge. Daß ich sie eifrig vollgeschrieben hatte, verdankte ich in erster Linie meiner Mutter. Sie schenkte mir zu meiner Konfirmation das zweite Tagebuch. Es war rot gebunden und mit einem Schloß versehen. Dazu ein winziger Schlüssel. Auf die erste Seite schrieb ich: Ich möchte viel lieber katholisch sein! In der katholischen Kirche riecht es nach Weihrauch und das ewige Licht brennt immer, auch wenn niemand drin ist. Es ist viel feierlicher! Danach schrieb ich nicht mehr viel hinein. Doch als ich mit sechzehn-einhalb Jahren auf einem mecklenburgischen Gut Hauswirtschaft erlernen sollte, erinnerte meine Mutter mich, das Tagebuch mitzunehmen. Und das war gut.

Zum ersten Mal war ich ganz allein auf mich gestellt, weit fort von Berlin, den Eltern und Geschwistern. Mit dem neuen Leben auf dem Lande auf einem Gut und unter fremden Menschen mußte ich fertig werden. Anfangs war ich unglücklich, hatte Heimweh. Aber ich wollte durchhalten. Ich besann mich auf mein Tagebuch. Und es verging kein Abend – nach einem 12–14 stündigen Arbeitstag – an dem ich nicht alle Not auf seine Seiten abwälzte. Später füllten dann auch andere Ereignisse, frohe, unbeschwerte Erlebnisse die leeren Blätter; Gedanken, Stimmungen.

Diese Erfahrung, im Niederschreiben mich auseinanderzusetzen, versuchen mit mir selbst ins Reine zu kommen, machte ich zuerst in meinen “Lehrjahren”, den Jahren des Alleinseins unter fremden Menschen. Aber bis heute blieb meine zuverlässigste Hilfe in problematischen Situationen, im Kummer oder anderen Schwierigkeiten das Schreiben – *schreibend* mein seelisches Gleichmaß wiederzufinden. In meinen Tagebüchern.

Auch das Briefeschreiben war in meinem langen Leben für mich von Bedeutung. Der Briefwechsel zwischen Menschen, mit denen mich Liebe oder Freundschaft verband (oder noch verbindet). Beim Tagebuchschreiben ist man allein mit sich, beim Briefschreiben existiert ein Gegenüber, kommt Resonanz. Tagebücher enthalten die ganze Vielfalt der Erlebnisse, Empfindungen und Reaktionen in schonungsloser Offenheit; in Briefen verfährt man mit Bedacht rücksichtsvoller – der Empfänger sollte Freude, Verständnis oder auch manchmal Trost aus den Worten spüren.

Irgendwann – vielleicht war ich dreißig oder noch früher – versuchte ich Geschichten zu schreiben, Erlebtes in Worten nachzuzeichnen. Aber sie blieben unfertig, gefielen mir nicht, wenn ich sie nach einer Weile wieder las. Nichts stimmte. War es der Mangel an Erfahrungen, schlechter Stil, zu beladen? Ich ließ es auf sich beruhen, dachte, später, erst später werde ich schreiben, wirklich schreiben. Später ... Das war nach dem 2. Weltkrieg in den sechziger Jahren, da schrieb ich zwei kleine Geschichten, im Alltag erlebt. Sie erschienen in der Frankfurter Neuen Presse. Das machte mir Mut. Ich begann mit einer größeren Erzählung. Es war – was im Alter nahe liegt – die Rückerinnerung an die Kindheit und an all das Verlorene. Ich wollte meinem "Ferienparadies" Rahnsdorf (bei Berlin) ein Denkmal setzen. Wie es damals war; wie ich es erinnerte; wie ich es erlebt hatte. Daraus wurde mein erstes Buch.

Doch dazwischen lag ein langer Weg. Um meinen Stil, das Handwerk des Schreibens zu verbessern, nahm ich an einem Fernstudium bei der Famous Writers School, München teil. Es sollte drei Jahre dauern. Doch nach ein und einhalb Jahren ging die Schule pleite und hinterließ viele enttäuschte Studenten. Ich hatte eigentlich während des Studiums so viel gelernt, daß ich mich allein auf den weiteren Weg machte. "Rahnsdorf" schrieb ich in aller Stille weiter, immer, wenn ich Zeit dazu fand.

Durch die Arbeit mit behinderten Kindern und Jugendlichen in unserer kirchlichen Gemeinde kam ich mit unserem Pfarrer in freundschaftlichen Kontakt. Als er von meiner "Schreiberei" erfuhr und einige Kurzgeschichten von mir las, schickte er sie kurzerhand an die "Junge Gemeinde" in Stuttgart. Warum sollen sie in der Schublade liegenbleiben? Das war 1973. Seitdem bin ich Autorin in diesem Verlag, bei dem dann auch mein "Rahnsdorf-Buch" erschien.

Ich schrieb drei (kleine) Bücher und etwa 20 Kurzgeschichten. Nirgends habe ich Autobiografisches verwendet. Nur die Beschreibung von Rahnsdorf und seiner Umgebung ist authentisch, so wie es damals vor etwa 60 Jahren gewesen war. Auch die Beschreibung der Insel Spiekeroog in meinem dritten Buch. Geschehnisse und Figuren habe ich immer frei erfunden. Wenn man lebenslang interessiert beobachtend Anteil nimmt an Menschen, Schicksalen, Ereignissen und am Leben der Natur, hat man einen Vorrat, aus dem man leben und schreiben kann. Allzu Persönliches bewahre ich lieber im Hintergrund.

Wenn ich nicht mehr schreiben könnte, wären meine Tage viel ärmer. Es war immer ein Teil meines Lebens.

Irma Zmuda
(Zuschneiderin, Verkäuferin, Mutter, geb. 1908)

Ludwig-Uhland-Institut!

Hatte mich sehr über Ihr Schreiben vom Juli 81, betreffs meine Erlebnisse mit dem Schreiben zu schildern, gefreut. Aber leider konnte ich nicht eher Ihrem Wunsch entsprechen und will das hier nun nachholen.

Man sagt. “Ein Rentner hat keine Zeit!”, und ich bin dafür ein gutes Beispiel, ich habe tatsächlich keine Zeit.

Ich schreibe alle zwei Jahre für einen bunten Abend, Programmdauer zirka zwei Stunden. Wir d.h. die Bewohner der Hoka Siedlung (162 Fam.) warten schon immer auf mein Schreiben und auf das Übenkönnen. Habe 25 Mitspieler, zu denen ich immer die passende Rolle schreibe. Wir haben viel Spaß am Üben, und die Zuschauer nachher sind hell erfreut über die frohen Stunden. Ich schreibe nur lustige Stücke, denn Humor kommt immer an. In diesem Jahr schrieb ich das Stück “Wo geht die Reise hin?” Bühnenbild war ein Reisebüro, mit Reisebüroleiter und einer Sekretärin. Ein Ehepaar will vier Wochen verreisen, ist sich über das Reiseziel noch uneinig. Weder Reiseart noch Orte sagen ihnen zu. Darum zeigt der Reisebüroleiter ihnen Filmausschnitte, von Menschen mit ihren Eigenarten und deren Ländern. Es ist aber kein Film, sondern die Mitspieler übernehmen die Rollen. Die Zwischentexte, auch einige Sketche, habe ich selbst geschrieben, auch die jeweiligen Tänze ausgearbeitet und eingeübt. Bei Holland hatte ich den Holzschuhtanz aus Zar und Zimmermann. Für Bremen schrieb ich was von einer Butterfahrt, Stuttgart zwei fröhliche Zecher, Finsterwalde vier Sänger, Spanien eine Gerichtsverhandlung und einen flotten Tango, usw. Es steckt sehr viel Arbeit darin. Da es in diesem Jahr im November war, hatte ich wirklich keine Zeit, so gern ich auch schreibe. Dann kommen noch einige und möchten ein Weihnachtsgedicht haben.

Ich schrieb dies alles nur, um zu erklären, ich hatte wirklich keine Zeit. Denn wenn ich schreibe, muß ich auch darauf eingestellt sein und dafür Ruhe haben.

Mit freundlichem Gruß
Irma Zmuda

Walburga Böhme
(Lageristin, gelernte Kinovorführerin, Hausfrau, Mutter, geb. 1909)

Sehr geehrter Herr Dr. Bernd Jürgen Warneken!

Heute endlich möchte ich Ihren netten Brief vom Juli 1981 beantworten. Zu meiner Person: Als 3. Kind eines Geschäftsmannes geboren 1909 – 1916-1924 bis zur 8. Klasse die Volksschule besucht. Aber es waren nur 6 Jahre, weil Kohlenmangel, Siegesfeiern, keine Lehrer, Krankheit usw. –

Der Vater 1915 gestorben. In der Schule nicht schlecht, das einzige war meine Rechtschreibung. Der Lehrer sagte immer zu meinen Aufsätzen, sie wären sehr gut, fast immer wurden sie vorgelesen. Sogar ausgestellt, nachdem der Lehrer sie korrigiert hatte und ich diese dann noch einmal schreiben mußte. Ja wer sollte mir helfen, die Mutter hatte mit 3 Kindern genug Sorgen. Als der Vater starb, war er Mitinhaber von Kaffee Bauer in Leipzig. Dann kam die Inflation und alles war weg. Die Mutter verkaufte ein Stück nach dem anderen. Sie war nicht so wie unsereins heute, sie war unselbständig. Sie kam aus Apolda (Thr.) auch aus einem Geschäftshaus, der Großvater war Hofbäckermeister. Wenn sie erzählte abends in der Dämmerstunde, daß sie abends nach Geschäftsschluß mit dem Dienstmädchen und der Schwester 3 Säckchen mit Goldstückchen zählen durfte. Vielleicht wird das zu lang ausgeholt. Es kam noch vieles dazwischen. Ich habe das alles in meiner Geschichte (Die große Liebe) aufgeschrieben. Es ist eigentlich mein Lebenslauf. –

Diesen Lebenslauf habe ich 1964, als wir in die Bundesrepublik gingen, von einem jungen Mann mit der Maschine abschreiben lassen mit 3 Durchschlägen und diese an 3 verschiedene Adressen hier herüber geschickt. Nur 1 kam an. Aber ich habe eine Sache hineingeschrieben, worüber ich mich wirklich heute schäme, weil sie nicht auf Wahrheit beruht. –

Und ich dachte, vielleicht kann man doch mal diese Geschichte, die eigentlich viel auf Wahrheit beruht, veröffentlichen. Nein, sie liegt noch genau so da, das Papier ist schon sehr alt geworden. Sollten Sie Interesse haben, ich gebe sie Ihnen gern. Es ist alles wahr bis auf den einen Punkt, den ich schon erwähnte. Ich habe oft einen Drang, etwas Erlebtes niederzuschreiben, aber weil die Gedanken so schnell kommen und ich dann zu schnell schreibe und ich an die Rechtschreibung denke – dann ist es vorbei. Die Geschichte oder das Erlebte ist noch im Kopf. Oft denke ich an meinen guten Lehrer, Herr Menksch, so hieß er. Wenn er sagte: "Es ist so schade um dich, Walburga, aus dir könnte etwas werden". Diese Worte höre ich bei jedem Brief, den ich schreibe, es verfolgt mich noch heute. "Die Rechtschreibung".

Dann ging ich 2 Jahre, als ich aus der Schule kam, nach Bad Sulza, lernte Kochen, Nähen, eben Hauswirtschaft, das war immer alles gut, mit dem Rechnen kam ich sehr gut hin. Eine gute Hausfrau bin ich geworden. Wir sind 53 Jahre verheiratet, mein Mann war immer zufrieden mit mir, unsere Ehe ist noch immer glücklich. Mein Mann ist 83 Jahre alt und ich 72. Wir leben einwandfrei und gesund. Haben aber auch viel durchgemacht, wie man so sagt. Freud und Leid miteinander geteilt. – Dann lernte ich Lageristin in einer großen Fabrik in Leipzig. Ein Jahr bevor ich ausgelernt habe, heiratete mein Mann mich weg. Mein Mann war schon kriegsbeschädigt 1915 und er war auch schon 2 Jahre als Globetrotter in Brasilien. Wegen Gelbfieber zurückgekehrt. – Mein Tagebuch ist im 2. Weltkrieg mit verbrannt. Kleine Zeitungsartikel schrieb ich, viel Leserbriefe schrieb ich. Wie schon gesagt, Aufsätze schrieb ich gern. Diktate waren das Schlimmste für mich, geschrieben habe ich alles schnell, aber leider achtete ich nie auf die Fehler. Der Lehrer hat mir nicht die Lust am Schreiben genommen. Oft tröstete er mich und sagte: "Aber es wird schon werden, wenn du älter bist". Es geht in mir etwas vor, wenn ich schreibe, aber was ist das? Ein Poesiealbum wurde geführt. Auch da habe ich kleine Gedichte selbst gemacht. Das Bedürfnis zum Schreiben war da. Aber damit auch die Hemmungen wegen der Rechtschreibung. Zum Nachlernen kam ich nicht (Volkshochschule), die Zeiten wurden ja immer schlechter, und als erwachsener Mensch hatte ich auch da Hemmungen, was sollte man von mir denken in meinem Alter. Mein Mann war immer lieb zu mir, er sagte kein böses Wort darüber, die Grundbegriffe habe ich von ihm. –

Briefe schreibe ich viel und mit Überlegung. Genau dieser Brief an Sie, verehrter Herr Dr. Warneken, ist bestimmt nicht gut ausgefallen. Aber wenn Sie ein Forscher sind, wissen Sie auch, wie es in meinem Inneren ausschaut. –

Ein Erlebnis sende ich Ihnen mit, was mich heute noch bewegt. Das auf dem Friedhof. Zum Beispiel, daß ich am Wettbewerb mitmachen wollte, war, weil ich zu gern der heutigen jungen Welt sagen wollte, was einmal war. Es ist ja so viel Schlimmes, was auch heute tagtäglich passiert. Gesagt muß vieles werden, aber was macht die Jugend. Das ist zu viel, da könnte man ja Bände schreiben. Und auch deshalb machte ich mit beim "Erzähl doch mal". –

(Folgen noch allgemein-biographische Passagen und der Briefschluß, B.J.W.)

Else Reuß
(Hausfrau, Mutter und Großmutter, geb. 1910)

Ihr Vorschlag vom Juli dieses Jahres – etwas zum Thema "Meine Erlebnisse mit dem Schreiben" zu schreiben – bringt mich trotz all Ihrer guten Ratschläge und Anregungen doch etwas in Verlegenheit.

Ich schrieb Ihnen schon einmal, daß ich mich so gar nicht als "Autor" fühle – daran liegt es wohl.

Ich muß jedoch zugeben, daß ich gerne schreibe! Schon als Kind dachte ich mir Spiele aus, die ich dann mit Melodie als singendes Kreisspiel meinen Schulkameraden beibrachte – so in der Art: "Zeigt her Eure Füßchen" usw. Solch ein Gedanke packte mich dann und ließ mich nicht wieder los, bis ich alles hintereinander hatte.

Das hat sich dann später fortgesetzt und zwar so, daß bei Familienfeiern immer etwas Gereimtes vorzutragen war – und zwar in der Art, daß Geschehnisse, Eigenarten einer Person, in vor allem spaßiger Art dargestellt wurden. Aber auch schwere und traurige Erlebnisse hielt ich gerne schriftlich fest. Da die Wohnverhältnisse in der Zeit, wo es die meisten Erlebnisse gab, so unwürdig waren (4 Mann in einem Zimmer), gab es gar keine Gelegenheit z.B. ein Tagebuch zu führen. – Ich mußte es aber loswerden – da nutzte ich das Briefeschreiben zum Schildern der Erlebnisse an unsere weit von uns lebenden Lieben.

Natürlich gab es ein Poesie-Album, schööön mit tollem grünen Ledereinband! Das erste Blatt füllte meine Großmutter mit einem langen Gedicht auf mich – wovon mir nur noch Bruchstücke im Gedächtnis sind – wie:

"Bist Du auch noch jung an Jahren,
hast manches Du doch schon erfahren.
Wenn es hieß – die Flieger sausen – (1. Weltkrieg in Köln)
mußtest Du in den Keller laufen,
spielst auch schon Hausmütterlein,
ist die gute Mutter krank,
hurtig machst Du alles blank.
Bist auch in der Schule tüchtig,
dabei machst Du Dich nicht einmal wichtig.
Bleib auch so in künftigen Jahren,
Gott mag Dich beschützen vor Gefahren".

Es war davor noch einiges – und hinterher kam auch noch was – aber das ist mir entfallen. Der Sohn meiner Großmutter – also mein Onkel – schrieb in das gleiche Buch:

"Rosen, Tulpen und Narzissen
das ganze Leben ist – ein Traum!",

was mich von nun an daran hinderte, das Album noch jemandem – vor allem meinen Lehrern – vorzulegen.

Das Buch selbst ist im 2. Krieg "geblieben".

Ich erwähne diese Angelegenheit deshalb, um zu sagen, daß da wohl etwas "Vererbtes" oder "Geerbtes" ist. Denn dieser "schlimme" Onkel schrieb Gedichte und Lieder – machte Vorträge – dies war seine Stärke – er unterhielt ganze Gesellschaften – Vereine – und natürlich die Familie. – Es war eine fröhliche Familie (sie lebte in Köln, etwa deshalb?). – Jeden Sonntag kamen wir zusammen mit Onkeln, Tanten und Oma, und es wurde soooo viel gelacht! Die Bauchmuskeln und die Kinnladen machten am Montag dann arg zu schaffen. Ob dies wohl eine gesunde Gymnastik war? Ich weiß nicht – sehr alt sind alle diese Lacher nicht geworden, wenigstens für heutige Begriffe.

Diese Fröhlichkeit war ich gewohnt, deshalb wohl war es auch enttäuschend für mich – als ich bei der Hochzeit meiner Töchter, (die aus Platzmangel bei uns für einen so großen Gästekreis jeweils in den Häusern der Schwiegereltern gefeiert wurden), die anwesenden Gäste besinnlich betrachtete. – Ja, gut gegessen und getrunken hatte man – und viele Reden waren geschwungen – dann saß man beisammen – was nun? Die älteren Herren griffen zu ihrem Verbindungsbuch und sangen unentwegt ihre Lieder – die Frauen und nicht Singfreudigen hörten zu und ermüdeten dabei sichtlich. Die jugendlichen Gäste saßen mit verträumten Blicken – melancholisch hingegossen der ganze Körper –, in irgendwelchen Ecken – oder klebten hingegeben aneinander und traten auf der Stelle sprich: tanzten. Waren es vielleicht die akademischen Kreise? Oder gibt es wirklich heute nicht mehr diese ausgelassene, harmlose – so recht aus dem Herzen kommende Fröhlichkeit? Ja – ob man es zugeben will oder nicht – es ist eben tatsächlich manches anders geworden.

Sie fragen an einer Stelle Ihres Briefes: wie sich die Eltern zu den ersten eigenen Dichtungen stellten. – Ach je! Das wußten sie überhaupt nicht! Das wurde alles heimlich gemacht – es wäre ja auch ganz gewiß nicht als etwas Besonderes hingenommen – höchstens belächelt worden!

Eine andere Sache, die das Verhältnis Eltern – Kind kennzeichnet:

So hatte ich nie Schularbeiten auf – d.h. ich sagte dies – warum? – weil ich Angst vor den Korrekturen hatte. Die fertigen Schularbeiten mußte ich meinem Vater vorlegen – davor hatte ich Angst! Da machte ich einfach keine, ging dafür morgens ganz früh aus dem Haus zur nächsten Schulkameradin, um dort in aller Eile, während die sich noch fertig machte, meine Aufgaben zu machen und z.T. abzuschmieren – vor allem in Mathematik. Deshalb hätte mir die "Mathe" bei der Endprüfung auch beinahe das Genick gebrochen. Ja – aber die Angst, die Angst, die Angst – denn es gab beim Nachsehen Gebrülle und auch Wichse! Dabei hatte ich sehr gute und liebevolle Eltern. Mein Vater war Offizier gewesen – vielleicht mußte er den Kasernenton in dieser Form zuhause weiterführen. – ? – Mit 16 Jahren bekam ich eine kleine Schwester.. Bei ihr war alles anders! Dafür hat sie weder die höhere Schule besucht (weil sie nicht wollte!) noch ihre Lehre auf dem Rathaus vollendet – weil sie nicht mehr mochte – aber im BDM war sie beliebt! Also: es hat sich vieles und auch nichts verändert – alles war schon einmal da!

Was nun mein Schreiben hier und jetzt anbelangt, so kann ich sagen: ich tue es gerne! Es fehlen mir zwar alle fachlichen Voraussetzungen, deshalb fühle ich mich auch nicht als Könner! – Es macht mir Freude – nicht nur mir, denn – ohne Größenwahn kann ich sagen, daß nahe und ferne Freunde und Bekannte mir schon manchesmal sagten, daß sie meine Briefe mögen – sie so gerne lesen. Es liegt vielleicht daran, daß ich mich beim Briefeschreiben so fühle, als säße mir der Partner gegenüber.

Da unsere Jahrgänge (mein Geburtstag: 18.6.1910) so unendlich viel erlebt, und ich glaube schon sagen zu können, erlitten haben, gäbe es Schreibstoff in den verschiedensten Arten, und ich glaube schon, wenn ich "gezwungen" würde, daß mir da so manches einfallen würde – es ist ja so viel erlebt worden – 72 Jahre ist eine soooo lange Zeit! Da ich aber, wie ich schon schrieb, fachlich nicht tüchtig genug bin, um alle diese Erlebnisse betr. Aufbau und sonstige Schreibgesetze – so richtig und gut in Worte fassen zu können, ist es sicherlich recht gut, daß ich bis jetzt absolut keine Zeit und Muße zum Schreiben fand.

Auch wenn ich manchmal möchte – da sind jedoch die Kinder und die Enkelkinder, die mich immer wieder brauchen. Irgend etwas ist stets los, und Oma wird gebeten zu kommen. Kehrt man nach solchem Besuch heim, muß ich mich erst wieder im eigenen Haushalt zurechtfinden, Liegengebliebenes muß aufgeholt werden – das Tägliche kommt dazu, und wenn ich das Gleichgewicht wieder habe, flattert ein neuer "Hilferuf" ins Haus – also: es ist keine Zeit zum Schreiben da!

Bin ich bei den Kindern, ist es u.a. eine recht große Freude für mich, wenn z.B. meine Tochter vom zu Bett Bringen des kleinen Sohnes in den wartenden Familienkreis zurückkehrt mit den Worten: "Oma soll kommen, die kann so söne Geschichtschen erzählen." Ganz "gefaßt" – aber innerlich recht glücklich, geht Oma dann zum Kinderbettchen. Dort spielt sich das dann so ab: Enkelsohn sagt irgendein Wort – ganz egal was – und davon erzählt Oma dann eine Geschichte – die aber immer damit enden muß, daß der kleine Held oder die Heldin zum Schluß ganz ganz tolle müde ist und schlafen möchte – dazu einige Male kräftiges Gähnen und "weg ist ER"!

Glauben Sie es mir, daß so was recht glücklich macht?

Ob Sie nun allerdings mit dieser – meiner Antwort sehr glücklich sind, bezweifle ich schon etwas.

Ich hätte ganz gerne eine Geschichte – etwas Erlebtes geschrieben, aber wie schon gesagt, dazu müßte ich Ruhe und Muße haben – und die war eben nicht! Ich glaube aber auch, daß diese Familieneinsätze wichtiger sind als alles andere – was meinen Sie?

In der Hoffnung, daß Sie von diesem Bericht nicht allzusehr enttäuscht sind – ich schrieb halt so, wie es mir gerade in den Sinn kam – es würde mich freuen, wenn Sie eine winzige Kleinigkeit darin für Ihre Arbeit finden würden – mit all diesen eigenen Wünschen grüße ich Sie und Ihre Mitarbeiter und wünsche Ihnen alles Gute – alles Schöne für die kommenden Festtage.

Ihre Else Reuß

Maria Pauler
(Maschinenstrickerin, Gärtnerin, Hausfrau, geb. 1911)

Meine Erlebnisse mit dem Schreiben

In der Schule hatte ich es nicht ganz leicht, denn ich stamme aus Ungarn, und da mußten wir Ungarisch und Deutsch schreiben, da wurde so mancher Buchstabe verwechselt. Wenn man in der Schule nur eine Sprache lernt, ist es besser sie zu begreifen, als wenn man zwei gleichzeitig lernen muß, und so ist es dann vorgekommen, daß einem das Rechtschreiben bei Diktaten recht schwer fiel und man viele Fehler machte, wie es bei mir war. Ich war froh, als ich aus der Schule kam. Weiter studieren konnte ich nicht, denn früher mußte man viel bezahlen dafür und meine Mutter konnte sich das nicht leisten, denn sie war Witwe. Mein Vater starb im Krieg 1914, so mußten wir auf manches verzichten. Mit dem Briefeschreiben hatte ich früher nichts zu tun, denn die ganze Verwandtschaft war in einem Dorf. Als ich dann mit 19 Jahr geheiratet habe und schon 4 Kinder hatte, da ging eine ins Kloster und das war sehr weit von uns weg (200 km). Da fing ich an mit Briefe schreiben. Sie fragen vielleicht: Warum so weit? Da hätte es bestimmt näher auch ein Kloster gegeben. Ja, das hätte es auch, und zwar ganz nah, 6 km von uns. Aber unsere Muttersprache war deutsch, wir konnten nur gebrochen ungarisch reden, so wurden wir als Schwaben überall von den Ungarn verstoßen, so ungefähr wie hier die Ausländer, und so konnte ein Schwabenkind in einer höheren Schule nicht hoch kommen, das war so eine Art Rassenhaß. Darum ging unsere Tochter so weit fort ins Kloster, weil dort war eine Schwäbin aus unserem Dorf Oberin. In diesem Kloster ging dann alles gut. Nur leider dauerte dies nicht lange, da eben Krieg war, und so wurde aus dem Kloster ein Lazarett, und die Kinder mußten wieder heim. Da wurde auch mein Mann eingezogen zum Militär (im Jahre 1944 am 10. Sept.). Hier ging es dann weiter mit Briefschreiben. Er kam nach Kroatien. Zu jener Zeit kämpften schon die Deutschen und die Ungarn miteinander gegen Rußland. So mußte ich schon oft Briefe schreiben. In der Zeit fing ich auch an, ein Tagebuch zu führen, was jeden Tag vorging. Das ganze Dorf war voll von Soldaten, wir hatten fast das ganze Jahr welche im Haus. Mit einem stehen wir jetzt noch in schriftlicher Verbindung, er ist aus dem Elsaß. Einer ist gefallen, und einer hat uns sogar seine Heimat-Adresse gegeben, im Fall wir auswandern. Wir hatten alle freundlich aufgenommen, als ob sie zu unserer Familie gehörten. Ich dachte, wenn ich die Soldaten so freundlich aufnehme, wird vielleicht auch mein Mann irgendwo in der Fremde freundlich behandelt. Ende 1944 fing das Auswandern an nach Deutschland, da der Russe schon im Land war. Mit dem 1. Transport reisten meistens die, welche SS-Angehörige hatten, mit dem 2. meistens junge Frauen und Kinder, da waren auch wir dabei. Ich war damals 33 Jahr. Männer gab es nur noch ganz wenige, und das waren bloß alte und kranke. Es ging auch noch ein 3. Transport, aber dann wurde die Strecke umzingelt von den Russen und es konnte niemand mehr fort, die übrigen mußten sich dem Schicksal fügen. Da schrieb ich viele Briefe, weil wir alle so zerstreut waren im Land. Als wir nach Weihnachten 1944 unseren Angehörigen schreiben wollten, wie wir Weihnachten verbracht hatten, ging keine Post mehr durch, so ungefähr ein halbes Jahr lang. Es kam dann der Zusammenbruch 1945 im April. Da liefen die Soldaten alle durcheinander, alle wollten heim, die noch am Leben waren, aber das war nicht so leicht, da doch alles bombardiert war, viele kamen in die Gefangenschaft, darunter auch mein Mann. Dann Ende Januar 1946 ging wieder ein Transport nach Deutschland, es fing die Ausweisung an, die meisten Deutschstämmigen mußten dann fort. Unter denen waren auch meine Angehörigen und Verwandten dabei. Nach langem Suchen fanden wir sie alle, und so kamen viele zerrissene Familien wieder zusammen. Auch mein Mann kam wieder aus der Gefangenschaft, es war eine harte Zeit, die Not war groß. Es gab Lebensmittelkarten und Bezugsscheine, wenn man Kleidung brauchte. Man konnte mit Geld nicht viel anfangen. So haben wir uns so langsam hierher gewöhnt und wurden hier angesiedelt in Lehrensteinsfeld. Unsere Kinder konnten dann wieder in die Schule gehen. Es kam auch die Währung und so mußte man wieder von neuem anfangen zu sparen, und so konnten wir im Jahr 1950 in unser Siedlungs-Häusle einziehen, hatten wieder ein Zuhause und waren glücklich. Unsere älteste Tochter war anfangs in einem Haushalt bei einem Bauern, später ging sie in die Fabrik arbeiten, um mehr zu verdienen. Die zweitälteste konnte dann endlich ins Kloster. So langsam kamen auch die zwei Buben aus der Schule. Die lernten gleich einen Beruf. Der eine wurde Zimmermann, der andere Automechaniker. So konnten wir dann in einigen Jahren unsere Schulden für unser Siedlungs-Häusle bezahlen. Auch ich mußte Geld verdienen helfen. Wir konnten uns auch einen Acker kaufen. Unsere zweite Tochter war, bevor sie ins Kloster ging, 1 Jahr im Haushalt bei unserem Pfarrer. Dann schickte er sie in ein Kloster, um einen Kurs zu machen. Die lernte dort Maschine schreiben und Stenografieren, kam dann zurück und arbeitete eine Zeit lang im Pfarrhaus als Sekretärin, dann ging sie wieder ins Kloster und trat ein bei den Dominikaner-Schwestern in Strahlfeld. Mußte dann 2 Jahr nach England in die Schule, um perfekt die englische Sprache zu lernen, und dann zog sie als Missionsschwester nach Afrika. Sie war sehr begabt, ging nach Salisbury auf die Universität und wurde als Lehrerin ausgebildet. Später kam sie nach Zambia und hat dort eine Eheschule gegründet für schwarze Mädchen. Kam dann wieder zurück nach Salisbury (Rhodesien) und wurde zur Generaloberin gewählt für 6 Jahre. Da hörte das Briefeschreiben nicht mehr auf. Da in Rhodesien 7 Jahre Krieg war, reiste sie von einem Kloster ins andere, um den Schwestern Mut zu machen, damit sie nicht davonlaufen und die Schwarzen allein lassen. So geschah es, daß sie auf einmal 6 Tote von ihren Schwestern vor sich hatte. Sie war sehr entsetzt und fing an zu kränkeln, und so konnte sie sich nicht mehr ein zweitesmal aufstellen lassen als Generaloberin. Sie meldete sich dann auf einen ganz gefährlichen Platz als Lehrerin. Dort konnte sie aber die rauhe Luft nicht ertragen und wurde ernstlich krank, mußte in die Schweiz in eine Nerven-Klinik. Die Krankheit dauerte mehr als 1 Jahr, als sie dann gesund war, kam sie heim und wir feierten dann unsere Goldene Hochzeit. Sie besuchte auch ihren Pfarrer, der in der Zwischenzeit nach Österreich übersiedelte. Durch den Pfarrer dort lernte sie einen Priesterkandidaten kennen, dem die Mittel nicht ganz reichten zum Studium. Sie bat mich, ich solle diesen Priesterkandidaten monatlich mit einer bestimmten Summe unterstützen, damit er Priester werden kann. Ich sagte zu, und so fing das Briefeschreiben wieder von Neuem an. Als meine Tochter ihr 25. Jubiläum feierte, schrieb ich auch einen Zeitungsbericht. Ich schreibe auch ihren ganzen Lebenslauf nieder, aus ihren

Briefen such ich die wichtigsten Punkte heraus und schreibe sie nieder. Es macht mir alles Spaß, und so können auch später unsere Nachkömmlinge alles lesen, damit es nicht in Vergessenheit gerät, denn es waren ganz interessante Zeiten. Sie werden uns alle in bester Erinnerung bleiben, sie sind nicht so leicht zu vergessen. Da ich jetzt schon das 70. Jahr überschritten habe, so habe ich recht viel Zeit für solche Sachen, damit ich mein Brot nicht umsonst esse. Früher sangen wir alle miteinander das Lied "nach meiner Heimat zieht's mich wieder", was aber jetzt gar nicht mehr der Fall ist, seit ich vor 10 Jahren meine Heimat gesehen habe.

Ursula Foertsch
(Sozialpädagogin, geb. 1911)

Meine Erlebnisse mit dem Schreiben

Als ich ein Kind war, schrieb ich wie ein Kind, schön, gerade und sauber. Zu meiner Zeit wurde noch viel Wert auf Schönschreiben gelegt, und meine Mutter achtete eifrig darauf, daß sich kein Tintenklecks in meinen Heften einschlich. Diese äußere Form des Schreibens habe ich mich bemüht, auch in späteren Jahren beizubehalten.

Heute allerdings hat die Schreibmaschine weitgehendst diese Arbeit übernommen. Vielfach hat dies Bedenken aufkommen lassen, besonders inbezug auf Privatbriefe, ob diese nicht dadurch eine gewisse Wärme einbüßten. Nun, das muß nicht unbedingt sein und hängt ganz vom Schreiber ab. Es gibt durchaus handgeschriebene Briefe, deren Inhalt auf einen "kalten" Absender schließen lassen und bisweilen Verletzungen hervorrufen, die sogar schwarz auf weiß schwerer wiegen als das gesprochene Wort.

Einen Vorteil hat die Schreibmaschine zweifelsohne, indem die Briefe umfangreicher sein können, besonders dann, wenn es sich beispielsweise um die Beschreibung einer Urlaubsreise handelt. Wem täte nicht das Handgelenk nach einem sechsseitig gekritzelten Brief weh? Dabei enthält er vielleicht nur die Hälfte von einem vierseitigen Schreibmaschinenbericht. Ganz zu schweigen von Geschäftsbriefen, die einem durch einen Durchschlag gleich die Abschrift mitliefern. Wie schrecklich, wenn der Brief noch einmal abgeschrieben werden müßte.

Gar nicht so selten gibt es aber auch Menschen, die ausgesprochen schreibfaul sind und nur mit Widerwillen vor dem weißen Blatt Papier sitzen.

Was meine Person anlangt, so habe ich schon als junges Mädchen mit Eifer umfangreiche Briefe an meine auswärtigen Freundinnen verfaßt. Mit Grauen denke ich dabei jedoch an die zwangsweisen Dankesbriefe an Großeltern und Tanten nach einem Geburtstag oder Weihnachten.

Häufiges Briefeschreiben fördert nebenbei die Gewandtheit im Ausdruck. Und damit sind wir bei der tieferen Bedeutung des Schreibens überhaupt. Sprechen wir nicht von dem guten oder schlechten Stil eines Buches, ganz abgesehen von den nur als minderwertig einzureihenden Artikeln mancher Zeitungs- und Wochenschriften? Viele Menschen gibt es heute, die sich als "Schmierfinken" berufen fühlen. Doch ihr Produkt ist nicht wert, ein zweites Mal gelesen zu werden.

Nie hätte ich mir träumen lassen, selbst einmal zu dieser Menschengruppe zu zählen. Zwangsweise brachte dies zunächst mein Beruf mit sich, der Berichte verschiedenster Kategorien erforderte. Dazu gehörten ebenso Reiseerlebnisse wie Protokollabfassungen und haben schließlich zu einer gewissen Schreibgewandtheit geführt.

Eines Tages fand ich in der Monatsschrift "Das Beste" eine Aufforderung zu einem kostenlosen Test bezgl. der Fähigkeit des Schreibens. Damit im Zusammenhang stand der Hinweis auf eine Schule des Schreibens, zu der aber nur wirklich Begabte zugelassen werden sollten. Nie hatte ich den Gedanken, mich ausbilden zu lassen. Nur interessierte mich der Test, der kostenlos war. Er beinhaltete Satzformulierungen, Orthografie, Interpunktion, korrekte Grammatik, Kurzfassung eines langen Artikels etc. Die entsprechenden Unterlagen sandte ich ein und hörte monatelang nichts. Es war für mich die Bestätigung, nicht zu den Befähigten zu gehören.

Doch eines Tages erschienen zwei Herren in meiner Wohnung und teilten mir das Ergebnis dieses Testes als überdurchschnittlich bewertet mit. Ein langes Gespräch schloß sich an, in dessen Verfolg sie sich ganz offensichtlich ein Bild sowohl von meiner Person als solcher als auch meiner Tätigkeit mit den entsprechenden Erfahrungen machen wollten. Am Ende fanden sie mein Leben so interessant, daß sie drängten darüber zu schreiben, weil dies auch für andere wertvoll sein könnte. Zudem sei dies ein gutes Hobby für Freizeit und Ruhestand, womit sie zweifellos recht hatten. Nun, nach längerem Hin und Her habe ich mich breitschlagen lassen, zumal Autoren wie Rudolf Pörtner, u.a. bekannt durch "Mit dem Fahrstuhl in die Römerzeit", Werner Keller mit seinem berühmten "Und die Bibel hat doch recht", Luise Rinser, Jürgen Thorwald u.a.

im Gremium saßen, was auf ein seriöses Unternehmen schließen ließ. Im übrigen handelte es sich um einen zwei bis drei Jahre langen Fernkursus, der keine besondere zusätzliche Belastung bedeutete. Auf diese Weise gelangte ich in den Besitz eines international anerkannten Diploms, nach dem ich allerdings nie gefragt worden bin.

Was ich dabei gelernt habe? In erster Linie keine Bandwurmsätze zu bauen, wie sie früher üblich waren. Auch heute finden wir sie noch – dem Himmel sei's geklagt – in Zeitungsartikeln und im Bürostil, womit dem Leser das Verständnis des Inhalts oft recht schwer gemacht wird.

Niemand in meinem Mitarbeiterkreis hat etwas von diesem Unternehmen erfahren. Doch erwähnenswert ist, daß meine Sekretärin eines Tages die Feststellung traf, daß sich mein Berichtsstil gegenüber früher geändert habe und ihr jetzt besser gefiele. Siehe da. Es hat sich doch gelohnt.

Jetzt begann es mich zu jucken. Nicht nur Fachartikel, zu denen ich veranlaßt wurde, genügten mir. Kleinere Artikel aus meinem Erfahrungsbereich fanden gelegentlichen Eingang in Zeitschriften, und schließlich wagte ich mich an mein erstes Buch "Nächstenliebe war ihr Werk" (Bedeutende Frauen in der sozialen Arbeit). –

Ich schrieb es aus Spaß an der Freude. Daß es so freundliche Aufnahme fand, und schon nach einem Vierteljahr die zweite Auflage nötig wurde, war Lohn für die Mühe, die die Beschaffung des Materials gekostet hatte. Von bemerkenswertem Verdienst kann dabei keineswegs die Rede sein. Geistige Arbeit wird schlecht bezahlt. Die Einnahme liegt im allgemeinen zwischen 7 und 12 Prozent vom Ladenpreis. Das sollte all denen einmal gesagt werden, die glauben, daß sich auf diese Weise Reichtümer sammeln lassen. Da muß es sich schon um Millionenauflagen handeln, die evt. ein Film- oder Fernsehstar erreicht. Doch Sachliteratur ist weniger gefragt. Dem Verleger geht es vor allem um den Gewinn. Quantität ist ausschlaggebender als Qualität. Das heißt, er richtet sich nach dem Geschmack des Durchschnittspublikums. Und dieser ist leider nicht überwältigend. Das Medium Fernsehen, in dem alles mehr oder weniger bequem vorgekaut wird, nimmt die Zeit, ein gutes Buch zur Hand zu nehmen. Dabei kann dem Menschen durch das geschriebene Wort vieles nahe gebracht werden, das zum Nachdenken anregt. Doch Denken ist mitunter mühsam.

Diese negative Seite des Buchvertriebs habe ich in den letzten zwei Jahren sehr zu spüren bekommen. Wenngleich guter Stil, Sachlichkeit, einwandfreie Diktion und dergleichen mehr von den Verlagen bescheinigt wird, so lehnen sie doch die Übernahme des Manuskriptes in den meisten Fällen aus finanziellen Gründen ab. Oder aber es paßt nicht in den Trend unserer Zeit. Wo bleibt da die freie Meinungsäußerung? Immerhin gibt es Menschen, die sich sehr eine Veröffentlichung wünschen, nachdem ihnen der Inhalt der Werke bekannt geworden ist.

So landete außer "Mein Leben – Sein Sieg", die Lebensgeschichte der Corrie ten Boom betreffend, bisher nichts auf dem Markt. Daher war der Wettbewerb "Erzähl doch mal" für mich eine Gelegenheit, wieder einmal zur Feder zu greifen.

Martha Burk
(Hauswirtschaftsberaterin, Hausfrau und Mutter, geb. 1911)

Meine Erlebnisse mit dem Schreiben!

Ja, da reichen meine Erinnerungen bis ins erste Schuljahr zurück. Schreiben, Diktat und besonders Aufsätze haben mir eigentlich immer Freude gemacht. Poesie-Alben wanderten in der Schulzeit immer von einem zum andern. Zu Gedichten habe ich es nur zu einem einzigen gebracht. Als ich erwachsen war, habe ich mit lieben Menschen im Briefwechsel gestanden. Im 2. Weltkrieg habe ich täglich meinem Mann ins Feld geschrieben und ihm viel von seinen Buben erzählt.

Ja, und als das Telefon ins Haus kam, da ließ das Schreiben nach. Denn zum Hörer greifen und anzurufen ist doch recht bequem. Mit meinen Kindern in Duisburg bin ich durch mehrere Anrufe in der Woche immer auf dem Laufenden.

Als ich noch mein Auto hatte, habe ich viele Alten- und Krankenbesuche gemacht, im Landkreis Heilbronn. Jetzt, da ich die Menschen nimmer so leicht erreichen kann, habe ich mich wieder aufs Briefeschreiben verlegt und ich tue es gerne. Denn viele Ältere hören nimmer gut, so daß eine Unterhaltung oft schwierig ist.

Auf den Schreibaufruf des Landesseniorenrats habe ich ganz spontan und sofort vieles vom Herzen geschrieben.

Meine Kinder bedrängen mich immer, ich soll doch meine Berufserlebnisse niederschreiben. Denn da habe ich so vieles, Originelles erlebt. Ich hatte im Beruf mit Bauern, Verwaltern bis rauf zu Baronen und Fürsten zu tun, wo ich immer herzlich aufgenommen und als Gast bewirtet wurde. Als ich das erstemal zu einem Fürsten ins Haus kam, da fragte ich die Dame: "Wie darf ich Sie anreden?" Die Antwort war: "Schlicht und einfach Durchlaucht". Doch nun genug.

Mit freundlichen Grüßen
Martha Burk

Gertrud Probst
(Stenotypistin, Chefsekretärin, Hausfrau, geb. 1911)

Meine Erlebnisse mit dem Schreiben

Zum Schreiben brauche ich Ruhe, um meine Gedanken zu sammeln. Leider ist diese nicht in dem gewünschten Maß vorhanden infolge all der großen und kleinen Alltagspflichten, die eine Hausfrau nun einmal zu bewältigen hat. Dieser Zeitmangel gipfelt dann bei mir in einer Unruhe und Unzufriedenheit, die ich auch mit Nervosität bezeichnen kann. Oft reicht die freie Zeit nur zum Lesen der wesentlichen Ereignisse in der Tageszeitung und auch knapp für die Bücher, die ich gerne lesen möchte.

Im Familien- und Freundeskreis ist bekannt, daß ich gerne lange Briefe schreibe. Ein Briefwechsel sollte ein unterhaltsamer Gedankenaustausch sein. Leider gibt es nur wenige Empfänger, die genauso denken, andere scheuen sich davor, lange Briefe zu beantworten. Das tägliche Leben ist voller Ereignisse, denen wir nicht nur in der eigenen Familie mehr Beachtung schenken sollten gerade in der heutigen Zeit, die nicht unbedingt so hektisch und unruhig sein muß.

"Mein Lieblingsplatz" war eine Schulaufgabe, als ich so 13 Jahre alt war. Ich wählte die Ofenbank, die mit einer warmen, gemusterten Decke belegt war. Den Rücken und die Hände am Kachelofen wärmend, hatte ich im Winter von diesem Platz Ausblick auf die Straße, wo die Nachbarn vorübergingen, von denen ich die meisten kannte. Ich war so etwas wie erschrocken, als meine kleine Erzählung von der Klassenlehrerin als die beste in der Klasse bekannt gegeben und vorgelesen wurde.

Als junges Mädchen führte ich ein Poesie-Album, da wurden von Lehrern, Verwandten und Freunden Sprüche reingeschrieben, die als Mahnung mit auf den Lebensweg gegeben wurden, wie z.B. "Bete und arbeite"!

Auch hatte ich mal ein Tagebuch, da schrieb ich meine geheimen Gedanken rein und versteckte es vor meinen drei Geschwistern, von denen ich die jüngste war. Es war auch von einer Schwärmerei für einen jungen Mann etwas drin. Als aber in einer gemütlichen Runde mit Freunden mein ältester Bruder in Gegenwart aller verschmitzt durchblicken ließ, daß er etwas aus meinem Tagebuch wisse, fühlte ich mich verletzt und habe das Tagebuch vernichtet, ohne wieder ein neues zu beginnen. Diesem meinem Lieblingsbruder konnte ich aber trotzdem nicht böse sein, ich schmollte nur, er vertrat sozusagen auf nette Art Vaterstelle an uns jüngeren Geschwistern.

Als ich später eine Bürostellung in der Allgemeinen Ortskrankenkasse meiner Heimatstadt inne hatte, machte die Belegschaft einmal einen Betriebsausflug nach dem Motto "Kraft durch Freude". Ich wollte meinen Chef überraschen und brachte einen kleinen Bericht dieses schönen Tages zur Zeitung zum Abdruck. Der Bericht war betitelt: "Ausflug der AOK". Am Tage nach der Veröffentlichung war eine Notiz in der Tageszeitung folgenden Inhalts: "Bei dem Ausflug der AOK handelt es sich um die Allgemeine Ortskrankenkasse und nicht um das Armeeoberkommando". Meine Heimatstadt war ja Garnisonsstadt.

Zwei kleine Gedichte waren mal in meiner Heimatzeitung abgedruckt, der Inhalt hatte mit meiner verlorenen Heimat Pommern zu tun. Für meinen Mann und auch sonst zu besonderen Anlässen habe ich mal Gedichte zusammengestellt, doch dieses sollte eigentlich kaum der Rede wert sein.

Vielmehr habe ich mich auf Reiseerlebnisse im Ausland beschränkt. Durch den Beruf meines Mannes lebten wir 3 Jahre in Griechenland und 11 Jahre in USA und haben viele Reisen unternommen. Diese Reiseberichte sandte ich nach Deutschland zu Verwandten und Freunden, die mir antworteten, daß meine Berichte ihre Runden machten und von allen mit Begeisterung gelesen würden. So schrieb mir beispielsweise ein früherer Chef, Geschäftsführer eines großen Kaufhauses, daß meine Reiseberichte für den Abdruck geeignet seien; auch ließ er sie bei den Abteilungsleitern herumgehen. Ein Pastor in Bonn druckte meine Reiseberichte und Mitteilungen über das amerikanische Kirchenleben im Bonner Sonntagsblatt ab und schrieb: "Sie sind meine Auslandsberichterstatterin". Tiergeschichten waren von einer Bonner Zeitung ausgeschrieben, für die bei Abdruck 10,-- DM gezahlt werden sollten. Als ich nachfragte, warum ich für meine Hundegeschichte 30,-- DM erhielt, wurde mir mitgeteilt, weil sie wegen ihrer Originalität auch in der großen Ausgabe in Köln erschienen sei.

Solche positiven Beurteilungen machen Freude und spornen zum Schreiben an. Enttäuschungen aber erlebte ich auch mehrmals bei den Zeitungen, worüber ich hier einige Beispiele angeben möchte:

Eine Bonner Tageszeitung druckte einen Bericht von mir ab mit der Überschrift "Berlin im November". Sie machte aus einer Pommerin eine Bonnerin und aus der Straße "Stalin-Alle" (ein Berliner hatte in Ost-Berlin das letzte e runtergekippt) Stalin-Allee, sodaß die Pointe dahin war. Die Lufthansa bot mir übrigens für diesen Bericht einen Freiflug nach Berlin an.

Ein Erlebnisbericht anläßlich der 200 Jahrfeiern in USA, die ich in Chicago und in dem Staat Wisconsin mitmachte, der in Fortsetzung in einer hiesigen Tageszeitung erschien, wurde so verändert und mit falschen Unterüberschriften versehen, daß es mir peinlich war.

Kürzlich erlebte ich Ähnliches bei einer westfälischen Zeitung. Ich hatte einen Bericht verfaßt mit dem Titel "Nach 37 Jahren Wiedersehn mit der alten Heimat Pommern". Ich sah ein, daß er mit 9 Seiten, einzeilig mit der Maschine geschrieben, zu lang war, und kürzte ihn nach Anruf des zuständigen Redakteurs auf 5 1/2 Seiten. Das war für mich schon ein Opfer. Ich meinte, da über unsere verlorene Heimat ohnehin kaum noch etwas berichtet wird, obwohl bis 1945 eine gesamtdeutsche Geschichte und Kultur bestand, sollte man auch dafür einmal etwas mehr Platz einräumen nicht nur im Interesse der jetzt im Westen ansässigen Ostdeutschen, sondern auch für die einheimische Bevölkerung, die aus solchen Aufzeichnungen Dankbarkeit empfinden sollte, die Heimat behalten zu haben. Mein Bericht wurde dann auf eine knappe Zeitungsseite gekürzt. Leider waren aber auch hier entstellende Veränderungen erfolgt und mir Aussprüche in den Mund gelegt, die ich so nicht aufgezeichnet hatte.

Enttäuschung erlebte ich bei einem Leserbrief, er betraf das Thema "Autobahngebühren". Ich gab am Schluß des Leserbriefes noch an, daß wir an einem Tag auf einer Reise durch 3 Staaten in USA drei Mal Autobahngebühren in Höhe von insgesamt 7,20 Dollar zahlten, daß die Amerikaner das in Kauf nehmen, warum das nicht auch bei uns möglich sein sollte. Dieser ganze Satz, wichtig in dem Zusammenhang, war einfach weggelassen worden.

Diese Erfahrungen hatten zur Folge, daß ich heute nicht alles glaube, was ich in den Zeitungen lese.

Ich schrieb vor Jahren des öfteren an die Fernsehanstalten wegen "Brutalität im Fernsehen" und wegen unsittlicher Filme an ein Filmverleihunternehmen, bekam auch stets Antwortschreiben. Es wurde nichts besser, dann gab ichs auf und – resignierte!

Während der vielen Jahre in USA habe ich Einblick bekommen in das tägliche

Leben, das nachbarschaftliche Verhältnis, war beeindruckt von der Hilfsbereitschaft der Amerikaner untereinander und habe davon auch stets nach Deutschland berichtet. In einem kulturellen deutsch-amerikanischen Frauenverein wurde ich in den Vorstand gewählt und war ca. 4 Jahre für das Protokoll zuständig, d.h. ich mußte von jedem Vortrag, den meistens deutsche Gastprofessoren hielten, einen kleinen zusammenfassenden Bericht bei der nächsten Versammlung vorlesen, gleichzeitig gedacht für die Mitglieder, die bei der betr. Versammlung nicht anwesend gewesen waren. Es war nicht immer einfach, das Wesentliche von solch langen, geistreichen Vorträgen zu erkennen und in Kurzform auf Papier zu bringen, doch es machte mir an Hand meiner stenographischen Aufzeichnungen Freude, das Protokoll wie ein Mosaik zusammenzusetzen, klar, daß ich dafür zu Hause viel Zeit brauchte und mir noch manche Bestätigung aus Büchern holen mußte. Ein Beispiel: Ein Professor hielt einen Vortrag über deutsches und amerikanisches Recht. Als ich einen Monat später das Protokoll darüber vorgelesen hatte, kam die Frau des Professors auf mich zu und sagte: "Heute habe ich von dem langatmigen Vortrag meines Mannes viel mehr verstanden", und sie bedankte sich dafür bei mir. Ich dachte, wenn all diese kritischen Damen wüßten, wieviel Mühe ich mir mit den Protokollen machte. Nachdem ich die Aufgabe wegen Rückkehr nach Deutschland zur Verfügung stellen mußte, erhielt ich von mehreren Mitgliedern großzügige Abschiedsgeschenke.

Sicher habe ich von den Erfahrungen in USA profitiert. Nach der Pensionierung meines Mannes 1969 habe ich in unserer Wahlheimat einen heimatlichen Frauenkreis gebildet, der im Laufe von 4 1/2 Jahren von 7 auf 65 Teilnehmerinnen angewachsen war. Ich gab mir große Mühe mit den persönlich gehaltenen Einladungen und verband jede monatliche Zusammenkunft mit einem Referat über pommersche Schriftsteller, Ärzte, Kulturpreisträger, pommersche Landschaft und Brauchtum. Da ich mir im Laufe von vielen Jahren ein Pommern-Archiv zusammengestellt hatte, war genug Material da, um solche kulturellen Referate zusammenzustellen. Diese Vorträge habe ich zeitweilig auch an zwei anderen Orten in der Nachbarschaft bei den Heimatgruppen gehalten. Ich bemühte mich leider vergeblich, Unterstützung bezw. eine Nachfolgerin zu finden, und bekam die bequeme Antwort: "So gut wie Sie kann es doch keiner!". Nach einer Kreislauferkrankung war ich gezwungen, diese mir viel Freude machende Aufgabe auch im Interesse meines Mannes, mit dem ich inbezug auf gemeinschaftliche Reisen oft ins Gehege kam, aufzugeben. Damit ging es mit dem Kreis, der kein fester Verein war, zu Ende.

Zu dem vorgenannten heimatlichen Frauenkreis kam auch oft ein hiesiger Arzt, der einige Jahre während des Krieges in meiner Heimat zugebracht und diese lieben gelernt hatte. Über diese Zeit hatte er einen Bericht zusammengestellt und in dem Frauenkreis einen Vortrag gehalten. Er gab uns Frauen den Rat, Erlebnisse aus der Heimat, aus der Zeit des Krieges und danach, zu Papier zu bringen, sich alles von der Leber zu schreiben, daß dieses erleichtere und zufriedenstelle, wie er es an sich selbst erfahren habe.

Die vorstehende Empfehlung, meine beruflichen Tätigkeiten und späteren ehrenamtlich übernommenen Verpflichtungen haben dazu beigetragen, daß ich mich an den Senioren-Erzähler-Wettbewerben mit diesem Jahr zum 4. Mal beteiligt habe.

Ich bin überhaupt der Ansicht, daß von unserer jetzt aussterbenden Generation zu wenig Bücher geschrieben wurden. Aus vielen Familienschicksalen hätten Bücher, Schauspiele und Opern gute Beispiele und Vorbilder für die Jugend geben können.

Außer an der vorerwähnten Tiergeschichte habe ich für alle meine Artikel, die abgedruckt wurden, nie Honorar verlangt oder bekommen. Es liegt mir auch heute in meinem Alter nichts daran, an meiner kaum erwähnenswerten Schreiberei im Verhältnis zu wirklichen Autoren für Verlage etwas einzusenden und Geld dafür zu erhalten.

Sollten Sie daran interessiert sein, aus meiner “Schreibgeschichte” etwas abzudrucken, so habe ich natürlich nichts dagegen.

Abschließend möchte ich noch zur Kenntnis geben, daß im Mai 1979 auf Grund des 1. Erzählerwettbewerbes eine 14jährige Schülerin meine Adresse bei der Volkshochschule in Lemgo erfragt hatte und mir schrieb, daß sie meine Geschichte gelesen und sie sehr beeindruckt habe, daß sie gerne mit mir in Briefwechsel treten würde. Seit dieser Zeit haben wir bis heute einen ständigen brieflichen Gedankenaustausch. Inzwischen ist das Mädchen 16 Jahre alt, schreibt mir von ihrer Schule, von ihren Ferien und daß sie gerne mal Journalistin werden möchte. Von mir erhält sie Reiseberichte. Ich bin sehr dankbar dafür, daß es so etwas heute noch gibt, einen Briefwechsel zwischen einer 70- und 16Jährigen.

Alwine Wahl
(Haushälterin, Hausfrau, Mutter, geb. 1912)

Werter Herr Dr. Warneken!

Erst heute erlaubt es meine Zeit, auf Ihr Schreiben vom Oktober 1981 zu antworten. Der Nachsatz erklärt Ihnen, warum?

Meine Erlebnisse zum Schreiben.

Mit 6 Jahren 1918 kam ich in unsere kleine Dorfschule. Auf einer Schiefertafel, mit stets sauberem Schwamm und selbstgehäkeltem Trockentüchlein mußte die Tafel jeden Sonnabend gescheuert und die Schwämme gewaschen werden oder ausgewechselt sein.

Nun lernte ich die ersten Buchstaben und das Schönschreiben. Meine 8 Jahre ältere Schwester mußte meine Hausaufgaben beaufsichtigen. Ich erinnere mich, daß ich stets von der rechten Seite der Tafel nach links anfangen zu schreiben wollte. Meine Schwester hatte Mühe, mir dieses klar zu machen, daß es unmöglich war. Heute weiß ich, daß es Völker gibt, die so schreiben.

Das Diktatschreiben machte mir Spaß. Beim Lesen einer Geschichte achtete ich nicht auf den Inhalt, sondern stets auf die Rechtschreibung. Da ich den Inhalt dadurch fast nie verstanden habe, mußte mir meine Schwester im 1. und 2. Schuljahr die Geschichte erzählen. Das war manchmal heikel, wenn wir im Unterricht eine Geschichte gelesen hatten. Das Diktat war stets mit einer 1–2 versehen.

Nun zu dem Thema "Aufsatz".

Von meiner Kindheit her bis heute liebte ich die Natur. Sonne und Regen, Sommer und Winter mit Wärme und Kälte. Den Frühling mit seinen ersten sprießenden Blumen. Ich zeichnete Schneeglöckchen, Weidenkätzchen und angeschmiegt an diesen Strauß lagen bunte Ostereier. Den Sommer liebte ich besonders, wegen der knospenden Heckenrosen, die wogenden grünen Getreidefelder, dann der Hochsommer mit den goldgelben Ährenfeldern, wo die Korn-Kaiserblumen (Kaiserblumen, es war die Lieblingsblume der Kaiserin Auguste Viktoria), roter Mohn und der auberginrote Raden noch vereinzelt blühten. Da lag ich als Kind auf einem Rasenrain neben den Feldern und sah mit Freuden der aufsteigenden, trillernden Lerche zu, oder den Schwalben, welche bei Sonnenschein und blauem Himmel immer hoch in den Lüften hin und her schossen und nach Mücken schnappten.

Der Herbst war für mich nicht minder schön. Der Wald mit seiner bunten Pracht – in unseren Hausgärten war stets ein Leuchten, Blühen und Wetteifern der Georginen (heute Dahlien) und Astern. Hinzu kam die Kartoffelernte, wo wir Kinder immer mitarbeiten mußten. Unsere kleinen Hände warfen geschickt und flink die schönen, genießbaren Kartoffeln in die Körbe. Die Schwalben saßen im Herbst dann auf den Telegrafendrähten und sammelten sich zum Flug nach dem Süden. Einmal gab uns unser Lehrer das Aufsatzthema: "Was mir eine Schwalbe erzählt". O, da wußte ich viel zu erzählen; denn in unserem Dorf wurde an manchen Abenden damals viel gesungen. Die Mädchen gingen an den warmen Sommerabenden spazieren und es wurden Volkslieder gesungen. Aber auch die jungen Männer sangen ihre Lieder. Ich hörte, wie sie das Lied von den Schwalben, welche gen Norden ziehen, gesungen haben. Es war ein wehmütiges Lied, wo ein Fremdenlegionär all' seine Sehnsucht zur Heimat und das Heimweh besang – z.bsp. "Die Schwalben ziehen gen Norden" oder – "bringt mir einen Gruß aus fernem Heimatland" oder der Satz: "Über Frankreichs grünen Auen."

Von dem Fremdenlegionär hatte ich natürlich nichts geschrieben; denn dieser Name durfte damals nicht erwähnt werden. Somit hatte ich einen Aufsatz von sieben Seiten geschrieben. Und – das hatte mir alles eine Schwalbe erzählt. Ich hatte eine Eins geschrieben. 20 Jahre später lehrte ich meine Pflegetochter das "Aufsatzschreiben". Ihr Lehrer sagte: "Du schreibst gute Aufsätze". Es war stets meine Idee und Hilfe.

Schreiben zu Hause in der Familie

Mein ältester Bruder ging damals 21jährig, 1923 nach Amerika. Es war für uns alle ein schmerzvoller Abschied. Besonders für meine Mutter. Sie ermunterte uns Kinder immer an unseren Bruder zu schreiben. Das habe ich stets getan und erhielt immer Post aus Amerika; und später die schönen Pakete nach dem 2. Weltkrieg. Auch mußten wir auf Anregung unserer Mutter unserem Vater schreiben, welcher wie alle Lippischen Arbeiter, bei uns war keine Industrie, in der "Fremde" als Ziegelmeister sein Geld verdiente.

Ein Poesiealbum bekam ich in meinem letzten Schuljahr, wo alle Lehrer, der Pastor, Mitschülerinnen, Vater, Mutter und Geschwister einen Leitspruch für das Leben hinein geschrieben haben. Meine Handarbeitslehrerin schrieb damals, bis heute war er stets mein Leitspruch:

> "Willst Du Dir ein hübsch' Leben zimmern
> mußt ums Vergangene Dich nicht kümmern;
> Das Wenigste muß Dich verdrießen
> Mußt stets die Gegenwart genießen.

Besonders keinen Menschen hassen
und das Übrige Gott überlassen."

Diesen Worten von Wolfgang von Goethe habe ich stets gehuldigt. Ich kann bis heute keinen Menschen hassen; auch wenn sie mir Böses zugefügt haben. Ich habe alles Gott überlassen. Ich sage mir: "Herr vergib ihnen; denn sie wissen nicht was sie tun."

Mein erstes Gedicht:

Als 14jähriges Mädchen wurde ich noch mit fünf anderen guten Sängerinnen, von unserem damaligen, sehr musikalischen Gemeinde-Pfarrer aus unserer Schule mit auserwählt; und dieser Pastor gründete einen Kinderchor mit uns 6 Mädeln. Alle Feiertage mußten wir mit unserem Gesang verschönern. Zu jeder Hochzeit, Silberhochzeit oder goldenen Hochzeit wurde unser Gemeinde-Pfarrer und wir 6 Sängerinnen eingeladen. Wurde ein Lied im Wechsel gesungen, so mußte jeder seine Stimme allein singen; denn wir sangen stets "Dreistimmig". Ich sang mit Wonne die helle Sopranstimme. Viele Lieder hatte unser Pastor selbst für jede Gelegenheit gedichtet. Eines Tages sagte er zu uns: "So, nun sollt ihr aber auch mal ein Gedicht machen."

Ich hatte sofort eine Idee. Zu Hause angekommen, setzte ich mich still an den Tisch in unserer Wohnstube und verfaßte mein erstes Gedicht über unseren Chor. Ich schilderte alles in Versen, wie schön es damals in unserem Chor war. Das fand unser Pastor toll; so daß er spontan sagte: "Wenn Du mal heiratest, bekommst Du ein Gedicht von mir"; zumal die anderen Sängerinnen kein Gedicht zustande gebracht hatten. Eine hatte es versucht, aber – vergebens. Sie sagte dann auch: "Das hast Du nicht allein gemacht." Aber es war von mir! Später habe ich auch nach einer bekannten Melodie Verse gereimt; und an Geburtstagen vorgetragen. Zu jedem Erlebnis ein passendes Gedicht b.z.w. Lied.

Stets wißbegierig, habe ich sehr viel Bücher aus der Leihbücherei gelesen. Dabei stellte ich fest, daß es gar nicht so schwer ist, zu schreiben; zumal Luise Rinser mal schrieb: "Es kann jeder schreiben."

So habe ich Tagebuch geführt, und Erlebnisse geschildert.

Ja, von meinem Leben kann ich sagen:
"Der Tag kann nie lang' genug sein!"

Mit freundl. Gruß
Ihre
A. Wahl
(Es folgt ein P.S., das über die Hausarbeit und andere gegenwärtige Betätigungen der Verfasserin berichtet, B.J.W.)

Liselotte Holl
(Reiseinspektorin, Putzfrau, Hausfrau, geb. 1912)

Sehr geehrter Herr Dr. Warneken!

Ihr Schreiben vom Juli d.J. erreichte mich im Krankenhaus, wo ich leider mehrere Monate verbringen mußte wegen einer Beinoperation. Inzwischen bin ich wieder zu Hause und will versuchen, Ihre Fragen zu beantworten, so gut es geht.

Gute 50 Jahre sind vergangen, seit ich aus der Untersekunda entlassen wurde. Bin jetzt 68 Jahre alt.

Meine Fantasie war von jeher sehr lebhaft. Bereits als Kind verfaßte ich kleine Verse, die mir aber leider nicht im Gedächtnis haften blieben. Als junges Mädchen schrieb ich dann Gedichte, die von himmelhochjauchzender Liebe und verständnisloser Umwelt erzählten. Leider verlor ich das Buch, worin alle "meine Werke" niedergeschrieben waren, durch Bombeneinwirkung.

In der Volksschule, die ich 4 Jahre lang besuchte, verlief alles glatt. Mit 10 Jahren kam ich auf's Lyzeum. Mir lagen Fremdsprachen und Deutsch sehr. Dagegen stand ich auf ewigem Kriegsfuß mit der Mathematik. Dieses Fach trug mir eine dicke 5 ein, die nur dadurch wettgemacht werden konnte, daß ich in Englisch sehr gut, Französisch gut und Deutsch ebenfalls sehr gut hatte. – In der Quarta bekamen wir einen reizenden Assessor, für den die ganze Klasse schwärmte. Ich wurde eine seiner 3 Lieblingsschülerinnen, weil meine Aufsätze sowie die Deklamation der Gedichte guten Anklang bei Herrn Assessor fanden.

Ich erinnere mich z.B. an einen Aufsatz, der sich "Der Tod als Freund" betitelte. Nach dem Gemälde von Rethel. Unsere Klasse durfte sich dieses Bild eine Weile anschauen und dann ihrer Fantasie freien Lauf lassen. Wir hatten 5 Stunden Zeit für den Aufsatz. Ich hatte relativ rasch eine Geschichte über den alten Glöckner erfunden und schrieb sie in knapp zwei Stunden auf. Wer fertig war, mußte sein Schreibheft abgeben und durfte nach Hause gehen. Als die Aufsätze zurückgegeben wurden, las Dr. Sch. den meinigen der Klasse vor. Natürlich prangte eine dicke EINS darunter.

Dann erkrankte Dr. Sch. und mußte für längere Zeit aus dem Verkehr gezogen werden. Als Ersatz kredenzte man uns so eine alte Zauberflöte, eine Oberlehrerin, die nicht nur in ihrer Garderobe, sondern auch im Wesen ein halbes Jahrhundert zurückgeblieben war. Fräulein L. gab uns ein Aufsatzthema, dessen Titel ich vergessen habe. Mein Aufsatz begann: "Leise breitete die Nacht ihren sternenbestickten Mantel über das Gefilde". Der Aufsatz kam zurück mit dem

Vermerk: "Solche Sätze liest man in schlechten Romanen". Also nur genügend.

Meine Mutter riet mir, künftig nüchterner zu schreiben, was ich auch befolgte. Nach einem Aufsatz, der keinerlei Romantik aufwies, war Herr Dr. Sch. wieder im Schuldienst erschienen und hatte diese Aufsätze eigenhändig korrigiert. Beim Verteilen hielt er mein Heft zurück und bat mich nach der Deutschstunde zu sich. Er fragte mich, ob ich mich nicht wohl fühle. Der Stil sei nicht so lebendig wie sonst. Daher nur gut. Ich erzählte Herrn Dr. Sch. von der Methode des Frl. L., und daß ich mich deswegen umgestellt habe. Ich solle künftig wieder so schreiben wie früher, lautete das Kommentar. So kam es, daß ich wieder zu den drei besten Schreiberinnen zählte.

Zeitungsartikel habe ich noch keine verfaßt. Nur gelegentlich etwas für andere Leser in "Neue Welt". Hierfür bekam ich des öfteren Honorare.

In den 50er Jahren begann ich einen Roman zu schreiben, der zum Teil auf eigene Erlebnisse zurückzuführen ist. "Die Frauen der A.F." lautet der Titel. Mit der A.F. ist eine Versicherung "Altersfrieden" gemeint. Die handelnden Personen sind Putzfrauen und ihre Schicksale. (Ich war damals gezwungen, eine Arbeit anzunehmen. Da ich keinen Beruf erlernt hatte, wählte ich den einer Putzfrau bei der AOK. In den 5 Jahren habe ich Menschen und Schicksale kennen gelernt und diese zu Papier gebracht. – Es folgten noch weitere Romane und Kurzgeschichten. Leider waren meine Versuche, sie verschiedenen Verlegern anzubieten, umsonst. Vielleicht fehlt es mir an Protektion. Alle, die meine "Werke" gelesen haben, fanden sie gut. Beinahe hätte das Fernsehen einmal eine Kurzgeschichte von mir angenommen. Aber dann hörte ich doch nichts mehr.

Ohne mich loben zu wollen, muß ich sagen, daß ich schon bedeutend schlechtere Romane in irgendwelchen Heften gelesen habe und mich wunderte, daß so etwas realisierbar war. – Mit der Zeit verlor ich die Lust am Schreiben, denn die Manuskripte füllen die Schränke.

Mein Roman, "Das Schulhaus am Waldesrand", das den nicht alltäglichen Lebensweg meiner Mutter beschreibt, fand neulich Anerkennung bei einer Dame, die auch im Krankenhaus lag. Diese junge Frau arbeitet bei einem Verlag und muß Manuskripte verschiedener Art lesen und begutachten. Sie riet mir, den Anfang meines "Schulhauses" zu ändern. Ansonsten sei alles recht flüssig geschrieben und interessant.

Hätte ich einmal Erfolg, so würde ich mit einem Taschengeld und der Erstattung meiner Unkosten wie DIN-A-4 Bogen, Farbband zufrieden sein.

Ein Tagebuch habe ich nie geführt. In jungen Jahren war nichts sicher vor den

Augen meiner strengen Mutter. Später war ich wahrscheinlich zu oberflächlich oder hielt es nicht für so wichtig.

Zum Schreiben kam ich, wie ich bereits erwähnte, durch gravierende Erlebnisse bei der AOK. Auch hatte ich öfter nachts Intuitionen, die ich dann weiterspann. Etwas erblich belastet bin ich auch durch meine schöngeistige Mutter, die herrliche Gedichte verfaßte und eine große Götheverehrerin gewesen ist. Mutter war vor ihrer Ehe Lehrerin.

Dem Aufruf des Fernsehens folgte ich aufgrund der Hinweise im Programm. Ich habe mich 2–3 mal beteiligt, aber ohne Erfolg. Das letzte Mal sollte man eine Geschichte schreiben, in der 6 Personen eine Rolle spielten. Diese Geschichte habe ich immer erwogen, zerrissen oder umgeworfen. Bis ich die richtige Inspiration zu haben glaubte. Dann schrieb ich das Erlebnis dieser 6 Personen, die alle aus meiner Fantasie erwuchsen, nieder und hoffte, damit ein wenig Anklang zu finden. Naja, viele sind berufen, aber wenige nur sind auserwählt. Damit habe ich mich inzwischen abgefunden. Nach meinem langen Krankenhausaufenthalt habe ich gelernt, zu resignieren.

Jetzt habe ich Zeit. Sehr viel Zeit sogar, weil ich noch nicht wieder vollends hergestellt bin. Trotz meines fortgeschrittenen Alters stecke ich noch voller Ideen und romantischer Träume. Vielleicht fehlt mir das Talent zu wirklicher Würde des Alters.

Ich hoffe, Ihnen mit meinen Zeilen in etwa gedient zu haben. Sollten Sie mehr wissen wollen, so stehe ich Ihnen gern weiterhin zur Verfügung.

Freundlichen Gruß
Liselotte Holl.

Josefine Fingskes
(Hausfrau, Mutter, geb. 1912)

Heute ist wieder "I-Männchen-Tag". Da ich ja einer Grundschule gegenüber wohne, hatte ich den besten Logenplatz, um die Kinder mit ihren Schulranzen und Schultüten zu beobachten. Was mir dabei auffiel, es waren mehr Erwachsene als Kinder, die zum Schulhof strömten. Durchschnittlich hatte wohl jedes Kind 3–4 Begleitpersonen, viele aber noch mehr. – Für mich war dieser Tag der beste Anlaß, meine Gedanken gut 60 Jahre zurück streifen zu lassen. – Am 1. April 1919 kam ich in die kath. Volksschule 27, im Stadtteil Essen-Rüttenscheid. Wie schon berichtet, nahm mich meine ältere Schwester mit – also, kein großer Bahnhof! Es war derzeit aber auch nicht üblich, alles so groß aufzuziehen. Ich kam in die Klasse 7 c. Das war eine gemischte Klasse. Die reine Mädchenklasse war die A, die reine Knabenklasse die B. Den Tornister auf dem Rücken (es gab übrigens extra Mädchen- oder Knaben-Tornister), ein Läppchen flatterte an der Seite heraus, innen befand sich die Tafel, ein Schwammdöschen mit gut feuchtem Schwamm und eine Griffeldose, mit gespitzten Griffeln. – Ach, ja, eine Fibel hatte ich auch, natürlich war sie auch schon von meiner zwei Jahre älteren Schwester benutzt worden. O ja, früher wurden die Schulbücher mehrere Jahre immer wieder an die jüngeren Geschwister weitervererbt. Man konnte aber trotzdem daraus lesen lernen. Und so fing es an:

Wir waren I-Männchen und fingen auch mit dem I an. Rauf, runter, rauf, Pünktchen oben drauf. – Dann kam das N, M, und so fort. Auch mit dem Lesen ging es so. Zunächst wurde nur die Tafel benutzt. Für die Schule gab es dann auch bald ein Schönschreibheft. Ich weiß das noch, weil schon im ersten Halbjahrszeugnis eine Note dafür gegeben wurde. – Schönschreiben war für mich in den ersten Jahren kein beliebtes Fach. – Im Rechnen fing es auch so an: 1+1= 2 und so weiter.

Das erste Halbjahr ging schnell herum. Meine Benotung war sehr gut. Im Kopf waren: Betragen, Ordnung, Fleiß und Aufmerksamkeit. – Alles: gut. In Religion lernten wir zunächst: Gebete, dann stand noch Lesen, Rechnen, Sprachfertigkeit, alles: gut. Schönschr.: genügend.

Im nächsten Halbjahr kam dann Rechtschreiben dazu. Und in Religion wurde Bibl. Geschichte gelernt. Mein Zeugnis sah dann Ostern 1920 sogar noch etwas besser aus. In den oberen Fächern stand dann 4mal sehr gut. – Übrigens blieb Schönschreiben ein Fach mit Benotung bis zur Schulentlassung. – Im 2. Schuljahr kam Turnen und Gesang hinzu. Im 3. Heimatkunde, Zeichnen, Weibl. Handarbeiten. Statt Heimatkunde hatten wir im 4. Jahr Geschichte, dazu kam Erdkunde und Naturbeschreibung. Das war nun schon eine ganze Menge. Im ersten Jahr hatten wir eine Junglehrerin, ab dem 2. eine andere, die wir aber bis zum 5. Schuljahr behielten. Sie allein war für alle Fächer, außer Religion, da hatten wir für den Katechismus-Unterricht – zunächst den Herrn Kaplan, später den Herrn Pfarrer zuständig. Auch als wir in Handarbeiten mehr als nur die ersten Stiche lernten, hatten wir auch dafür eine Expertin. – Im 6. Schuljahr gab es eine andere Klassenlehrerin. Sie war aber nur für die Hauptfächer da. Wir hatten schon vom ersten Schuljahr an sehr viele Gedichte lernen müssen, aber mit der neuen Lehrerin ging es erst richtig los. Da kamen nicht nur so alltägliche Sachen, sondern es wurde schon anspruchsvoller, aber für mich besonders schön. Ich lernte ja gern und oft auch mehr, als verlangt wurde. Ende des Jahres wurde dann von 12 Schülerinnen, mehr Monate hat ja das Jahr auch nicht, von jedem Monat ein Gedicht vorgetragen. Ich mußte ein Gedicht vom November vortragen, mit Sturm- und Blätterfallen – mehr weiß ich aber nicht. Wir waren im 6. Jahr eine reine Mädchenklasse. Aufsätze schrieben wir auch in dem Jahr davor aber erst nun wurde es ernst. Für mich war das ein Lieblingsfach. Da konnte man seiner Fantasie freien Lauf lassen. Das war herrlich! Themen wurden gestellt, aus dem Leben, der Natur, Bildbeschreibung oder nach einem Filmbesuch. Filmbesuch, das war meistens ein Naturfilm, nicht ganz so mein Fall – lieber waren mir schon Filme mit einer Handlung. Das kam auch. Wir durften einmal, natürlich geschlossen, mit der Klasse, einen Bergfilm sehen: Berg des Schicksals – darüber mußten wir einen Aufsatz in Brief-Form schreiben. So lernten wir zugleich auch einen Brief mit Adresse schreiben. Der Titel eines anderen Aufsatzes fällt mir noch ein: "Vom Körnlein bis zum Brote". Mir ist aber davon nur noch etwas im Gedächtnis. – Der Acker, der umgepflügt wird, das Samenkorn, das in die vorbereitete Erde gelegt wird, der Schnee, der im Winter die Saat zudeckt und vorm Erfrieren schützt – die Ernte, bis zum Müller, der das Korn zu Mehl mahlt, und der Bäcker, der das Brot draus macht, das dann die Mutter auf den Tisch bringt. "Ja, es ist ein weiter Weg, vom Körnlein bis zum Brote", so war mein Schlußsatz. – – Nochmal zum Schönschreiben und Rechtschreiben. Schönschreiben war schon eine Kunst für sich, die mir erst in den späteren Jahren gelang. Ich glaube, das kam, als wir die Sütterlinschrift lernen mußten. Vielleicht, weil da alle noch mal ganz neu lernen mußten. In den ersten Jahren hatten wir Lehrpersonen, die nicht so sehr großen Wert darauf legten, da gab es große Unterschiede. – Na ja, ich habe es auch noch gelernt. Was ich bisher vergessen habe, wir hatten ja in den ersten Jahren auch ein Schönschreibheft für die Latein-Schrift. Nachdem wir Sütterlin lernen mußten, konnten wir kaum noch etwas anderes. (Ich weiß noch, wenn ich in den Nachkriegsjahren meiner Schwester einen Brief schrieb, konnten deren Kinder nichts lesen.) Inzwischen schreibe ich nur noch Latein. Mit viel Mühe könnte ich vielleicht noch Deutsch-Schrift zusammen schustern.

Diktate – ja da hatten wir mit unserer Schule besonderes Glück, es wurde bei uns so viel Wert auf gutes Deutsch in Wort und Schrift gelegt, wie es noch lange nicht an allen Schulen war. Das merkte ich später, wenn ich mit Leuten zusammenkam, die in anderen Stadtvierteln zur Schule gegangen waren, sehr deutlich. Das tat mir in den Ohren direkt weh. – Man muß das darauf zurückführen, daß in vielen Stadtvierteln Essener Platt gesprochen wurde. So, wie die Kinder es zu Hause hörten, sprachen sie und schrieben es auch. Muß ich also meinem Stadtteil dankbar sein – ich wohne heute nicht mehr dort, aber ich habe mich nicht verschlechtert, ich wohne in der Nähe der Gruga, das soll wohl auch nicht schlecht sein!————

Nun aber zurück zur Schule. Gedichte lernen – ach, war das eine schöne Sache. Es ist ja auch das beste Gedächtnis-Training. Ich frage mich manchmal, warum das schon seit langer Zeit in den Schulen so vernachlässigt wird. Mir hat es auf alle Fälle viel gegeben. Vielleicht liegt da auch die Wurzel, die mich ein klein wenig zum Versuch, ein bißchen zu schreiben, angeregt hat. – Mein erster Versuch war ein Nikolaus-Gedicht. Vielleicht war ich damals 11 Jahre – so genau weiß ich es nicht mehr. Meine Mutter hat es damals aufgeschrieben. Ich besitze es noch. Dann habe ich lange Jahre eigentlich nichts mehr geschrieben. Wohl habe ich, wenn ich allein war, gerne für mich deklamiert, Theater gespielt, so ganz aus dem Stegreif. – Ein Poesie-Album gab es zu meiner Zeit auch, mit den romantischsten Versen – aber auch mitunter welche, die so recht ins Leben paßten. – Leider habe ich im Krieg alles das verloren. Außer in meinem Gedächtnis ist nichts mehr davon übrig geblieben. Eins davon möchte ich hier niederschreiben. – Ich habe es einer lieben Freundin, mit der ich auch heute noch oft zusammen bin, ins Album geschrieben. Wir hatten damals, na, durch eine Dritte, die sich für kurze Zeit zwischen uns gedrängt hatte, einen Streit –, nein, so kann man es eigentlich nicht sehen, – ich war jedenfalls eifersüchtig auf die andere. – Jetzt aber den Spruch:

"Wir wissen erst, wie teuer uns die Freunde sind, wenn wir sie nicht mehr haben –

O, brich den Faden nicht der Freundschaft schnell entzwei – wird er auch neu geknüpft, ein Knoten bleibt dabei!"

Ich muß sagen, es ist kein Knoten geblieben. So ernst war ja die Sache nicht. Sonst würde ich den Spruch wohl für gut halten. Was ich sonst noch schrieb? Ja, ich habe als junges Mädchen zwei Romane geschrieben – recht romantisch, – Herz, Schmerz, usw. Es ging um eigene Erlebnisse, im Grunde war alles mehr Fantasie als Wirklichkeit. Der Krieg hat auch das vernichtet. – Lange Zeit habe ich außer Festzeitungen für den Familienkreis – Silberhochzeit meiner Eltern (1933) ja, 2 Jahre vorher für meine Schwester zur Hochzeit nichts geschrieben. Dann in den Jahren 39–42 zu Anlässen im Kolleginnen-Kreis in der Firma, in der ich beschäftigt war. Lange Zeit war dann nichts mehr, außer Feldpostbriefe an meinen Mann – zum Teil besitze ich die noch, so daß ich anhand der Briefe noch manch Erlebnis in mir zurückrufen kann. – Nach dem Krieg, im Jahre 1955, wurde mein Schwiegervater 80 Jahre, das Gedicht habe ich noch. Lange gab es dann keinen Anlaß mehr, sich in der Weise zu beschäftigen. —— Nachdem meine Kinder aus dem Hause waren, ich so viel Zeit hatte, aber eines Herzleidens wegen nichts körperlich Schweres tun konnte, mußte ich neue Wege finden, um nicht vor Einsamkeit und nur Zuschauen noch kränker zu werden. Zum Glück gab es ja das Fernsehen, so hab ich es für mich gesehen. – Ich schaute ab und zu ins Kinderprogramm hinein, da, eines Tages, erzählte Klaus Havenstein eine Geschichte 'Die Maus auf dem Mars' und stellte dann den Zuschauern, Groß oder Klein, die Aufgabe (er hatte das Ende offen gelassen), sie zu Ende zu erzählen. Ich habe mich natürlich daran beteiligt. Es sollten einige davon als Zeichentrickfilme gebracht werden. Wenn ich mich recht erinnere, habe ich zwei davon gesehen, dann war es damit zu Ende. Oder? Mein Datum war der 8.10.1974. So lang ist das her. Die Nacherzählung habe ich noch. Davon gehört habe ich nichts. –

Gerade sehe ich, daß ich etwa zur gleichen Zeit ein Preisausschreiben in der hiesigen Zeitung über den Auto-Gurt mitgemacht habe. Einmal einen Kurz-Vers und noch eine Geschichte. Für beide habe ich einen Preis bekommen. 1 Buch und eine Blink-Leuchte. – Zu der Zeit, ich habe es ja schon erwähnt, ging es mir so schlecht, daß ich nur leichte Hobby-Arbeiten machen konnte. So habe ich auch gemalt. Nach einem Aufruf im "Schaukelstuhl" habe ich mehrere Blumen-Karten, mehr malte ich erst nicht, zum W D R geschickt, die Karten sind vom Herrn Prof. Knabe als gut beurteilt worden. Das Schreiben habe ich noch. Als Nächstes kam dann, ebenfalls vom Schaukelstuhl, der Senioren-Wettbewerb: "Erzähl doch mal". Da habe ich mich halt auch hingesetzt und geschrieben. Die Geschichte haben Sie ja in Händen. ––– Nun habe ich, ich meine es jedenfalls, so manches über den Grund meines Schreibens mitgeteilt und hoffe, Sie können damit etwas anfangen. Ich bin auch weiterhin gern bereit, Ihnen spezielle Fragen zu beantworten –. Sie haben solange auf mein Schreiben warten müssen, deshalb will ich es erst einmal so beschließen.

Mit freundlichen Grüßen

Josefine Fingskes.

Hildegard Frege
(Stenosekretärin, Hausfrau und Mutter, geb. 1913)

Sehr geehrter Herr Dr. Warneken,

Betr.: Meine Erlebnisse mit dem Schreiben

Ich habe schon immer den Wunsch gehabt, etwas zu Papier zu bringen, und zwar über das Leben und seine Menschen. Wenn ich so durch die Straßen gehe und in die verschiedenen Gesichter sehe, da denke ich, da solltest du dir eines herausnehmen und dich ganz ernsthaft mit befassen. Ich kann mich erinnern, daß ich schon als ganz kleines Mädchen den Leuten tief in die Augen geschaut habe und dafür von meiner Mutter sehr gerügt wurde, weil sich manche Menschen dadurch betroffen fühlten. Aber heute im reiferen Alter muß ich sagen, daß doch die Augen das faszinierendste Organ am Menschen ist. Man sieht darin doch die Hoffnung, die Hoffnungslosigkeit, die Angst, die Verzweiflung aber auch die innere Freude. Jede kleine Geste, die man dem anderen durch Freundlichkeit oder Verbindlichkeit entgegenbringt, wirkt doch oft Wunder. Mir persönlich geht es so.

Sie fragen mich nun weiter, wie ich dazu komme, mich so ab und zu mal an gewissen Aufrufen, wie jetzt gerade dem Aufruf vom Landesseniorenrat zu beteiligen. Man führt oft wenig gute Gespräche, dann läßt man sich viel zu sehr mit dem unpersönlichen Fernsehen seine wenige Zeit rauben, und so kann man wenigstens mal seine Gedanken zu Papier bringen. Habe schon öfter mich an kleine Leserbriefe herangewagt, welche immer veröffentlicht wurden, so z.B. kürzlich mal wieder einen Bericht in der Bunten betreffs H. Juhnke. Es waren nicht viele Zeilen, aber irgendwie haben sie dazu beigetragen, diesem Mann, der leider oft labil ist, wieder auf die Beine zu helfen. Wenn auch nicht allein von mir. Ausschlaggebend ist bis heute auch meine erste Jugendbekanntschaft. Man schenkte sich damals nicht riesige Werte, ich erinnere mich, daß ich das Büchlein, das ich bekam, bis zum heutigen Tag, es heißt "Goethes Liebesgedichte", gut aufbewahre. Gedichte und Novellen haben mich immer verzaubert. Ich konnte nicht genug Stormsche Novellen lesen. Sehr schöne Stellen sind auch in dem kleinen Büchlein von K. Hamsun "Victoria" enthalten. Ich lese natürlich auch andere Sachen, aber vielleicht war meine Generation doch etwas emotioneller veranlagt, und das prägt den Menschen. Es gibt eben nichts Schöneres als Ästhetik, und zwar in Wort und Gebaren. Natürlich habe ich auch ein Poesie-Album geführt, was mir damals schon sehr viel bedeutet hatte, dieses Album ist leider durch Kriegsgeschehen verlorengegangen. Ich erinnere mich noch gut, daß meine sehr alte Großmama mir mit verlaufener, blasser Tinte darin schrieb, du bist wie eine Blume, so schön, so hold so rein usw. usw. Als Kind griff man kurz vor Weihnachten zur Feder. Man übergab seinen Eltern am Heiligabend ein schönes Gedicht, eingerahmt durch eine Schönschrift-Girlande und zum Zeichen des Dankes für ihre erwiesene Liebe, die man damals nicht so als selbstverständlich ansah. Außerdem trug man ein Gedicht vor, welches man in der Schule gelehrt bekam. Ich verehre heute im nachhinein noch meinen alten Rektor Wienicke, er lehrte uns nicht nur das Lesen und Schreiben, wie man so schön sagt, er vermittelte uns auch den Weg zum Schönen. Wir sangen, wurden begleitet von seiner Tochter, die damals Musik studierte und jede freie Minute uns gab. Oft fuhren wir auch in die Mark Brandenburg hinaus, alte Schlösser und Klöster zu besichtigen, einen Malblock dabei, so z.B. zum Kloster Chorin mit seinen gotischen Fenstern. Man konnte dort auch so schön träumen. So war nun einmal die Zeit. Man sah sie rosiger, wahrscheinlich lag dies wohl auch an der damaligen Jugend.

Ich weiß nicht, ob ich Ihnen einen kleinen Aufschluß über meine Person gegeben habe, aber ich hoffe es und verbleibe mit

freundlichen Grüßen

Hildegard Frege.

N.B. Entschuldigen Sie bitte, daß Sie mit diesem Durchschlag vorlieb nehmen müssen, da das Original durch falsches Einspannen auf der Schreibmaschine bei den ersten Zeilen schlecht leserlich ist.

Anbei noch ein paar kleine Verse von mir, ich weiß nicht wie Sie die aufnehmen.

Erika Schroh
(Stenotypistin, Fremdsprachenkorrespondentin, geb. 1913)

Betr.: Schreib-Erlebnisse, angeregt von der VHS Lemgo.

Sehr geehrter Herr Dr. Warneken!

Ihr freundliches Schreiben vom Oktober ds. Js. hat mich sehr überrascht. Haben Sie recht vielen Dank dafür. Auf Ihr Interesse kann ich nur mit Schwierigkeiten so ganz im einzelnen eingehen, aber ich hoffe, daß Sie mich auch so verstehen.

Schon als Kind sowohl in der Volksschule wie auf dem Lyzeum in Münster machte ich Gedichte, die ich in allen Klassen aufsagen mußte, die auch gesungen wurden, wenn ich sie mit Melodien ausstattete, sogar im damaligen Rundfunk. Mich beeindruckten die dicken, roten Vorhänge in den einstigen Studios immer außerordentlich. Meine Gedichte sagte ich mit schauspielerischen Bewegungen auf, die die anderen Schülerinnen nachlernen mußten. Es war solch ein starker Drang in mir, daß ich jedes kleinste Erlebnis in Familie, Schule, Natur und Kirche in Windeseile in Verse umsetzen mußte, leider hatte ich in den seltensten Fällen Papier bei mir, so daß ich ein unbeschreibliches Durcheinander von Zeitungsrändern, herausgerissenen Vokabelheftblättern oder Reste von Drucksachen beschrieb.

Meine Eltern besaßen einen Ibach (ich habe heute auch einen). Aber in der Arbeitslosenzeit waren keine Mittel vorhanden, um mir Unterricht im Klavierspielen geben zu können. Noch vor meiner Einschulung begann ich, mit einem Finger jede gehörte Melodie zusammenzusuchen. Allmählich beteiligten sich auch die kleinen Finger meiner linken Hand, meine Finger waren klein, ich war klein und bin es auch heute noch mit 1,56 m. Ich phantasierte alles alleine zurecht, während bittere Tränen auf die Tasten fielen, denn das war alles so schwer, zumal in der Volksschule, als ich noch nichts von Noten kannte. Der Drang war aber stark, ich saß jede freie Minute vor dem Ibach und lernte – lernte, während meine Mutter ab und zu bedrückt den Kopf durch die Tür steckte. Dann gab sie mir einige Tips, die mich nachts im Traum verfolgten. Ich spielte auch im Traum, spielte – suchte – spielte. Zu Weihnachten schrieb ich Krippenspiele, die im Lyzeum vorbehaltlos aufgeführt wurden, und die ich mit Liedern entsprechend durchsetzte.

Ich beobachtete meine Freundinnen beim Klavierspielen und merkte mir die Tasten. Unsere Mathematiklehrerin erwischte mich mitten in der Unterrichtsstunde, daß ich Noten von einer Freundin abschrieb, statt mich mit unbekannten x und y zu befassen. Ich bekam einen Tadel ins Klassenbuch. Unsere Mathematiklehrerin war eine kühle Person von Adel, aber sie war im Recht.

Ich sehe mich heute noch vor einer riesigen Sonnenblume stehen, sie sah mich an mit ihrem großen, goldenen Gesicht wie die Sonne selbst. In rasender Eile zogen Verse durch meinen Kopf, ich war etwa 12 Jahre alt, hatte meine Schultasche bei mir und konnte alles aufschreiben. Dieses Gedicht nannte ich: Meine eigene Sonne.

Hörte ich das Rauschen von Kiefern und das Knarren aneinander reibender

Äste, strömten wieder Verse in mich hinein. In Geschwindigkeit schrieb ich sie auf ein Butterbrotpapier, rasend schnell, immer in Angst, der letzte Gedanke könnte mir entfliehen. Bei meinem Großvater (er war königlicher Revierförster in der Lüneburger Heide) saß ich stundenlang auf einem Moosfleck und setzte das Leuchten der Lichtung oder das Rieseln von Blättern um in ein Gedicht. Meistens hatte ich kein Papier bei mir und holte Abends im Bett alles nach und bemühte mich, die Einfälle wiederzufinden und auch zu verbessern. Mein Großvater war von der Natur besessen. Oft sah er mich forschend an, wenn ich auf dem Teppich lag, vergraben unter unmöglichen Zetteln, ich war kränklich und zierlich. Ich höre noch heute seine Worte: Die wird nicht alt. Ich bin aber alt geworden, jetzt bin ich 68. Wieviele Male wurde und werde ich gebeten, bei festlichen Anlässen Selbstverfaßtes passend vorzutragen. Mein Drang zur Poesie erschöpfte sich nie. Ich war noch viel zu jung, da verschlang ich schon Goethe, Eichendorff und Dichter, die heute keiner mehr kennt, z.B. Graf von Eulenburg, der der Gräfin Galen ein Lied mit Versen widmete.

Beim Vortrag eines mit Wehmut durchsetzten Gedichtes muß ich mich zusammennehmen, daß keine Tränen kommen. Ich kann das Leid einer Kreatur nicht mitansehen, ich kann kein Kind weinen hören, mein Herz bebte, wenn ich bei meiner Mutter Tränen sah.

Mit ungefähr 9 Jahren schrieb ich "Schimmernde Quelle unterm Holderstrauch". Ich war gerade in die Sexta gekommen und lernte in der Deutsch-Stunde und in Geschichte unheimlich viel dazu. Ich schrieb "Tröstlicher Abendstern" oder "Mutter, deine Tränen sind Silbertropfen". Diese unzähligen Zettel sind durch Kriegseinwirkung verloren gegangen. Ich hatte andere Sorgen, die Existenz mußte neu aufgebaut werden. Aber manchmal überkam es mich, ich warf das Kartoffelschälmesser hin und spielte ein Stück auf meinem Akkordeon, denn ein Klavier konnten mein Mann und ich uns nicht leisten. Leider habe ich keinerlei musikalischen Unterricht genossen, ich spiele einfach so.

In der Jetzt-Zeit als Rentnerin bieten sich mir täglich und stündlich Themen an, die ich gezwungen in Verse setzen muß. Ich schreibe grundsätzlich nur Gesehenes und Erlebtes.

Mein zweiter Mann und ich singen in drei Chören, spielen in einem Orchester und bringen vor allem Solo-Einlagen (Alt) zweistimmig mit eigener Begleitung. Auch da sind wir mit Herz und Seele dabei. Ich bevorzuge Zarah Leander-Lieder, zu denen ich oft Verse dazudichte. Verse von mir wurden bereits im Rundfunk gesungen. Davon befinden sich einige in meinem heutigen Hefter. Ebenfalls veröffentlichen mehrere Zeitungen laufend Gedichte von mir. Aber kritische Sachen lehnen sie gern ab.

Ich wäre aber glücklich über Veröffentlichungen, denn es ist ja nichts dabei, was nicht schon dagewesen ist. Außerdem weiß ich aus der Resonanz aus Bekannten- und Leserkreisen, daß ich mit meinen Erlebnissen manchem etwas geben kann (was ich oft selber nötig habe).

Sie, sehr geehrter Herr Dr. Warneken, fragen, welche Gründe mich zu der Teilnahme an dem Schreib-Wettbewerb in Lemgo brachten. Ganz einfach: Es ist immer derselbe Drang. Hinzu kommt noch mein Bestreben, Wahrheit und nur Wahrheit zu berichten, ohne Beschönigung und Phantasie. Anders gesagt: der nachfolgenden Generation zu erzählen, welche Schwierigkeiten die Eltern gehabt hatten.

Falls es sein muß, schicke ich Ihnen noch meine kleinen Prosa-Berichte zu, die ich vor 3 Wochen wieder nach Lemgo geschickt habe zum 3. Schreib-Wettbewerb. Im Augenblick wird es mir etwas viel, ich habe mit meinem fertigen Hefter viel Mühe gehabt, außerdem habe ich seit 1/2 Jahr nach 7 Operationen noch einen Herzschrittmacher eingesetzt bekommen. Ich freue mich immer, daß mir keiner etwas ansieht, aber leider liege ich von 7 Tagen in der Woche ungefähr 4 oder 5 Tage im Bett. Dann baut mein Mann mir die Schreibmaschine auf einem Brett vor mir auf und ich schreibe halb im Liegen oder ich nähe oder lese.

Verlags-Honorare würde ich in voller Höhe tragen, ich beanspruche nichts, das sind mir meine seelischen Erlebnisse wert. Auch meine öffentlichen Gesangsvorträge mache ich ohne Entgelt, ich lehne auch jede Sammlung ab.

Vielleicht wundern Sie sich, daß die meisten meiner Gedichte voller Wehmut sind, in diesem Falle passen sie also besser zu Senioren. Mein erster Mann starb 1967 im Urlaub. Darüber bin ich noch nicht hinweg. Nach seinem Tode habe ich alles Lustige verbannt. Aber heute habe ich mein Temperament wieder, und das beweise ich noch jede Woche mindestens einmal. Nach dem Tode meines Edmund brach meine erste Welt zusammen. Ich habe mir eine neue aufgebaut. Das geht alles aus den Gedichten hervor.

Aus meiner Kindheit sehe ich noch Szenen vor mir, wenn ich auf dem Bauche liegend meine Einfälle aufschrieb, umgeben von tausend Zetteln. Meine Eltern standen neben mir und sagten kopfschüttelnd: "Nein, dieses Kind!" Ich blickte nur kurz auf zu meiner schönen Mutter, und mein Bleistift raste über die Zettel. Ab und zu ein Aufschrei meinerseits: "Ich hab's!" Damit war dann der Titel des Gedichts gemeint, der kam immer zuletzt dran.

Sehr geehrter Herr Dr. Warneken, ich habe alle Hochachtung vor Ihnen, daß Sie sich mit derlei Dingen befassen und verbleibe

mit freundlichen Grüßen

Erika Schroh

Annelies Wagner
(Gutssekretärin, Verwaltungsangestellte, Hausfrau und Mutter, geb. 1913)

Meine Erlebnisse mit dem Schreiben

Das Erkennungszeichen der ABC-Schützen zu meiner Schulzeit waren keine gelben Mützen und auffallend buntleuchtende Ranzen, sondern Schwamm und Lappen, die bei jedem Schritt lustig an langen Bändern seitlich des Ranzens baumelten. Dies waren die Utensilien, die zur Schiefertafel gehörten. Auf einer solchen kratzten wir mit dem "Griffel" die ersten Buchstaben in deutscher Schrift. Heute will es mir scheinen, als wenn diese Art des Schreibens etwas mühsamer war als auf dem glatten Papier, wo der Stift beinahe wie von selbst gleitet. Vielleicht war unser Schreiben daher von vornherein etwas sorgfältiger, da es ja gezwungenerweise langsamer war. Außerdem achteten wir immer darauf, daß wir möglichst lange Griffel hatten, mit der bunten "Manschette" am Ende, und nicht nur kurze Bruchstücke. Auch das Spitzen der Griffel mußte erst geübt werden. Mit einem scharfen Messer wurde die Spitze zurecht geschabt und brach dabei wieder sehr leicht ab. Wie ich schon erwähnte, war die deutsche Schrift die Schreibweise der ersten Schuljahre. Erst später bei den Fremdsprachen kam die lateinische Schrift dazu und durfte auch nur in diesen Fächern angewendet werden.

Zu Beginn der Schulzeit nahmen die Hausaufgaben noch nicht so viel Zeit in Anspruch. Das kam erst im Laufe der Jahre. Für die ersten Diktate wurde zu Hause schon ein wenig geübt, und der Erfolg blieb dann auch nicht aus.

Während eines Spazierganges mit meiner Mutter flüsterte ich einmal ganz aufgeregt: "Mutti, siehst du ihn, siehst du ihn?" "Nein, was denn, wen denn", fragte meine Mutter entsetzt zurück. "Den Plato!" Es war unser Lehrer. Sehr groß und sehr wohlbeleibt, mit einem langen, weißen Bart wie der Weihnachtsmann. Meine Mutter fand, daß er eigentlich recht gemütlich aussehen würde. Vielleicht war er es sogar. Wenn er uns abhörte, stellte er uns zwischen seine Knie und da mußte man schon recht tapfer sein, um nicht alles zu vergessen. Das Prinzip unserer Schule war es ja, uns zu selbstständigen, freien Menschen zu erziehen, evtl. gehörte diese Methode dazu. Er war auch unser Religionslehrer. Einmal hatten wir ein Lied zu lernen aufbekommen. Keiner konnte es. Vier, das war damals die schlechteste Note und Strafarbeit für jeden. Natürlich in besonders schöner Schrift, sonst das Doppelte noch einmal, damit man genügend üben konnte. Dann kam ich an die Reihe. Sicherlich hatte ich es gelernt, aber auch bei mir war alles weg. In meiner Angst kam ein vollkommen neuer Text zustande. Mit einem Mal sah der "Plato" gar nicht mehr so furchterregend aus. Er lächelte, schmunzelte und meinte: "Ja, wenn das Heinemännchen (Heine war mein Name) so gut dichten kann, muß ich ihr ja wohl eine 2 geben." Das blieb dann mein Spitzname für die ganze Schulzeit.

Das "Verse *schreiben* " hatte ich allerdings bereits schon viel früher versucht und kann mich noch recht gut daran erinnern. Auf der Geburtstagsfeier meiner besten Freundin gab es bei verschiedenen Spielen kleine Gewinne. So fand ich beim Topfschlagen ein kleines, rotes Heft. Auf der Vorderseite war ein rundes, weißes Etikett mit einem Lockenköpfchen. Ich war selig über das unerwartete Geschenk. Bald schon schrieb ich die ersten Reime hinein.

Wie oft hatte man uns ermahnt: Eigenlob stinkt! Daraus entstand dann:

Still denken, still denken, doch sagen sollst du laut,
Ein andrer hätte besser, als du etwas gebaut.

Oder:

Freu' dich am Augenblick,
Denk manchmal auch zurück,
Doch die Zukunft dein,
Laß Gottes Sorge sein.

(Nach dem Motto: sie säen nicht, sie ernten nicht, und der liebe Gott ernährt sie doch.) Die späteren Jahre haben mir gezeigt, daß man eine ganze Menge für die Zukunft tun muß; aber ich würde es in dem Sinne noch gelten lassen, daß man kein Pessimist sein sollte und sich auch nicht zu viel Sorgen machen soll.

Das Schreiben fiel mir damals noch bedeutend schwerer als das "Dichten". Diese meine ersten Versuche haben doch wohl ein wenig Bewunderung hervorgerufen. Jedenfalls hörte ich einmal, daß meine Mutter es Bekannten erzählte. Mit Belobigungen ging es bei uns allerdings immer sehr sparsam zu und man wartete auch gar nicht darauf.

Mit acht Jahren wurde meine schulische "Laufbahn" erst einmal unterbrochen. Ich gehörte dem Turnverein Vater Jahn an. Der Arzt hatte es geraten, um meine durch Entbehrungen sehr zarte Gesundheit etwas zu kräftigen. Um diese Zeit fand gerade das große Turnerfest in Wien statt. Der Deutsche Turnerbund nahm daran teil. Auch die Kindergruppe sollte mitfahren und Übungen vorführen. Es hieß, anschließend kämen wir zu österreichischen Familien, die deutsche Kinder pflegen und verwöhnen wollten. Aber da schrie die ganze liebe Verwandtschaft und Bekanntschaft: "Um Gotteswillen, so weit weg, gar in's Ausland in dem Alter und zu wildfremden Menschen!" Schließlich hatten sie es erreicht, daß meine Mutter auch davon überzeugt war. Aber nach langem Ringen blieben doch der Turnwart und ich Sieger. Es folgte eine herrliche Zeit. Ich durfte sieben Monate bleiben, und in diesen sieben Monaten waren ja doch die Briefe die einzige Verständigungsmöglichkeit mit zu Hause. So wurde fleißig geschrieben, was ja auch eine gute Übung war. Ich berichtete gern und ausführlich über alle meine Erlebnisse. Meine Pflegeeltern lasen meine Briefe meist noch durch, um mich auf evtl. Fehler aufmerksam zu machen, und fügten dann noch selbst einige Zeilen hinzu. Aber ich schrieb nicht nur nach Hause, meine Freundinnen und Freunde bekamen öfter Briefe, in denen ich ihnen viel aus dem "neuen Alltag" erzählte. Groß war meine Freude immer, wenn dann die Antworten eintrafen. In der Schule hatte ich es in Melk a/D recht leicht. In der Grundschule waren sie in Österreich nicht so weit wie wir, und in die Klosterschule wollte ich aus konfessionellen Gründen und auch für die kurze Zeit nicht gehen. Man erklärte mir, daß die Kinder es durch den Dialekt recht schwer hätten, sie müßten sich erst einmal an die Schriftsprache gewöhnen. So wurde es mir auch nicht verübelt, wenn ich an Tagen, an denen Schweine- oder Viehmarkt war, einen Haken um die Schule schlug, und mich lieber dort umsah. Ich war ja so quasi auch nur "Gastschüler" und staunte, als ich mein Zeugnis erhielt und eine extra Belobigung wegen regelmäßigem Schulbesuch darin vorfand. Wie mögen es die anderen gehandhabt haben? Ob sie noch seltener als ich erschienen sind? Noch rechtzeitig, ehe es wieder nach Hause ging, bekam ich mein erstes Poesiealbum. Es enthielt so viel wunderhübsche Zeichnungen und persönliche Worte, daß ich es oft in späteren Jahren immer wieder gern zur Hand nahm. Meine Pflegeeltern erzählten mir auch noch mit liebevollen Worten manches aus dem Leben derer, die etwas hineingeschrieben hatten, so daß ich ihre Zeilen besser verstand. Und es berührt mich oft merkwürdig, daß Worte von geliebten und verehrten Menschen, die darin standen, zu Leitsätzen für das ganze Leben geworden sind.

Nach der "Heimkehr" begann dann wieder der "rauhe Alltag". Es war beinahe ein bißchen, als wenn man vom Himmel auf die Erde zurückkam. Das von allen Seiten Verwöhntwerden hatte ein Ende. Die so lange genossene Freiheit mußte in Bahnen gelenkt werden und ich glaube, daß dies für meine Lieben ein ganz schönes Stück Schwerstarbeit war. Wenn ich mich nützlich machen wollte, passierte meist etwas Entsetzliches, was leicht hätte mit einer Katastrophe enden können. Alle waren erschüttert bei dem Gedanken und ich brachte es ausführlich in humorvollen Versen zu Papier. Auch wenn es meiner Meinung nach noch so gut gelungen war, ich erntete nur Kopfschütteln dafür, was mich aber durchaus nicht entmutigen konnte.

So blieb es auch in späteren Jahren. Wenn es weltbewegende, patriotische oder persönliche Probleme gab, war ich erst zufrieden, wenn ich sie in Gedichtform niedergeschrieben hatte. Oft geschah es bei der Hausarbeit, manchmal auf Spaziergängen. Das kostete keinerlei Mühe, sondern war plötzlich da. Später konnte ich es dann immer wieder durchlesen und es wurde dann auch so eine Art Vergangenheitsbewältigung. Manchmal genügte schon eine Fahrt mit Hund zur 20 km entfernten Stadt, die dann so voller Aufregungen und komischer Begebenheiten verlief, daß mein Mann meinte, da könnten andere eine Weltreise machen, um das zu erleben. Ich setzte mich dann abends hin, schrieb es in Versen auf, schickte es unserer Tochter, die im Internat war, um einen kleinen Lichtblick in ihr junges, nicht immer leichtes Dasein zu bringen. So konnte sie und ihre Zimmerkameradinnen wenigstens wieder einmal herzlich lachen.

Schon während der Schulzeit waren Naturwissenschaften und Deutsch meine Lieblingsfächer. Besonders gern schrieb ich Aufsätze. Wenn alles zu Hause schon schlief und ich vollkommene Ruhe hatte, ging es am besten. Meist fielen sie dann auch recht gut aus. Unsere Lehrerin schickte sie hin und wieder an Zeitungen ein, und meine Hefte wurden des öfteren ausgeliehen, um sie bei kleinen Festlichkeiten von Seiten der Lehrer vorzulesen. Einer ist mir besonders in der Erinnerung geblieben. Wie es früher in Leipzig üblich war, wurde zur Messe alles vermietet, was irgend möglich war. So auch bei uns. Wir hatten fast immer dieselben Gäste, und zwar aus Schweden, die per Telegramm exakt die Ankunftszeit meldeten, und die war für den nächsten Tag vorgesehen, so daß wir am Abend noch einmal alle (6 Pers.) beruhigt in unsere Betten gingen. Doch plötzlich mitten in der Nacht klingelte es, und wie meine Mutter feststellte, waren es schon die Gäste. In Windeseile mußte alles empfangsbereit hergerichtet werden. Der "Portier" mußte sich ein wenig Zeit lassen. Dieses nächtliche Durcheinander hatte ich als Aufsatzthema gewählt und es war wohl ein Volltreffer. Meine Eltern und Geschwister ahnten nichts. Ich überraschte sie erst später mit dem Zeitungsartikel. Nachdem alles ein Weilchen her und gut gegangen war, fanden auch sie es komisch. Ich durfte damals am nächsten Morgen ausnahmsweise den Gästen das Frühstück bringen und ich tat dies mit besonders höflichem Gesicht, während ich im Inneren noch einmal alles vor mir sah und äußerste Mühe hatte, ernst zu bleiben. Aber genauso ist mir auch ein anderer Aufsatz im Gedächtnis geblieben. Wir sollten ein Märchen über die Sonne schreiben. Als dann alle schon ihre Arbeiten zurückerhalten hatten, lag nur noch mein Heft einsam auf dem Pult. Viele murmelten: "Na ja, wie immer, das Beste kommt zuletzt." Ich dagegen war recht skeptisch. Erst einmal hatte mich mein Nesselfieber an dem Tag ganz besonders geplagt, so daß meine Hauptbeschäftigung aus Kratzen bestand und wohl jeder Gedanke von vornherein zum Scheitern verurteilt war. Aber auch das Thema, das doch einige Phantasie voraussetzte, lag mir gar nicht. Erlebnisberichte oder über Literatur zu schreiben, ab und zu bekamen wir auch religiöse Themen, das alles ging mir flott von der

Hand. Und dann endlich kam der Kommentar unserer Lehrerin: "Und hier habe ich die unmöglichste Arbeit, die man sich denken kann. Das Thema vollkommen verfehlt, die Schrift unmöglich, z.T. gänzlich unleserlich, etc., etc., eine glatte 4!" Auch das mußte es einmal geben. Mit der Schrift, besonders mit einer leserlichen Schrift, stand ich bereits die letzten Schuljahre auf Kriegsfuß. Auch später bedankten sich oft meine Briefpartner über meine lieben, langen Briefe, nur leider hätten sie sehr wenig davon entziffern können, und ich dachte immer, ich hätte mir so viel Mühe gegeben. Als ich dann nur noch mit der Maschine schrieb, brach allgemeine Dankbarkeit aus. Aber früher hieß es doch: private Briefe schreibt man mit der Hand, nicht mit der Maschine, das ist unhöflich. Aber wir haben ja im Laufe der Zeit so viel über Bord geworfen. Wenn ich an das Schreiben meiner Vorfahren denke. Bis in's hohe Alter hinein war die Schrift wie "gestochen". Jeder Buchstabe genauso, wie er sein sollte, klar und deutlich.

In den Jungmädchenjahren kam das "Dichten" nur noch zu besonderen Anlässen in Betracht. Wenn z.B. eine Freundin zu ihrem Geburtstag weit entfernt war und das Geschenk infolge unserer anhaltenden Finanzmisere ein wenig kümmerlich ausfiel, evtl. nur ein gepreßtes Glückskleeblatt und irgend eine Kleinigkeit, dann mußte ein langes Gedicht das fehlende Präsent wettmachen.

Später im eigenen Familienkreis beschränkte sich dann das Versemachen auf Weihnachten. Jedem, auch noch so kleinen Geschenk, wurden ein paar Zeilen beigefügt. Und wenn dann bei der Bescherung das allgemeine Papierrascheln ein Ende hatte, las jeder seine Zettelchen vor und es ging oft recht lustig dabei zu, was ja auch der Sinn der Sache war. Unlängst verfiel ich noch einmal in meine alte Leidenschaft. Die Wunschidee eines lieben Verwandten zu seinem Jubiläumsgeburtstag war absolut nicht mit meiner Geschenkidee in Einklang zu bringen. Aber ich respektierte natürlich seinen Wunsch, mußte aber doch dem Ganzen zur richtigen Würze einige Verse hinzufügen. Leider konnte ich dann der "Premiere" nicht persönlich beiwohnen.

Auch als mir einmal gar nicht danach zumute war, mußte ich notgedrungen zur Feder greifen. Es waren die ersten Jahre nach dem Kriege und auch da sollte ja der Gabentisch, wenigstens für unser Töchterchen, nicht leer sein. Alles mußte damals in Eigenfabrikation hergestellt werden, und natürlich auch die ersten Bilderbücher. Da wurde Pappe besorgt und alle unsere Haustiere groß in ihrer natürlichen Umgebung gemalt und in Versen ihr Leben, Zweck für den Menschen und ihre Eigenart geschildert. Nun sind wieder die Enkel an der Reihe, die selbstfabrizierte Bücher bekommen.

Wenn man mit offenen Augen und Sinn für Humor durch die Natur streift, kann man so viel beobachten, daß wohl der Stoff zum Schreiben nie ausgeht.

Einmal ist es das Vieh in den Weidegärten. Da kann man ab und zu eine unwahrscheinliche "Intelligenz" oder auch Bosheit einzelner Tiere entdecken. Dann wieder die Tiere des Waldes und alles, was da kreucht und fleucht. Auf meinen ausgedehnten Spaziergängen mit meinem Hund, der oft in das Geschilderte mit einbezogen wurde, hatte ich immer reichlich Gelegenheit, Material zu sammeln und die Kinder damit zu begeistern. In den ersten Büchern gab es zu jedem Zweizeiler eine Bildseite. Nun muß es schon etwas mehr Text sein. Es gibt ein so reichhaltiges Angebot an Kinderbüchern und für jedes Interessengebiet ist etwas zu finden. Aber vielleicht machen meine kleinen Erzählungen so große Freude, weil immer ein wenig persönliches Erleben und Empfinden darin enthalten ist.

Ich glaube schon, daß ich ein recht reichhaltiges Leben von der Kindheit an hatte, wobei die Waagschale mit frohen Erlebnissen allerdings ziemlich hoch pendelt. Aber das ist wohl nicht ausschlaggebend. Gewiß haben unzählig andere ebensoviel erlebt, es nur evtl. nicht so intensiv zur Kenntnis genommen. Eine kleine Besonderheit oder Unnormalität, ich weiß nicht, wie man es bezeichnen könnte, gibt es da noch:

Selbst in den schwierigsten Situationen oder Gefahren bin ich gewissermaßen immer nur als Unbeteiligter dabei. Dadurch kann man meist instinktiv richtig handeln, da keinerlei Angst den Geist verwirrt und anschließend, wenn alles vorüber ist, ohne weiteres darüber schreiben, quasi auch als Beobachter.

Manchmal bin ich nahe daran, etwas aus vergangenen Tagen aufzuschreiben. Aber dann denke ich immer wieder: wen interessiert das schon ? – und lasse es lieber sein. Vielleicht war das ein Grund, damals am Erzählerwettbewerb teilzunehmen.

Rosel Schneider-Martienssen
(Gutssekretärin, Postbeamtin, geb. 1914)

Meine Erlebnisse mit dem Schreiben

Wie ich zum Schreiben kam?

Nun ja, angefangen habe ich damit während der Schulzeit. Mein erstes Gedicht wurde in der Klassenzeitung der Untersekunda abgedruckt.

Als ich siebzehn war, war ich auf der Begüterung eines Grafen in der Ausbildung zur Gutssekretärin. Gemeinsam mit der damals dreizehnjährigen Tochter meines Chefs verfaßte ich eine Liebesgeschichte und schickte sie an das Stralsunder Tageblatt. Dort wird man herzlich gelacht haben, denn wir hatten natürlich beide keinerlei Erfahrung in Liebe. Heute ist das ja anders in dem Alter – aber damals .... Eigentlich hatten wir auch weniger das Bedürfnis zu schreiben als wir hofften, damit unser kärglich bemessenes Taschengeld aufzubessern.

Viele Jahre schrieb ich nur ab und zu ein Gedicht für Geburtstage oder Feiern mit Kollegen. Eines Tages aber in schon mittlerem Alter erfaßte mich eine unvorstellbare Antipathie gegen meinen Beruf. Ich war im Verwaltungsdienst bei einer Behörde tätig und mußte immer im kalten, nüchternen Behördenstil schreiben. Meine Sehnsucht danach, frei von Paragraphen zu sein und ohne Abhängigkeit von Vorschriften und Vorgesetzten etwas entscheiden zu können, wurde so groß, daß ich Wege suchte, um wenigstens in der Freizeit unabhängig zu sein. Erst einmal baute ich ein Haus im Grünen. Dann belegte ich einen Fernlehrgang "Die Hohe Schule des Schreibens". Mein Ziel war, nach Fertigstellung des Hauses einige Zimmer an Heidegäste zu vermieten und den Rest des Lebensunterhaltes mit Schreiben zu verdienen. Auf meine Altersversorgung wollte ich für den Preis der Freiheit gerne verzichten. Es ging aber einiges schief. Das Haus wurde viel teurer als veranschlagt und meine Schreiberei brachte außer geringen Beträgen für Abdrucke in kleinen Zeitschriften nichts ein. Ich mußte also den Verstand sprechen lassen und bei meiner Behörde bleiben. Nachdem meine Abschlußarbeit des ersten Lehrgangs mit "sehr gut" bewertet worden war, belegte ich den zweiten Kursus "Die Technik der Erzählkunst". Im ersten Semester ging es hauptsächlich um journalistisches Schreiben, der zweite Lehrgang behandelte die Technik von Kurzgeschichten, Novellen und Romanen. Die Arbeit machte mir viel Freude. Ich hatte das Glück, einen Lehrer zu haben, der mich durch seine ausführlichen Beurteilungen anspornte, der half und mich meine Möglichkeiten erkennen ließ. Seit dieser Zeit schreibe ich häufiger etwas, Lyrik, Prosa, Theaterstück (Volksstück), Drehbuch. Ich schickte manchmal etwas für Preisausschreiben ein. Einmal bekam ich bei einem Wettbewerb den vierten Preis (Förderpreis) und 50 DM. Einen Verleger fand ich aber bisher nicht.

Nun, das Wesentliche ist wohl gar nicht das Verkaufen der Arbeiten, sondern der Vorgang des Schreibens selbst. Er bereichert, läßt innerlich wach bleiben – ich möchte fast sagen jung bleiben. Es ist ein herrliches Gefühl, etwas aus sich herausholen zu können. Manchmal, wenn ich nach langer Zeit wieder etwas von mir lese, wundere ich mich darüber, daß ich das geschrieben habe. Wenn ich nach einem Ausdruck suche und habe ihn dann gefunden, empfinde ich eine tiefe Freude. So meine ich haben wir Menschen, die Begabung und das Bedürfnis haben zu schreiben, ein Erlebnis mehr als Nur-Leser. Das Schreiben kann mir auch Hilfe sein, wenn ich Unangenehmes oder gar Schweres erlebt habe. Ich lege meinen Kummer ab und fühle mich nach Fertigstellung einer Geschichte – oder was es auch immer sei – wie neu geboren, so richtig voller Kraft und Frische.

So ist es bei mir. Ob andere es wohl auch erlebt haben?

Gertrude Blackert-Golda
(Bürotätigkeiten, Mutter, geb. 1914)

Ein Versuch zu erklären, was "Schreiben" für mich beinhaltet.

Schreiben – von der Seele herunterholen, beleuchten, Abstand gewinnen, einordnen, bewerten – Sehnsüchte, die mich von Jugend an begleitet haben. Und das sind Jahrzehnte! Im guten, alten Gymnasium in der Tschechoslowakei begann es. Physik, Mathematik – Alpträume, aber Aufsätze, Referate, literarische Bewertungen, welche Spielerei, welche Freude. Und Lesen – in einer Zeit, da in Deutschland schon Verbote begannen die Literatur einzuengen, da konnten wir jungen Menschen noch alles lesen, was die zwanziger Jahre hervorgebracht hatten. Und wir taten es. Und doch war die Propaganda, die über die Grenzen zu uns herüberkam, im Laufe der 30er Jahre stärker als unser Verstand. Die Tschechen waren unsere Herren, wir sollten lernen, ihnen untertan zu sein. Das weckte den nationalen Widerstand. So verfiel unsere Generation dem Taumel der nationalen Begeisterung und nahm alles an und idealisierte, was vom 3. Reich zu uns drang.

Nach 1945, da kam die Erinnerung an das, was wir als ganz junge Menschen gelesen hatten, und es war mit ein Pfad, der uns zu neuen Erkenntnissen herausführte. Ich schreibe mit Absicht "wir", denn ich weiß, so ging es fast allen meinen Altersgenossen.

Im Jahre 1933 habe ich mein Abitur gemacht. In den Schuljahren war der Wunsch, selbst zu schreiben, überdeckt von den Erlebnissen des Jungseins. Wie heute wollten wir der Welt eine neue Ordnung geben, wir debattierten, verurteilten, urteilten, wie ich es auch bei meinen Kindern erlebe, und aus dieser Erfahrung heraus weiß ich, wie selten Jugend notwendige Zwänge akzeptieren will, und mein Wunsch hat fast die Stärke eines Gebetes – möge unsere Zeit nicht so in die Irre gehen wie einst wir. –– Bezahlt haben wir, und als ich als Landarbeiterin ungeschickt, aber voller Ehrgeiz schuftete, nachher in diversen Berufen arbeitete, eine 2. Ehe schloß, Kinder bekam und versuchte, einen Installationsbetrieb mit meinem Mann zu führen, 5 Kinder groß zu ziehen, da blieb keine Zeit und Kraft zum Schreiben.

Aber sooft ich in der nicht abreißenden Kette der Pflichten – eine in die andere übergehend – gerne ausgebrochen wäre und nicht durfte, da war ein Trost: Einmal wirst du Zeit haben nachzudenken, Dich sammeln, alles Verschwommene zum Wort zu formen. Und so war das imaginäre Schreiben durch Jahrzehnte eine Hoffnung und ein Ziel. Das Alter kam, die ruhigere Lebenszeit. Einmal setzte ich mich an die Schreibmaschine und schrieb mir in einem Zug das Erlebnis der Fluchttage 1945 von der Seele. – Und wieder vergingen Monate – die Kinder brauchen mich noch, die Enkel, und in einem langen Prozeß, belehrt von meiner jüngsten Tochter, habe ich die Erkenntnis, jeder Mensch hat über alle Dinge hinaus sein höchst persönliches Lebensrecht, aus Theorie zur Praxis gewandelt. Und so werde ich jeden Tag ein paar Zeilen niederschreiben – gleichgültig ob es mir gelingt, auch andere Menschen anzusprechen oder nicht – ich suche die Quintessence meiner vielen Lebensjahrzehnte.

Ich weiß noch nicht ob ich fähig bin, Geschichten zu schreiben, die fremde Schicksale gestalten. Mein erster Versuch soll ein Stück eigenes Erleben verwoben mit der Erzählung einer Familiengeschichte sein, deren Wahrheitsgehalt zumindest in den ersten Anfängen noch nicht erwiesen ist.

Gretel Rathje
(Hausfrau, geb. 1914)

Erlebnisse mit dem Schreiben!

In der Schule schrieb ich am liebsten Aufsätze, die auch meistens die Zustimmung meiner derzeitigen Lehrer fanden, was einem ja nicht immer in den anderen Schulfächern gelang. Mit anderen Worten, ohne mich zu "beweihräuchern", sie wurden mit "gut" oder "sehr gut" benotet. Eines dieser "Prachtexemplare" aus der Untertertia habe ich durch alle Kriegswirren gerettet. Wir sollten ein Märchen schreiben. Ich wählte den Titel "Frühlings Einzug". Als ich es jetzt nochmal las, stellte ich fest, wie romantisch ich als 12jährige war. Welcher Unterschied zwischen den heutigen Teens und uns "Backfischen", obgleich wir ja auch nicht gerade auf den Mund gefallen waren. – Die Aufsätze, die wir in den höheren Klassen schrieben, handelten sehr oft von Buchbeschreibungen. Wir bekamen ein Buch in die Hand gedrückt, sollten es lesen, dann den Inhalt erläutern, dazu Stellung nehmen etc. Diese Themen haben mich am meisten interessiert, denn ich war und bin auch heute noch eine große Leseratte. Ich habe mich nie auf eine bestimmte Art von Büchern festgelegt. Ich lese historische Romane genauso gern, wie Krimis, Unterhaltungsromane oder andere. – Früher hatte ich eine besondere Eigenart. Für große Hausaufsätze bekamen wir manchmal 4–5 Wochen Zeit. Regelmäßig machte ich mich erst in den letzten 2,3 Tagen ans Schreiben. Da saß ich dann manchmal bis in die Nacht hinein, um meine Ergüsse zu Papier zu bringen, denn wir hatten ja auch noch Schularbeiten für die anderen Fächer auf, und das nicht zu knapp! Damals fragte niemand, ob wir zu sehr "gestreßt" wären, um allen Aufgaben gerecht zu werden. Meine Güte, wieviel Schularbeiten hatten wir manchmal auf! Wir hatten gute Lehrer, nur wußten wir das damals nicht zu würdigen. Wir dachten, die wollten uns triezen, wenn sie uns viel aufgaben. Heute freue ich mich, wieviel ich noch aus allen Fächern weiß. Manchmal kann man es tatsächlich mit seinen Kenntnissen noch mit den Jugendlichen aufnehmen.

In den Lyzeen und Gymnasien absolvierte man früher gleich die 4 Grundklassen mit und brauchte keine "Volksschule", wie man die damals sinnigerweise nannte, zu besuchen. Von mir wurden übrigens die "Volksschüler" in einem sehr beneidet. Sie hatten Schiefertafeln und Griffel zum Schreiben, und wir mußten schon als ABC Schützen mit Federhalter und Tinte und Schreibheften die ersten Kämpfe ausfechten.

Wegen meiner Vorliebe zu Tafeln meldete ich mich immer für das "Tafelamt". Man mußte dafür sorgen, daß immer genügend Kreide (weiß und farbig), ein *nasser* Schwamm und ein trockenes Tuch vorhanden waren. Für dieses Amt waren merkwürdigerweise in allen Jahren die meisten Anwärter. Alle Halbjahre wurden die Ämter neu verteilt. In späteren Jahren, nach Verlassen der Schule, war man durchaus nicht mehr begeistert vom Staubwischen oder etwas zu reinigen. Wenigstens bei mir war und ist das so.

Wir lernten die "deutsche" Schrift (ich glaube, sie heißt korrekt: "Sütterlin"?!) Die Seiten des Heftes waren wie folgt liniert:

(Folgt eine Skizze, B.J.W.)

Ich hätte gar nicht gedacht, daß ich es noch kann. “Jelernt is jelernt”, sagt der Berliner. Also, so ungefähr sah die Schrift aus. Auch Druckschrift lernten wir, und später dann, als wir Fremdsprachen bekamen, lernten wir die lateinische Schrift. Mit unseren spitzen Buchstaben hätten wir wohl da auch wenig anfangen können.

Als die Füllfederhalter aufkamen, durften wir sie anfangs nicht in der Schule benützen, weil wir dadurch “eine schlechte Handschrift bekommen hätten”, meinten unsre Lehrer. An meiner war sowieso nicht viel zu verderben, sie ist nie schön gewesen, sie wäre aber zu lesen, wurde behauptet. In den letzten Schuljahren hatten wir aber doch fast alle einen Füllhalter, und es wurde von den Lehrern kommentarlos toleriert.

Nach der Schulzeit hatte ich mir angewöhnt, Geschenken kleine Knittelverse beizulegen. Dann kam ich Jahre später mal auf die Idee, eine Kurzgeschichte zu schreiben. Über eine Agentur, die damals wie Pilze aus der Erde schossen, wurde sie auch in einer Zeitung veröffentlicht. Da diese Agentur pleiteging, schlief die ganze Sache ein. Aber für mich selbst schrieb ich doch ab und zu mal eine, auch Naturbeschreibungen etc. Da ich an allem sehr interessiert bin, ob das Politik, Natur oder andere Themen sind, schrieb ich auch öfter mal Leserbriefe, wenn mir was besonders gut oder auch weniger gefiel. In den letzten Jahren äußerte ich mich nicht mehr schriftlich. Ich schrieb und schreibe auch nicht mehr gern Privatbriefe. Der Grund ist wohl der, bei dem einen darf man dies nicht erwähnen, beim andern darüber nicht schreiben, um nicht an zu ecken. Sowas liegt mir nicht, ich sage gern meine wahre Meinung.

Ja, warum habe ich mich an dem ZDF Wettbewerb beteiligt? Ehrlich gesagt, ich weiß es nicht! Ich wußte aber von vornherein, daß ich *nicht* eine Episode, wie gefordert, schreiben würde, die dann zu einigen Szenen im Fernsehen bearbeitet werden konnte. Sondern ich wollte einen Überblick über die damalige Zeit geben, und schrieb damit natürlich am Thema vorbei. Mir machte es Spaß, diese ganze Zeit wieder in mir lebendig werden zu lassen. Und wäre nicht ein gewisser Zwang dagewesen, eben der Termin für die Beteiligung, hätte ich wahrscheinlich das Schreiben gelassen.

Abschließend möchte ich noch bemerken, daß der Briefwechsel mit Ihnen mich wieder dazu gebracht hat, Kurzgeschichten etc. zu schreiben bezw. darin zu versuchen. Eine Probe meiner “Ergüsse” lege ich bei.

Mit freundlichen Grüßen

Gretel Rathje

Edith Mumm
(Küchenleiterin, Hausdame, Hausfrau und Mutter, geb. 1914)

Meine Erlebnisse mit dem Schreiben.

Ich soll schreiben über das Schreiben! Wie fing es denn eigentlich bei mir an? Nun, natürlich begann es, als ich zur Schule kam, aber damit gab es das erste Problem.

Unsere Familie bewohnte damals ein wunderschönes Einfamilienhaus in einem kleinen Ort. Es gab dort zwei Schulen, eine Volksschule und eine Privatschule, und natürlich kam der damaligen Zeit entsprechend nur letztere in Frage. Das Schuljahr begann Anfang April, aber da ich Ende Mai erst 6 Jahre alt wurde, sollte ich erst im nächsten Jahr eingeschult werden. 6 Wochen nach Schulbeginn hörte meine Mutter, daß die Privatschule zur "Höheren Knaben- und Mädchenschule" werden sollte und gleichzeitig abgebaut wurde, das bedeutete, daß die unteren drei Klassen wegfallen würden, und die Kinder mußten drei oder vier Jahre zur Volksschule gehen, bevor sie eingeschult werden konnten.

Was nun? Ich erinnere mich noch gut, daß ich an der Hand meiner Mutter nachmittags zur Vorsteherin ging, dann wurde erörtert, ob ich nachträglich angenommen werden könnte, wenn sie selbst mir einige Stunden Unterricht als Nachhilfe geben würde. – So geschah es, und als ich das erstemal als Schülerin das Klassenzimmer betrat, saßen die Kinder in den schmalen Bänken, den Federhalter in der Hand, das Schreibheft vor sich, und links oberhalb des Heftes mußte die Fibel liegen. Die Fibel!! Das war nicht solch schönes Bilderbuch wie die Kinder heute im ersten Schuljahr besitzen, sondern nur ein kleines Bildchen über der Schrift zeigte an, was gemeint war. An meinem ersten Schultag, also 6 Wochen nach Schulbeginn, lernte man das l. Einige Lilien sah man auf dem Bildchen, darunter das kleine und das große l, und darunter das Wort "Lilie".

Vom ersten Tag an schrieb man mit Tinte und Feder, und es gab natürlich unzählige Tintenkleckse und Spritzer. Dann, wenn das Unglück passiert war, wurde eine Ecke des Löschblattes, das damals in jedem Schreibheft lag, mit der Zunge angefeuchtet und damit die Tinte aufgesaugt, dann abgetupft, radiert, und im Laufe der Jahre entwickelte man eine fast perfekte Fertigkeit im Klecksentfernen.

Hatte man alle Buchstaben gelernt, gab es Schönschreibstunden. Die Hefte dazu hatten dünne schräge Punktlinien, und nun mußte fein säuberlich Buchstabe neben Buchstabe, Wort neben Wort geschrieben, nein fast gemalt werden. Die Buchstaben mußten genau so schräg wie die Punktlinien laufen, dazu dünne Linien aufwärts, und dicke Striche abwärts. Das war dann ein kritischer Punkt, weil die in der Mitte gespaltene Stahlfeder sich beim dicken Strich auseinanderspreizte und Tintenspritzer verteilte.

Im Laufe der Jahre gab es immer mehr Schulfächer, aber mir waren Aufsatzschreiben und Malen und Zeichnen die liebsten Schulstunden.

Sicher, Mathematik und Physik liebte ich auch, weil es mir leicht fiel und ich dafür nur die schriftlichen Arbeiten machen mußte, denn mündliche Hausarbeiten haßte ich sehr.

Die Folge blieb dann auch nicht aus, in Sprachen, wo man natürlich viel lernen muß, war ich ausgesprochen schlecht, auch Geschichtszahlen, die wir früher auswendig lernen mußten, habe ich nie gewußt.

Wurde ein Aufsatz geschrieben, gab es dafür 2–3 Stunden Zeit, und meistens konnte man unter mehreren Themen wählen, ein geschichtliches, eine Nacherzählung, evtl. ein Kapitel oder eine Episode aus einer Lektüre und ein freies Thema. –– Ich wählte immer Letzteres, und ich war sehr ärgerlich, wenn wir uns nur an vorgegebene Themen halten mußten. Ich weiß noch, daß wir einmal, es muß in der Unter- oder Obertertia gewesen sein, als freies Thema die Überschrift bekamen "Muß ein Arzt immer die Wahrheit sagen?"

Ich weiß nicht mehr, was ich dazu geschrieben habe, ich dachte mir wie immer eine kleine Geschichte aus, aber alle Mitschüler fanden den Aufsatz sehr gut, denn er wurde vorgelesen. Das war zwar nichts Neues, aber ich war ganz stolz, daß ich fast immer den besten Aufsatz lieferte.

Eines Tages jedoch wurde mir etwas Geschriebenes in der Schule zum Verhängnis.

Ich muß dabei vorausschicken, daß zu meiner Schulzeit zwischen Lehrern und Schülern ein ganz anderes Verhältnis bestand als heute. Wir hatten z.B. nur Lehrerinnen, die Fräulein genannt wurden und die in unseren Augen alle sehr alt waren, sie waren alle unverheiratet und im Aussehen und vom Typ her wirklich alte Jungfern. Ein Geburtstag von Lehrerin oder Schülerin blieb unbeachtet, vielleicht ist mir aus diesem Grund auch eine Ausnahme im Gedächtnis geblieben, weil wir irgendwie erfahren hatten, daß Fräulein Sch. am Geburtstag 36 Jahre alt wurde.

Jede Lehrerin hatte ein eigenes Notizbuch, in das sie alles Wissenswerte über jeden Schüler und jede Schülerin eintrug. Wenn ein Kind ein kleines "Vergehen" beging, z.B. nicht aufpaßte, mit der Nachbarin schwatzte, nicht gut gelernt hatte, ein Buch vergessen hatte oder Ähnliches, dann gab es einen "Ordnungsstrich" in besagtes Notizbuch. Hatte ein Schüler bereits 5 Ordnungsstriche, dann war das bereits eine Rüge, und 3 Rügen ergaben einen Tadel. Das war dann ganz schlimm, denn ein Tadel wurde in das große Klassenbuch eingetragen, und wenn es ganz böse wurde, wurde sogar ein Brief an die Eltern geschickt, damit sie unterrichtet wurden, wie ungezogen ihr Kind war.

Im Halbjahreszeugnis gab es über den Leistungszensuren sogenannte Kopfnoten, z.B. als Erstes: Betragen, dann Fleiß, Ordnung, Haltung. Hatte man aber einen Tadel im Klassenbuch, dann war die Note: sehr gut im Betragen hinfällig. ––––

Eines Tages, es war in der Englischstunde, ich war etwa zehn Jahre alt, reichte mir meine Freundin, die vor mir saß, einen Zettel heimlich unter der Bank durch. "Gehst Du heute nachmittag mit zum Baden?" fragte sie mich darauf. Ich schrieb auf die Rückseite: "Ich kann heute nicht, ich fahre mit meiner Mutter weg", und im selben Augenblick, als ich den Zettel zurückgeben wollte, ich war wohl nicht vorsichtig genug, wurden wir erwischt. Ein Donnerwetter, ein Tadel ins Klassenbuch, aber das Schlimmste kam, als im Herbst die Zeugnisse fällig waren. Im "Betragen" stand bei mir statt des verlangten "sehr gut" nur "gut", und ich bezog von meiner Mutter eine gehörige Tracht Prügel, weil sie es nicht ertragen konnte, daß ihre Tochter nicht artig gewesen war.

Eigentlich wäre ich gern Schriftstellerin oder Malerin geworden, ein Kindheitswunsch, aber da dies alles "brotlose Künste" waren, kam ich gar nicht auf den Gedanken einer entsprechenden Ausbildung, und so blieb alles nur ein Hobby.

Als ich 1930 die Schule absolviert hatte, war ein Studium für ein Mädchen immer noch etwas Besonderes, man mußte begabt und sehr fleißig sein, und zum Lernen fehlte mir immer noch die Lust und Ausdauer.

Eine Handwerkslehrstelle, Buchhalterin oder Verkäuferin wurde von meinen Eltern als "unmöglich" verworfen, also sollte ich erst einmal den Haushalt erlernen.

So wurde ich in einer Lehrerfamilie mit 3 Kindern Haustochter schlicht um schlicht, so nannte man es damals. Man suchte per Anzeige oder durch Empfehlung einen besseren Haushalt, wo ein Dienstmädchen vorhanden war, und in dem die Haustochter wie ein Familienmitglied behandelt wurde. Man erlernte den Haushalt, Kinderpflege, Kochen, und man bekam von daheim ein Taschengeld, ich bekam von meinem Vater im Monat 15 Mark.

Obwohl ich mir immer gern Geschichten ausgedacht habe, hatte ich nur einmal den Mut, etwas einzuschicken. Ich muß etwa 19 Jahre alt gewesen sein, als ich auf die Idee kam, ein Filmmanuskript zu schreiben. Heute weiß ich den Inhalt nicht mehr, ich entsinne mich nur, daß es eine Liebesgeschichte war, in der ein bestimmtes Lied eine große Rolle spielte.

Ich schickte also das Manuskript an eine Filmstelle. Lange Zeit hörte ich nichts, ich weiß nicht mal genau, ob ich es überhaupt zurückbekommen habe. Das alles war nicht so schlimm, aber eines Tages, Monate später, hörte ich im Radio einen Schlager, der sich sehr an mein Filmthema anlehnte.

Wahrscheinlich, nein bestimmt war es Zufall, aber ich war entrüstet, wütend, zweifelte dann aber doch und unternahm dann gar nichts. Zu jener Zeit hätte ich mich auch geschämt, zu irgend einem Menschen über meine Filmgeschichte zu reden.

Wenn alle Geschichten und Romane, die ich mir im Leben ausdachte, gedruckt worden wären, es würde eine stattliche Anzahl Bücher dastehen, aber ich schrieb selten etwas auf. Wenn ich allein war, auf langen Wegen, abends im Bett oder bei verschiedenen Gelegenheiten fiel mir so viel ein, und ich spann meine Geschichten immer weiter. Manchmal fanden sie ein Ende, und das Ende war immer gut, aber oft fiel mir ein anderes, viel interessanteres Thema ein, und es begann gleich eine neue Geschichte.

Oft genügt es, wenn ich einen etwas ausgefallenen Namen höre oder lese, oder wenn ich einem auffallenden Menschen begegne, dann reizt es mich direkt, eine Geschichte um den Namen oder Menschen zu spinnen.

Man könnte jetzt denken, ich hätte meinen Beruf verfehlt, aber ich glaube eher, ich bin 50 Jahre zu früh geboren. Heute hat die Jugend ganz andere Chancen, wäre ich heute 18 Jahre alt, würde ich bestimmt probieren, Malerin oder Schriftstellerin zu werden, ob mit oder ohne Erfolg, wer kann es wissen?

Damals heiratete ich mit 20 Jahren, war 1 Jahr später Mutter, und, da ich nacheinander drei Söhne bekam, war mein Leben reichlich ausgefüllt. Ich glaube aber, daß es manchen Menschen so wie mir geht. In späteren Jahren, wenn die Kinder groß und nicht mehr zu Haus sind, dann kommen die Gedanken, und man denkt zurück an die Zeiten, als man selbst so jung wie die Kinder war.

Man beginnt etwas zu spinnen, man stellt sich vor, daß das eigene Leben vielleicht ganz anders verlaufen wäre, wenn irgend ein Ereignis im Leben anders, ein bedeutendes Erlebnis im positiven oder negativen Sinn sich ganz anders entwickelt hätte, wenn ich irgend einen Menschen, der in meinem Leben eine Rolle spielte, nie gesehen hätte, oder einen anderen Menschen, den ich nur flüchtig kannte, hätte ich irgendwie nah in mein Leben einbezogen.

Ist es nicht manchmal schön zu träumen: Wie wäre mein Leben wohl verlaufen, wenn ------?

Frieda Duggen
(Hausfrau, geb. 1914)

Meine Erlebnisse mit dem Schreiben

Für mich ist das geschriebene Wort, in welcher Form auch immer, stets eine wertvolle Bereicherung meines persönlichen Lebens gewesen..

Kaum, daß ich als Sechsjährige in der Schule mit allen verschiedenen Buchstaben vertraut war, versuchte ich eifrig, sie so zusammenzufügen, daß sie mir etwas sagten, was meinen Vorstellungen entsprach.

Etwas später versuchte ich, nach meinen Ideen Sätze zusammenzustellen. Nicht zur reinen Freude der Lehrerin, deren Lehrplan natürlich nicht mit meinen selbstgebastelten Lernmethoden übereinstimmte, zumal ich ihr beim Diktat oft eine gehörige Portion Ärger bereitete. So hatte ich manchmal den diktierten Satz schnell hingekritzelt. Und zwar nicht besonders schön, obgleich doch auf eine gleichmäßig schöne Handschrift der Hauptwert gelegt wurde. Dagegen fielen einige Schreibfehler nicht so sehr ins Gewicht.

Weil dann immer viel Zeit zwischen dem Diktieren der einzelnen Sätze lag, brachte ich in einer verspielten Anwandlung auf den letzten Seiten des Diktatheftes meine eigenen krausen Gedanken zu Papier, die mir grade so einfielen.

Dazu kam noch meine aufreizende Gleichgültigkeit, wenn die Schönschreibstunde kam. Etwas Langweiligeres konnte ich mir kaum denken. Jeder einzelne Buchstabe mußte wie gestochen schön in das Heft eingezeichnet werden. Es durfte nicht die geringste Spur von den auf jeder neuen Seite vorgedruckten Beispielen abgewichen werden. Mustergültig ordentlich und sauber mußten "alle" darin enthaltenen Aufgaben eingetragen sein. Diktat und Schönschreibhefte wurden dann zur Schulprüfung, die einmal im Jahre stattfand, von den Eltern, die dazu eingeladen wurden, kontrolliert. Natürlich war mit meinen Schreibheften kein Lob zu ernten.

Und als die Lehrerin mich eines Tages dabei ertappte, daß ich sogar in dem "künstlerisch" so bedeutungsvollen Schönschreibeheft respektlos selbsterfundene Sätze niederschrieb, setzte es eine so kräftige Ohrfeige, daß ich hinterher eine knallrote, leicht geschwollene Backe hatte.

Nachdem traute ich mich nicht so recht nach Hause. Denn wenn die Eltern den Grund für die schon lange fällig gewesene Backpfeife erfuhren, könnte es dort noch zusätzlich eine geben. Wenn auch in milderer Form. Denn zu Hause galt der Grundsatz: Die Schule ist zum Lernen da, und der Lehrer ist eine "Autorität", der die Schüler bedingungslos gehorchen müssen, wenn ihnen die Schuljahre für ihr späteres Leben Nutzen bringen sollen.

Erleichtert stellte ich daher bei meiner Ankunft zu Hause fest, daß die Spuren meines Zusammenpralls mit dieser "Autorität" auf dem ungefähr drei Kilometer langen Schulweg soweit verblaßt waren, daß keiner etwas merkte. Außerdem hatte ich so lange getrödelt, wie es möglich war. Eine Viertelstunde über die erlaubte Zeit, die wir nach Berechnung unserer Eltern für den Schulweg benötigten.

Daß die Lehrerin sich bei meinen Eltern über meine Außenseitermethoden im Diktat und Schönschreiben bisher nicht beklagt hatte, lag wahrscheinlich daran, daß ich mich bei den Bemühungen meiner Lehrerin, mir das kleine und das große "Einmaleins" und die "Biblische Geschichte" beizubringen, ganz brav verhielt, und damit die Entgleisungen in den Schreibfächern etwas ausglich, so daß deshalb das oft angedrohte "Sitzenbleiben" nicht zustande kam. Von meiner eigenwilligen "Schreiberei" war ich vorläufig kuriert. Ich bemühte mich sehr, genau die Anweisungen der Lehrerin zu befolgen, aber eine lobenswerte "Schönschrift" schaffte ich nie. Statt dessen stürzte ich mich nun mit meiner unersättlichen Neugierde auf alles, was lesbar war. Ob Bücher oder Zeitungen, egal, was mir in die Finger kam, obgleich ich das meiste von dem, was dort gedruckt war, nicht verstand.

Das war meinen Eltern natürlich gar nicht recht. Sie verboten mir, mich mit diesem "Erwachsenenkram", wie sie es nannten, zu beschäftigen. Statt dessen kauften sie mir ein dickes, mit vielen bunten Bildern ausgestattetes Märchenbuch. Ein Prachtstück. Natürlich las ich mit Begeisterung die Geschichten von Hänsel und Gretel, Frau Holle, Dornröschen, und wie sie sonst alle hießen, wo immer alles in Freude und Wohlgefallen endete, die Guten belohnt wurden und die Bösen ihre wohlverdiente Strafe erhielten. Doch ganz zufrieden war ich mit diesem Lesestoff nicht. Viele dieser schönen, alten Märchen kannte ich vorher schon. Aber eines war in diesem Buch, das mir völlig unbekannt war. Es war die Geschichte von Zwerg Nase, der mich mit seiner abschreckenden Gestalt und der fürchterlichen Nase bis in den Schlaf verfolgte, und mich in einem Alptraum so hart bedrängte, daß ich fürchterlich schreiend erwachte. Da hatte meine resolute Mutter genug von meiner Lesewut und gebot mir, außer in meinen Schulbüchern vorläufig niemals mehr meine Nase in etwas anderes Lesbares zu stecken.

Das Märchenbuch wurde in die alte Truhe auf dem Dachboden eingeschlossen.

Ich wurde bei einer Handarbeitslehrerin angemeldet, wo ich jeden Mittwoch und Sonnabendnachmittag vier Stunden lang sticken und nähen lernen sollte.

“Damit kann ein Mädchen nicht früh genug anfangen”, meinte die Mutter.

Nun ja, die ersten Resultate meiner neuen Beschäftigung schienen für die Mutter befriedigend zu sein. Sie war sehr froh, meine Begeisterung für alles, was geschrieben und gedruckt war, gebremst zu haben.

Was sie zu Hause nicht ahnten, war die Tatsache, daß wir auch während der Handarbeitsstunden nicht auf Bücher zu verzichten brauchten. Die kleine Gruppe bestand aus zehn- bis zwölfjährigen Schulmädchen, die alle neugierig auf Lesestoff waren. Es gab zu jener Zeit in unserm weit von der nächsten Stadt entfernt liegenden Ort auch sonst nicht viel an Unterhaltung, kein Radio, kein Kino, Theater oder andere Veranstaltungen, die Abwechslung brachten.

Unsere Handarbeitslehrerin war eine alleinstehende, etwa fünfunddreißigjährige Frau, die sich ihren Lebensunterhalt als Weißnäherin und Handarbeitslehrerin verdiente. Ihr Verlobter war 1917 im Weltkrieg gefallen. Sie war ein feiner, stiller Mensch. Wir fühlten uns wohl bei ihr und bemühten uns, fleißig zu sein. Außerdem besaß sie einen gefüllten Bücherschrank, aus dem wir immer ein Buch zum Vorlesen auswählen durften. Danach ging es während der Unterrichtsstunden von Hand zu Hand. Jedes Mädchen las vier Seiten daraus laut vor und reichte es dann weiter. Ein Buch ist mir besonders in Erinnerung geblieben. Der Titel: “Die Waffen nieder!” Darin beschrieb eine Krankenpflegerin, wie sie bei ihrem Einsatz als Verbandsschwester, in den Feldlazaretten der Kriegsschauplätze, die Schrecken eines Krieges erlebte, dem einige Jahrzehnte später ein noch schrecklicherer Krieg folgte, der auch unserer Handarbeitslehrerin ihr Lebensglück zerstört und drei der anwesenden Mitschülerinnen den Vater genommen hatte.

Als unsere verehrte “Tante Margareta”, wie wir die Handarbeitslehrerin nannten, wenige Monate später an Lungentuberkulose unheilbar erkrankte, waren wir sehr traurig. Jetzt entbehrten wir diese gemeinsamen Stunden. Auch von unserer Gruppe verließen mehrere die Schule, weil sie ihre vorgeschriebene Schulzeit beendet hatten.

Zur Erinnerung an jene Jahre ließ jeder, der vor der Schulentlassung stand, ein Poesiealbum bei den Mitschülern herumreichen, so daß diese darin einige Zeilen als Andenken niederschreiben konnten.

Es waren keine kunstvollen Zeilen, die wir dort hinterließen. Meistens war es ein Reim, den wir irgendwo abschrieben. Ich benutzte Sprüche aus dem Poesiealbum meiner Mutter oder meines Vaters, die zu ihrer Zeit auch schon diesen Brauch eingeführt hatten. Umrahmt wurden diese Zeilen von farbenfrohen Glanzbildern, die wir einklebten. Sie stellten Engel, Blumen, Schmetterlinge und andere Gebilde dar, die alle guten Wünsche füreinander versinnbildlichten.

Ich selber begann wieder, in ein Schulheft, das ich extra für diesen Zweck kaufte, besondere Eindrücke und Erlebnisse niederzuschreiben. Eine Art Tagebuch, in das aber manchmal wochenlang keine Zeile eingetragen wurde, weil mir nichts einfiel. Wenn eines dieser dünnen Tagebuchhefte vollgeschrieben war, vernichtete ich es und kaufte ein neues. Aber die Freude daran, eigene Gedanken und Meinungen schriftlich zu formulieren, wurde eine Freizeitbeschäftigung, die ich seitdem nie ganz aufgegeben habe.

Dazu kam auch, daß wir in den letzten beiden Schuljahren einen Lehrer hatten, der uns in der viermal wöchentlich eingeplanten "Deutschstunde" mit Werken berühmter Dichter bekanntmachte, daß es eine wahre Freude war. Favorit war, wie konnte es auch anders sein in diesem Landstrich, so nahe bei der "grauen Stadt am Meer" gelegen, Theodor Storm. Pole Poppenspäler – Der Schimmelreiter – Bötjer Basch – Immensee – nur um einige Beispiele zu nennen, haben wir so wirklichkeitsnah erlebt, als lebten sie mitten unter uns. Gedichte mußten wir natürlich auswendig lernen, aber es wurde nie langweilig. Denn zugleich wurde uns über das Leben und Wirken der Verfasser berichtet. Darüber mußten wir uns dann auch eigene Meinungen und Gedanken machen und diese als Hausaufgabe niederschreiben. Zur Hauptsache waren es Gedichte von Schiller, Archibald Douglas, Paul Heyse, Ludwig Uhland, Martin Greif und Eichendorff, von denen wir Gedichte auswendig wissen mußten.

Nachdem vergingen viele Jahre, wo ich in dem turbulenten Zeitgeschehen weder Zeit noch das Verlangen hatte, meine Gedanken und Meinungen schriftlich festzuhalten. Aber einmal, vor etwa zwanzig Jahren, als ich in eine ausweglos scheinende persönliche Krise geriet, habe ich mir mal wieder alles, was mich beschwerte, von der Seele geschrieben.

Nachdem ich es einige Tage beiseite gelegt hatte, las ich es noch einmal sachlich, mit klarer Überlegung durch. Ich konnte jetzt meine Situation viel besser und objektiver beurteilen und fand wirklich einen Ausweg aus der Krise.

Einige Jahre später starb mein Mann, und allmählich hatten auch die Kinder ihren eigenen Lebenskreis gefunden.

Nun hatte ich Zeit, viel Zeit für mich selbst und besann mich wieder auf meine Freude am "Schreiben".

Durch Zufall erfuhr ich von einem Fernkurs, in dem man auf diesem Gebiet etwas lernen konnte. Ich habe mich daran beteiligt, nicht weil ich glaubte, noch so etwas Ähnliches wie eine Autorin werden zu können, sondern weil ich mich auf jede neue Aufgabe freute.

Nach der Teilnahme an den Kursen wagte ich mich daran, verschiedene Leserbriefe zu veröffentlichen. Auch einige plattdeutsche Geschichten fanden im lokalen Bereich Beachtung.

Eine freudige Überraschung erlebte ich, als ich vor längerer Zeit eine Kurzgeschichte über ein besonderes Thema an eine Dänische Frauenzeitschrift schickte, die in Kopenhagen gedruckt wird.

Wenig später flatterte mir diese Zeitschrift mit meiner Veröffentlichung und einem Scheck von hundert Kronen ins Haus.

Danach faßte ich Mut und versuchte, Erzählungen bei hiesigen Verlagen unterzubringen.

Natürlich kamen sie alle wie ein Bumerang zurück. – Da gab ich auf. Als aber im Fernsehen einmal der Schreibwettbewerb "Erzähl mal was" ausgeschrieben wurde, konnte ich der Versuchung nicht widerstehn und machte mit.

Ja, das ist meine persönliche Schreibgeschichte. Aber ob Erfolg oder nicht . Schreiben ist eine sinnvolle Beschäftigung, die keine Einsamkeit aufkommen läßt.

Und weil man dabei seine Mitmenschen und ihre Schicksale verständnisvoller, mit mehr aufrichtiger Anteilnahme beobachtet, wird man ihnen gegenüber freundlicher und aufgeschlossener.

So bringt das Schreiben immer einen Gewinn, auch wenn er nicht materieller Art ist.

Dazu kommen so viele Bücher, die man noch gerne lesen möchte, jetzt, wo man Zeit hat. – Dabei lernt man viel dazu, das einem auch mehr Freude und Mut für das Schreiben gibt.

Ruth Ruff
(Hausfrau und Mutter, geb. 1914)

Sehr geehrter Herr Dr. Warneken,

Besten Dank für Ihr Schreiben vom Juli 1981 betr. "Meine Erlebnisse mit dem Schreiben."
"Ja das Schreiben und das Lesen sind stets mein Fall gewesen, denn schon mein kindlich Treiben war Lesen, oft auch Schreiben!" – Diese Abwandlung der

Operettenarie fiel mir spontan ein, als ich Ihre Aufforderung las: "Meine Erlebnisse mit dem Schreiben." Sie haben so eine Fülle von Anregungen gegeben, das könnte wirklich eine lange Erzählgeschichte werden.

Es ist gut, daß wir dazu angeregt werden, es ist ja allgemein bekannt, daß wir Älteren uns am besten an die Jugendzeit erinnern, sonst aber vielerlei vergessen.

Doch nun zum Thema!

1. Meine ersten Gedichte.

Ich war knapp zehn Jahre alt, als ich mein erstes Gedicht verfaßte. Es war ein Frühlingsgedicht. Was mich dazu veranlaßt hat, weiß ich nicht mehr, ich erinnere mich aber, daß ich ganz verschämt und unauffällig den Zettel mit dem Gedicht auf den Küchenschrank legte und gespannt wartete, wer ihn entdecken würde. Es war ein Sonnabend und wir Kinder wurden in der Küche in einer großen aufstellbaren Badewanne gebadet. Ich glaube, mein Vater entdeckte den Zettel und las ihn schmunzelnd vor. Aus Verlegenheit, gepaart mit Stolz und Übermut, begannen meine Schwester und ich eine große Wasserplantscherei. An der Badewanne konnte man die Füße hochklappen, dann durften wir zum Schluß der Baderei kräftig schaukeln, bis das Wasser überschwappte, und das taten wir dann auch ausgiebig. Mein Vater schrieb wohl später den Text auf einen anderen Zettel ab (Datum November 1924, ich muß es aber im Frühling 1924 geschrieben haben); dieses "Erstlingswerk" fand ich neben einem Weihnachtsgedicht eigener Handschrift in meiner Personalakte (1925). Fotokopien anbei.

Im Frühjahr 1926 zogen wir aus der Stadt Hannover hinaus auf's Land. Dort hatten wir Hühner, Enten, 2 Hunde und zwei Ziegen, wir wuchsen sehr naturverbunden auf, alle unsere Tiere, teilweise auch die Hühner (!) hatten Namen, meine zweieinhalb Jahre jüngere Schwester und ich "dichteten" die Tiere oft an, schrieben kleine Verse über sie und – z.B. auch Briefe und Postkarten *an* unseren Lieblingshund!

Woher hatten wir nun unsere Lust am Schreiben und Dichten? In unserer Familie wurde damals fast jeden Abend vorgelesen. Das war sehr gemütlich. Mutter saß im Sessel, stopfte Strümpfe, strickte oder schälte Äpfel, Vater las ein Buch vor, jeden Abend ein Kapitel eines auch für uns interessanten Buches. Ich erinnere mich noch an das Buch von J. Gillhoff: "Jürnjakob Swehn, der Amerikafahrer" oder die Heideromane von Diedrich Speckmann oder Gustav Freytag: "Soll und Haben". Diese Bücher sind noch in meinem Besitz. Ferner hatten wir die Zeitschrift "Der christliche Erzähler" abonniert, daraus wurde ebenfalls vorgelesen. Also eine Menge unterschiedlicher Literatur. An manchen Abenden wurden aber auch Gesellschaftsspiele gemacht, da ging es immer lustig zu. Ich glaube, durch diese Leseabende wurde unsere Lust am Lesen und Selberschreiben sehr gefördert.

Auch in der Schule, besonders über die Schule und die Lehrer haben wir, oft gemeinsam, Verse verfaßt. Fotokopie anbei.

Auch hat wohl unsere Tante, eine ledige Schwester meiner Mutter, dazu beigetragen. Sie konnte in entzückender Weise Märchen erzählen, meist waren es selbsterdachte, mit unendlicher Phantasie ausgestattete Geschichten, die sie uns, in dem sie sich schlafend stellte, angeblich träumend, erzählte..

2. Das Briefeschreiben.

Ja, Briefe haben wir auch viel geschrieben. Wir hatten noch eine sehr liebe Tante – in Schlesien. Dorthin wurde regelmäßig berichtet. Lange Briefe mit der Beschreibung unseres Grundstücks, unserer Tiere und der Erlebnisse mit ihnen, all das wurde der Tante berichtet, es war, glaube ich, kein "muß", sondern wir hatten Spaß daran. Wir bemalten den Rand der Briefe mit Buntstift, stellten also den geschriebenen Bericht nochmal bildlich dar.

Nach der Schulzeit trat eine längere Schreibpause ein, der "Ernst des Lebens" begann. Ein Schneiderkurs, ein Haushaltsjahr, dann 3 Jahre Lehrzeit im Beruf, das war 1931–36, kein Grund zum "Dichten".

1935 lernte ich meinen späteren Mann kennen.

Es begann erneut ein Briefeschreiben. Ich wohnte bei Hannover, "er" in München. Nach dem Kennenlernen schrieben wir uns ein Jahr lang, jede Woche mehrere Briefe hin und her.

1936 fuhr ich mit einer Freundin nach Bayern in Urlaub, um "ihn" wiederzusehen, dann wurden erneut Briefe getauscht, ein weiteres gutes Jahr lang. 1937 luden meine Eltern "ihn" zu uns ein, Weihnachten 1937 seine Eltern mich nach München. So formell ging das damals noch zu. 1938 Verlobung und zwischendurch immer wieder Briefe, Briefe. –– Zu Beginn des Krieges heirateten wir, und das Briefeschreiben begann erneut, sechs Jahre lang!

Da ich ja nun in Bayern wohnte, gingen die Briefe mit den Berichten über die Kinder (geboren 1941, 1942, 1945 und 1948) erstens ins Feld hinaus zu meinem Mann, der ja die Kinder als Babies kaum erlebt hat, und zweitens zu den Eltern, oft mit Bitten um Dinge, die nicht zu kaufen waren.

An "Dichten" war in dieser Zeit, die angefüllt war mit Sorgen und Bangen, kaum zu denken. Ein einziges Gedicht entstand zu Beginn des Krieges, wir hatten verabredet, wenn möglich, täglich um die gleiche Zeit ein bestimmtes Sternbild anzuschauen. Doch Wolken oder Bunkeraufenthalt verhinderten dies allzu oft.

Anbei dies "Kriegsgedicht".

3. Tagebuchführen.

Auch das Tagebuchführen hatte in meinem Leben seinen Platz. Zuerst führte ich wohl mehr einen Reisebericht über unsere Schulabschlußreise an den Rhein, 1930. Wir hatten 2 Jahre dafür gespart und fuhren vom 2. – 8.10.1930 den Rhein entlang von Köln bis Frankfurt a.M. Über diese Reise sind in meinem Tagebuch viele Seiten gefüllt, auch Postkarten eingeklebt und Fotos. Schon vorher, in den Sommerferien 1930, die wir in Schlesien verbrachten, schrieb ich unsere Erlebnisse auf, es ist köstlich, darin nach 50 Jahren zu lesen, was waren wir doch mit unseren 13 und 15 Jahren noch für Kinder damals!

Während des Krieges begann das Tagebuchführen erneut. Wollte ich doch meinem Mann und den Großeltern, natürlich auch für mich, die Erlebnisse und das Ergehen der Kinder festhalten, wenn oft auch nur in Stichworten. Die Zeit zum Schreiben nahmen ja schon die Briefe in Anspruch, das Anstehen in den Lebensmittelläden, die Kinder, oft Fliegeralarm, in's Tagebuch kamen nur Stichworte. Allerdings sind mir die kleinen Begebenheiten, drollige Aussprüche der Kinder, Erlebnisse mit ihnen heute unendlich wertvoll, vieles hätte ich doch vergessen.

4. Zeitungsartikel und Leserbriefe.

Auch da kann ich einiges berichten.

Nach dem Kriege gab es in den Läden wieder so kleine Zeitschriften, Anregungen zum Sparen, Kochrezepte, Kindergeschichten. Damals sandte ich hier und da an eine solche Hausfrauenzeitschrift einen kleinen Text, ein Kinderfoto mit einem Vers, usw. Tatsächlich wurde damals fast alles abgedruckt (heute vergebliche Mühe für eine einfache Hausfrau). Ich erhielt damals mal 5.–, mal 7.– DM dafür, einmal sogar 20.– DM, da war ich stolz! Ja, das ging in den fünfziger Jahren noch, ab und zu, viel Zeit zum Schreiben hatte ich ja mit den 4 kleinen Kindern nicht. Hauptbeschäftigung war außer dem täglichen Haushalt das Nähen sämtlicher Kleidungsstücke für die Kinder, meist aus alten Sachen gefertigt.

5. Verschiedenes.

In den sechziger Jahren hatte ich etwas mehr Luft, die Kinder waren fast erwachsen und ich bekam Interesse am Gemeindeleben unserer evangelischen Kirche. Da ich schon von meinen Eltern her gewohnt war, überall zu helfen, hatte ich bald ein soziales Engagement und durch einen regen Helferkreis, eine lebendige Gemeinde mit Bibelarbeit und guten Gesprächsmöglichkeiten stellte sich wieder die Lust am Schreiben ein. Es entstanden einige geistliche Gedichte, auch mal kritische und lustige.

Bei einem weltlichen Verein fand sich Gelegenheit, Erinnerungen an Ausflüge wachzurufen, Nikolausfeiern mitzugestalten, auch entstanden Verse für Hochzeiten, Geburtstage u. dergl.

In den Jahren ab 1970 begann ich meine Fotos, die ich natürlich in reicher Menge von den Kindern gemacht hatte, auf Dias und Landschaftsaufnahmen umzustellen. Wir konnten nun öfter in Urlaub fahren, die Dias waren zu schade, nur einmal zu Hause als Erinnerung gezeigt zu werden. Ich begann, geeignete Serien zusammenzustellen, einen Text dazu zu schreiben und dann diesen auf Tonband zu sprechen und diese Diaserien auf unseren gemeindlichen Senioren-Nachmittagen vorzuführen. Da konnte ich mich wieder im Schreiben üben, mußte auf den Kreis der Zuhörer zugeschnitten schreiben und die Landschaft in möglichst knappen Sätzen schildern, weil ja hier das Schauen wichtiger war. Diese Arbeit machte mir – und macht mir zur Zeit immer noch – sehr viel Spaß, weil ja gerade die alten Menschen, die oft nur noch wenig herumreisen können, sehr, sehr dankbar sind. Auch im hiesigen Altenheim habe ich schon Dias vorgeführt, gerade dieser Kreis von Menschen leidet oft unter Einsamkeit und Eintönigkeit. Hier und da machen wir auch Ausflüge mit den Senioren, da sind alle sehr begeistert, wenn die Landschaft nochmal gezeigt wird, und großes Hallo gibt es, wenn sie sich gar selbst auf der Bildleinwand entdecken. Ebenso hilft die Auswahl von Vorlesematerial zum eigenen Schreiben genauso wie das Ausdenken von kurzen Begrüßungsreden oder Erklären der Landschaft bei Ausflügen. Da ich ja selbst zu den Senioren gehöre, kann ich sagen, daß die Schreiberei mich mein ganzes Leben begleitete und ich heute noch ideellen Nutzen daraus ziehe. Ich bin dankbar für diese Gabe, weil ich viele wertvolle Erinnerungen festhalten konnte und auch ab und zu anderen Freude bereiten und – nicht zuletzt – mir manches von der Seele schreiben konnte, was mich bedrückte oder belastete.

Nun habe ich Ihnen erzählt, wie ich zum Schreiben kam und wie vielfältig ein Hausfrauenleben sein kann, das niemals nach der Heirat wieder Sehnsucht nach "Selbstverwirklichung" im "eigenen" Beruf hatte. 4 Kinder brauchten die Mutter jederzeit, der Ehemann brauchte seine Frau nach den 6 Kriegsjahren ebenfalls und 7 Enkel brauchen die Oma heute ebenso notwendig wie der pensionierte Mann. Sich selbst verwirklichen? Ich konnte nie etwas mit diesem Begriff anfangen. Vielleicht habe ich das unbewußt mit meiner Schreiberei getan?

Wie Sie aus meinen "Erlebnissen mit dem Schreiben" ersehen können, war dieser Drang schon von Kindheit an da und muß wohl seinen Ursprung darin haben, daß mein Vater schon eine "Familiengeschichte" aufgeschrieben hat und nicht zuletzt meine Schwester entzückende Sachen schreibt, sie kann es m.E. viel besser als ich.

Um auf meinen Vater zurückzukommen, möchte ich noch kurz auf seine handgeschriebene, 280 Seiten starke Familiengeschichte eingehen. Er hat sie nach dem 2. Weltkrieg aufgeschrieben, mit Stammbaum bis zum 30 jähr. Krieg zurück, – wenn es möglich war, mit der dazugehörigen Geschichte der jeweiligen Generation. Er hat dazu die Hilfe des Staatsarchivs Breslau gehabt, hat natürlich mit den Ermittlungen schon vor dem Kriege begonnen, als ich zu meiner Hochzeit einen "arischen" Nachweis brauchte! Das hatte also auch sein Gutes. Ich glaube aber, daß mein Vater schon länger daran gearbeitet hatte.

Diese Familiengeschichte ist auch zeitgeschichtlich sehr interessant, da sie in den achtziger Jahren des vorigen Jahrhunderts beginnt mit den Erlebnissen seiner Schulzeit.

Das in sehr guter deutscher Handschrift verfaßte Buch ist aufgegliedert in 4 Bücher:

1. Stammtafel
2. Mein Leben von Geburt bis 1945
3. Seine Arbeit (Beruf, Ehrenämter usw. in 8 Untertiteln)
4. "Unvergeßliche", das sind Gestalten, die ihn besonders beeindruckten.

Mein Vater schrieb dazu: Diese Aufzeichnungen sollen lediglich Familieneigentum bleiben und sind nicht für die Öffentlichkeit, es sei denn, getarnt. Eigentumsrechte haben nur meine beiden Töchter. Im Einverständnis mit meiner Schwester möchte ich Ihnen diese Familiengeschichte zur Einsicht anbieten, da ja gerade Sie an diesen Erzählungen der älteren und alten Generation Interesse haben. Ich bitte Sie um Vorschläge, wie man erstens die vielfältig vorkommenden Eigennamen ausklammern kann, da ja Angehörige und Nachkommen der genannten Personen noch leben und zweitens, wie das umfangreiche Buch zu Ihrer Einsicht gelangen kann, denn aus der Hand geben möchte ich es nicht. Könnte man es auszugsweise fotokopieren? Zu Ihrer Information zwei Blatt des Buches als Fotokopie.

Beim Wettbewerb des Südd. Fernsehens "Erzähl doch mal" habe ich mitgemacht, weil mich meine älteste Tochter, die Lehrerin geworden ist, schon länger darum gebeten hatte. Sie meinte, in dem Buch vom Opa stände ja nichts von der Jugendzeit ihrer Mutter (also meiner) drin, das Buch brauche unbedingt eine Fortsetzung. Dann habe ich auch deswegen mitgemacht, weil viele Jugendliche heute sagen, sie wollen *nicht* immer von früher hören. 2 Gründe, es zu versuchen.

Meine Schwester arbeitet ebenfalls an diesen Erinnerungen, sie weiß vieles, was mir entfallen ist und ist auch schreibgewandter.

Ich bitte um Nachricht wegen der Verwendung (ev. teilweise) der Familiengeschichte.

Mit freundlichem Gruß!

Ihre Ruth Ruff.

Hanna Schnaube
(Hausgehilfin, Hausfrau, geb. 1914)

Sehr geehrter Herr Dr. Warneken!

Ich bin die Tochter einfacher Eltern und habe nur die Volksschule besucht. Ich hatte mehrere Geschwister und komme aus einer großen Familie. In der damaligen Zeit war nicht alles Gold was glänzt. Es konnte darum nicht jeder die höhere Schule besuchen, auch meine Geschwister waren sehr gute Schüler. – Doch auf Zureden des Lehrers durfte mein Bruder damals auf die Aufbauschule gehen. Nach meiner Konfirmation kam ich bald in den Haushalt, es waren ja noch nicht so recht Frauenberufe vorhanden. Als junges Mädchen hatte ich ein Tagebuch angefangen, aber leider ist es in der Kriegszeit verlorengegangen. Ich hätte auch hinterher nicht mehr die Zeit gehabt, es weiter zu führen. Ich habe mit vierundzwanzig Jahren geheiratet. Wir sind auch eine große Familie geworden, mein Mann war Berufssoldat. Die Kriegszeit haben wir gut überstanden, denn wir wohnten in Hamm Westf., meines Mannes Heimat. Dort haben wir viele Jahre gewohnt. Seit drei Jahren wohnen wir nun wieder in meiner Heimat, denn wir stehen nun im Rentenalter. – Man hat nun soviel Zeit und Muße, ich habe mich darum hingesetzt, meinen Geist noch etwas in Frische zu halten. Ob es nun was Rechtes ist, meine "Dichterei"?

Ich möchte nun noch etwas aus der Schule plaudern. – Mit sieben Jahren kam ich in die Schule. Das Lesen und Schreiben usw. war im Anfang für mich ein schwerer Begriff. – Noch dazu hatte ich einen strengen Lehrer, er ging schon nahezu an die siebzig. Es war ja auch erst eine kurze Zeit nach dem Krieg, viele junge Lehrer blieben im Krieg. Dieser besagte Lehrer unterrichtete alle Schulklassen, vom siebten bis zum vierzehnten Lebensjahr. Trotzdem nahm er es mit dem Unterricht sehr genau, indem er oft drauflosprügelte. Erst lernten wir richtig Buchstaben und Zahlen schreiben, und wehe dem, es war nicht so nach seiner Art. Man schrieb damals ja noch die deutsche Schrift, die heute ja keiner mehr lesen noch schreiben kann. Wie oft mußte ich meine Tafel wieder auswischen, es hat mich manche Tränen gekostet. Da meine Mutter weniger Zeit hatte, überwachten meine älteren Geschwister meine Hausaufgaben, wenn alles seine Ordnung hatte, durfte ich nach draußen. Nach einer Zeit, gab es für uns Schüler die Kladden, und dieses war für mich noch viel schlimmer. Die Tafeln konnte man wenigstens auswischen, aber die Hefte, es mußten oft Seiten herausgerissen werden, und dann gabs fliegende Blätter. Es war ja doch so ungewohnt, mit Feder und Tinte umzugehen. Darum tanzte der Stock oft auf meinem Rücken, und wenn ich mich zu Hause beklagte, hieß es: "Du hast es wohl verdient". Doch nach einer Zeit hatte ich mich an das Unabänderliche gewöhnt. Unser Kantor, er hatte noch nebenbei die Kantorei, dankte ab. Wir bekamen nun eine Lehrerin, bei dieser stand ich nun nicht mehr so unter Druck. Meine Arbeiten fielen von Tag zu Tag besser aus. So gelangte ich bald auf den zweiten Platz. Meine Diktate, die wir uns selbst ausdenken mußten, hatten immer gute Zensuren. Auch in den anderen Fächern lernte ich besser, es machte mir nun großen Spaß, zu lernen. Wir machten nun Ausflüge und schrieben danach die Aufsätze, ich machte sie gut. So gingen die Schuljahre nun dahin, die letzten zwei Jahre wurde meine Klasse von einem Lehrer unterrichtet. Ich bin gern bei ihm in die Schule gegangen, er gab uns Schülern noch den letzten Schliff. Es ist schade, daß meine Aufsätze nach einem Zimmerbrand verlorengingen. Ich weiß auch noch, daß unter einem der Aufsätze stand: Eine sehr gute, gewandte Arbeit. Meine Schulzeit ist mir noch so gegenwärtig, als wäre erst eine kurze Zeit darüber vergangen. (...)

Heute, nach über 50 Jahren habe ich Muße, soviel nachzuholen, woran ich nie gedacht hätte. Man sieht so Vieles mit wacheren Augen und prägt sich so seinen Sinn. Besonders Naturschönheiten haben es mir angetan. Wenn ich zu Höhen unserer Bergwälder hinaufsteige, diese Waldstille, läßt Erinnerungen wach rufen, es ist so schön, mit Gott und sich allein zu sein: Und wem der Sinn zum denken steht, der mag es tun, solange es geht.

Leider kann ich keine Schreibmaschinenarbeiten anbieten, ich habe es nicht mehr gelernt.

Hiermit grüße ich Sie recht freundlich

Hanna Schnaube

Frieda Härtl
(Hausfrau und Mutter, geb. 1914)

Als Münchner Kindl kam ich mit 6 Jahren im Frühjahr 1921 in die Volksschule, genannt die Bergmannschule.

Ich bekam einen Pappschulranzen, man merkte halt immer noch den verlorenen Krieg. Eine ABC-Fibel, eine Griffelschachtel mit vergoldeten Griffeln, und an der Schiefertafel hingen Schwamm und Lappen, die außen am Ranzen baumelten. Aber schon in der dritten Klasse wurde ein Schwammbüchserl erbettelt, man war doch jetzt schon groß, solche Sachen wurden jetzt im Schulranzen verstaut. Wir lernten das ABC, in deutscher Schrift. Gemeinsam übten wir auf - ab, auf - ab, i - Düpferl drauf. Auch das u- Häuberl kam dazu und die weichen b-g-d- und das harte k- und das scharfe ß- und r-, alle Buchstaben lernten wir gemeinsam auf der Schiefertafel schreiben. Ich kratzte mit meinem Griffel so stark in die Tafel, daß sie mein Vater öfters mal abschleifen mußte und neue Linien zog. Ja, und zerbrochen sind die Tafeln immer von selbst, wir waren doch nicht schuld, wenn wir beim Heimweg solche Gaudi machten, daß die Tafeln schepperten.

War das eine Mühe, als wir lernen mußten, mit Tinte zu schreiben! Nicht nur die Finger waren blau, auch im Heft saß gar mancher Patzer. Wir saßen immer zu viert in einer Bank mit aufklappbaren Sitzen. Alle zwei Jahre kamen wir in ein anderes Klassenzimmer, wo die Bänke größer waren, und jeder hatte ab der dritten Klasse ein versenkbares Tintenfaß. Am Morgen durfte eine brave Schülerin aus einem großen Tintenglas nachfüllen. In der Griffelschachtel waren jetzt ein Federhalter mit einer Hansafeder und schön langsam verschwanden die Griffel und die Schiefertafel. Wir waren keine ABC-Schützen mehr, ab der 4. Klasse gehörten wir zu den Großen. Gründlich übten wir das Rechnen. Das Einmaleins wurde jeden Tag in der ersten Stunde durchgepaukt, erst dann begann das richtige Rechnen. Heute noch bin ich meinen Lehrerinnen dafür dankbar, obwohl wir in der Schule oft gemurrt haben. Aber unser Fräulein, so nannten wir unsere Lehrerinnen, holte auch zur rechten Zeit ihre Geige aus dem Kasten und lernte uns die schönen Volkslieder. Gedichte lernen gehörte auch zu unseren Hausaufgaben, wie "Der erste Zahn", "Der erste Schnee", "Der Reiter am Wittelsbacherplatz".

Als wir in die oberen Klassen gingen, mußten wir die "Bürgschaft", die "Glocke", den "Erlkönig" lernen und einzeln vortragen. Auch gute Aufsätze wurden vorgelesen, zum Beispiel "Ein Erlebnis", "Meine Ferienzeit", "Zwiegespräch mit einem Gänseblümchen", "Was ich einmal werden möchte", "Warum ich einmal lachen oder weinen mußte". Ich nahm das "Lachen" und beschrieb, wie ein Religionslehrer in einer überfüllten Klasse einen auf dem Boden sitzenden Buben fragte: "Warum bist du auf Erden?" "Weil, weil", stotterte der Franzl "ich in der Bank keinen Platz mehr habe". Meine ganze Klasse lachte laut und herzlich, als ich diesen Aufsatz vorlesen durfte, und ich konnte mir wieder mal ein Hauchbillet verdienen.

Alle zwei Jahre bekamen wir eine neue Lehrerin. In der 5. und 6. Klasse hatten wir Fräulein Hold. Bei ihr mußten wir alle biblischen Geschichten auswendig lernen, und wenn wir stecken blieben beim Vortragen, gab sie uns zwei Tatzen. Das Röhrlsteckerl dazu mußte immer eine gute Schülerin im Schreibwarengeschäft kaufen. Die machten kein schlechtes Geschäft, weil aus lauter Angst die halbe Klasse Tatzen erhielt. Ich war wie erlöst, als wir in der 7. und 8. Klasse Fräulein Hartwig bekamen. Bei ihr brauchten wir keinen Rohrstock mehr zu kaufen, und ich ging wieder gerne und ohne Angst in die Schule. Wir waren bis zur 8. Klasse gut dreißig Mädchen, weil wir alle in der Volksschule blieben, nur vier kamen anschließend in die Riemerschmidschule. Alle anderen Mädchen kamen dann in die Lehre und wurden Verkäuferinnen, Friseusen, Büroangestellte und Schneiderinnen.

In der 4. Klasse lernten wir die lateinische Schrift. Mein Vater machte zu dieser Zeit gerade Kurse und Prüfungen bei der Eisenbahn, um zum Fahrdienst zugelassen zu werden. Lateinschreiben hat er von mir gelernt, und das erleichterte ihm, die Prüfungen zu bestehen. Vater wurde Zugschaffner, und ich bekam meine erste Tafel Schokolade. Ich durfte mir auch die Jugendblätter bestellen, von denen ich jeden Monat ein Heft erhielt. Wie gerne habe ich daraus gelesen, die Geschichten führten mich ja in die Traumwelt, in der ich so gerne lebte. "Wie das Lisei zum erstenmal opfern ganga is", lese ich heute noch gerne zu Weihnachten beim Altentag in unserer Pfarrei vor. Ich habe heute nur noch ein paar Hefte, all die anderen verlor ich 1944 beim Luftangriff in München.

Aber mein Poesie-Album habe ich gerettet, wenn es auch sehr mitgenommen aussieht. So kann ich doch noch lesen:

> "Und wenn die Zeiten schwinden und du mich einmal vergißt.
> So kannst du hier noch finden von wem es geschrieben ist."
> Deine Tante Luise, München Weihnachten 1926.

Alle meine Klassenkameradinnen hatten ein Poesie-Album, war das ein lustiges aufregendes Austauschen. Schreibst du mir ins Album, schreib ich dir ins Album, so schwätzten wir durch die Klasse. Natürlich vor dem Unterricht, oder während der Pause. Im Unterricht durften wir uns nicht erwischen lassen, da herrschte eiserne Strenge. Nach vielen Jahren lese ich nun: "Wenn das Hofbräuhaus nicht mehr steht, Und die Trambahn nicht mehr fährt, Und die Isar fließt voll Wein, Hör ich auf deine Freundin zu sein..." Beinahe hätte ich diese Freundin verloren. "Wenn du einst in späteren Jahren, Dieses Blättchen wirst durchlesen, O, denk wie froh wir waren, Als wir Kinder noch gewesen, Und mit frohem heiteren Sinn, Gingen zu der Schule hin." So schrieben wir unbeschwert fröhlich nichts Böses ahnend in unser Büchlein ein: "Laß die Winde stürmen auf des Lebensbahn, Ob sie Wogen türmen gegen deinen Kahn, Schiffe ruhig weiter, wenn der Mast auch bricht, Gott ist dein Begleiter, er verläßt dich nicht." Lange könnte ich noch so weiter lesen, so viele für mich jetzt sinnige Verse schrieben mir meine Schulfreundinnen ein. Aber ich muß wohl mein

Poesie-Album zuklappen, es sind ja nur für mich Erinnerungen. Ich muß wieder in die 84er Jahre zurück. Muß alle meine Klassenkameradinnen verlassen, ich habe sie verloren, die Stürme waren zu gewaltig.

Lotti Schlieker
(Hausfrau, geb. 1915)

Meine Erlebnisse mit dem Schreiben.

Als die Zeit meines Einschulens gekommen war, wurde ich sehr krank. Scharlach, Diphterie und die Masern, alles auf einmal. So wurde ich nicht Ostern, wie es damals üblich war, sondern erst nach den großen Ferien eingeschult. Mein guter Nachbarsjunge Otto Schulze saß treu jeden Tag an meinem Fenster. Als ich aufstehen durfte, saß ich im Zimmer in der Fensterbank und er draußen. Woche um Woche jeden Tag, er kam mit der Schiefertafel und Griffel. Ich nahm auch meine Tafel zur Hand, und so lernte ich die ersten großen Druckbuchstaben.

Meine Eltern hatten eine kleine Landwirtschaft, die sie selber bearbeiteten, und hatten so keine Zeit für mich. Umso mehr mein lieber Otto.

Vom Reden der Erwachsenen hatte ich wohl gehört, daß ein Bräutigam "treu" sein muß. Also, wer treu ist, ist ein Bräutigam, logisch!

Dann hatte ich von der Mama gehört, daß der Otto doch so treu wäre, da er immer am Fenster säße. Ich kam den ersten Tag zur Schule, der Lehrer fragte: "Lotti, kannst Du schon schreiben?" Ich stolz: "Ja". "Na, dann komm an die Wandtafel und schreibe mal." Was schrieb ich? "Otto Schulze ist mein Bräutigam".

Den Bräutigam mußte ich erklären, da er unleserlich war. Das waren meine ersten Buchstaben. Wir erlernten 1921 die richtige steile Deutschschrift, bis 1925, da erlernten wir die Sütterlinschrift. So ist ein Gemisch von Schreibweisen entstanden aus dreierlei Buchstaben. Latein!

Geschrieben habe ich eigentlich nur Aufsätze gern, wo ich eigene Gedanken verwenden durfte, sonst hielt ich nicht viel von der Schreiberei.

Bis *1933,* da so viel gelogen wurde, so Ende des Jahres schenkte mir meine Freundin ein "Tagebuch". Meine Geheimnisse und Sorgen sollte ich hineinschreiben. Doch ich dachte an die vielen Parolen, die so viel an Verlogenheit hatten. Die Wahrheit wollte ich niederschreiben. Was ich auch tat! Gottlob kam dieses Buch nie in falsche Hände. Ich wäre im KZ gelandet.

Dieses Tagebuch führte ich bis 1945, viel Kummer und Leid stand drin. Meine große Liebe – wer es war, das weiß bis heute niemand –, und er hat es wohl geahnt, aber wir schwiegen beide.

(Folgt eine Passage über Jugendfreundschaften, B.J.W.)

Dieses Tagebuch hat mir sehr viel seelische Kraft gegeben, da man ja seiner besten Freundin nicht die wahren Gedanken anvertrauen konnte. So war mir oft leichter ums Herz, wenn ich alles geschrieben hatte, wie es wirklich gewesen war. Leider ist mein Tagebuch, mein Kamerad vieler bösen kummervollen Stunden, 1945 bei einem Bombenangriff auf Stendal im Februar in Flammen aufgegangen. Es hätte mir im tausendjährigen Reich zum Verhängnis werden können.

Danach begann die Zeit des Aufbaus, im wahrsten Sinne des Wortes. Erst ein altes Gartenhaus in Bockenem als Behelfswohnung. Unter tausend Schwierigkeiten. Da war keine Zeit mehr für ein Niederschreiben seiner Gedanken. – Geschrieben habe ich nur viele viele Briefe in die Heimat, die heutige D.D.R.

Mein Lebensgefährte war ein guter Gesprächspartner, ich machte mein Lebensabitur.

In einem kleinen Dorf aufgewachsen, abgeschirmt von der großen Welt, kein Radio. Da war man auf seine eignen Gedanken angewiesen. Aber ans Schreiben dachte niemand. Bis sich die Welt auch in unsern kleinen Dörfern anfing zu verändern.

Ich erinnere mich noch der Empörung meiner Eltern, als der Stahlhelmführer Franz S.(...) den gesamten Stahlhelm in die Partei führte. Genauso der Luisenbund. O je, hätte so ein Parteibonze mein Heft in die Finger gekriegt. Aber irgendwie war es leichter, den Quatsch zu ertragen, hatte ich es niedergeschrieben!

So geht es mir auch heute wieder, ich habe angefangen zu schreiben, als die Angst mir das Herz erdrückte!

Es war 1977, der Südfunk Stuttgart forderte zum Niederschreiben der Erlebnisse vom Zusammenbruch 1945 auf. Ich hatte schon Mitte der 50er Jahre alle Bücher aus der Altmark gekauft, aber keine Zeit zum Lesen gefunden. Nachdem wir 1975 die Arztpraxis aufgegeben hatten, fing ich an, meine Bücher durchzusehen. In dem Buch "Unsere Altmark", die in Chronikform geschrieben ist, waren oder sind Seiten freigelassen, um eigene Erlebnisse festzuhalten.

Da erst begann ich wieder zu schreiben, um meinen Neffen, und Nachfolgern der Familie, kund zu tun, wie schwer die Zeit gewesen war. – Jetzt empfinde ich es als eine Wohltat, schreiben zu können, Ja, als ein Geschenk!!

– Die Einsamkeit zu überwinden. –

Die Jahre der Angst, um das Leben des Meinigen, sein Tod, die Leere um mich. Die große Traurigkeit über das "im Stich gelassen Sein" (von einem Verwandten, B.J.W. Passage gekürzt.) Das alles hat mich so sehr getroffen, daß mir das Schreiben wieder Hilfe gibt. Und ich bin dankbar, schreiben zu dürfen. Es füllt leere Stunden, und doch ist wieder ein Sinn darin!

Von kleinen Gedichten für Geburtstage habe ich eine Silberhochzeitszeitung mit selbstgedichteten Versen und Liedern angefertigt. Das war mir gut gelungen. Das hatte ich total vergessen. Erst jetzt beim Schreiben erinnerte ich mich wieder.

Ein selbstverfaßtes Gedicht fällt mir eben auch ein. 1933–34, als die ersten Fliegeruniformen, Parteiuniformen auf der Straße erschienen. Diese Jungs waren oft sehr überheblich in ihrem Benehmen und provozierten gerne ihre Mitmenschen. Ich hatte auch so ein paar dieser Sorte kennengelernt. Da man ihnen nicht beikommen konnte, ohne in Schwierigkeiten zu kommen, hatte ich mir ein Gedicht ausgedacht. Da bekanntlich die Eva aus Adams Rippe gemacht wurde. Wir saßen alle wieder einmal in Halle (Saale) in einem Kaffeegarten versammelt. Meine Freundin war schon so ärgerlich über die Protzerei und Angeberei unserer Fliegerfreunde. Da sprach ich folgendes Gedicht:

Gott schuf die Welt in alten Zeiten,
vom Mann zuerst ein Exemplar,
und das scheint doch schon anzudeuten,
daß Gott schon ziemlich müde war.
Denn als er sein Geschöpf beäugte,
da fehlte dies, da fehlte das
Und von dem ganzen Manne taugte
nur eine einzge Rippe was.

Die ward ihm auch noch rausgenommen
und eine Frau daraus gemacht,
so sind *"wir"* später zwar gekommen,
geschaffen aber – mit Bedacht!

Und zu der Fraun gerechtem Lohne,
erkennt man auf den ersten Blick,
so'n Mann war nur ein Stück zur Probe,
wir aber sind das *Meisterstück!*

Die Gesichter von den "Herren der Schöpfung", sie waren genau so dumm, wie sie auch in Wirklichkeit waren. Was haben wir gelacht! Und oft in späteren Jahren, wenn sich Herren wie *Gockel* aufführten, haben diese Verse Wunder gewirkt. Danach wurden sie wieder normal.

Weitere Dichtungen kann ich nicht so vorweisen, es waren kleine Liebesverse, auch Sprüche, die im Poesiealbum meiner Freundinnen und Freunde geschrieben wurden. Mein eigenes Poesiealbum besitze ich noch heute. Es stammt aus dem Jahre 1923, noch oft nehme ich es zur Hand und weile im Land der Erinnerung. Auch alte Briefe aus der Jugendzeit, die ich all die Jahre hindurch aufbewahrt habe, lese ich noch oft! Die Verse, die in so einem Poesiealbum stehen, begreift man erst richtig, wenn man sein Leben gelebt hat. Genauso ist es mit den "Weisheitssprüchen" der "Alten", es liegt so viel Wahrheit darinnen. An meiner Haustür habe ich statt meines Namens den Spruch "Undank ist der Welt Lohn". – Wer mich kennt, weiß, warum es dransteht! Der Fremde kann darüber nachdenken.

(Es folgen persönliche Erlebnisse aus der jetzigen Zeit, B.J.W.)

Viktoria Hohrath
(Krankenschwester, Arztfrau, Mutter, geb. 1916)

Meine Erlebnisse mit dem Schreiben.

Um zu diesem Thema etwas zu sagen, muß ich bis in meine Kindheit zurückgreifen. Wir lebten damals in Riga. Ich sehe mich als Elfjährige am Tisch sitzen und die Lebensgeschichten meiner Vorfahren von Blättern, die mein Vater ins Unreine geschrieben hatte, chronologisch und in Schönschrift in eine dicke Kladde übertragen. Für mich war das eine sehr interessante Tätigkeit, ich lernte die Schicksale der einzelnen kennen, die weit verstreut zwischen Deutschland, dem Baltikum und Südrußland ihr inhaltreiches Leben gelebt hatten. Es existierte damals die Zeichnung eines Stammbaumes, in dessen weiterem Geäst, zwei Generationen über mir, die Namen Hermann Hesse und Monika Hunnius (eine damals sehr bekannte Schriftstellerin und Sängerin) zu finden waren. Aber durch die schrecklichen Jahre des ersten Weltkrieges und der nachfolgenden Revolution war so vieles Unersetzliche verlorengegangen, unter anderem diese Lebensgeschichten. So hatte nun mein Vater versucht, niederzuschreiben, was ihm im Gedächtnis geblieben war.

Während mir nun, durch diese meine Schreibtätigkeit, nicht nur die Schicksale meiner Ahnen mit Krieg und Frieden und viel Pionierarbeit, sondern auch ihre Charaktere begreiflich wurden, stellte ich fest, daß viele von ihnen zur Feder gegriffen hatten, weil sie sich zum Schreiben berufen fühlten. Ich erkannte mich selbst wieder, im Wunsch sich schriftlich mitzuteilen. Besonders die Gestalt meines Urgroßvaters Baumann war mir nahe, der als humorvoller Mensch mit Neigung zu zeitweiliger Schwermut beschrieben wurde, und der als junger Pfarrer vom Theologischen Seminar Maulbronn aus den Sprung nach Südrußland wagte, um in den deutschen Kolonien der Nachkommen der von Katharina der Großen angesiedelten deutschen Bauern eine vakante Pfarrstelle zu besetzen.

Zur Zeit meiner Eintragungen befanden wir uns in den Adventswochen. Tage vorher waren wir von der Schule mit den Lehrern, mit Schlitten und Paketen ausgezogen, um besonders armen deutschen Familien Weihnachtsgaben zu bringen. Singend hatten wir in den kleinen Hütten gestanden und die Freude und das Elend erlebt. Nun veranlaßte mich dieses Erlebnis, zu erproben, ob ich, meinen Vorvätern gleich, in der Lage war, ein Weihnachtsgedicht zu schreiben. So entstand dieser kindliche und melodramatische Versuch eines Gedichtes im Geiste der damaligen Kinderphantasie:

Weihnacht, dies eine Wort sag ich,
und schon sieht man ein Bild vor sich:
Einen Weihnachtsbaum voller Schmuck und Lichter,
herum die lachenden Kindergesichter,
hier sind Pakete, Äpfel und Nüsse,
dort liegen Briefe und Weihnachtsgrüße,
und alles jubelt, von Sorgen befreit:
Oh, du fröhliche, selige Weihnachtszeit!
Doch glaubt nicht, bei jedermann könnt es so sein,
seht hier in dies kleine Häuschen hinein:
Im dämmrigen Zimmer die Mutter steht
in Gedanken versunken am Kinderbett.
Ach, heute, da man sich freuen sollt,
manch Träne ihr über die Wange rollt.
Sie hat ihrem Töchterchen nichts beschert,
die Armut war längst ins Haus eingekehrt.
Da, horch, von weitem so hell und rein,
die Glocken läuten das Weihnachtsfest ein.
Die Kleine hörts, tut die Augen auf:
"Ach Mutti", flüstert sie, "hörst du sie auch?
Die Weihnachtsglocken, wie klingen sie fein."

Sie horcht ein wenig und schlummert dann ein.
Da träumt sie von einem großen Wald,
hört, wie vom Himmel Musik erschallt,
und sieht, wie mit großen weißen Flügeln
zwei Engel vom Himmel hinunterfliegen.
Sie kommen zu ihr und heben sie auf
und fliegen mit ihr dann wieder hinauf.
Und droben im wolkigen Himmelssaal,
sieht blitzende Sternchen sie überall.
Und dort steht mitten im Himmelsraum
in all seiner Pracht der Weihnachtsbaum.
Von oben bis unten mit Lichtlein besteckt,
mit Engelhaar und Sternchen bedeckt.
Und ringsherum auf den Wolkenspitzen
niedliche kleine Engel sitzen.
Wie lieblich tönts durch all die Pracht:
Stille Nacht, heilige Nacht.....
Als hell der Mond ins Stübchen scheint,
sitzt immer die Mutter am Bett noch und weint.
Ach, arme Mutter, so gräm Dich doch nicht,
sieh nur in des Töchterchens Gesicht,
sieh nur dies glückliche Lächeln und denk,
auch deine Kleine bekam ein Geschenk.
Wars auch keine Puppe, kein Weihnachtsbaum,
so wars doch ein schöner Weihnachtstraum.

Das war die Gedankenwelt, in der wir Kinder uns damals bewegten, so waren wir erzogen. Man mag heute mitleidig darüber lächeln, aber wir fühlten uns wohl in unserer Phantasie und fühlten uns geborgen, wenn wir abends die Hände falteten: "Breit aus die Flügel beide...." und mit den Worten endeten: "dies Kind soll unverletzet sein." Trotzdem kann ich nicht sagen, daß ich mich nach Beendigung dieses Gedichtes sehr glücklich fühlte. Schließlich fühlten sich viele zu etwas berufen, aber nur wenige waren auserwählt, auch anerkannt zu werden. Ich beobachtete im späteren Leben mal ein junges Huhn, das sein erstes Ei gelegt hatte, es gackerte nicht nur aufgeregt, es betrachtete auch ganz ungläubig und skeptisch dieses merkwürdige eigene Produkt. So erging es mir auch. Ich zeigte es zaghaft meiner Mutter. Sie lobte mich überschwenglich, aber gerade diese Überschwenglichkeit machte mich unsicher. Schließlich legte ich es in einen Weihnachtsbrief an eine Tante in Deutschland, in deren Nachlaß es vor Jahren gefunden und an mich weitergeleitet wurde.

Mit vierzehn Jahren hörte ich in der Schule erstmals von den Suffragetten. Ich hatte eine sehr alberne Lebensphase, kicherte mit den Freundinnen viel, und wir überlegten uns auf dem Heimweg, wie wohl die Welt aussehen würde, wenn die Frauen immer größere Rechte fordern würden und die Männer immer mehr verkümmerten. Lauter Kümmerlinge um uns herum! Zuhause setzte ich mich hin und machte aus dieser Albernheit ein Gedicht. Der Leser möge einer Vierzehnjährigen verzeihen!

Es dreht sich die Welt.

Im Mondenschein, vor vierzig Jahrn,
stand draußen im Garten ein Liebespaar.
Er hat den Arm um sie gelegt,
sieht innig sie an und spricht bewegt:
"Malwine, ich lieb dich, du weißt es genau,
Malwine, ich bitt dich, werd meine Frau."
Die Augen zu Boden gesenkt steht sie da,
und tief errötend haucht sie ein Ja.
Und drinnen im Saale vom Walzer erhitzt,
die ganze Gesellschaft beisammen sitzt.
Die Herren sprechen von Politik,
die Damen hörn zu und sprechen nicht mit.

Und heute, grad wie vor vierzig Jahrn,
steht wieder im Garten ein Liebespaar.
Nun wird er es sagen, sie weiß es genau,
und richtig, da bittet er: "Werd meine Frau."
Und Lilo freut sich, sie lächelt leicht,
nun hat sie's also doch erreicht!
Den Kopf gehoben, so steht sie da,
sie errötet nicht, sie sagt einfach "ja".
Und drinnen im Saale vom Foxtrott erhitzt,
die ganze Gesellschaft beisammen sitzt.
Die Herren sprechen von Politik,
und die Damen sprechen mit.

Und wenn noch vierzig Jahr vergehn,
wird wieder im Garten ein Liebespaar stehn.
Sie hat den Arm um ihn gelegt,
sieht innig ihn an und spricht bewegt:
"Ach, Helmut, ich lieb dich, so sehr ich nur kann,
ach, Helmut, ich bitt dich, werd doch mein Mann."
Die Augen zu Boden gesenkt steht er da,
und tief errötend haucht er ein "Ja".
Im Saale, von irgend 'nem Tanze erhitzt
wieder eine Gesellschaft sitzt.
Die Damen sprechen von Politik,
die Herrn hörn zu und sprechen nicht mit.

Nach Beendigung dieser Albernheit ritt mich der Teufel. Wie wäre es, sagte ich mir, wenn ich dieses Produkt unserer Zeitung zuschicken würde! Im Feuilleton müßte schließlich Platz sein für einen unseriösen Weitblick in Fragen der Emanzipationsbewegung der Frauen. Ich tat es. In einem kurzen Schreiben teilte ich der Redaktion der “Rigaschen Rundschau” mit, daß ich vorhätte, mein Leben der Kunst zu widmen. Falls sie ein Interesse hätten an meinen noch zu schreibenden kleinen Essays, Gedichten etc., möge man es mich wissen lassen; vorläufig schickte ich ihnen eine scherzhafte Suffragettenprobe.

Zwei Tage stand ich unter einer nervösen Spannung, wartete auf Post, suchte vergebens Seite für Seite in der Zeitung, aber dann, in der Sonntagsausgabe, da stand es! Die Aufregung ließ meinen ohnehin niedrigen Blutdruck noch tiefer sinken, so daß ich mich erst beruhigen mußte, um es voll in Augenschein zu nehmen: Da stand es schwarz auf weiß, mein albernes Gedicht!

Ich verbrachte die nächsten Tage im Bewußtsein innerer Größe. Jetzt sollten sie mich erst kennenlernen, mit solch peinlich banalen Versen würde ich mich in Zukunft nicht mehr abgeben. Tiefe Gedanken wollte ich zu Papier bringen und die Talente wecken, die in mir schlummerten!

Vergebens wartete ich in den nächsten Tagen auf das Eintreffen eines Honorars. Als nichts geschah, rief ich in der Redaktion an, um zu meinem Entsetzen zu erfahren, daß unaufgefordert Eingesandtes nicht honoriert würde. Ich war zutiefst enttäuscht. Daß Autoren in ständiger Geldnot lebten, war mir bekannt, daß man sie aber verhungern ließ, das ging dann doch zu weit! Ich opferte vom bescheidenen Taschengeld eine weitere Briefmarke und ließ die Zeitung wissen, daß sie mit dieser Fehlentscheidung einen hoffnungsvollen literarischen Sproß im zarten Keim erstickt hätten. Nach dieser Schuldzuweisung war mir zwar wohler zumute, aber meine schriftstellerische Laufbahn war damit beendet, bevor sie angefangen hatte. Ich mußte mich damit begnügen, daß ich gute Schulaufsätze schrieb, die oft vorgelesen wurden, aber das war ein schwacher Trost.

Inzwischen hatten meine Großeltern die Erlaubnis bekommen, aus Südrußland ausreisen zu dürfen. Pfarrer waren dort zu unerwünschten Personen geworden, und so reisten sie nach Korntal bei Stuttgart, einer Brüdergemeinde, die auch ein Vorfahre gegründet hatte. Die Gemeinde hatte es sich u.a. zur Aufgabe gemacht, die Erziehung der Jugend zu fördern. Zwei Internate, Horte und ein Waisenhaus bemühten sich, ihr im christlichen Sinne beizubringen, daß der Mensch nicht geboren sei, um vom Brot allein zu leben, daß ideelle Werte und der Gemeinschaftssinn höher zu bewerten seien als eigennütziges Denken.

In den Memoiren meiner Großmutter liest man, daß sie beim Betreten Korntaler Bodens das Gefühl gehabt hätte, heimgekehrt zu sein; hatte doch auch sie, wie so viele von uns, einige Jahre ihres Lebens im dortigen Internat verbracht.

Mit dieser meiner geliebten Großmutter führte ich seit jener Zeit eine rege Korrespondenz, ihr konnte ich mein Herz öffnen, von ihr fühlte ich mich verstanden. Sie hatte ein großes Einfühlungsvermögen und war geistig sehr rege, ohne jedoch den Boden des Realistischen zu verlassen. Kein Wunder, hatte sie doch in der Ehrfurcht Gottes dreizehn Kindern das Leben geschenkt.

Ihr schrieb ich eines Tages in einem meiner langen Briefe, daß ich, nachdem ich wüßte, daß die Schriftstellerei nur Reichen vorbehalten sei, meine Zukunft zu gerne auf der Bühne sehen würde. Natürlich würde ich das tragische Fach wählen, eine zweite Duse! Da sich aber in meinem Innenleben Schwermut und Lebensfreude die Waage hielten, dürfte diese Duse, beileibe keine Komik, aber doch hin und wieder etwas Humor zeigen. Eine Duse, die noch unter Tränen lächelt, sozusagen. Von diesem unrealisierbaren Höhenflug holte mich die Großmutter herunter, indem sie zum Direktor des Mädcheninternats ging und anfragte, ob ich als Nachkomme des Gründers eine Schulgeldermäßigung bekommen könne, um die letzten zwei Schuljahre in ihrer Nähe zu sein. Sie wurde gewährt und brachte mein Leben in völlig neue Bahnen: ich kam nach Deutschland.

Hier möchte ich eine kleine Episode einfügen, die nichts mit dem Schreiben zu tun hat. Gleich in den ersten Tagen meines Korntal-Aufenthalts mußte ich einen Antrittsbesuch bei der Schwester Hermann Hesses machen, die dort ihren Lebensabend verbrachte. Durch die Großmutter aufgeklärt, daß im Schwobeländle der Umgang mit Menschen weniger konventionell verlief als im Norden, meinte ich doch bei ihr, die sie nahe baltische Verwandte hatte, auch baltische Sitten anbringen zu müssen und bezeugte meinen Respekt mit Knicks und Handkuß. Aber Tante Marulla, wie ich sie nennen durfte, war nicht bereit, ihre schwäbische Gemütlichkeit mit nordischer Etikette zu tauschen und meinte herzlich: “Von nun an möchte ich nur auf die Wange geküßt werden”, worauf wir uns lachend umarmten.

Da das Schuljahr längst begonnen hatte, als ich im Internat eintraf, wurde in einer der ersten Deutschstunden eine Aufsatz-Klausurarbeit geschrieben. Der sehr autoritär lehrende (das ist nicht negativ zu verstehen) Direktor schrieb drei Themen an die Tafel, die völlig extrem gelagert waren, setzte sich mit strengem Blick ans Katheder und überließ uns unserem Schicksal. Fragen durften nicht gestellt werden. Mein Blutdruck sank wieder ab vor Schreck. Drei Themen in zwei Stunden! Ich traute mir ja schon einiges zu, aber das... Also konzentrierte ich mich kurz, und dann ging es los. Die Feder flog nur so übers Papier. Schon nach einer Stunde gab die erste Schülerin ihr Heft ab und verließ den Raum, kurz darauf folgten andere. Übermenschen, dachte ich verzweifelt, alles Übermenschen, diese Schwaben! Nie würde ich neben ihnen das Klassenziel erreichen! Als letzte konnte ich mit dem Pausenzeichen gehen, nachdem ich gerade soeben den Schlußpunkt gesetzt hatte, ohne das Ganze nochmals durchlesen zu können.

Draußen fragte ich die anderen ganz verzagt, wie sie es geschafft hätten, in einer Stunde drei Aufsätze zu schreiben. Als sie schallend lachten und sagten, daß die drei zur Wahl gestanden, und ich natürlich nur einen hätte schreiben müssen, meldete ich mich beim Direktor, um meine Unwissenheit zu erklären, aus Furcht, für überheblich gehalten zu werden. Bescheidenheit war bekanntlich eine Zier!

"Was hast du? Alle drei? Na, du machst mich neugierig." Ich wurde in Gnaden entlassen.

Die Beurteilung der Aufsätze gab mir dann mein Selbstvertrauen wieder. Ich hatte nicht mehr das Gefühl, ein schwaches Licht unter Übermenschen zu sein.

Den Wunsch Schauspielerin zu werden, hatte ich noch nicht aufgegeben, ich versuchte sogar ein Filmmanuskript zu schreiben, nebenbei lernte ich kurze Rollenauszüge auswendig, um gegebenenfalls vorsprechen zu können. Bei Theateraufführungen in den Schulen waren mir immer Hauptrollen zugeteilt worden. Nur im ersten Schuljahr hatte man einen Fehlgriff getan. Ich sollte eine Zwiebel spielen in einem Frühlingsstück, aber als ich laut losheulte, durfte ich mit dem "Verborgenen Veilchen" tauschen. Diese Rolle spielte ich dann mit so viel Innigkeit, daß man in Zukunft besser plante.

In der letzten Klasse hatte ich dann das Gretchen im Faust spielen dürfen, aber nur ein Teil wurde aufgeführt, bis zur Schwangerschaft durfte es nicht kommen. Nun aber lernte ich "das Gebet" auswendig.

Als ich eines Tages, wie so oft, meine Freizeit bei der Großmutter verbrachte, und auch eine Tante anwesend war, wollte ich ihnen eine kleine Kostprobe meines Könnens geben. Ich glitt vom Kaffeetisch hinunter auf das gepolsterte Fußbänkchen, faltete die Hände und heftete den Blick auf ein imaginäres Marienbild:

> O, neige, du Schmerzensreiche,
> dein Antlitz gnädig meiner Schuld .....

Um es kurz zu sagen: es ist schwer, Tragik anderen zu vermitteln, wenn die Resonanz nicht die erwünschte ist. Als ich merkte, daß bei meinen Zuschauern die Schultern zuckten, das Taschentuch vors Gesicht gehalten wurde, da war es aus mit den einstudierten Feinheiten, da wurde nur noch übertrieben, und das Ganze endete im tränenreichen Gelächter.

Als die Schule beendet war und meine künstlerische Laufbahn eigentlich hätte beginnen sollen, da sorgte die unwahrscheinlich hohe Arbeitslosigkeit dafür, daß man Träume zurückstellte und daß man sich umsah nach profanen Überlebensmöglichkeiten. So war ich meiner Großmutter dankbar, daß sie sich für mich bei der evangelischen Diakonie einsetzte und ich einen Ausbildungsplatz als Krankenschwester bekam. Über diese Zeit habe ich in "Erzähl doch mal" ausführlich geschrieben.

Die vielen Jahre danach brachten durch den Krieg und seine Folgen so viel Trauriges, daß ich ein angefangenes Tagebuch wieder vernichtet habe. Ich wollte, wie meine Duse, selbst unter Tränen noch etwas lächeln dürfen, aber es gab nicht allzuviele Anlässe dazu und es fehlte die Zeit. Heute hätte ich sie, da mein Mann schon lange Jahre tot ist und die Kinder erwachsen, aber die Welt dreht sich eben weiter, und wer soll es denn heute noch lesen?

Ganz erstaunt war ich daher, als im Jahre 1977 das Fernsehen sich unserer erinnerte und uns ansprach: "Erzähl doch mal." Wie selbstverständlich griff ich zur Feder, und gleichzeitig taten es, völlig unabhängig voneinander, zwei weitere Verwandte.

Sie liegt halt doch im Blut, diese Lust zum Fabulieren, wie Goethe es sagt!

Gerda Dihrberg
(Krankenschwester, Hausfrau, Mutter, geb. 1917)

Sehr geehrter Herr Doktor Warneken,

gerne nehme ich Ihr Angebot an, um über meine Erlebnisse mit dem Schreiben zu berichten, besonders über eines, das nicht alltäglich ist.

Schon als Schulmädchen habe ich gerne Aufsätze geschrieben, und später, als ich in der Ausbildung war, schrieb ich lange, ausführliche Briefe nach Hause. Meinem Mann schickte ich oft Briefe in Versform an die Front, und verfaßte auch sonst zu allerlei Gelegenheiten kleine Verse. Als wir weder Radio noch Fernsehen hatten, erfand ich für die Kinder an langen Winterabenden kleine Märchen. Außerdem schrieb ich die Lieder meiner ostpreußischen Heimat auf. Immer wieder verlangten meine Kinder: "Mutti, erzähl, wie war es früher". So brachte ich meine Jugenderinnerungen zu Papier, in einem Bändchen: "Zwei und ein halbes Dutzend". Auch Erlebnisse mit unseren Haustieren schrieb ich auf. Hin und wieder wurde auch ein Aufsatz in unserer Heimatzeitung gedruckt.

Nach und nach gingen die Kinder aus dem Haus. Obwohl ich in meinem ehemaligen Beruf als Krankenschwester wieder halbtags arbeitete, blieb mir noch viel Zeit. Und diese wollte ich sinnvoll nutzen, damit ich nach meiner Pensionierung nicht geistig ganz vertrottele. Da fiel mir in einer bekannten Zeitschrift ein Inserat auf. Es bot einen Fernunterricht als Schriftsteller an. Weil sich berühmte Autoren als Lehrer dieser Schule ausgaben, hielt ich das Unternehmen für seriös. Ich befragte die Gattin eines bekannten Autors, die ich auf der Station zu betreuen hatte, und sie riet mir auch zu einem Versuch, nachdem sie einige meiner Artikel gelesen hatte.

So forderte ich Informationsmaterial an. Statt dessen kam ein Vertreter, der mir mit vielen schönen Worten und Versprechungen einen Vertrag anbot. Der Lehrgang sollte viel Geld kosten. Anfangs war ich noch sehr skeptisch, aber in meiner Eitelkeit hoffte ich es später als erfolgreiche Autorin wieder herein zu bekommen. Der Vertrag wurde abgeschlossen und ich lernte auf meine alten Tage noch auf der Schreibmaschine zu tippen.

Nach geraumer Zeit bekam ich ein großes Paket mit Unterrichtsmaterial. Ich machte mich mit Eifer und Fleiß an die Arbeit. Jede Gelegenheit und jede Minute nutzte ich, um mir Notizen für die Schreibübungen zu machen, sogar auf Kassenzetteln während der Omnibusfahrt. Die Arbeiten, die ich zur Korrektur einschickte, kamen teils mit guten, teils mit weniger guten, aber gerechten Zensuren zurück. Fast zwei Jahre habe ich fleißig gearbeitet und glaubte auch schon, Fortschritte gemacht zu haben. Es war die drittletzte Arbeit, die mit dem Postvermerk zurückkam: Firma erloschen! Eine andere Schule bot sich an, den Kursus zu Ende zu führen. Aber mir war nicht nur das Herz eine Etage tiefer gerutscht, sondern ebenso die Lust am Schreiben vergangen. Das viele Geld war futsch, der Traum vom Erfolg wie die bekannte Seifenblase zerplatzt!

Der Schock hielt nicht lange an, bald juckte es wieder in den Fingern. Da kam der Aufruf im Fernsehen: "Erzähl doch mal". Es reizte mich, ob ich nicht doch einmal Erfolg haben würde? So arbeitete ich einen Abschnitt aus meinen schon erwähnten Erinnerungen um und sandte ihn ein.

Inzwischen habe ich einige kleine Geschichten für Zeitungen geschrieben. Nicht immer wurden sie angenommen. Zu meinem Kummer muß ich zugeben, daß ich nicht genug Phantasie habe, um besonders gute Artikel zu erfinden. Über einen gewissen Aufsatzstil komme ich nicht hinaus. In meinem langen Leben habe ich viel Aufregendes erlebt, aber es will mir nicht gelingen, auch dieses spannend zu erzählen.

Wenn ich jetzt Ansichten über Probleme oder Erlebnisse aufschreibe, so ist dies nur für mich als Beschäftigungstherapie oder Gedankentraining gedacht. Zur

Zeit schreibe ich an unserer inhaltreichen Familiengeschichte. Nur meine Enkelin fragt mich ab und zu: "Omi, hast du wieder mal was geschrieben?"

Ich hoffe, daß Sie für meine Aufzeichnungen Verwendung haben und bleibe mit freundlichen Grüßen

Ihre Gerda Dihrberg

Dorit Rist
(Hausfrau, Buchbinderin, Klinikangestellte, Interviewerin, Mutter, geb. 1917)

Warum ich schreiben lernen will

Ich muß immer schon Spaß am Schreiben gehabt haben: Als Neunjährige beteiligte ich mich am Preisausschreiben eines Kinderbuchverlages. Und ich gewann den 2. Preis, ein Buch "Pu der Bär", dessen Humor mir eigenartigerweise erst als ich erwachsen war aufging.

Ich fand Tagebucheintragungen aus der Zeit meines ersten Schriftstellererfolgs. Ich mußte mich stets wehren gegen Widerstände meiner Umgebung. Darum war ich wohl früh ein verletzliches Kind geworden, doch zu neugierig, um mich nur aus Angst vor schlechten Erfahrungen von meiner Umgebung abzuschließen. Heute bezeichnet man diese Einstellung mit dem vieldeutigen Wort "kontaktfroh". Neugierig bin ich noch immer. Neugierig auf mich, neugierig auf alle Menschen, neugierig auf alles Geschehen um mich her. Tägliche Notizen helfen mir, daß ich auch kleinere Tagesgeschehnisse nicht vergesse; einen humorigen Einfall, ein bedrückendes Erlebnis, gute Formulierungen aus Büchern oder aus dem Freundeskreis.

Ich habe immer sehr viele Briefe geschrieben. Eine Kiste voller Feldpostbriefe allein schon aus den Jahren 1939–45 hat sich angesammelt. Im Krieg fanden die wichtigsten Ereignisse meines Lebens statt: Ich heiratete, unser 1. Kind wurde geboren, ich mußte fliehen. In Briefen finde ich zu mir selbst. Briefe bedeuten in meinen Augen Hilfe für den Schreibenden und den Empfänger. Briefe schreiben und empfangen tröstet den Einsamen und Kranken.

Ich habe Freude am Gestalten. Der Umgang mit Materialien, mit Werkstoffen regt mich an. Ich habe mich im Schneidern, als Buchbinderin, im Malen (das sehr dilettantisch) versucht. Ich habe viel Interesse an technischen Dingen. Ich habe ein Haus gebaut. Ich habe als Hausfrau einige Nebenberufe ausgeübt und aus all diesen Tätigkeiten immer Anregungen geschöpft. So erscheint mir auch das Schreiben eine Gestaltungsform zu sein, in der ich durch Fleiß etwas erreichen könnte.

Ich ordne gerne meine Gedanken – es ist mir Lebensbedürfnis. Fast klingt es vermessen, wenn ich behaupte, ich habe so viele Themen gesammelt, daß die mir noch zu verbleibende Lebenszeit gar nicht reicht, um sie zu verarbeiten. Auch hier scheint mir vordringlich das Sichten, das Ordnen, auch *der* Eindrücke, die täglich auf mich einstürmen: Die Zeitung, das Fernsehen bringen laufend Meldungen über Entdeckungen, Erfindungen, dazu wirken auf mich alle Begegnungen mit den Mitmenschen meiner engeren und weiteren Umgebung lange nach. Ich bin viel gereist und bin immer wieder von Neuem beeindruckt von fremdartigen Landschaften und Menschen. Mit Beobachtungen zu den recht großspurig klingenden Themen: Das Kind in der heutigen Zeit, und Die Frau in der heutigen Zeit beschäftige ich mich sehr eingehend, was ich schon allein der Anzahl der gesammelten Aufzeichnungen entnehme. Über ein anderes Thema denke ich sehr viel nach: Weshalb können viele Menschen mit ihren Mitmenschen so *gut* in *Un*frieden leben? Ich möchte gerade an dieses Thema mit Humor herangehen, die großen Themen überlasse ich lieber Berufeneren. Vielleicht verwende ich die Anregungen, die alte Familienpapiere enthalten. Schon das Fotoalbum einer Kleinfamilie bietet Stoff zu vielen Geschichten. Träume sind sehr ergiebig, für den, der sie festzuhalten weiß.

Ich habe mir immer gerne selbst Aufgaben gestellt. Ein gewisser Zwang zum Schreiben verhilft zu einem 2. Schwabenalter. Gescheit wird man noch einmal jenseits der 50, stelle ich fest. Der Zwang zu schreiben lehrt mich endlich, ernsthaft die Zeit zu verteidigen, die ich für die Arbeit am Schreibtisch brauche. Und wiederum ist die Zeit – trotz aller technischen Hilfsmittel, die den Alltag erleichtern helfen – immer knapper geworden, ich muß sie mir von überall her stehlen.

Geht aber die Phantasie mit mir durch, dann sehe ich mich als Erfolgsautorin, wie ich sie als Neunjährige einmal war. Dann besitze ich ein Haus im Tessin, trage Kleider von Dior, bin Schloßherrin in Südfrankreich, kann meinen Freunden stets mit Geld aushelfen und kann mir endlich den Schreibtisch kaufen, an dem es sich erst so richtig bequem arbeiten läßt.

Käthe Wegner
(Hausfrau und Mutter, geb. 1917)

Sehr geehrter Herr Dr. Warneken!

Ich danke sehr für Ihr Schreiben. Ich glaube aber, Sie machen sich ganz falsche Vorstellungen von meinem Schreiben. Ich habe zwar mal ein Erlebnis niedergeschrieben und eingesandt, weil ich eben gerne schreibe, aber das ist auch alles, sonst habe ich nie etwas geschrieben.

Vielleicht versuche ich einmal meine ganz private Schreiblust zu schildern?!

"Mein Erlebnis mit dem Schreiben"

Für mich war und ist das "Schreiben" eine Freude, ein Vergnügen, auch oft ein Ventil!

Schon als Kind habe ich ein kleines Büchlein verfaßt, mit Nadel und Faden zusammengenäht; alle Anfangsbuchstaben waren groß und rot. Die Geschichte handelte von einem Hausschuh, der versehentlich in die Mülltonne geraten war, und was er nun alles erlebte.

In der Schule habe ich dann gerne "schön" geschrieben, damals noch deutsche Schrift, wir hatten einen Lesesteckkasten, damit setzten wir das Wort zusammen, und dann durfte ich das Wort mit Kreide in Schönschrift an die Wandtafel schreiben.

Am liebsten schrieb ich Aufsätze, mir fiel immer ein Thema ein.

Meine Verwandtschaft und Kinder freuen sich immer über meine langen herzlichen Briefe. Ich schreibe so, als wenn ich erzähle, erst nachher lese ich alles durch, was ich so geschrieben habe.

Gratulationen oder Einladungen werden von mir geschrieben und zur Konfirmation schreibe ich immer einen geeigneten Spruch dazu. Z.B.

> Nicht der ist glücklich, der alles hat, was er verlangt,
> sondern der, der nichts verlangt, was er nicht hat.

Habe ich ein Problem, kann ich mich nicht gut aussprechen, aber schreiben kann ich darüber. Oftmals hab ich auch tüchtig meine Meinung gesagt, alles nachher aber doch vernichtet, aber es war ein Ventil, ich war erleichtert nachher!

Als junges Mädchen habe ich jede Woche an meinen Liebsten, er war Soldat, geschrieben, dies war immer eine Feierstunde für mich.

Nach dem Kriege, 1950, haben wir ein kleines Siedlungshaus gebaut mit viel

Land, Hühnern, Kaninchen, Schafen und Ziegen; es war damals eine schwere Zeit für uns, das Geld war immer knapp, wir hatten 3 Kinder zu versorgen und mußten viel arbeiten. Ich habe damals ein kleines Buch gehabt und jeden Tag meine Eintragungen über unser Leben gemacht, leider ist dies Buch nicht mehr vorhanden.

Mit herzlichem Gruß

Käthe Wegner

Gabriele Mändl
(Friseuse, Pflegerin, Hausfrau und Mutter, geb. 1918)

"Meine Erlebnisse mit dem Schreiben"

"Magst du gerne schreiben, Großi? – Ich gar nicht! Wenn ich mit so einer Maschine schreiben dürfte wie du, dann tät's mir schon besser gefallen!"

Begehrlich guckt mir der sechsjährige Michi, mein Enkel, über die Schulter. "Weißt du, Michi, ich war schon eine Großmama, wie ich gelernt habe, auf einer Maschine zu schreiben." Ich zeige ihm die vielen handbeschriebenen Blätter in meinem Schrank, Früchte jahrelangen Zusammentragens von Erlebnissen, freudigen und schmerzlichen Ereignissen.

Warum ich schreibe? Ganz einfach, weils mich freut, immer gefreut hat und hoffentlich noch lange freuen wird! –

Schon in der Schule gelang es mir leichter, meine Gedanken schriftlich als mündlich auszudrücken. Es geht mir damit wie mit dem Zeichnen und Malen. Man lernt die Dinge, die man beschreiben möchte, viel genauer zu beobachten in Einzelheiten, die man gewöhnlich übersieht. Die Fähigkeit, mit der Sprache so umzugehen wie der Maler mit seinen Farben, entwickelt sich mit der Übung.

Wichtiger als mein eigenes Schreiben sind mir Bücher gewesen, zu denen ich schon früh ein besonders enges Verhältnis hatte. Jedes Buch birgt eine ganze Welt von Gedanken und Empfindungen, nimmt die geistige Aufnahmefähigkeit in Anspruch, regt die eigene Phantasie an.

In meinem Elternhaus ging es karg zu, denn der Vater, ein begabter Maler – doch ohne jeden Geschäftssinn – sah keine Möglichkeit, mich eine höhere Schule besuchen zu lassen. Er hatte genug zu kämpfen, die Familie über die Runden zu bringen. Als ich die Volksschule beendete, waren die Jahre der größten Arbeitslosigkeit und tiefen Depression.

Ich hätte am liebsten eine Bibliothekarschule besucht. Es gab eine solche nur in Leipzig – und die kostete Geld! So blieb mir keine andere Wahl, als einen Beruf zu ergreifen, der mir die Möglichkeit bot, auf eigenen Füßen zu stehen.

Zu meinem Glück hatte ich in den letzten Schuljahren einen Lehrer, der mich mit viel Verständnis gefördert und angeleitet hat. Er lieh oder empfahl mir Bücher, die ich lesen sollte. Auch im späteren Berufsleben fand ich immer wieder Menschen, die, nicht nur im Alltäglichen verhaftet, mir halfen, Bildungslücken zu schließen, mein geistiges Vakuum mit dem richtigen Stoff zu füllen.

Immer habe ich gern Aufsätze geschrieben – und das habe ich beibehalten über die Jahre meines ganzen Lebens.

Ein Tagebuch im Sinne von kalendaren Aufzeichnungen habe ich nie geführt. Ich hatte einfach das Bedürfnis, interessante Erlebnisse oder besondere Ereignisse festzuhalten, sie mir gründlicher zu eigen zu machen. Ein stattlicher Packen ist dabei zustande gekommen an handgeschriebenen Heften und Manuskripten – der meine Nachkommenschaft manchmal zum Kopfschütteln veranlaßt.

"Wann hast du bloß um Gotteswillen Zeit gehabt, das alles zu schreiben?" – Das frage ich mich auch manchmal, doch was man gern tut – dafür findet sich Zeit auch im gedrängten Tagesablauf einer Mutter, die Köchin, Näherin, Putzfrau, Erzieherin und Pflegerin – und noch einiges mehr an Berufen in sich zu vereinigen hat.

Den größten Raum nehmen Naturerlebnisse, Bergtouren- und Reiseberichte ein. So lange die Kinder daheim waren, gabs in jedem Jahr ein Urlaubsbüchlein, mit lustigen Begebnissen und Zeichnungen – Fotos.

Nun, seit mein Mann pensioniert, die Kinder aus dem Haus, ihr eigenes Leben führen, bleibt mir mehr Zeit – und auch Raum – meinem "Laster" zu frönen. Viele schöne Reisen sind uns vergönnt worden; Begegnungen mit fremden Menschen und Landschaften haben mich angeregt zu neuen Taten.

Der Luxus eines eigenen Zimmers mit einem Schreibtisch – meinem sehr geliebten Arbeitsplatz – genügend Stunden zur freien Verfügung und einem verständnisvollen Ehekameraden, der nicht grantig wird, wenn ich für längere Zeit wie festgeleimt dort sitzenbleibe – haben wesentlich dazu beigetragen, daß ich mein kleines Talent ausbauen und verbessern konnte.

Ich habe seit einigen Jahren gelegentlich für eine Stuttgarter Seniorenzeitschrift

Beiträge geschrieben – Reiseberichte, Geschichten aus meiner Kinderzeit, Betrachtungen. Es macht mir Freude, meine Produkte anerkannt zu sehen, und gibt den nötigen Anstoß, weiterzumachen.

Ich habe nicht den Ehrgeiz, meine Schreiberei überzubewerten, dazu habe ich zu viel Respekt vor wirklichen Könnern. Außerdem finde ich, daß ohnehin die Flut von beschriebenem Papier schon beängstigende Ausmaße angenommen hat. Die alljährlichen Neuerscheinungen jagen mir die heilsame Furcht ein, vor größeren Kriterien nicht bestehen zu können.

Wenn ich beim Durchlesen eines eigenen Manuskripts ein paar Sätze finde, die mir gut formuliert erscheinen, so ist mir das eine Freude und Genugtuung.

Durch das Schreiben von Artikeln habe ich gelernt, mich präziser auszudrükken, meinen Stoff zu straffen, komprimiert zu formulieren, was ich erzählen möchte.

Man bleibt geistig rege, so lange man Neues zu lernen bereit ist; das scheint mir doch ein sehr positiver Aspekt zu sein! –

Um noch auf Ihre Anregung mit dem Briefeschreiben einzugehen – ich schreibe gern solche – doch ich finde nicht viel Gegenliebe damit! Die meisten Menschen bekommen wohl gern Briefe, fühlen sich aber überfordert, selber welche zu schreiben, die über das "wie geht es dir – mir gehts gut" – Stadium hinausreichen.

Wie schon erwähnt, habe ich erst spät Maschine schreiben gelernt, dazu Sprachkenntnisse erworben, die mir den Kontakt mit den Menschen erleichtern, die ich auf Reisen treffe. Durch all meine Aktivitäten hab' ich gar keine Zeit, allzuviel an meine zunehmenden körperlichen Unzulänglichkeiten zu denken, ihnen nicht mehr Beachtung zu schenken wie unumgänglich.

Mein Wahlspruch ist: "Nur net auslassen!" Dazu kommt noch der Satz: "Lerne als ob du ewig lebtest – lebe als ob du morgen stürbest".

Damit möchte ich schließen und hoffe, in etwa den Kern dessen getroffen zu haben, was Sie mit Ihrer Aufforderung erreichen wollten: "Über meine Erlebnisse mit dem Schreiben" einiges zu erfahren.

Georg Bölstler
(Facharbeiter, technischer Angestellter, geb. 1896)

Meine Erlebnisse mit dem Schreiben!

Die um die Jahrhundertwende 650 Einwohner zählende Gemeinde Eybach besaß um diese Zeit noch zwei konfessionell getrennte Volksschulen. Die sieben Jahrgänge von 1890 bis 1896 der kath. Volksschule umfaßten 65 Schüler. Dieselben wurden in einem nicht allzu großen Raum von einem Lehrer unterrichtet. Am 2. Mai 1903 wurde ich als ABC-Schütze daselbst eingereiht. Mein Jahrgang umfaßte 9 Schüler, 5 Mädchen und 4 Knaben. Wir wurden vom Lehrer und Pfarrer freundlich begrüßt und mit ein paar Liedern der älteren Schüler erfreut. Geschrieben, gemalt und gezeichnet wurde im ersten Jahr nur auf Schiefertafeln. Das Schreiben lernten wir in Deutscher Schrift. Jeder Buchstabe wurde zuerst einzeln gelernt und geschrieben. Danach wurden Worte und zuletzt Sätze gebildet. Im zweiten Jahr lernte man Schönschreiben mit Tinte und Feder. Fingerabdrücke und Tintenkleckse waren dabei keine Seltenheit. Ab dem vierten Schuljahr standen Diktat und Aufsatz auf dem Stundenplan. Mit Vorliebe schrieb ich Aufsätze. Zu letzteren bot unsere schöne Heimat tausendfältige Themen. Das Eyb- und Roggental mit den von stattlichen Bäumen gekrönten Wäldern und romantischen Schluchten. Wir besangen die Eyb und die klaren zu Tal stürzenden Quellen, die Tiere des Waldes, die Vögel, Schmetterlinge, Käfer, Blumen und Giftpflanzen. Weitere Themen waren Heimat und Vaterland usw. Die reichlich dortmals aufgegebenen Hausaufgaben machte ich meistens mit einer in meiner Nachbarschaft wohnenden Mitschülerin. Manchmal waren wir auch mehrere beisammen, da so das Lernen mehr Spaß machte. Als ältester von 11 Geschwistern mußte ich natürlich auch meinen jüngeren Geschwistern behilflich sein. Gerne hätte ich nach Abschluß der Volksschule auch eine höhere Schule besucht. Mein Wunsch wäre gewesen, Lehrer zu werden. Dies war aber nicht möglich, da bei 11 Kindern der kärgliche Lohn des Vaters kaum ausreichte, die hungrigen Mäuler zu stopfen. Gar manchmal war Schmalhans Küchenmeister und statt Brot gab es kalte Kartoffeln. So trat ich als Lehrling in die Dienste der WMF und wurde Gürtler auf Galvanoplastik. Während meiner 4jährigen Lehrzeit besuchte ich die Gewerbeschule. Neben gewerblichem Rechnen und technischem Zeichnen wurden wir besonders auch im Schreiben von Geschäftsbriefen und Buchführung unterrichtet. Von 1915 bis Ende des ersten Weltkriegs war ich im Kriegseinsatz und vertauschte die Feder mit der Waffe. Die fleißig geschriebenen Feldpostbriefe berichteten anfangs von Heldentum, Sieg und Ordenssegen. Später von Typhus, Verwundung und Gasvergiftung und am Ende von Hunger, Heldentod der guten Kameraden und Sehnsucht nach Heimat und Frieden. Nach meiner Rückkehr schien mir dann Heimat und Elternhaus viel schöner als zuvor und so entstand mein erstes Gedicht.

Heimatort!

O Dörflein traut und wunderschön,
umrahmt von steilen Bergeshöhn,
ruhst du verträumt im Wäldergrün,
gekrönt von Felsen stolz und kühn.

O Dörflein voller Sang und Klang
stets schallt dein Lied das Tal entlang,
und freudig stimmen hier mit ein
viel hunderttausend Vögelein.

O Dörflein voller Lieb und Lust,
dir gilt mein Lied aus voller Brust,
dich preise ich mit jedem Wort,
denn du bist ja mein Heimatort.

O Dörflein traut und wunderschön
am Fuße deiner Bergeshöhn
möcht ich nach diesem Erdentun
dereinst bei meinen Ahnen ruhn.

Meine kleine Schulfreundin, mit der ich stets in Briefverbindung stand, war inzwischen meine Geliebte geworden und ihr widmete ich mein zweites Gedicht.

Die allerschönste Rose!

Im schönen Rosenmonat, im goldnen Sonnenglühn
in meines Schätzchens Garten viel bunte Rosen blühn,
ich brech die allerschönste, an Duft so wunderbar,
steck sie dem kleinen Liebchen ins blondgelockte Haar.

Des Liebchens Augen leuchten, wie Sterne hell und rein,
die roten Wangen glühen im goldnen Sonnenschein,
ich halt es fest umschlungen, küß ihm den Rosenmund
es lacht und küßt mich wieder, in selger Weihestund.

Die allerschönste Rose in Liebchens Gärtchen klein
ist ja mein blondgelocktes, mein herzig Schätzelein,
an Farb und Duft so süße, an Pracht so wunderbar,
die allerschönste Rose mein Liebchen ist fürwahr.

Die während des Krieges notleidenden Vereine wurden wieder frisch aufgebaut. Turn-, Gesang- und Albverein bildeten Theaterabteilungen. Die von ihnen aufgeführten Theaterstücke stammten zum großen Teil aus meiner Feder. Für den Gesangverein schrieb ich Krippenspiele, für den Albverein 2 Lustspiele in schwäbischer Mundart und für den Turnverein ein Heimatstück nach einer alten Sage "Das Mordloch" in 5 Akten. Dasselbe fand solchen Anklang, daß es 5 mal wiederaufgeführt werden mußte. Vierzig Jahre schrieb ich als Berichterstatter für Geislinger Zeitung und N.W.Z. Zirka 1500 von mir eingesandte Berichte kündeten von allem Wissenswerten aus Gemeinde, Kirche, Vereinen und allen Geschehnissen der näheren Umgebung. Veröffentlicht wurden ferner ca. 60 meiner Gedichte. In den Heimatgeschichtlichen Blättern des Kreises Göppingen-Geislingen erschien von mir ein Gedicht "Ödenturm", ein Aufsatz "Im Eyb- und Roggental klapperten einst 5 Mühlen", ferner ein Aufsatz "Eybacher Künstler", Bildhauer, Elfenbeinschnitzer und Glasgraveure. Ferner die Ortschronik "700 Jahre Eybach", die Chronik der "Grafen von Degenfeld-Schonburg" und die Familienchronik der "Roggenmühlen". In einem Buch "Sagen aus dem Kreis Göppingen" sind 3 Sagen, "Das Nieserle", "Der Franzosenkübel" und "Der Gertraudenhof" aus meiner Feder. Durch Verse in schwäbischer Mundart habe ich jahrelang das Programm der am Jahresschluß stattfindenden Jubilarfeier der Firma mitgestaltet. An dem Schreibaufruf des Seniorenrats beteiligte ich mich, um mich mit anderen zu messen und der Jugend Vergangenes kundzutun. Meine ca. 150 Gedichte machte ich meist in schlaflosen Nächten und schrieb sie dann andern Tags. Verschiedene von ihnen waren für besondere Anlässe bestimmt. Beiliegend ein paar davon. Zum Schuleintritt und Tod meines 1942 in Rußland gefallenen Sohnes, zu Mutters 70. Geburtstag und dem Frohen Alter. Sämtliche meine Gedichte, Märchen, Kurzgeschichten und sonstigen schriftlichen Arbeiten sind niedergelegt im Ortsarchiv sowie im Schriftgutarchiv Ostwürttemberg in Heubach-Lautern. Von mir handschriftlich verewigt sind alle meine schriftl. Werke, in einem großen Buch, als Vermächtnis meinem Enkel gewidmet von seinem alten Opa. Nun bin ich alt und des Schreibens müde. Meine Hauptarbeit besteht nun in der Pflege meiner gehbehinderten ehemaligen, ebenfalls 86jährigen Schulfreundin, mit welcher ich 1980 die Diamantene Hochzeit feiern konnte, eine Hausfrau und Mutter meiner Kinder, wie ich sie mir nicht besser hätte wünschen können. Meine Dichterei und Schreiberei sah sie nie gerne und bezeichnet sie als unnützen Firlefanz und war mir gewissermaßen immer ein kleiner Hemmschuh.

Max Reinhardt
(Volksschullehrer, Gelegenheitsautor, geb. 1899)

Schreiben – ein Erfolgserlebnis

Meine ersten Schreibübungen

in einer kleinen Dorfschule bereiteten mir großes Vergnügen. Es ist wohl schon lange her, aber ich kann mich gut erinnern. Schon die Einschulung als solche hatte mir ein gesteigertes Selbstbewußtsein beschert; man war nun eingereiht unter die Größeren.

Im Schreiben-Lernen und -Können lag der Höhepunkt solcher Gefühle. Als mein Lehrer mir 10 Pfennig spendierte, nachdem ich als erster das Wort "Maus" (im Original altdeutsch geschrieben, B.J.W.) schreiben und lesen konnte, war ich sehr stolz und glücklich; zuvor hatten wir lediglich einzelne Buchstaben oder Wörter mit zwei Buchstaben geschrieben. Heute spricht man im Zusammenhang mit solchen Erfolgen u.a. auch von *Selbstverwirklichung.* Diese, die psychischen Vorgänge genau treffende Bezeichnung war damals, zu Kaisers Zeiten, von besonderer Bedeutung. Das allgemein vorherrschende Prinzip "Befehl und Gehorsam" war auch in den Schulen in spezieller Weise tonangebend, wurde in den meisten Schulstuben – besonders in der Volksschule – extrem praktiziert. Wenn man nun in einer solchen Atmosphäre der Einschüchterung die Möglichkeit erfaßte, ein Können, eine Leistung vorzuweisen, dann wurde dieser Schritt der Selbstverwirklichung intensiver empfunden, als es unter anderen, milderen Begleitumständen der Fall ist, – Ausgleich, Gegenbewegung mit einem kindlich bescheidenen Siegesleuchten. Dieses stellte sich in der Folgezeit bei dem oft schwierig zu begreifenden Rechtschreiben weniger ein.

Schönschreiben

war einst ein eigenes Unterrichtsfach mit Zeugnisbenotung. Diese Stunden waren in besonderer Weise einbezogen in die *erzieherischen* Gepflogenheiten jener Zeit. Es handelte sich eben um festgelegte Normen, die der Schüler (an-)erkennend nachgestalten mußte, und zwar peinlich genau, ohne "krumme Touren". Alle Abwärtsstriche mußten durch Druck verstärkt werden; die Rechtsneigung war ebenfalls genau vorgeschrieben. Wohl herrschte eine gewisse – leistungsfördernde – Ruhe bei diesen Übungen, aber "Zucht und Ordnung" war als Erziehungsgrundsatz auch hier allgegenwärtig.

Der Briefwechsel per Feldpost

bedeutete für alle Beteiligten mindestens eine Linderung der seelischen Nöte.

Als ich 17 war und gegen Ende des zu dieser Zeit schon verlorenen Ersten Weltkriegs zur Infanterie eingezogen wurde, waren im Briefwechsel mit der Heimat – portofrei – die einzigen, noch verbliebenen Sinngebungen des Lebens enthalten! Dies nicht nur bezüglich des Inhalts; schon die Schreibtätigkeit und -möglichkeit an sich wirkte irgendwie tröstlich. Im Geiste erschienen die Angehörigen bildhaft lebendig. Es war ein stilles *Gespräch,* klimatisch bereichert durch eine Intensität, die im heimatlichen, realistisch verlaufenden Vereintsein – zeitlos gesehen – kaum denkbar ist.

Zum Verständnis dieser auch geschichtlich bemerkenswerten Situation: Enttäuschung, Hunger und Hoffnungslosigkeit hatten eine allgemein verbreitete, lähmende Apathie ausgelöst. Alle inneren Regungen waren dermaßen eingefroren, daß wir Vaterlandsverteidiger nur noch mit Restbeständen an Mut (bzw. Angst) reagierten, wenn in Schützengraben und Bunker die dort geisterhaft eingenistete Lebensgefahr sich gelegentlich deutlicher bemerkbar machte. In diesem außergewöhnlichen seelischen Tief zeigte es sich ... Schreiben kann nicht nur Medizin sein, nicht nur Ventil und Begegnung, es kann als Wellen-Hoch auch tonangebend mithelfen, ein Wellen-Tief zu beheben.

Schreiben nach der Schulentlassung

führt auch heute noch trotz Unruhe und Hektik in vielen Fällen zu richtungsweisenden Erkenntnissen. So mancher Heranwachsende entdeckt im schulfreien Schreiben eine für die Entfaltung der Persönlichkeit unentbehrliche Impulsgebung, ob bewußt oder unbewußt. Ein solcher Schritt nach vorn ist nicht epochal bedingt, wenn auch der heute 17jährige in einer anderen Welt lebt als jene Altersgenossen, die um 1918 noch in der Rolle der übrig gebliebenen Hurra-Opfer nach dem nächsten Befehl gewartet haben.

Die Arena hat sich verändert. Zunächst ist es das erweiterte Blickfeld, das zum Hinschauen schlechthin, eventuell auch zum Abfassen eines Leserbriefes herausfordert. – Aufschlußreich ein Zitat des Schweizer Schriftstellers Max Frisch: "Was mich zum Schreiben verlockt sind Bilder, auch einzelne Worte, aber vor allem Bilder." (Gemeint sind selbstverständlich Bilder, die im Tagesablauf des Zusammenlebens als beobachtenswert erscheinen.) Bei solcher Motivierung mögen wohl allerlei Handlungen und Hintergründe herauszulesen sein. Aber jüngere Zeitgenossen sind in anderer Hinsicht einbezogen in die mannigfaltigen Geschehnisse und Parolen, die auf den verschiedenen Ebenen des modernen Lebens über die Bühne gehen. Das Aktivitätsbedürfnis schlechthin meldet sich, drängt weniger zum (scharfen) Beobachten, mehr zum schriftlichen und mündlichen Kritisieren, führt gelegentlich auch zu einer brüllend oder plakatiert betonten Meinungskundgebung. Mit anderen Worten: Das Mittendrinsein in einem

Gemeinschaftsleben, das mehr von Hektik, weniger von Besinnlichkeit geprägt ist, verlangt, daß man nicht nur den fertigen, den sichtbaren, sondern vornehmlich den *erwünschten* Bildern gegenüber irgendwie aktiv wird.

Auch bei diesem neuzeitlichen, oft verwilderten Wechselspiel der Kräfte zwischen dem Ich und dem Wir ist die *schriftliche* Äußerung in der Regel in ausschlaggebender Weise beteiligt. Deren Gewichtigkeit kann per Funk oder Telefon meist nicht erreicht werden. Selbst ein diktiertes Schreiben "riecht" noch nach eigenhändig, denn Stil, Inhalt und Unterschrift, individuell geprägt, sind authentisch.

Und im reiferen Alter

gelangt man mit Hilfe der Philosophie eventuell zu einer verstärkt und bewußt empfundenen Wertschätzung ...

Schreiben erweist sich nicht nur als ein sichtbar gemachtes Sprechen und Denken. Eine Äußerung, eine Meinung, wird durch das Aufzeichnen (Einritzen) in jedem Fall bedeutungsvoller, erhält mehr und auch länger anhaltende Gültigkeit, wird "vor Augen geführt". Erreicht wird schließlich, falls angemessen, eine Art Dokumentation. Es gesellt sich hinzu die Freude am *Gestalten* und dann die Befriedigung, wenn alles gut gelungen ist. Im Bewegungsablauf, als Ganzes gesehen, ist zudem in anregender Weise der Reiz einer spielenden Betätigung enthalten, – ein spielendes Suchen nach Wörtern, Sätzen und Formulierungsmöglichkeiten. – Nur eine Nebenerscheinung? Wenn schon, immerhin eine beachtenswerte. Erinnern wir uns an die Bedeutung des Spiels schlechthin und damit an ein Schillerwort: Das Spiel ist ein Phänomen; im Spiel ist der Mensch erst glücklich. –

Im Beruf und in der Freizeitgestaltung waren mir in verschiedener Hinsicht mancherlei Erfolge beschieden, wobei ein (gesunder) Ehrgeiz, auch im reiferen Alter, nicht restlos verscheucht werden konnte. Ob am Schreibtisch, im Musiksaal oder auf dem Sportplatz, – stets war ein fröhliches Spielen klimabestimmend.

Ein schattenfreies Erfolgserlebnis

stellte sich ein, als meine *Aufsätze* über Erziehungsprobleme von Fachzeitschriften ohne jede Änderung veröffentlicht wurden. Ob man sich bei einem solchen Durchbruch in die Reihen der *Schriftsteller* eingereiht sieht oder nicht, das spielt keine Rolle. Es sei hier lediglich auf diese vielsagende Berufsbezeichnung hingewiesen: Das Geschriebene wird (heraus-)*gestellt* und erreicht damit einen größeren Personenkreis. Wer vermag sich heute noch mündlich bemerkbar zu machen, bei diesem Lebenstempo und gar mit dem Thema Erziehungsprobleme!

– War die oft zitierte Kreativität mit im Spiel? Ist ein solcher Begriff (im Duden von 1961 noch nicht enthalten) überhaupt angebracht, wo es doch um ein Werken und Wirken geht, das von Menschen ausgeübt wird? Mit "Kreativität" ist nun im Sprachgebrauch wohl eine Schöpferkraft gemeint, die in menschlich möglicher Art und Weise dem Fließbandcharakter des Lebens und der Anbetung der Technologie entgegenwirken soll. Aber ... handelt es sich in Wirklichkeit nicht um eine *Auffrischung* der individuell notwendigen Aktivität im Rahmen der rätselhaft bleibenden Schöpfungs*ergebnisse?!*

– Als außergewöhnlicher Antrieb bei der Abfassung jener Aufsätze fungierte ganz "einfach" der *Glaube* an die bestmögliche Darstellung, bzw. Lösung einer Aufgabe, eines Problems, getragen von einem Gefühl der Berufung.

Schreiben verlockt zum Dichten

Ein Versuch, sich kurzgefaßt und reimgeschmückt auszudrücken, sei als Abrundung beigefügt:

Aus der Tiefe der ersten Betreuung
wage das Leben.

Auf dem Wege durch Not und Bewährung
übe das Geben.

In den Höhen von Sieg und Erleuchtung
ahnst du ein Schweben – –

Schale mit Flamme nimm als Zeichen:
Flügel wachsen, Ängste weichen!

M. Reinhardt

Gerhard Jänisch
(Volksschullehrer, geb. 1902)

Vom Schreiben in der Schule und nachher

Es war kurz nach der Jahrhundertwende. Ein Erinnern daran wäre wohl kaum in gleichem Maße möglich, hätte mich mein Beruf nicht ein Leben lang veranlaßt, mich mit dieser Materie zu befassen.

Ich habe auf dem Lande meine Jugend verlebt. Die dörflichen Schulen vereinten gar oft alle Jahrgänge (6–14 Jahre) in einer Klasse, in einem einzigen Raum, unter einem einzigen Lehrer, der zugleich Grundschul- (6–10 Jahre), Mittelstufen- (11–12 Jahre) und Oberstufen- (13–14 Jahre)lehrer war und zudem noch die Schulleitung wahrzunehmen hatte. Seine Dotation bestand aus einem kärglichen Gehalt (anfangs als "Junglehrer" 66 2/3 Mark monatlich), Dienstland, das vom Lehrer eigenhändig bestellt und geerntet wurde, und Naturalien in Form von Getreide und Kartoffeln von den von der Gemeinde verpflichteten Bauern, je nach der Größe ihres Besitzes (in früher Kindheit erlebte ich solch einen Tag der Naturalienabgabe noch mit.) Die Neuordnung der Lehrereinkommen in Preußen – Ablösung der Naturalleistungen, einheitliche Besoldung – hatte keinen Einfluß auf den schulischen Bereich. Was unter diesen Umständen, außer den 32 Pflichtstunden (an 4 Tagen vormittags 4 Std. und nachmittags 2 Std., nur mittwochs und sonnabends war kein Nachmittagsunterricht) an Zeit für den Schuldienst hätte verbleiben können, wurde benötigt für Neben- und Ehrenämter (Gemeindeschreiber, Chorleiter, Begräbniskantorei u.ä.). Da war der Unterricht nicht gar so selten vom natürlichen methodischen Geschick bezw. von spontanen Einfällen geprägt. Und Leerlauf durfte nicht in Erscheinung treten, der Stoffverteilungsplan wurde von der Schulaufsicht auf seine Erfüllung hin ständig durch Visitationen überprüft.

Vor solchem Hintergrund vollzog sich auch mein Schreibenlernen. Mit der sogenannten Schreiblesemethode wurden uns Schulanfängern die Vokale vorgesprochen und durch vielmaliges Nachsprechen rein mechanisch eingeprägt, dabei war jede emotionale Bindung mehr dem Zufall überlassen. Bei den Vokalen ließ sich das noch gut an, schwieriger wurde es bei den Konsonanten, die ja bekanntlich als beispielsweise "Ha", "Pe" usw. gesprochen werden. Und das Zusammenziehen von Konsonant und Vokal zu einer Silbe war demzufolge schon ein schwierigeres Unterfangen. Mit eiserner Disziplin kam es schließlich dazu, daß die etwas pfiffigeren Kinder dem Wollen des Lehrers entsprechen konnten. Die anfänglichen Schreibversuche liefen nebenher. Auf der Schiefertafel mit entsprechender Zeilenausstattung begannen die ersten krampfhaften Bemühungen, die Buchstaben in die Zeilen einzuordnen. Wie oft mußte der Lehrer dem einzelnen Kinde die Hand führen, die Hand, die vielleicht schon geschickter mit Forke oder Harke umzugehen verstand. So gesehen ist es verständlich, daß das Schönschreiben (ab 3. Schuljahr ins Heft und mit Feder und Tinte) nicht gerade zu den Annehmlichkeiten des Schulalltages zählte. Mit Einzelsatzbildung begann schließlich auch die Aufgabe des Aufsatzschreibens. Und das bereitete mir einiges Unbehagen. Als Halbwaise aufgewachsen, trat an die Stelle der fürsorglichen Mutter meine Großmutter, die mir erste Hilfestellung gab, einem Thema schriftlich Ausdruck zu verleihen, bis ich schließlich dahinter kam, Sätze, die aufeinander Bezug zu haben hatten, logisch aneinander zu reihen. Das ging so bis zu meinem 15. Lebensjahr. Um diese Zeit trat ich in eine Präparandenanstalt ein, mich auf den Lehrerberuf vorzubereiten. Und gleich nach einem 1/4 Jahr hatte ich einen Deutschlehrerwechsel. Von da an datierte meine Abneigung gegenüber allem, was mit dem Begriff Aufsatz auch nur annähernd in Verbindung gebracht werden konnte, denn auf irgendeine Weise hatte ich das Wohlwollen dieses neuen Lehrers eingebüßt (bis heute ist mir der Grund hierfür noch nicht ersichtlich), was sich naturgemäß irgendwie (Beispiele lagen vor) auf auch die Benotung nicht nur in der Aufsatzbeurteilung auswirkte. Und seither hielt ich mich für unfähig, einen Aufsatz überhaupt zu fertigen.

Den Höhepunkt mir eingeimpfter Aufsatzunfähigkeit erlebte ich kurz vor meinem Lehramtsexamen, als ich den letzten Aufsatz meiner Ausbildungszeit mit "der äußeren Form wegen 5" (das war die schlechteste Note damaliger Zeit) nach der Beurteilung zurückerhielt.

Diese Hemmungen oder Minderwertigkeitsgefühle haben mich ein Leben lang nicht mehr verlassen und hatten zur Folge, daß es mir in meinem Beruf langsam zur Qual wurde, den mir anvertrauten Kindern Anleitungen für die Aufsatzfertigung zu geben, denn stets standen mir meine Erlebnisse aus damaliger Zeit als warnendes Beispiel vor Augen, ich wollte keinem Kinde Unrecht tun.

Es ist verständlich, daß ich mich nun jahrzehntelang von all und jedem fernhielt, was irgendwie mit Aufsatz auch nur eine Ähnlichkeit hatte. Meine längste schriftliche Arbeit war dann der für meine 2. Lehrerprüfung geforderte Tätigkeitsbericht, der allerdings über eine rein sachliche Darstellung von Erfahrungen mit praxisbezogenen Beispielen kaum hinausging. Meine sonstigen Schriftsätze waren in der Folge meistens angeforderte Berichte, Klarstellungen, Berichtigungen, Anträge und damit meist verbunden das Ausfüllen vorgeschriebener Formulare, innerhalb meiner dienstlichen Tätigkeit. Bis zu meiner Pensionierung war somit meine "schriftstellerische" Tätigkeit abgegrenzt. Ich habe weder Reime geschmiedet, noch irgendwelche Essays verfaßt.

Erst nach meiner Pensionierung gingen mir Anregungen durch meine Heimatzeitung zu. Da las ich gar oft von Begebenheiten, die sich in der verlassenen Heimat zugetragen hatten, da waren Sachberichte niedergelegt, die die Erinnerung an die alten heimischen Gefilde und Menschen wachhielten. Das gab mir Anstoß, aus meiner engsten Heimat zu berichten. Als vordergründig nahm ich die Entstehung und Entwicklung meiner letzten Schulstelle in Angriff und brachte gleich nebenher einen Tatsachenbericht über meine Kindheit zu Papier.

Beides war für meine Heimatzeitung unverändert verwendbar. Gleichzeitig wurde mir bewußt, daß ich auf eine Lücke in den Heimatberichten gestoßen war, denn aus allen Teilen des Heimatkreises erschienen Aufzeichnungen u.v.a., nur nicht aus dem engsten Umkreis meines einstigen Lebensraumes. Und da entsann ich mich auf Erzählungen aus früheren Zeiten, Erlebnisberichte meiner Großmutter, die sie uns Kindern während der winterlichen Dunkelstunden (also, bevor das kostbare Petroleumlicht seinen milden Schein um uns zu verbreiten begann) schilderte. Die schrieb ich also aus dem Gedächtnis auf und ging ebenso daran, Selbsterlebtes und Geschehnisse aus meinem Heimatdasein darzustellen. Es handelte sich um rein sachliche, klarverständliche Schilderungen, die ich meiner Heimatzeitung zustellte.

Als dieser mein im Gedächtnis haftender Vorrat an solchen Geschehnissen erschöpft war, schrieb ich als letzte Aufzeichnung den Lebenslauf einer mir nahestehenden, über 90 Jahre alten Frau; dabei handelte es sich um eine Zeitspanne 1839–1929 und streift einige kulturhistorische Aspekte.

So habe ich insgesamt 15 solcher Niederschriften getätigt, und als der Appell der VHS Lemgo an die Senioren zu einem Schreibwettbewerb erging, habe ich lediglich einige wenige meiner schriftlichen Niederlegungen ausgewählt und zur Verfügung gestellt, die ggf. die Jugend, vor deren Jury sie zu bestehen hatten, zum Nachdenken veranlassen konnten.

Johannes Schmidt
(Landwirt, Fabrikarbeiter, geb. 1903)

Sehr geehrter Herr Dr. Warneken!

Ihr wertes Schreiben vom Okt. 1981 habe ich dankend erhalten. Gerne werde ich versuchen, Ihnen Näheres über mein "Schreiben" – sofern es überhaupt erwähnenswert ist – mitzuteilen.

Zunächst möchte ich auf die Schrift selbst eingehen:

In den Schulen – besonders bei uns in den Dorfschulen – wurde früher fast ausschließlich in deutscher Schrift geschrieben. Leider wird diese heute nicht mehr geübt; sie ist also allmählich ganz in Vergessenheit geraten und kann von der heutigen Jugend kaum mehr gelesen werden. Die lateinische Schrift wurde nur einmal in der Woche geübt. Die Wörter waren in den Schönschreibe-Heften vorgedruckt, und man versuchte, sie "nachzumalen". Da dies aber nur einmal in der Woche geschah, war uns Kindern diese Schrift auch nicht so geläufig. Aufsätze und Diktate wurden also nur in deutscher Schrift geschrieben – und auch im späteren Leben bediente man sich dieser Schreibweise.

Ich will nun durchaus nicht behaupten, daß meine Handschrift besonders schön ist. Und doch hat unser früherer Landrat Dr. Wiggert – dem ich einen handschriftlichen Bericht zugesandt hatte – mich gelegentlich seiner Gattin vorgestellt mit den Worten: Dies ist der Herr mit der schönen Handschrift.

Nun – das Schreiben war ja von jeher die schwache Seite eines Bauern. Verständlich! Denn durch die täglich schwere Arbeit war er doch etwas ungelenk und abends auch viel zu müde zum Schreiben.

Zum eigentlichen "Schreiben", wenn man es überhaupt so nennen kann, bin ich erst im Rentenalter gekommen. Doch erinnere ich mich einer Arbeit, die ich einmal beim Militär geschrieben habe. – Zu Anfang des Zweiten Weltkrieges lag ich mit unserer Einheit an der holländischen Grenze in Bereitschaft. Als Unteroffizier wurde ich zu einem Unterführer-Lehrgang abkommandiert. Während des Lehrgangs mußten wir Lehrgangsteilnehmer eine Arbeit schreiben. Das Thema lautete: "Welches sind die vornehmsten Pflichten eines Unteroffiziers?". In diesem Thema wurde hauptsächlich behandelt, wie ein Unteroffizier sich im und außer Dienst seinen Untergebenen gegenüber zu benehmen habe, und daß er nicht nur Rechte, sondern viel mehr Pflichten habe. – Für mich war es eine besondere Genugtuung, daß der Lehrgangsleiter, Oblt. Dickhoff, meine Arbeit besonders hervorhob und der versammelten Mannschaft vorlas.

Wie schon erwähnt, habe ich erst im Rentenalter angefangen zu schreiben. Vorher hatte ich reichlich damit zu tun, für den Lebensunterhalt der Familie zu sorgen und nach der Vertreibung wieder ein Heim zu schaffen.

Angeregt zum Schreiben wurde ich eigentlich bei Überlegungen, daß man doch wohl verpflichtet sei, den Nachkommen über das Leben und Treiben auf dem Lande zu berichten und was dort geleistet wurde. Einige Auszüge aus dem 70seitigen handschriftlichen Bericht sind bisher in dem Heimatbuch Rügenwalde veröffentlicht worden. Auch eine Reihe von Anekdoten, Kuriositäten und lustige Begebenheiten aus dem Rügenwalder Amt wurden bisher in der "Pommerschen Zeitung" veröffentlicht.

Veranlassung zum Schreiben hat man ja öfter: Da ich mich etwas für Politik und Wirtschaft interessiere, fühlt man sich zuweilen gezwungen, öffentlich Kritik zu üben. So z.B., als vor vielen Jahren eine Menge Kohlengruben geschlossen wurden, konnte ich nicht umhin, in einem Leserbrief in der "Deutschen Wochenzeitung" dazu Stellung zu nehmen. Ich habe darauf hingewiesen, daß es doch eine Schande sei, daß u.a. die "Bismarck" – eine der modernsten Schachtanlagen Europas – stillgelegt wurde, wo doch die Kohle (das sog. "schwarze Gold") der wertvollste Rohstoff Deutschlands ist.

Oder, wenn ich öfter an Baustellen vorbeiging, habe ich feststellen müssen, daß der Humus zuweilen wenig beachtet wurde. Auch hier habe ich in einem kleinen Artikel im "Bega-Kurier" die Allgemeinheit auf die Bedeutung des Humus hingewiesen. – Der Titel war: "Was ist Humus?". U.a. habe ich ausgeführt, daß der durch Jahrtausende entstandene wertvolle Boden, wenn er zugeschüttet oder vergraben wird, für immer verloren sei.

Ich hoffe nun, auf Ihren Wunsch einen kleinen Beitrag geleistet zu haben, obwohl ich kaum glaube, daß Sie diesen verwerten können. Bezüglich meines "Schreibens" möchte ich schließen mit einem Ausspruch, den Knut Hamsun in dem Roman "Die Landstreicher" oft gebraucht hat: "Es ist nicht der Rede wert".

Mit freundlichen Grüßen

Ihr Johannes Schmidt

Friedrich W. Paul *
(Malermeister, geb. 1903)

Wie ich zum Schreiben kam, fragst Du mich, lieber Sebastian

Eigentlich ist das eine traurige Geschichte und schon sehr alt. Und was ich darüber nun schreibe, ist nur ein kleiner Teil dieser traurigen Geschichte.

Ich war ein schwächliches, vielleicht ein bißchen übersensibles Kind. Und ich war ein ungeliebtes Kind und wäre am besten erst gar nicht geboren. So jedenfalls habe ich es lange empfunden.

Und weil das so war, weil ich ein schwächliches Kind war, kam ich nicht wie andere mit sechs, sondern erst mit sieben Jahren zur Schule. Zur Bürgerschule, die allerdings besser war als die heutigen Schulen auf gleicher Ebene.

---

* Pseudonym

Das erste was ich lernte, war Lesen und Schreiben. Beides hätte ich gern "richtig" gelernt. Überhaupt: ich hatte mich, wie mein Onkel Friedrich, mein Patenonkel, in der Verwandtschaft ärgerlich erzählt hat, ich hatte mich auf die Schule gefreut. Auch Onkel Karl, der Gymnasialoberlehrer, war der Meinung gewesen.

"Schönschreiben", auf das man damals noch viel Wert legte, wollte mir nicht gelingen. Woran das vielleicht liegen mochte, darüber dachte man noch nicht nach. Und auch mit dem Rechnen hatte es anfangs seine Schwierigkeiten. So wurde ich von meinem Vater als dumm eingestuft.

Das kam ihm sehr entgegen, wie ich noch zeigen werde.

Ganz anders war das mit meinem um ein knappes Jahr älteren Bruder. Er kam nach der Vorschule aufs Gymnasium.

Das war mein Vater, der sich eine Heirat "über seinem Stande" erzwungen hatte, der Familie meiner Mutter schuldig.

Damals mußte man, wenn ein Kind auf die "höhere Schule" gehen sollte, das Schulgeld selber bezahlen. Das war nur etwas für die gehobenen Stände. *Zwei* auf einmal, das konnte sich ein Handwerker nicht leisten. Und außerdem, was mich betraf, stand von vornherein fest, daß ich, alter Tradition folgend, Maler werden würde.

Im vierten Schuljahr stellte sich heraus, daß etwas mit meinen Augen war.

Mein Vater fuhr mit mir zu einem berühmten Augenprofessor nach Göttingen. Der riet zu einer Operation, die dann aber unterblieb, weil der Erfolg zweifelhaft blieb.

Immerhin riet der Professor v. Schmidt meinem Vater, daß ich meine Augen schonen müsse.

Weil es noch ein paar Monate bis zur Versetzung waren, empfahl mein Vater meinem Lehrer, zumal es ja doch im Schönschreiben haperte, daß ich ein paar Wochen im Hause bleiben und dann das vierte Schuljahr wiederholen sollte. An sich ein vernünftiger Vorschlag, zumal er ihm ja entgegenkam. Ich blieb sitzen und *er* hatte sein Alibi.

Als Sitzenbleiber saß ich in der Wiederholklasse in der obersten Bank. Und dort, mehrmals sogar auf dem obersten Platz bis zu meiner Schulentlassung.

Meine Lieblingsfächer waren Deutsch und Physik.

Mein guter Lehrer Limpius tolerierte meine "schlechte" Handschrift und lobte mich oft wegen meiner Aufsätze und förderte meine Liebe zu Schiller und Goethe. Ich lernte Gedichte und illustrierte u.a. die Glocke.

Ich hatte auch gute Zeugnisse, *auch* was Rechnen und Geometrie betrifft. Mein Vater meinte allerdings, auf der Bürgerschule werde ja auch nichts verlangt.

Mein Glück war es, daß mein Vater Soldat werden mußte. Es war ja der erste Weltkrieg. So kam ich davor her, bei ihm in die Malerlehre gehen zu müssen.

Ich holte das verlorengegangene Schuljahr nach und bekam einen Lehrer wie ich ihn brauchte.

Seine Leidenschaft war Deutsch. Zwar habe ich wegen meiner schlechten Handschrift noch manche Dresche gekriegt, machte den Mangel aber wett, dadurch, daß ich ohne Antrieb von außen, aus lauter Lust, Schillersche Balladen auswendig lernte und Goethe las.

Als ich fünfzehnjährig, körperlich ein Schwächling und trotz des inzwischen blinden Auges, in die Malerlehre in die Residenz kam, brachte mich meine gute Mutter zu meinem Meister.

An der letzten Bahnstation vorher, wickelte sie ein Butterbrot aus und sagte: "Das ist nun das letzte Butterbrot, das du von uns bekommst." Und ich glaube, es ist es auch geblieben, es sei denn, ich hätte dafür gearbeitet.

Mein Lehrmeister war ein guter Mann. Über seinem Firmenschild hing ein farbig gefaßtes und blattgoldvergoldetes Wappenschild unseres Landesherrn, und auf dem Firmenschild stand: "Hofmalermeister". Es war also ein Malermeister mit Gütezeichen. Aber ich anerkenne mit Dankbarkeit an, daß er auch ein gütiger Mensch und tüchtiger Maler und Pädagoge war. Und ich – darf man das von sich sagen? –, habe viel bei ihm gelernt.

Meinen Schiller hatte ich mitgenommen und im Hoftheater, das gab es in der kleinen Residenz auch, sah ich den Freischütz, Undine und den Waffenschmied und konnte die Arien alle auswendig. Und Hannele, von Gerhard Hauptmann, habe ich gesehen.

Als ich 1921 ausgelernt hatte, mußte ich nachhause. Der Krieg war zuende und mein Vater wieder da. Aber das zog nicht mit uns beiden. Es scheiterte daran, daß ich nicht anerkennen wollte, daß ich meinem Alten soviel Dank schuldig sei, zuhause ohne Lohn arbeiten zu müssen. Es kam zum Krach, und ich ging nach München und wurde da erst richtig Maler.

Und meinen Schiller, und inzwischen war es Goethe und Hölderlin auch, nahm ich mit.

Meiner Mutter schrieb ich ein paarmal. Weil ich aber eine schlechte Handschrift habe und man meine Briefe nicht lesen können wollte, ließ ich das.

In München schrieb ich eine kleine Novelle, die ich verloren habe, die ich aber noch nacherzählen könnte. Und ich schrieb mein erstes Gedicht. Ein Skandal in meiner werten Familie. Ich schrieb einen Vers in das Gipfelbuch auf der Zugspitze. Ich hatte in der Begeisterung des Gipfelstürmers verächtlich von denen geschrieben, die sich mit Zahnradbahn und Lift um die Freude des Bergsteigens bringen. Ein Konzept dieses Gedichtes war meinem Bruder, der mit mir in München und als Bankkaufmann arbeitete, in die Hände gefallen.

Er, ein durch und durch unsportlicher Büromensch, war empört. Er fühlte sich – wahrscheinlich als einziger – getroffen. Und mein Vater – wie gern tat er das –, blies in meines Bruders Horn. Und später fand dieses Gedicht über einen Bergsteiger in eine Zeitschrift des Alpenvereins, in die "Weltliteratur", was mir dann auch noch den Vorwurf, ein Plagiator zu sein, einbrachte.

Von der Familie, insbesondere von meinem Bruder bedrängt, versuchte ich es nochmal mit meinem Vater. Ich verpflichtete ihn durch Vertrag, ordentlich mit mir abzurechnen, erreichte aber nur, daß er mir ein Semester Fachschule bezahlte. Ich machte, zweiundzwanzig-jährig, meine Meisterprüfung und sollte von nun an meines Vaters Teilhaber sein. Es kam jedoch umgekehrt: er war *mein* Teilhaber, mein stiller Teilhaber.

So zog ich wieder ab in die Fremde. War es damals die Inflation, war es jetzt, 1928, die Zeit der Bedrängnis durch Arbeitslosigkeit. Ich besuchte in Bielefeld die Kunstgewerbeschule in Abendkursen und hob damals dort die Volkshochschule mit aus der Taufe. Ihr habe ich bis heute die Treue gehalten. Gelegentlich auch als Dozent für Bau- und Kunstgeschichte.

So habe ich mir sehr viel Mühe gegeben, den Bildungsvorsprung meines Bruders aufzuholen. Er hatte das Einjährige! Über seinem Bett hing ein Schild, schwarz-grün-silber mit einem Studentenzirkel und der Umschrift "Per aspera ad astra". Großartig, nicht wahr?

Große Worte stehen mir nicht zu, aber *mein* Weg war dorniger als der meines Bruders und darum war er auch schöner.

Nun, lieber Sebastian, habe ich Dir immer Deine Frage noch nicht beantwortet, wie ich zum Schreiben kam.

In der Volksschule, bei meinem geliebten Lehrer Limpius, bin ich damit angefangen und habe seither auch daran festgehalten.

Immer habe ich gern Briefe geschrieben, Briefe, die jetzt zu lesen mir Freude macht und mich zum Schreiben anregt.

Ich habe Tagebücher geschrieben, eigene und das meiner Kompanie. Das schönste war ein Buch, an dem ich mit über hundert ganzseitigen Fotos beteiligt war, das im Auftrage der Deutschen Wehrmacht herausgegeben werden sollte. Es ist wahrscheinlich im Tohuwabohu des Rückzuges aus Frankreich verloren gegangen.

Für unsere "Westfront", eine Soldatenzeitung, habe ich Feuilletons und Essays; für Tageszeitungen der Gegenwart Leserbriefe; für Heimatzeitungen Kurzgeschichten; für populär-wissenschaftliche Zeitschriften Aufsätze zur Baugeschichte unserer Schlösser geschrieben; habe mich zu Problemen der Denkmalpflege geäußert u.a.m.

Ich bin nun alt, aber mein Gedächtnis funktioniert noch und, wie Du mich kennst, für den Ruhestand bin ich noch nicht alt genug.

Herzlichst

Dein Amadeus

Paul Pomplun
(Postangestellter, Bauer, technischer Angestellter, geb. 1904)

Betr.: Meine Erlebnisse mit dem Schreiben.

In einer drei Klassen-Vorschule habe ich die deutsche Schrift erlernt. In der Realschule wurden noch die Lateinische und die Rund-Schrift erlernt.

Es gab extra eine Stunde in der Woche für Schönschrift. Nicht nur Buchstaben, sondern auch Zahlen mußten exakt und sauber geschrieben werden. Auch auf die Körperhaltung wurde geachtet, die Augen mußten 30 cm vom Papier entfernt sein. In den Heften durfte nicht radiert werden, falsche Buchstaben oder Wörter im Heft wurden durchgestrichen.

Um die Schrift zu beherrschen, mußte ich täglich nach den Schul-Aufgaben Gedichte aus Zeitschriften in Schönschrift in ein Diarium schreiben. In der Schule hatte ich viel Freude am Aufsatzschreiben. Z.B. Morgen Stund hat Gold im Mund. Handwerk hat goldenen Boden. Der Bauer auf Feld und Hof. ectr.

Meine Liebe zum Zeichnen und Malen bewog mich, heimlich unsere Lehrer zu porträtieren und die Bilder mit kleinen Versen zu versehen. Die Bilder waren bei meinen Schulkameraden sehr gefragt.

Ein Studienrat schrieb 1916 ein Buch: "Die pädagogische Ketzerei der Mewer-Realschule". Da waren auch einige Zeilen über meine Bildverse beschrieben.

Später besuchte ich die landwirtschaftlich Winter-Schule in Freystadt, Wpr. Meine Mutter bezahlte das Schulgeld, die Bücher und die Pension. Taschengeld gab es aber nicht. Ich besann mich auf meine Malerei. Von einem Fotografen besorgte ich alte Glasplatten und fertigte, mit Hilfe von Mitschülern, Zeichnungen mit Versen an. Dieselben wurden unter die Glasplatte geklebt und mit schwarzen Papierstreifen umrandet. Ein Bilderladen verkaufte die Bilder, und wir erhielten unsern Lohn dafür. So hatten wir das Taschengeld-Problem gelöst.

Als ich Lehrling in einer Holzgroßhandlung war, mußte ich für meinen Chef Einladungsschreiben für seine geladenen Gäste in deutscher Schrift anfertigen. Er war über meine saubere Schrift sehr begeistert.

Mit der Arbeit war es 1935 sehr schlecht bestellt. Danzig wurde zum Notstands-Gebiet erklärt. Als Angestellter war kaum eine Verdienstmöglichkeit zu finden. So wurde auch ich eines Tages als Erdarbeiter nach Deutschland geschickt. Wir Danziger waren ja Ausländer. In Barackenlager wurden wir untergebracht. Von unserm Verdienst wurde die Hälfte an die Familie überwiesen und der Freistaat-Danzig zahlte noch ca. fünfzehn Gulden aus dem Sozialfond an die Familie.

Von unserer Baracke wurde ich von den Arbeitern als Barackenältester gewählt. Beschwerden und Anweisungen mußte ich mit der Lagerleitung regeln.

Die Arbeiter, Maurer und Zimmerleute waren zu faul, an ihre Familien Briefe und Karten zu schreiben. Jeden Tag lagen auf meinen Tisch die Postsachen von ihren Angehörigen. Nach Feierabend habe ich die Briefe an ihre Frauen beantwortet. Die Männer hatten keine Ahnung, was ich an ihren Frauen geschrieben hatte. Viel Freude, Sorgen, Kummer und Leid in den Familien habe ich auf diese Weise erfahren. Ich habe diese Arbeit ohne Honorar ausgeführt. Einen Vorteil hatte ich durch die Schreiberei, ich brauchte mich nie, ob es beim Mittagsessen oder Werkzeugempfang war, anzustellen. Die Männer brachten mir das Essen an den Tisch, auch die schwersten Arbeiten wurden mir von ihnen abgenommen. Am 1. Mai war am Abend ein großes Tanzfest. Zu dieser Feier hatte ich die Frauen heimlich eingeladen. Am Nachmittag waren die Frauen aus Danzig am Barackentor angekommen. Die Männer machten erstaunte Gesichter, erst waren sie auf mich nicht sehr gut zu sprechen, als aber das Fest begann und die Kapelle zum Tanz aufspielte, war die Stimmung groß! So hatte meine Schreiberei doch einen guten Zweck erfüllt.

1936 war ich mit einigen hundert Arbeitern nach Wertheim am Main gekommen. Nach einer Woche bezogen wir das neuerbaute Barackenlager. Es waren furchtbare Zustände. Mit den Stiefeln blieben wir im Dreck stecken, die Waschanlagen waren im Freien, und mit der Verpflegung stimmte es auch nicht. In meinem Zorn schrieb ich an das Luftfahrtsministerium nach Berlin, ein Beschwerdeschreiben. Dieses Schreiben verfehlte seine Wirkung nicht. Bevor das Flugzeug aus Berlin eingetroffen war, wurde in 12 Stunden das Lager mustergültig hergerichtet.

Aber das dicke Ende kam danach. Ich wurde aus dem Lager abgeschoben. Die Baustelle war für mich Tabu. Von der Baufirma wurde ich dann im Lohnbüro beschäftigt und erhielt in der Stadt ein möbliertes Zimmer.

Auch dieses Schreiben hatte mir Glück gebracht. Als die Arbeit abgeschlossen war, wurden die Arbeiter auf eigene Kosten zurück nach Danzig geschickt. Ich durfte nicht mit diesem Sonderzug zurückfahren. Darauf ging ich zum Bürgermeister und sagte ihm, für mich als Freistaats-Angehöriger ist das polnische Konsulat zuständig, ob er das verantworten will, wenn ich mich als Deutscher an das Konsulat wende. Darauf erhielt ich vom Sozialamt meine Rückfahrkarte ohne Rückzahlung.

Das Schreiben hat mir im Leben immer geholfen. Ich möchte hier noch bemerken, den Schreibaufruf der Volkshochschule Lemgo hatte ich gelesen, das Formblatt hatte ich in meiner Brieftasche. Als ich in Sohren bei meinem Sohn zu Besuch war, hatte meine Schwiegertochter dieses Blatt gelesen und sie animierte mich, einen Bericht an die Volkshochschule einzureichen. So ist mein Bericht entstanden.

Nach dem Tod meiner Ehefrau 1975 habe ich eine Familie-Chronik von 1564 bis zur Jetztzeit geschrieben. Im Familien-Kreis erzähle ich oft aus meinem Leben. Ich bin mir nicht im Klaren, ob ich einen Roman oder nur die Lebensgeschichte niederschreibe. Ich hoffe Ihrem Wunsch entsprochen zu haben. Entschuldigung für meine Tippfehler. Mit 77 Jahren ist es nicht leicht etwas zu Papier zu bringen.

Mit freundlichen Grüßen!

Paul Pomplun

Johannes von Ruckmich
(Leitender Angestellter, Texter, Komponist, Chorleiter, geb. 1906)

Meine Erlebnisse mit dem Schreiben

Zunächst sei gesagt, wie ich zum Schreiben von Gedichten und Liedtexten kam. Als Kind stellte sich schon mein Musiktalent, Vererbung von Mutters Seite, heraus. Ich bekam Musikunterricht, später auch in Theorie, Harmonielehre, Instrumentation u.s.w. Allerdings mußte ich hauptberuflich mein technisches Studium betreiben, da man mit der Musik die Erwerbsmöglichkeit bezweifelte. Als Kind schon komponierte ich Lieder und kleine Klavierstücke. Nach heutigen Verhältnissen wäre ich wohl öffentlich protegiert worden, damals aber wurde das von Erwachsenen belächelt und nicht ernst genommen. Da meine Lieder aber ganz bestimmte Gefühle wiederspiegelten, kam ich zu dem Gedanken, meine Texte selbst zu schreiben, um sie dazu in rechtem Einklang zu formen, und entdeckte dabei, daß ich auch Talent zum Dichten hatte. So also kam ich zum Schreiben und verfaßte Gedichte, die vorwiegend ersten Liebesbeziehungen, später aber auch meinem ausgeprägten, aber keineswegs fanatischen Nationalempfinden entsprachen und dienten. Es gelang mir auch damals, einiges davon in Zeitungen veröffentlicht zu sehen, was mich doch bißchen stolz machte, aber nicht weiter zur Auswertung kam durch meine ängstliche, erzieherisch bedingte Bescheidenheit und Zurückhaltung, nur ja nicht aufzufallen. Leider gingen diese Unterlagen durch Vertreibung und viele Umzüge später verloren. Vor allem tut es mir leid, daß die netten kleinen Novellen und manche ernste und hohe Ziele behandelnden Gedichte nicht mehr vorhanden sind. Ich habe im Stillen oft diesen Verlust betrauert. Heute mit fast 75 Jahren (im Sept. 81) habe ich mich dem Geschick ergeben, damit abgefunden, weil nicht zu ändern! Wie damalige maßgebende Freunde und Gönner meinten, war es doch eine kleine Sammlung wertvoller Niederschriften.

Vorhanden sind jetzt nur noch spätere Texte zu komponierten Liedern mit Klavierbegleitung:

3 schlichte Liebeslieder

4 Lieder aus dem Zyklus Jahreszeiten

3 Lieder "Mensch und Natur"

einige Chorlieder und anderes mehr. Dies nur als Beispiel.

Alle Versuche, diese Lieder mit eigenen Texten zu veröffentlichen, waren leider vergebens, da mir jede Befürwortung und entsprechende Beziehungen, wie sie leider heute nötig sind, fehlen. Ich schrieb an Verleger, Rundfunk und Fernsehen, bekam die besten Beurteilungen dabei, aber im Endeffekt liebevolle Absagen, weil eine Unterbringung wegen der Vorprogrammierung nicht möglich sei. Auch Anneliese Rothenberger beurteilte meine Lieder als sehr schön, aber sie könne unveröffentlichte Werke nicht propagieren wegen, mir durchaus verständlicher, vieler ähnlicher Anfragen.

Man wird aber verstehen müssen, daß, wenn auch das Schreiben und Komponieren teilweise seelischer Zwang und Bedürfnis ist, es doch kränkt und quält, wenn es dazu verurteilt ist, im Verborgenen zu bleiben, ohne anderen vorgestellt, Freude zu bereiten. Und wenn man dann sieht, wie in den Schau- und Hörmedien Gekreische und rhythmischer Krach, der die Ohren beleidigt, propagiert und mit Höchstgagen protegiert wird, dann wird man verstehen, wie das einem ernsten Künstler weh tut, der keine Möglichkeit findet, an die Öffentlichkeit zu kommen. Nur dieser ideelle Wert soll zählen, denn an finanziellem Erfolg liegt mir wirklich gar nichts. Ich habe dieses Gefühl kurz meinem Arzt geschildert, weil er mich nach nunmehr drittem Herzinfarkt nach Ärger und Kränkung fragte, so meinte er, doch, daß dies wesentlich dazu beigetragen haben könnte. Und ich muß sagen, daß diese Gefühle des Unrechts wirklich sehr wehe tun und ständig bedrücken.

Natürlich konnte ich wenigstens in kleinem Freundeskreis manches vortragen, und der Beifall zeigte mir, daß doch manches Gute dabei zu finden ist. Auch gibt dies ein bißchen dankbare Freude, und das soll nicht ganz unerwähnt bleiben.

Mein Dichtertalent wird zudem von Freunden gerne genützt. Und so muß ich des Öfteren zu besonderen Gelegenheiten wie Geburtstagen, Jubiläen oder sonstigen Anlässen meine dichterische Feder zücken, was ich aus Gefälligkeit gerne tue. Manchmal soll es heiter sein, manchmal aber auch ernst und belehrend, wobei auch ganz bestimmte Probleme und Lehren behandelt werden. Auch mein Gästebuch wird gerne durchgeblättert, weil meine Gedichtzeilen, die das Geschehen wiederspiegeln, richtig Freude bereiten.

Nun, warum habe ich Ihr damaliges Aufforderungsschreiben "Erzähl doch mal" gern mit einer Schilderung aus meinem Leben beantwortet. Einmal war es mir Bedürfnis, eines der eindrucksvollsten und erschütternsten Erlebnisse, das ich bis zu meinem Tode nie vergessen werde, jemandem anzuvertrauen, der es vielleicht, ohne meinen Namen zu nennen, weitergeben kann. Dies aber deshalb, weil dieser Vorgang der damaligen Zeit nicht nur psychologisch, sondern auch charakteristisch Rechnung trägt. So wäre dieses Geschehen als nach Kriegsschluß bezeichnende Schilderung einer Veröffentlichung meines Erachtens besonders wert, um auch die zwischenmenschlichen Beziehungen zwischen Mann und Frau zu beleuchten. Leider kamen damals ähnliche Dinge öfter vor. Und für den, den sie wirklich tief trafen, war das ein Schicksalsschlag, der Nachwirkung hatte und nur langsam verblaßte.

Wenn nun trotz meines großen und sicher berechtigten Wunsches nach Veröffentlichung und aller diesbezüglichen Anstrengungen der Erfolg versagt bleibt, werde ich trotz dieser Kränkung und den schmerzlichen Gefühlen weiter arbeiten, weil es mir einfach Bedürfnis ist, dies zu tun, solange es mir vergönnt ist zu leben und schreiben zu können, obwohl auch meine Augen dabei Schwierigkeiten machen.

(Folgen noch persönliche Bemerkungen an den Adressaten des Berichts, B.J.W.)

Hannes von Ruckmich

Rudolf Priesner
(Apotheker, geb. 1906)

Meine Erlebnisse mit dem Schreiben

Natürlich erlebt jeder sein Eigenes beim Schreiben.

Im Theater erklingt der großartige Aida-Marsch. Ich sitze in der Loge, auf der Bühne ein großartiges Schauspiel. Da ziehe ich mein Notizbuch, weil mir soeben ein ebenso großartiger Gedanke aufgetaucht ist. Wir sitzen schon deswegen in der Loge, weil ich immer wieder mein Notizbuch ziehe und Eintragungen mache, ganz kurze, treffende, aber ich brauche sie. Sollen die Nachbarn denken, ich wäre ein Journalist und schriebe eine Kritik über das Stück, das gerade gespielt wird. Im Konzert geht es mir genauso. Bei dem schönsten Adagio fallen mir die reichsten Gedanken ein.

An der Riviera setzte meine Frau auf dem Dach unseres Hotels ein kleines Tischchen hin und einen Stuhl dazu. So, hier kannst du schreiben. Herrlicher Sonnenschein. Einen Stoß Liebesbriefe habe ich unter einem Stein liegen, damit der Wind nicht eins der wertvollen Erinnerungsblätter fortweht. Strahlende Sonne an der Riviera. Ich schreibe und schreibe, in einem Fluß wird die ganze Erzählung fertig. Das veröffentlichte Buch wird gerne gelesen.

Nachts fahre ich hoch im Bett. Greife zu meinem Notizbuch, schalte das Licht ein und ein paar Worte bringe ich auf das Papier. Sie werden mir am nächsten Tage helfen. Eine Erzählung, aber diese bestimmten Worte, die ich nachts aufgeschrieben habe, die müssen unbedingt in der Erzählung drin sein. Wenn sie fehlen, ist es ein Mangel. Dann kommt es nicht zu dem Höhepunkt, der gerade notwendig ist. Dabei sind für diese aufgeschriebenen Worte so viel andere Ersatz. Nein, es ist eben nicht so! Es gibt nur den bestimmten Ausdruck für meine Erzählung. Fehlt er, so ist das ganze Dings nichts wert.

Ich lese gerne meine eigenen Werke. Freilich, mein Urteil ist kaum zu gebrauchen. Was ich zu Hause nochmal lese? Was mir immer wieder neu gefällt und Abhandlungen, in die ich ganz verliebt bin und von denen ich mir vorstelle, daß die Öffentlichkeit mit Begeisterung sie hinnimmt. Welcher Erfolg? Kaum ist einer gerührt und der Beifall sagt genug, daß man froh ist, wenn die Geschichte endlich zu Ende ist.

Aber da sind so lichte Augenblicke; nur zwei – drei Worte stehen im Notizbuch, und wenn ich mich zum Schreiben an den Tisch setzte, dann folgt diesen Worten eine schöne Geschichte von Anfang an bis zum Ende in einem. Wie ein Siegeszeichen sind gerade diese notierten Worte. Der Sieg, daß die Erzählung richtig ist.

Für die Schule schreiben, nein, das war nie mein Fall. Ich bekam auch immer schlechte Noten. Das lag mir nicht. Vorzuschreiben, über die Schlacht an irgendeinem Berg, nein, das konnten die anderen machen. Ich war schon gleich von Anfang an dagegen. Tagebuch habe ich geführt, ja, aber als einmal jemand mein Tagebuch einsah und darüber Bemerkungen machte, war es Schluß damit.

Zeitungsartikel, nun, es war schon schlimm genug, daß ich selber Zeitung lesen mußte, besonders später in meinem Berufsleben. Wieviel Briefe habe ich fortgeschickt mit Machwerken aus meiner Schreibstatt. Sie kamen meistens zurück. Manchmal hatte ich sogar Porto, Rückporto beigelegt und erhielt es nicht zurück, beides nicht, Porto nicht und das schöne Werk von mir auch nicht. Ach, die Welt. Ich habe oft gedacht, die Welt wartet nur auf mein Werk, es ist nicht immer eingetreten. Briefe schreiben habe ich immer gerne gemacht. Das ist eine Verbindung mit den Menschen. Je älter ich wurde, und je weniger ich selber mit meinem Auto durch die Welt kutschieren konnte und nicht an jede Türe klopfen, da habe ich Briefe noch und noch geschrieben, um etwas von der Welt zu erfahren, um mit der Welt zu leben, um in der Gegenwart dabei zu sein. Freilich, manchmal durfte ich etwas schreiben, sei es in meine eigenen Bücher oder in die anderer, aber meiner Hand wurde es immer schwerer je älter ich wurde, und am Ende blieb nur noch der Buchstabe R, den ich hinsetzte. Ich hoffte, daß der Empfänger damit zufrieden sein könnte.

Ich habe nicht viele Gedichte im Leben geschrieben. Eins in der russischen Gefangenschaft. Über ein Jahr Gefangenschaft ohne einen Brief schreiben zu dürfen! Es hieß ausdrücklich, jeder Kriegsgefangene darf nur eine Karte schreiben mit 25 Worten. Ich setzte ein Gedicht auf, das mit Anrede und Unterschrift genau 25 Worte ergab und ausdrückte, was ein deutscher Landser seiner lieben Frau in die Heimat schreiben könnte. Es stand am schwarzen Brett ausgehängt und mancher Landser hat es sich abgeschrieben.

Als Ansager im Theater in Rußland, das wir als Kriegsgefangene eingerichtet hatten. Ich habe immer vorher aufgeschrieben, zehn Sätze vielleicht für einen ganzen Abend, aber die mußte ich zur Hand haben, damit ich nicht plötzlich stecken blieb. Oh, wenn sie einmal lachten! Dann genügte es, wenn ich auf der Bühne erschien. Nur störte immer der Dolmetscher und die Frage des Russen, der neben ihm saß: kak, kak, was, was spricht er? Ja, gelacht haben sie oft, es war gut, daß ich mir manches vorher notiert hatte. Es konnte manches Wort gefährlich werden.

Ich habe Bücher geschrieben, alle neune, mit wechselndem Erfolg.

Herrlich, wenn man ein Theaterstück schreibt, ein Schauspiel, ein Drama, eine Komödie. Die Personen sind von Anfang an festgelegt. Und das Großartige ist dabei, daß sie selber zu spielen beginnen, je weiter das Stück ist, um so mehr greifen sie in die Handlungen ein. Wenn der Vorhang fällt, hat jeder Darsteller seine Rolle gespielt. Vor vielen Intendanten habe ich gestanden, aber es hat keiner meine Stücke nehmen wollen. Schade.

Oh, in der Eisenbahn, da hat man Zeit. Ein schöner D-Zug, Prinz Eugen, fährt in Richtung Wien. In Wales habe ich auszusteigen, also kann man in Ruhe schreiben. Ich öffne den Koffer im leeren Abteil. Auf der Tischplatte sind Papiere, da ist mein Notizbuch, das mir immer hilft, da sind Kugelschreiber, Bleistifte, schöne große Bogen, und beim Rattern des Zuges fließt die Arbeit wunderbar dahin. Nur mal ein kurzer Blick auf das Bahnhofsschild, wo wir halten. Wales? Ach, da wollte ich aussteigen, also raus. Ich gehe vor die Tür und habe meinen offenen Koffer in der Hand. Der Schaffner sieht es, er wollte gerade das Zeichen zur Abfahrt des Prinz-Eugen-Expreß geben. Aber er wartet! Er wartet für Rudolf Priesner, er trägt den Koffer raus, er trägt seinen Mantel raus, er trägt die Papiere raus, das Schreibzeug, das Notizbuch nochmal extra, den Hut, den ich vergessen hatte. Als er das alles auf den Bahnsteig gelegt hat, sagt der Bahnhofsvorsteher: – Ich danke schön, jetzt können wir fahren. Er hebt sein Signal und der Prinz-Eugen-Expreß rollt zur Kaiserstadt weiter.

Über meinen Nachruhm kann ich nichts sagen, weil ich noch nicht gestorben bin. Es ist jedoch sicher, daß sich die Welt weiter drehen wird.

Gustav Götz
(Fabrikarbeiter, geb. 1907)

In der Schulzeit fing mein Schreiben an.

1914–1922 drückte ich die Schulbank der Volksschule. Mein Lieblingsfach war Deutsch, wofür ich immer eine gute Note bekam. Als Schuljunge schrieb ich öfters kleine volkstümliche Gedichte. War in der Schule ein Gedicht vorzutragen, so meldete ich mich sofort. Der Lehrer ward zufrieden und sagte zu mir: "Mein lieber Junge, in Dir steckt eine poetische Ader". Diese Äußerungen von meinem Lehrer nahm ich zu Herzen und führte von diesem Zeitpunkt an Tagesnotizen. Den Originalen schaute ich auf's Maul, notierte die großen und kleinen Schwächen von Land und Leuten, setzte sie ohne Zensur in Reime oder Prosa. Der Kampf ums tägliche Brot ließ wenig Zeit für diese Muse, mein poetisches Schreiben war nur ein Futter für mein Steckenpferd, das im Stall stand. Bei Erreichung der Altersgrenze wurde es gesattelt und tüchtig geritten.

Inzwischen bin ich alt und grau geworden.

Mein Hosenboden blank und dünn,
sprach auf dem Steckenpferd so vor sich hin,
wie gleiche ich doch dem Genie
mit seinem Können, seinem Wissen,
es setzt sich durch mit viel Müh,
doch erst wenn er alt ist und verschlissen.

Wolf Domsch
(Schneider, geb. 1908)

Meine Erlebnisse mit dem Schreiben

Ja das Schreiben und das Lesen
ist stets mein Fall gewesen
denn schon seit Kindheitsträumen
befaßt ich mich mit Reimen.
Verse zum Beispiel aus Bilderbüchern
verführten damals kaum zum Kichern
sie waren mir zu rasch geläufig
noch ehe ich sie hörte zu häufig.

Doch als dann das Federhalten begann bei mir
brachte ich eig'ne Gedanken gern zu Papier;
Ob es am Urahn Gottfr. Ephr. Lessing gelegen
wäre ernstlich zu erwägen.

Dann in der Schule – ich tat sie nie schwänzen,
konnt ich beim Aufsatz als Erster stets glänzen.
Wobei – mit gar unterschiedlichen Themen
manchem Kamerad die Last ich tat nehmen.
Der gestrenge Herr Lehrer hat nie es erfahren,
daß etliche Arbeiten aus – einer Hand waren.

Später – man sagt in den Flegeljahren –
wohl um an der Stromrechnung zu sparen
ward oft ich in nachtschlafenen Stunden
mit Papier und Schreibstift im Stübchen gefunden
wo bei trautem Kerzenschimmer
meinem Hobby ich frönte, schreibend wie immer.

Gewiß war ich in dieser Kunst kein Genie
doch meine Leidenschaft erkannte man nie.
Die, denen ich war anvertraut
haben zwar wohlwollend zugeschaut;
ein verhaßter Beruf wurde mir aufgezwängt
die Schreiblust wurde zurückgedrängt
denn Brot ging gerade zu der Zeit vor Kunst
so versagte das Leben mir seine Gunst.
Kleine Artikel – an die Presse gesandt
nicht oft große Gegenliebe fand.

Doch sonderbar, wie das Dasein zählt:
Ein russischer Offizier mich aus Hunderten erwählt
bei der Gefangennahme im fernen Land,
drückt Bleistiftstummel und Papier mir in die Hand
und spricht dabei – gut deutsch – am Wiesenrain:
"Du schreiben über Hitler und Krieg – Du das können" mir war's eine Pein.
Eine Handvoll Mahorca-Tabak dort zu Haus'
löschte jede Hemmung aus.

Selbst im Ural, Lager 75
fand ich eine ähnliche Aufforderung gar nicht witzig;
Ein von mir verfaßter Vers fand bei der Lagerleitung Applaus –
später ward gar ein Lied daraus.
Auch diesen Orts war das Schreiben mir schnuppe
immerhin – es brachte einen ersehnten Teller Suppe.

Das Leben geht hin – die Jahre enteilen
doch wie die Erinn'rungen im Gemüt mir verweilen –
ein wenig konfus – nicht nach der Reihe
ich bitte, daß dies der Leser verzeihe;
dies sei ja beileibe kein Daseinsbeichten –

nur Episoden um's Schreiben, wie sie mich erreichten,
nur ein Plaudern um's Erzählen, ob mit – ob ohne Papier
für's Erzählen hatte ich stets ein Gespür;
denn meine Gedanken in Worte zu fassen
konnte ich schon als Junge nicht lassen.
So kam es, daß schon die Spielkameraden der Gassen
vorzogen zu lauschen den improvisierten Geschichten die ich mußt verfassen
statt mit dem Ball oder sonstwie auf der Straße zu lärmen
kamen Mädels und Jung's beim Zuhören ins Schwärmen. –

Mit viel Dutzend Versen eine alte Ballade
einfach zu vergessen, schien mir zu schade.
In einem alten Schmöker hatt' ich sie gefunden
nun beschäftigte mich ihr Humor so manche Stunden.
So trug ich sie auswendig einem Zuhörerkreis vor
und fand dabei manch freudig Ohr.

Ein junger Pastor hatte von diesem Gedächtnis vernommen
dem ist dabei der Gedanke gekommen
den "Ackermann von Böhmen" – ein althochdeutsch Laienspiel –
mit mir einzustudieren wurde sein Ziel. –
Dies dargeboten in einer kleinen Kirche einer großen Stadt
dem damals 16Jährigen beste Kritiken eingebracht hat;
freilich es war ein schwer Unterfangen
mit diesem ungereimten Werk von "Saatz" zu Erfolg zu gelangen.

Es folgten einmal die schweren Zeiten
das Schicksal schlug zu in allen Breiten.
Krankheit und Tod führten die Geigen
die Feder ruhte – es kam das Schweigen.
Die Lust zu fabulieren – sie schwand dahin –
Taler und Groschen beherrschten den Sinn.

Freilich, bei Freunden und Anverwandten
sammelten sich Reime in allen Landen.
Sie wurden gebündelt und aufgehoben
und manch' liebes Wort tat die Verse loben.
Vom "versäumten Beruf" war dabei oft gar die Reden –
doch die Lust an Prosa war in mir zertreten.
Das Schicksal hatte mich gebeutelt zu sehr
am Ende wurde gar der Schreibstift zu schwer.
Viele Episoden harren noch der Gestaltung
aber es fehlt der Elan, müde wurde der Schwung.
Mein Rößlein Pegasus knabbert den Hafer der Gnade
und zwinkert mir hin und wieder zu: wie schade – wie schade. –

Wo? – Wo sind sie alle geblieben
die Blätter – die mit Begeisterung ich beschrieben?
Vom Winde verweht – in Asche vergangen –
vermodert – vergessen – irgendwie dem Bewahren entgangen;

weil keiner der sie je konnte nach mir entfalten
lachen sollte über den Alten
über den Dilettanten-Dichter, über den verkannten Episodenberichter.
Es bleibt bei dem Wort
das bei Sigi Sommer ich fand:
"Dann schreib' ich leise in den Sand ..."

Bernhard Sieper
(Kaufmännischer Angestellter, Presseberichterstatter, geb. 1909)

Mein Weg zum Schreiben

Im Lebensrückblick nun 1981 mit 72 Lebensjahren ist zunächst festzuhalten, daß für mich Schreiben als ideelle künstlerische Tätigkeit Wahrheit formulierter Gedanken und Empfindungen beinhalten muß, da ich in einer sachlich nüchternen Umwelt bis zur Schulentlassung groß wurde. Ein Frühzünder war ich nicht, da dazu nicht die geringste Voraussetzung gegeben war. Meine kindliche Vorstellung von erstrebenswerter späterer Berufstätigkeit galt dem Malen, obgleich sich dazu keine Begabung zeigte, wie sie auch zum späteren Schreiben nicht vorhanden war.

Ich wuchs, 1909 geboren, gleichsam in die Atmosphäre eines damaligen Kolonialwarenladens hinein. Die Volksschule begann mit der sechsten Klasse Sommerhalbjahr 1915. Der Vater, Güterbodenarbeiter, befand sich im Krieg. Für die ganz dem Lebensmittelhandel zugetane unpoetische Mutter galten für mich folgende Normen: "Du bist nichts, du hast nichts, du kannst nichts." Und so war mir von vorneherein eine depressive Einstellung zum Leben gegeben, die nicht zur Trotzreaktion führte: Der werde ich es aber zeigen. Im Gegenteil: ohne jede erzieherische Unterstützung blieb ich stets auf mich selbst angewiesen und somit der Schule vollkommen abgeneigt. Das weisen heute noch die Zensuren des Zeugnisheftes auf. Statt gute Noten anzustreben ergab ich mich dem Spiel unter jungen Freunden. Schularbeiten wurden vor Schulbeginn von denen abgeschrieben die gut waren. Im Sommer 1917 stelle ich erstmals zum Aufsatz die Note "genügend" fest. Im Sommer 1919 erscheint die Benotung "mangelhaft". Erst 1920 gibt es wieder mal "genügend", 1921 erscheint wieder ein "mangelhaft". Mit "genügend" bei Aufsatz wurde ich 1923 aus der evangelische Volksschule entlassen. Daß wenig Schulstunden während des Krieges und gleich nach dem Kriege anfielen, ergaben die Zeitumstände, Laubsuchen für Pferdefutter und soldatische Einquartierung im Schulbau.

Nach der Schulentlassung begann die Ehekrise meiner Eltern. Beide kümmerten sich nicht um mich. Mein Lebensweg muß aus Eigeninitiative gefunden werden. So suchte ich mir eine Stelle als kaufmännischer Lehrling, die ich auch bei einer Speditionsfirma bekam. Unter heutigen Umständen hätte ich die beim Mangel an schulischer Ausbildung nie bekommen. Doch nichts beflügelte mich so sehr, endlich zum Schreiben einen inneren Bezug zu bekommen, wie die Notwendigkeit, Geschäftsbriefe schreiben zu müssen. Da kein Schulzwang dahinter stand, machten erste Schreibversuche Spaß. Da ich Leipzig mit b geschrieben hatte, gabs eine Rüge, so daß ich mich anstrengen mußte, die Lehrlingsausbildung zu schaffen, was auch gelang. Während des Besuches der kaufmännischen Berufsschule lernte ich Mitschüler kennen, die sonntags unter der Fahne mit einem silbernen Greifen als Wandervögel durch die Natur zogen. Gleichsam mystisch vom Begriff "Wandervogel" angezogen, schloß ich mich einer Ortsgruppe des Wandervogel e.V. an. Welch eine Wende vollzog sich dadurch in meinem Leben! Da gab es Nestabende in der Stadt, über die man in einem Buch ebenso berichten mußte wie über sonntägliche Fahrten durch die Heimat. Aber das machte Spaß, da es ohne Zensur und freiwillig geschah. Die große Woge der deutschen Jugendbewegung riß mich mit in die Welt einer neuen vielseitigen Jugendkultur. Da gab es Zeitschriften und Verlage, Spiele, Lieder, Tänze. Man war angesprochen zu schöpferischem Tun für die ideale Jugendwelt. Und so kam es, daß ich, was mir heute noch rätselhaft erscheint, einem Freunde Laienspiele in die Schreibmaschine diktierte. Stoffe aus dem Landsknechtsleben oder aus dem Fahrtenbereich. Auch Liedertexte formulierte ich, ohne an Erfolg zu denken. Aber der Erfolg stellte sich ein. Bei den Laienspielen war es so, daß die Dialoge der Spielhandlung gleichsam aus mir flossen. Da berührte mich etwas Seltsames, das, was man schöpferisches Unterbewußtsein nennen könnte. So war es ganz besonders bei meinem ersten Gedicht, das von einer Persönlichkeit von Format, von Eberhard Köbel, den man tusk nannte, Führer der deutschen Jungenschaft 1.11., für das "Lagerfeuer" angenommen wurde. Es hatte den so sozial aufschlußreichen Text zum Thema "Der Vagabund":

Bin ich Mensch oder Hund
daß ich nicht kenne Zeit noch Stund?
Woher sind die Vagabunden da
die nichts besitzen und doch Könige sind
die schleichend schreiten im wilden Wind
die aufrecht gehen und nicht fallen?
Vergebens das Rätsel.

Mythos bleiben wir Unsteten die wir
zwecklos hasten und den Mut nie verlieren
bis wir irgendwo im Dunkel krepieren.

Welch ein Auftrieb war das, mich erstmals gedruckt zu sehen. Doch die Spanne der Freiheit, im gestalteten Wort neuen Lebensinhalt zu finden, endete bald durch die sogenannte nationale Revolution, die uns Verfolgung durch die Gestapo brachte, da wir illegal weiter wanderten, ohne uns der HJ anzuschließen.

Aber ich hatte erkannt, doch trotz aller unzureichenden Vorbildung schreiben zu können. Und da ich als kaufmännischer Angestellter mit der Schreibmaschine zu tun hatte, die schneller als die menschliche Hand Gedanken festzuhalten vermochte, wurde weiter geschrieben. Hier und dort für eine Zeitung, dann aber auch für einen Verlag, das Leben geschätzter Persönlichkeiten darzustellen. Die Poesie hatte sich als schönes begeisterndes Lebenselement bei mir eingefunden. Stets bestrebt, ungebundener als andere leben zu können, fand ich nach 1945 den Weg zur Presse. Immer neue Aufgaben der wörtlichen Darstellung von Begebenheiten ließen mich Schreiben als Broterwerb sehen, dem ich selbst als Rentner nun 1981 noch nachgehe, wenn ich in Gerichtssälen sitze und notiere, wie Menschen strafbar werden und welche Urteile sie dafür erhalten. Und wenn dann in literarischen Zeitschriften zu Wettbewerben aufgerufen wird, dann ist das ein Ansporn, durch gewisse Aufgaben sich steigern zu können, gelebtes Leben darzustellen, wie es war. Nichts ist größer und darstellenswerter als Geschichte, die ja Glanz, Irrtum und Weg von uns Menschen ist. Selbst im Alltag von kleinen Leuten steckt ja ein gewisser Abglanz von Zeiten, die wir ausfüllten, erlitten oder bezwangen. Erst durch Literatur zählt vieles, was sonst anonym bleibt, aber im lebendigen Wort fortlebt und verdient, bewahrt zu werden. Schreiben im positiven Sinne ist kein Zeitvertreib, kein unterhaltsames Spiel, sondern Persönlichkeitsbewältigung im Dienste einer Kultur, deren Ziel erhöhende Menschlichkeit ist. Ich meine: Schreiben kann jeder, der logisch und klar zu denken vermag, der erfüllt ist von einer drängenden Aussage seines von Bildern erfüllten Ich im Widerspiel von schriftlicher Fixierung starken Erlebens von abgelebten Tagen und großen Ereignissen.

Johannes Pook
(Ingenieur, geb. 1909)

Meine Erlebnisse mit dem Schreiben

Für mich begann die Lust am Schreiben erst sehr spät – nämlich mit 36 Jahren. Bis es dazu kam, gab es einen langen, wechselvollen Weg zu beschreiten. Ich halte es daher zum besseren Verständnis für notwendig, zunächst erst einmal meine Entwicklungsgeschichte an Hand von verschiedenen Erlebnissen näher zu beschreiben. Es sind jene Stationen der Jugend- und Ausbildungszeit, die schließlich zu einer gewissen Reife und endlich zu einer eigenen Weltanschauung beigetragen haben. Später kamen die weiteren Lebens- und Kriegserfahrungen hinzu, die das eigene Bild abrundeten.

Daß ich in der ersten Hälfte des Augusts 1909 – also als astrologischer "Löwe" – geboren wurde, davon hat meine damalige menschliche Umgebung nur hin und wieder etwas zu spüren bekommen. Denn normalerweise schreibt man dem "Löwen" besondere Eigenschaften wie Herrschsucht, Eitelkeit und Tatkraft zu. Diese Merkmale ließen sich bei mir in den "jungen" Jahren kaum beobachten. Vielmehr ließ ich das Leben an mir vorüberziehen, ohne entscheidend von mir aus einzugreifen. Nun zu den einzelnen Stationen, die sich bis auf den heutigen Tag unvergeßlich eingeprägt haben.

Als herausragendes Ereignis meiner früheren Jugend kann ich den Besuch Kaiser Wilhelms II 1913 in Hildesheim anläßlich einer Denkmalseinweihung bezeichnen. Auf den Schultern meines Vaters erlebte ich dieses pompöse Schauspiel. Eine von 6 Schimmeln gezogene Prachtkutsche, darin der Kaiser mit seiner Begleitung, gefolgt von berittenen Kürassieren, zog an den unzähligen Zuschauern vorbei.

Aber bereits am 7. August (mein Geburtstag) 1914 gab es für mich bittere Tränen, denn ich hatte als Geschenk einen Drachen bekommen. Er konnte leider an diesem Tag nicht in die Höhe steigen, da sich mein Vater zur Musterung zu stellen hatte.

Aus der damals allgemeinen Redewendung "Weihnachten sind wir wieder zuhaus" sollten 4 lange Jahre ins Land gehen, und aus den anfänglichen Siegesmeldungen entwickelte sich ein opfervoller Stellungskrieg. Selbst ich bekam diesen unheilvollen Krieg mit seinen bitteren Folgen bald zu spüren. Mein erster Schultag im April 1916 wurde dadurch überschattet, daß sich mein neuer Schultornister durch den Regen aufgeweicht hatte, weil er statt aus Leder aus Pappe hergestellt war. Sogar die neue Tafel aus schwarzer Pappe trug einen nicht geringen Wasserschaden davon.

Das Jahr 1917 gehörte für die Zivilbevölkerung zu dem entbehrungsreichsten des ganzen Krieges. Noch heute sehe ich die Tränen meiner verzweifelten Mutter, als sie die Magermilchzuteilung in Höhe von 1/8 Liter (pro Tag) angeschlagen sah. Ich denke noch an die ungewissen und strapazenreichen Hamsterfahrten, an das Bucheckernsammeln im windigen und kalten Oktober, an das damalige Steckrübenbrot. So war es kein Wunder, daß die körperliche Entwicklung von uns Kindern äußerst negativ beeinträchtigt wurde.

Meine erste literarische Tätigkeit bestand darin, meinem Vater des öfteren Feldpostkarten an die Front zu schicken, deren Text aus Schul- und sonstigen Erlebnissen bestand.

Nach Kriegsende kehrte mein Vater unversehrt heim, und schon nach kurzer Zeit nahm er seine Tätigkeit als Lehrer wieder auf. Es dauerte noch viele Monate, bis sich die Lebensmittelversorgung normalisierte. Nun herrschte der langersehnte Frieden. Aber die Geldknappheit und die aufkommende Inflation machte das Leben auf keinen Fall zu einem Kinderspiel. Genauso wie die Erwachsenen kannten wir Kinder den täglichen Dollarstand, bis die Reichsmark am 15. Nov. 1923 ihren Höchststand mit einer Billion erreichte.

Während der 4 Grundschuljahre von 1916 – 1920 ging ich gern zum Unterricht. Die Lehrerinnen gaben sich viel Mühe, uns Kindern das nötige Grundwissen zu vermitteln.

Besonderen Wert legte man damals auf eine "deutsche" Schönschrift. Man begann mit dem "i" – rauf-runter-rauf – Pünktchen oben drauf.

1920 wechselte ich von der Grundschule in das Realgymnasium. Die Anforderungen stiegen merklich. Trotzdem kam ich mit einem guten Zeugnis am Ende des Schuljahres nachhause, besonders dann war ich sehr stolz, wenn die Fleißnote "nach Kräften bewiesen" darin enthalten war.

Mein Berufsziel stand eigentlich schon sehr früh fest: entweder Förster oder technischer Bahnbeamter!

Der Weg durch die höhere Schule gestaltete sich sehr dornenreich. Mein Jahrgang hatte das Pech, alles andere als richtige Pädagogen zu bekommen. So hat sich bei mir in den letzten beiden Schuljahren der Klassenlehrer fest im Gedächtnis eingeprägt. Ein Studienrat – ehemaliger Hauptmann – rauh im Ton, unduldsam, oft brutal. Jede Stunde bei ihm begann mit Widerwillen unsrerseits.

Ein Beispiel mag diese Situation besonders kennzeichnen. Ich hatte in der Französisch-Stunde einen unbekannten Text vom Französischen ins Deutsche zu übersetzen. "Le cordon bleu" übersetzte ich in "das blaue Band", gemeint war allerdings die blaue polizeiliche Absperrung.

Da nahm der Studienrat sein Schlüsselbund und warf es auf mich zu. Blitzschnell duckte ich mich, so daß es an die Rückwand der Klasse flog. Ein Stück abgefallener Putz markierte die Aufschlagstelle. In aller Seelenruhe ging ich an die Tafel, holte ein Stück Kreide und markierte die Schadstelle mit einem großen Kreis, verließ die Klasse und hatte die feste Absicht, mich beim Direktor zu beschweren. Aber so weit kam es nicht. Der Studienrat holte mich auf dem Flur ein, faßte mich an den Oberarm mit den Worten "Mach keinen Quatsch". In die Klasse zurückgekehrt wurde ich von meinen Mitschülern wie ein Held empfangen. Dieser Vorfall hat mir – entgegen meinen Erwartungen – viel Ansehen eingebracht. Von diesem Tage an widerfuhr mir bis zum Abgang von der Schule keine Ungerechtigkeit und ich kam zu der Erkenntnis, mich in ähnlichen Situationen zu behaupten. Im nächsten Schuljahr wählte man mich zum Klassensprecher. Mein Selbstbewußtsein stieg.

Nach bestandener Abschlußprüfung eilte ich nachhause. Mein Vater empfing mich an der Flurtür. Auf die Frage "Was willst Du werden" kam prompt die Antwort: "Ingenieur". Ich blickte in ein enttäuschtes Gesicht. Ihm schwebte der Lehrerberuf vor.

Es gab im weiteren Verlauf diesbezügliche Spannungen, aber zum Lehrerberuf verspürte ich absolut keine Neigung.

Ich hatte der Schule ade gesagt, aber wenn ich an die Unterrichtsmethode meines Studienrats dachte, so erfüllte es mich mit Grausen. Wir behandelten z.B. Literatur von Goethe, Schiller, Lessing usw. Alles spielte sich in einer eisigen angsterfüllten Atmosphäre ab. Nein, so führt man junge Menschen nicht in die schöne und vielgeistige Literatur ein. So ist es nur zu verständlich, daß ich das Thema 2 als Abschlußarbeit auswählte: Gedanken beim Vorüberfahren eines D-Zuges. Zum ersten Mal verspürte ich Lust zu schreiben. Und die Gedanken flossen nur so aus der Feder. Mein Wissen über die Bahn kam mir hierbei sehr zustatten. Ich erzielte eine gute Benotung. Es handelte sich um einen ersten Literaturerfolg!

Um Aufnahme in die Ingenieurschule zu erhalten, hatte ich ein 12monatiges Praktikum zu absolvieren. Diese Zeit empfand ich besonders schwer, weil ich vorher nie praktisch gearbeitet hatte. Der rauhe Ton auf dem "Bau" behagte mir nicht. Erst im späteren Leben kam mir richtig zum Bewußtsein, wie wichtig auch diese Lehrzeit war.

Das Studium gefiel mir, obwohl die Unterrichtszeit täglich 8 Std. und einmal in der Woche sogar 10 Std. dauerte. Um auf dem Laufenden zu bleiben, durfte nichts aufgeschoben werden. Wie manchen Abend büffelte ich und zeichnete bis Mitternacht. Dieser harte Arbeitseinsatz lohnte sich, ging ich doch mit der Note "gut" durchs Examen.

Die im Dezember 1929 angetretene Stelle im städtischen Tiefbauamt Hameln rundete die Ausbildung ab. Hier kam mir das voraufgegangene Baupraktikum sehr zustatten. Denn der Erfolg hängt schließlich auch davon ab, wie man mit seinen unterstellten Leuten umgeht.

Leider endete die Bautätigkeit bereits nach 2 Jahren, weil alle Baumaßnahmen aus finanziellen Gründen gestoppt werden mußten.

Nun gehörte ich auch dem Millionenheer der Arbeitslosen an. Täglich begleitete mich die bange Frage "Was nun"? Hatte ich doch den falschen Beruf erwählt?

Das Arbeitslosengeld von wöchentlich 14.30 RM reichte vorne und hinten nicht. Ich ließ mich trotzdem nicht entmutigen, nutzte die Zeit, um mich weiter zu vervollkommnen. Ich verdankte meinem Elternhaus nicht nur, daß es mir meinen Ausbildungsweg ermöglichte, sondern daß ich trotz meiner mißlichen Lage weiterhin zuhause leben konnte.

Was mir in früheren Jahren schwer fiel, z.B. ein Gedicht vor der Klasse aufzusagen oder vor einer Gruppe Menschen frei zu sprechen, diese Befangenheit überwand ich.

Ende 1932 wurde ich vom Arbeitsamt vor die Wahl gestellt, entweder auf das Arbeitslosengeld zu verzichten oder in ein "Freiwilligen-Lager" einzutreten. Ich wählte die 2. Möglichkeit. Der Verdienst, 30 Pfg. pro Tag, war recht spärlich, aber dafür gab es Unterkunft, Verpflegung und Bekleidung. Mein Ingenieurberuf erbrachte zudem eine Menge Erleichterung, zumal mir nach wenigen Tagen die Bauleitung bei den verschiedenen Baumaßnahmen übertragen wurde. Ich konnte – wenn auch sehr bescheiden – leben.

Die Bewerbungen an die damalige Reichsbahn, in den gehobenen technischen Dienst übernommen zu werden, scheiterten wegen einer allgemeinen Einstellungssperre.

Der 30.1.33 brachte den politischen Umschwung. Auch unser Arbeitslager wurde in ein sogenanntes NS-Lager umgewandelt. Der Baustellenbetrieb lief jedoch unverändert weiter.

Nach mehreren Lehrgängen, die hauptsächlich auf die technische Weiterbildung ausgerichtet waren, erhielt ich eines Tages eine weitere Einberufung zu einem Lehrgang in Potsdam, der für mein weiteres Leben entscheidend werden sollte. Man suchte aus 180 Lehrgangsteilnehmern 6 geeignete Leute aus, die als Lehrer für Arbeitstechnik an der zu gründenden Reichsschule in Frage kämen. Und ich hatte Glück, zu den 6 Auserwählten zu gehören. Also doch der Lehrerberuf!

Was mir früher so schwer fiel, meine Gedanken z.B. für einen Aufsatz zu Papier zu bringen, machte keine Schwierigkeiten mehr, ebenso die Fähigkeit der freien Rede eignete ich mir im Laufe der Zeit an.

Die Voraussetzungen hierzu bestanden meiner Überzeugung nach durch die absolute Beherrschung des jeweiligen Lehrstoffes, in der Verfügbarkeit eines umfangreichen Wortschatzes und nicht zuletzt in der Gabe, die jeweiligen Gedanken in allgemeinverständlicher Weise überzeugend vorzutragen. Hinzu kam noch der glückliche Umstand, daß ich meine Jugend in Hildesheim verbrachte, in dieser (Beamten-) Stadt herrschte in der Sprache ein dialektfreies Schriftdeutsch vor.

Meine Lehrtätigkeit erstreckte sich jeweils auf die 6 Sommermonate, während im Winter die Baustellen im ganzen Reichsgebiet bereist wurden. Die Entwicklung nahm ihren weiteren Fortgang. Zur Herausgabe von technischen Grundbüchern für den Baustellenbetrieb wurde ich in die Redaktionskommission abkommandiert. Für mich eine neue, aber auch interessante Aufgabe.

In dieser Kommission ging es zunächst darum, für eine bestimmte Baustellenarbeit einen Entwurf zu erstellen, der praktisch eine Anleitung darstellen sollte, wie z.B. eine Straße oder ein Weg zu bauen sei, gegliedert in Gerätebedarf, Vermessung und Ausführung. Ein solcher Entwurf kam dann noch zu einigen Dienststellen, wo er noch erprobt und auf Vollständigkeit geprüft wurde. Zugleich erstellte man die erforderliche Anzahl von Photos, aus denen die einzelnen Bauphasen erkennbar waren. Gegebenenfalls mußten noch Änderungswünsche bzw. Verbesserungsvorschläge durch Ergänzungen eingefügt werden. Bei dieser Arbeit gab es oft harte Diskussionen, um jedes Wort wurde erbittert gerungen, bis der Text die Zustimmung aller fand. Erst dann wanderte das Manuskript in die Druckerei.

Die Kriegszeit verlebte bzw. erlitt ich auf verschiedenen Kriegsschauplätzen im Westen und im Osten, die letzten beiden Jahre als Batteriechef einer motorisierten Flak-Batterie 105.

Den Weg in die Gefangenschaft trat ich am 17.4.45 an, verbrachte entbehrungsreiche Wochen im berüchtigten Lager Remagen und später im Offizierslager St. Avold (Frankreich). Endlich fand ich Zeit und Muse, über all die vergangenen Jahre, über meinen wechselvollen Lebensweg nachzudenken, aber immer begleitet vom ewigen Hungergefühl und von der Sorge um die Familie. Trotz aller mißlichen Begleitumstände habe ich auch in dieser Zeit meinen Optimismus nie verloren. Ich griff zur Feder und fertigte erstmals ein umfangreiches Tagebuch meiner Gefangenschaft an, geschrieben auf einer Toilettenpapierrolle, die ich trotz der vielen Kontrollen heil mit nachhaus brachte.

Daheim schrieb ich den Text noch einmal ab. Dieses endgültige "Tagebuch" mit einem Umfang von 146 Seiten bedeutet für mich eine unauslöschliche Erinnerung an die düsterste Zeit meines Lebens.

Nach der Entlassung aus der 6monatigen Gefangenschaft galt es, eine neue Existenz aufzubauen. Ich landete in der Stadtoldendorfer Gipsindustrie, begann als namenloser Arbeiter, erreichte durch intensiven Einsatz bereits nach 2 Jahren den Posten des stellvertretenden Betriebsleiters bei einer Belegschaft von 100 Mann.

Obwohl ich früher wenig Interesse für Politik aufbringen konnte, nahm ich seit dem Kriegsende regen Anteil am Geschehen sowohl im engeren wie auch im weiteren Bereich.

Schließlich entschloß ich mich, meine Meinung durch Leserbriefe in der Tagespresse zu bekunden (siehe Anhang).

1954 bekam ich eine Anstellung als Planungsingenieur bei der Kreisverwaltung Lemgo, die ich bis 1971 innehatte. Gesundheitliche Gründe waren der Anlaß des Ausscheidens.

Erwähnenswert füge ich an, daß ich beispielsweise 3 größere Radtouren unternommen habe:

1958 Dänemark–Schweden, Tagebuch 70 Seiten

1959 Belgien–Frankreich–England–Holland, Tagebuch 259 Seiten

1960 Österreich–Jugoslawien–Italien (4 Bände), Tagebuch 429 Seiten

Diese Tagebücher habe ich verfaßt, um eine bleibende Erinnerung zu besitzen. Sie entstanden keinesfalls aus kommerziellen Gründen. Sie erheben auch keinen Anspruch auf literarische Vollkommenheit.

Erst der Lemgoer Seniorenwettbewerb 1980 und 81 mit dem Thema "Erinnerungen" veranlaßte mich, 22 Geschichten, Erlebnisse und Streiche einzusenden. Beim 1. Wettbewerb erbrachte die Überschrift "Rache für Verrat" den 3. Preis.

Wenn auch die Überschrift dieser Ausarbeitung nur zu einem geringen Teil dem gestellten Thema in literarischem Sinne gerecht wird, so war dieser Text für mich eine kleine Rückblende in die Vergangenheit.

Andreas Vogt
(Lebensmittelkaufmann, geb. 1911)

Sehr geehrter Herr Dr. Warneken!

Schönen Dank für Ihr Rundschreiben vom Oktober 1981. Sie möchten, daß ich Ihnen über meine Erlebnisse mit dem Schreiben berichte. Ich tue es hiermit, ganz zwanglos, ohne mich dabei zu quälen und Sie quälen zu wollen.

Wie ich zu meinen literarischen Neigungen kam? Dessen kann ich mich nur dunkel entsinnen.

Das Lesen jedenfalls, um damit zu beginnen, habe ich schwer gelernt. Zuhause half meine Mutter nach, und dabei mußte ich manche Ohrfeige einstecken – trotzdem, oder vielleicht deshalb, begriff ich es nur langsam. Während dieser Unterrichts-Not-Zeiten wünschte ich mir in meiner Angst, daß Kunden in den Laden meiner Mutter – Lebensmittel – kommen möchten, damit mir inzwischen unser Dienstmädchen vorlesen könnte, was im Buch stand – und ich mir dann zu merken versuchte. Bis Mutter zurückkam und sich zu mir an den Tisch setzte, hatte ich jedoch das dem Gedächtnis Anvertraute zumeist wieder vergessen, und die Ohrfeigen-Plage ging von neuem los.

Viele Jahre habe ich dann nur Schulbücher in die Hand genommen, und auch diese recht widerwillig. Sinn für Lesen oder Lernen zeigte ich damals nicht. Für den Lehrer wollte ich nicht lernen, und meinetwegen hielt ich es nicht für nötig. Es war mir deshalb auch gleichgültig, welche höhere Schule ich besuchen mußte. Da es für ausgemacht galt, daß ich später das Geschäft übernehmen würde, "ging" ich in die Realschule.

Unterricht in Literaturgeschichte usw. erhielten wir dort nicht; im Deutschunterricht wurde nur die übliche "Lektüre" gelesen, die mich wegen des zweckgebundenen Beigeschmacks der Unterrichtsmethode nicht begeistern konnte. In der 4. oder 5. Klasse fing ich dann an, mich um unsere Schülerbibliothek zu kümmern, aus der ich neben dem "Neuen Universum" am liebsten die Romane von Paul Keller entlieh.

Zur selben Zeit las ich auch in der Bibliothek der "Deutschen Jugendkraft" (DJK), doch holte ich mir da, so weit der Kaplan damit einverstanden war, Karl May-Bände. Wenn er das vom Entleihen gehobenerer Literatur abhängig machte, ließ ich mir Bücher von der Handel-Mazetti oder von Schrott-Fichtl aufnötigen.

Es war also dasselbe Lesen, das auch meine Kameraden übten.

Mit einemmale jedoch ging ich eigene Wege – plötzlich und ohne Übergang, wenigstens scheint es mir heute so in der Erinnerung. Das ist mir aber noch deutlich, daß wegen dieser meiner Wandlung alle meine Schülerfreundschaften in die Brüche gingen. Man hielt mich – mit Grund – für eigenartig, nicht zu verstehen.

Jetzt las ich nur noch "andere Sachen", vor allem "Romane der Weltliteratur", wie sie der "Schiller-Verlag" herausbrachte: Scheffels "Ekkehard"; Webers "Dreizehnlinden", von Dumas die "Musketiere" und den "Grafen von Monte Christo" usw. Bald widmete ich mich auch Gedichten und Dramen – Körner und Lenau vor allem.

Lange Zeit, gewiß 4–5 Jahre, was in der Jugend ja eine lange Zeit ist, gab ich keinen Groschen für anderes aus als für Bücher. Mein Taschengeld und was ich sonst einheimsen konnte, z.B. wenn ich im Laden half, wanderte in unsere Buchhandlung.

Es war vor dem Weihnachtsfest 1926 – ich war 15 Jahre alt –, da sah ich im Schaufenster unserer Buchhandlung Wilhelm Lindemanns "Geschichte der deutschen Literatur". Obwohl beide Bände zusammen 16 Reichsmark kosteten, erhielt ich sie von meiner Mutter zum Weihnachtsfest, weil Mutter meine Lesefreudigkeit unterstützen wollte. Bis das Fest herankam, hatte ich längst das Versteck ausfindig gemacht, wo Mutter die Bücher wohlverborgen glaubte. Wußte ich Mutter im Laden beschäftigt, dann schlich ich mich zu diesem Versteck.

Lindemanns Literaturgeschichte reizte und fesselte meinen Drang, Einzelheiten über Leben und Schaffen unserer Dichter zu erfahren.

Um diese Zeit entdeckte ein Gymnasiast aus der Nachbarschaft meine literarischen Neigungen und wir verbanden uns zu einer Freundschaft, die durch Liebe zu Büchern zusammengehalten wurde und über 50 Jahre währte.

Jetzt wurde meine Lektüre systematischer. Mein erstes Büchergestell war eine große Nudelkiste, in die ich zwei Bretter – aus dem Deckel gewonnen – nagelte. Wie stolz war ich auf meine bescheidene Büchersammlung; wie glücklich machte mich jede Neuerwerbung; wie zufrieden stand oder saß ich vor der Kiste mit den drei Reihen und stellte die Bücher bald so und bald anders.

Was ich erwarb, las ich aber auch mit Hingabe. Unter Lindemanns und meines Freundes Einfluß.

Mit der Zeit regte sich die Lust zu eigenem Schaffen. Ich litt damals an Kniebeschwerden und befand mich in ärztlicher Behandlung. Eines späten Nachmittags, während des Aufenthalts im Wartezimmer, kam mir plötzlich eine poetische “Eingebung”, und im Nu war mein erstes Gedicht da. Natürlich handelte es von Liebe – aber nur eingebildeter –, war tiefgefühlt und traurig.

Und damit geriet ich ins Dichten. Bald hatte ich ein Notizbuch vollgeschrieben, bis heute erhalten hat sich davon aber kein einziges Gedicht. War es vernünftig gewesen, alle wegzuwerfen?

Als ich die Schule verlassen hatte, mußte ich eine kaufmännische Lehre über mich ergehen lassen, dann geriet ich auch in politisches Fahrwasser, und meine literarischen Neigungen wurden dadurch zurückgedrängt. Später kam ich nach Berlin, wo ich zwar Kurse in der Humboldthochschule besuchte – auch bei Julius Bab – und oft ins Theater ging, meine dichterischen Bemühungen gab ich jedoch auf. Kaum daß mir in den 15 Jahren, die nun folgten, ein Vers oder eine Anekdote – aus dem Familienkreis – einfiel.

Nach dem Krieg hatte ich dann andere Sorgen als literarischen Zeitvertreib. Doch als es mir wirtschaftlich wieder besser ging, regte sich auch meine Lust, zu schreiben. Gelesen hatte ich nach wie vor, aber nicht an eigenes Schaffen gedacht. Meine “schöpferische Ader” war völlig eingetrocknet.

In den 60er Jahren fing ich damit an, Geschichten zu schreiben, die eine Hamburger Agentur sogar mit einigem Erfolg Redaktionen vorlegte. Dann verwertete ich Lesefrüchte zu literarischen Plaudereien, mit denen ich, wieder durch Agenturen, bei vielen Zeitungen ankam.

Und so schreibe ich heute noch Geschichten der verschiedensten Art und auch Anekdoten und Berichte über Dichter und Schriftsteller. Über ein Jahrzehnt schrieb ich auch in einer philatelistischen Zeitschrift über meine Briefmarkensammlung “Dichter und Schriftsteller auf Briefmarken”. Nebenbei “huldigte” ich einer anderen Marotte – ich besuchte eifrig Gräber von Dichtern und Schriftstellern, machte deshalb Reisen durch halb Europa und verfaßte das Büchlein “Grabstätten der Dichter und Schriftsteller deutscher Zunge”, das im Sept. 1981 im Bläschke-Verlag erschienen ist und guten Anklang findet.

Jetzt bin ich 70 Jahre alt, und ich bin – durch meine Rente gesichert – in der glücklichen Lage, ganz meinen Neigungen leben zu können. Ich stehe mit Goethe auf und lege mich mit Schopenhauer schlafen, notiere, schreibe, dichte – freue mich über jeden Erfolg, bin jedoch nicht enttäuscht, wenn nicht alles klappt, wie ich es mir wünsche. Zu diesen Wünschen gehört die Veröffentlichung eines Bändchens meiner Erzählungen, die bereits in zahlreichen Zeitungen und Zeitschriften gedruckt wurden. Ein Verlag hat Interesse daran, zögert aber wegen der ungünstigen wirtschaftlichen Lage. Na ja, vielleicht erlebe ich es noch. Ansonsten sage ich mit Werner Finck: “Dann war es eben nischt.”

Das wäre, sehr geehrter Herr Dr. Warneken, was ich zu Ihrem Thema sagen kann. Ich habe es unter Benutzung älterer Notizen, wie eingangs angekündigt, ohne mich groß anzustrengen, niedergeschrieben. Als Rentner darf ich mir solche Schonung erlauben. Trotzdem hoffe ich, Ihrem Wunsch einigermaßen entsprochen zu haben.

Mit herzlichen Grüßen

Ihr

A. Vogt

Herbert Debbert
(Schuhmacher, Landwirt, Bergmann, geb. 1911)

Sehr geehrter Herr Dr. Warneken!

Spät, aber hoffentlich noch nicht zu spät, komme ich endlich dazu, Ihrer verlockenden Aufforderung zum Thema: *"Meine Erlebnisse mit dem Schreiben"* Folge zu leisten.
Zunächst wäre zu sagen, daß nur um etwas in der Übung zu bleiben, das Geklapper der Maschine Musik für meine Ohren ist, allerdings zum Leidwesen meiner lieben Frau, das muß ich der Vollständigkeit halber bekennen.

Ansonsten mögen Sie meine Einstellung nachfolgendem Vorwort, welches ich meinen erst 15 Seiten umfassenden *Gesammelten Werken* vorangestellt habe, entnehmen.

Wie könnten wir schöne Bücher lesen,
wären nicht zum Schreiben vorher Leute dagewesen?
Drum schreibe, wem Talent und Lust dazu gegeben,
denn Motive gibt es doch genug im Leben.
Ich schrieb, wie es mir grade eingegeben,
mal ernst, mal heiter, wie es halt so geht im Leben.
Nicht schrieb ich, um nur selbst mir zu gefallen,
sondern um selbst Erlebtes zu erhalten Allen.
Nicht schrieb aus eigner Kraft ich nur,
inspiriert wurde ich meist durch Gottes unerschöpfliche Natur.
Wie jeder Vogel täglich froh sein Lied kann singen,
so möge froh auch jedes Wort aus unserm Munde klingen.
Nun lieber Leser bitte ich gnädigst, zu verzeih'n,
wenn hier und da sich Fehler stellten ein.

Man mag dies nicht zu arg bemessen,
denn lange freilich ist es her, als auf der Schulbank ich gesessen.

Mein kümmerliches Zweifinger-System auf der Schreibmaschine konnte ich mir während des Zweiten Weltkrieges auf einer Fliegerhorst-Kommandantur in Frankreich aneignen, wo ich einmal aushilfsweise zwei Wochen nachts Telefon-Wache machen mußte. Dort standen mir zwei Maschinen, eine alte deutsche Adler und eine wohl noch ältere französische zur Verfügung. Teils aus Spielerei, und teils um aufkommende Müdigkeit zu verscheuchen, versuchte ich zunächst zögernd, später mit immer mehr Eifer, den Lieben daheim meine Fähigkeiten auf der Schreibmaschine zu präsentieren.

Leider konnte ich mir den sehnlichen Wunsch, eine eigene Schreibmaschine zu besitzen, erst kurz vor Eintritt in das Rentenalter erfüllen.

Das erste deutsche i und s fiel mir, soweit ich mich erinnern kann, genau so schwer, wie den meisten damaligen Mitschülern unter Kaiser Wilhelm II (Wilhelm I war eigentlich unser sehr gestrenger Hauptlehrer K...). (Im Original ausgeschrieben, B.J.W.) Letzteres bitte ich besonders vertraulich zu behandeln, da nahe Verwandte noch leben, meines Wissens in gehobener Stellung. Mit dem Satz möchte ich nur andeuten, daß uns eine gewisse Strenge damals nicht geschadet hat, allerdings ist diese nicht zu verwechseln mit dem so oft zitierten Kadaver-Gehorsam beim Barras. Ein besonderes Steckenpferd unseres Hauptlehrers war außer Geschichte und Geographie das Schönschreiben, welches wir hauptsächlich in lateinischer Schrift übten. Darin konnte es ihm keiner gut genug machen, noch heute bewundere ich sein Können und seine Hingabe, mit der er die Buchstaben getreu der Vorlage mit Kreide auf die Tafel zauberte. Diese haarfeinen Schleifen, sowie der gleichmäßig an- und abschwellende Abstrich z.B. beim "D" (im Original handschriftlich altdeutsch, B.J.W.), das war schon eine Kunst, die man nur mit viel Geschick und einer guten Schreibfeder vollbringen konnte. Begreifen können dies heute wahrscheinlich nur die älteren Jahrgänge oder Schriftgelehrte.

Oberflächlich betrachtet, hat sich in früheren Jahren wohl mancher von uns gefragt, warum wohl macht sich der Lehrer mit uns so viel Mühe, wo doch die meisten von uns Dorfschülern sowieso wieder dem Kuh- oder Pferdeschwanz nachlaufen, d.h. zu deutsch: Doch wieder nur Arbeiter bleiben. Doch mit zunehmendem Alter komme ich mehr und mehr zu der Einsicht, daß wohl damals schon von höherer Warte, wegen der zunehmenden Technisierung, eine höhere Allgemeinbildung angestrebt wurde.

Nachdem in meinem letzten Schuljahr (1925) nach und nach die Sütterlinschrift in deutschen Landen eingeführt wurde, geriet die Schönschrift immer mehr in Vergessenheit. Später im "tausendjährigen Reich" war dann in gewissen Kreisen wieder deutsch ganz in, vielleicht auch ein Grund mangelnder Verständigung mit unsern ach so bösen Nachbarn? Mir kam jedenfalls die lateinische Schrift während des Krieges sehr zugute, da ich des öfteren mit Kollegen der Pompiers (französische Feuerwehr) zu tun hatte. Wieviel nicht nur das geschriebene, sondern auch das gesprochene Wort in Bezug auf Sympathie bedeutete, mag folgendes Beispiel zeigen. Bei unsrer ersten Dienstreise nach Paris erlebten mein Kamerad und ich folgendes: Auf dem Nordbahnhof mußten wir umsteigen in die Metro, als ich den Beamten an der Sperre fragte, pardon, ou ici Route Orleans, bekam ich zur Antwort – nix compri. Verlegen zogen wir uns zunächst in die Bahnhofshalle zurück. Da war nun guter Rat teuer. Nach längerem Überlegen fiel mir endlich ein, daß die Franzosen ja das s am Schluß nicht aussprechen, also nahm ich all meinen Mut zusammen und fragte denselben Beamten nach einer viertel Stunde noch einmal, und zwar nach der Route Orlean – wui wui, ici war da seine liebenswürdige Antwort. Der Zug stand bereit, wir brauchten nur schnell rein zu springen und ab ging die Post. Das Resultat war, daß wir von da ab den Franzosen etwas mehr Sympathie zeigten, indem wir uns bemühten, so gut es ging, ihre Sprache und Schrift zu lernen.

Was nun mein Schreiben anbelangt, so wurde es mir in der Schule nicht allzu schwer, außer Diktat, da war mir oft das Tempo zu schnell, was dann nicht nur Fehler zur Folge hatte, sondern schließlich auch als schlechte Schrift endete. Ohne zu übertreiben, kann ich aber sagen, daß meine Schulzeit mit einem durchweg guten Abschlußzeugnis belohnt wurde. (Genügend hatte ich nur im Turnen, wegen eines gebrochenen Armes.)

Natürlich hatten auch zu unserer Zeit die Mädchen etwa vom dritten Schuljahr ab fast alle ein Poesie-Album, in denen auch wir Knaben uns verewigen durften. Wer Mut hatte, brachte es da in kurzen Reimen schon zu einer richtigen Liebeserklärung, etwa so: Ich schreibe jetzt in Dein Album rein, ich will von Herzen treu Dir sein. Mitunter besaßen auch Knaben ein solches Album, doch mich interessierten schon mehr die Bücher der damaligen "Deutschen Jugendbücherei". Das Nibelungen Lied, Walthari-Lied und andere Sagen, Sven Hedin – Reise nach Tibet, u.s.w. Später habe ich natürlich auch Karl May, Frank Allan, Kapitän Morgan unter schwarzer Flagge und Bob Harrys gelesen. Meine schriftlichen Arbeiten fanden ihre Fortsetzung in der Fortbildungsschule während meiner Lehrzeit im Schuhmacher-Handwerk. In der Familie wurde bei uns wenig geschrieben, höchstens zu Geburtstagen oder anderen Feiertagen an die nächsten Verwandten. Weniger förmlich, dafür umso inhaltsreicher und länger wurden dann schon die Briefe an die Lieben daheim während des Krieges. Mein erstes Gedicht (Bergmannslos) schrieb ich einen Tag nach meiner Hauerprüfung auf der hiesigen Schachtanlage im Januar 1950. Ein Kenner wird unschwer erkennen, daß ich mir die erste Zeile noch halb von einem alten Fischerlied geborgt habe, doch dann lief es plötzlich wie am Schnürchen Zeile für Zeile. Als 15 Jahre später das "Haus am Bergeshang" entstand, war das Papier mit meinen ersten Versen schon leicht vergilbt. Dazwischen hatte ich nur unsern Büttenredner im hiesigen Fastamt (Nachbargemeinschaft) jedes Jahr mit einigen Versen unterstützt. Wohl kann ich im Bekannten-Kreise Witze erzählen, doch selbst Geschriebenes selber vorlesen, das habe ich einmal während einer Vorstandssitzung der hiesigen Gewerkschaftsgruppe versucht, deren Schriftführer ich damals war, zu wenig Stimme und zu wenig Mut auch wohl? Doch das soll mich am Schreiben keineswegs hindern, solange es mein körperlicher und geistiger Zustand es erlauben und meine geliebte Mercedes noch funktioniert.

Da wären noch meine kaum halbfertigen reich illustrierten Memoiren über die sechs Jahre bei der Luftwaffe zu vollenden. Auch möchte ich ein gemeinsames Angler-Album für meinen Enkelsohn noch erweitern und entsprechend beschriften – getreu dem Motto von Esso: Es gibt noch viel zu tun, packen wir's an!

Leider kann ich Sie, Herr Dr. Warneken, nicht mit meinen *Gesammelten Werken* erfreuen, da ich nur noch ein Exemplar davon besitze, doch werde ich gerne einige mir wichtig erscheinende Durchschläge davon beifügen.

In der Hoffnung, daß Sie meinen bescheidenen Beitrag irgendwie nutzbringend verwenden können, und ich mit meinem Geschreibsel nicht unnötig Ihre Nerven strapaziere,

verbleibe ich mit den besten Grüßen

Hochachtungsvoll

Ihr

Herbert Debbert

P.S.
In der Eile vergaß ich zu erwähnen, daß der Rektor unsrer Schule, ein Ldsm. und Freund von mir, meine bisherigen poetischen Versuche mit einigem Wohlwollen bedacht und als Mitarbeiter vom "Monatsgruß" unsrer Kirchengemeinde darin schon zwei Gedichte von mir veröffentlicht hat. Interessieren dürfte Sie ferner, daß unsre Tochter Helga (Krankenschwester) nebenberuflich freischaffende Schriftstellerin ist, (wahrscheinlich erblich belastet). Ihr erstes Buch "Menschen im Krankenhaus", erschien 1976 im Verlag Helmut Braun, Löwenburgstraße 30, 5090 Leverkusen 1. In Vorbereitung: Das Krebstagebuch.

(Folgen noch eine als privat gekennzeichnete Passage und der Briefschluß, B.J.W.)

Wilhelm Schulte
(Dreher, Konstrukteur, geb. 1911)

Meine Erlebnisse mit dem Schreiben

Mein wohl unangenehmstes Erlebnis mit dem Schreiben hatte ich als etwa zwölfjähriger Junge, in einer Dorfschule in Norddeutschland. Infolge einer Kinder-Landverschickung aus dem Ruhrgebiet verlebte ich dort meine letzten Volksschuljahre. Während einer Schönschreibstunde mit unserem alten Lehrer, bei dem ich mich bis dahin meines Wissens nie unbeliebt gemacht hatte, geschah folgendes. Als er bei einem Kontrollgang bemerkte, daß ich, einer sicher nicht guten Angewohnheit folgend, ab- und wieder ansetzte, blieb er neben mir stehen, gab mir bei jedem Absetzen einen Schlag mit dem Rohrstock auf den rechten Oberarm und forderte mich zum "Weiterschreiben" auf. Die bei mir erzielte Wirkung war allerdings für ihn negativer Art insofern, daß ich das Schreiben ganz einstellte. Erst als er seinen Marsch fortsetzte schrieb ich so weiter, wie ich es auch heute noch tue, nämlich mit gelegentlichen Unterbrechungen in längeren Wörtern.

Vielleicht bin ich durch diese Behandlung sogar zu einer Art Schreibmuffel geworden. Ich schreibe sehr ungern lange Briefe und bewundere Leute, die dieses oft und gerne tun. Eigentlich schreibe ich am liebsten nur kurze Gedichte mit lustigem oder ironischem Hintergrund. Meist basieren sie auf Erlebnissen mit Kindern oder Tieren. Übrigens ist diese Art von Schreiben nur eines von mehreren Hobbys, die ich gelegentlich, je nach Lust und Laune, pflege. Meine Frau sagt dazu immer, ich könne alles was ich anfinge. Doch ich denke, ich kann von allem Angefangenen etwas, aber nichts vernünftig und ausreichend. Meine Auffassung über das Dichten und Schreiben geht wohl am besten aus den folgenden, beigefügten Gedichten hervor. Im übrigen ist es so, daß mich im Sommer mein Garten bisher zu sehr in Anspruch nimmt, als daß ich Siebzigjähriger mir des Schreibens wegen noch ein Bein ausreißen sollte. Doch gerade bei der Gartenarbeit und gelegentlicher Schlaflosigkeit kommen einem meist die besten Gedanken. Nur hat man dann immer entweder schmutzige Hände oder nichts zum Schreiben bei der Hand.

Meine Eltern hatten in unserer Kindheit kaum Zeit, sich um unsere Hausarbeiten für die Schule zu kümmern. Bei täglich zwölfstündiger Arbeitszeit für den Vater und Versorgung einer achtköpfigen Familie, einschl. Großmutter, durch die Mutter ist das verständlich. Ein Poesie-Album mit mehr oder weniger sinnvollen Sprüchen war damals wohl im Besitz der meisten Kinder. Diese Alben wurden unter Schülern, Verwandten und Bekannten ausgeliehen und mit den jeweiligen Eintragungen versehen zurückgegeben. Der Gedanke zum Führen eines Tagebuches ist mir jedoch bis heute noch nicht gekommen.

Besonderen Spaß macht es mir, wenn ich zu Anlässen verschiedener Art die Anwesenden, oder Teilnehmer an einer Veranstaltung, mit einem dem Anlaß entsprechenden Gedicht überraschen und erfreuen kann. Das geschieht oft bei Geburtstagen und Jubiläen, auch mit selbstgefertigten Glückwunschkarten. Ebenso schön finde ich es, auf Reisen mit einer Gesellschaft bekannte Liedmelodien mit aktuellen, neuen Texten zu versehen und vorzutragen, evtl. mit gemeinschaftlichem Refrain-Gesang. Wenn man allerdings, wie nach unseren etwa 10-maligen Spanien-Reisen in das Bungalow-Dorf "Canadell" bei Tarragona, von dem Leiter der Gruppe zum Lagerdichter befördert wird, so ist das zwar im Moment schmeichelhaft, aber, immer wieder in die Pflicht genommen, weniger angenehm. Zumal auch in den Ferien nicht immer Zeit und Lust zum Verseschmieden vorhanden sind.

Die heute so anspruchsvolle Jugend kann sich kaum noch in die zu unserer Kindheit herrschenden Verhältnisse, nach dem 1. Weltkrieg, hineindenken. Wenn man oft unbeachtet herumliegende Gummibälle sieht, so denkt man unwillkürlich an die aus alten Lumpen zusammengenähten Bälle, die wir uns als Kinder anfertigten. Ich erinnere mich noch, daß wir fünf Kinder unserer Familie statt eines Schul-Butterbrotes jedes eine Scheibe Steckrübe mit zur Schule bekamen. Abends saßen wir manchmal, in Ermangelung einer Beleuchtung, bei geöffneter Herdplatte und sangen. An Radio oder Fernsehen war damals ja noch nicht zu denken. Die Küchen der meist zu engen Wohnungen grenzten direkt an die Treppenhäuser, wo auch die Wasserzapfstellen und die sogenannten Plumps-Clos sich befanden. Aber trotzdem, oder gerade deshalb, waren die Kontakte und Zusammenhalte unter den Familien besser als heute.

Die größten Sorgen, die ich jetzt wohl mit den meisten Menschen unserer Zeit teile, sind die um die Zukunft und Befriedung unserer Welt. Trotz der Tatsache, daß der 2. Weltkrieg mehr als 50 Millionen – und die nachfolgenden Kriege 32 Millionen Menschenleben kosteten, haben wir Bevölkerungsexplosionen ungeheuren Ausmaßes zu verzeichnen, die unsere Erde auf die Dauer nicht verkraften kann. Warum verschließen die Politiker und die kirchlichen Institutionen hiervor ihre Augen? Weshalb ruft man die Menschen, besonders in den sogenannten Entwicklungsländern, nicht in die Verantwortung, nicht mehr Kinder zu zeugen als jeder einzelne auch selbst ernähren und kleiden kann, anstatt sie noch zu reichem Kindersegen zu ermutigen? Man kann nicht in einer Wüste leben wollen, sich mit einer Schar von Kindern umgeben und erwarten, daß diese von den andern Völkern ernährt werden. Sicher hat jeder Mensch Anspruch auf eine lebenswerte Existenz, aber wir sehen ja, daß für die überzähligen Menschen immer nur Almosen übrigbleiben. Jeder führende Politiker hat nur das Bestreben, sein Land für seine Regierungszeit über die Runden zu bringen, anstatt mehr an die fernere Zukunft zu denken. Eine allmähliche, natürliche Verminderung der Bevölkerungszahlen in allen Ländern käme dem Völkerfrieden sehr zugute. Wir wollen doch lieber die sich schon andeutenden Durststrecken durchstehen, als einer sicheren Katastrophe entgegensteuern.

Dem utopischen Slogan "Frieden schaffen ohne Waffen" möchte ich entgegenhalten:

"Frieden schaffen, mit weniger Menschen und Waffen".

Unzählige Menschen führen schon jetzt ein menschenunwürdiges Leben. Darum gilt es für die Zukunft, noch mehr Menschen ein noch unwürdigeres Dasein zu ersparen.

Ich würde mich freuen, wenn auch derartige Gedanken bei einer eventuellen Drucklegung oder Veröffentlichung der eingesandten Beiträge zum Ausdruck kämen.

Wilhelm Schulte

Mein Hobby

Um Freud' und Unmut zu bekunden,
hab ich das Dichten mir erwählt,
das Hobby ist in Mußestunden,
beruhigt und die Nerven stählt.
Das Reimen tötet Langeweile,
zumal es immer Zündstoff gibt.
Schützt außerdem vor Hast und Eile,
weil auch die Pausen sehr beliebt.

Der Werkstoff "Wort" kost' keinen Pfennig.
Ist immer greifbar bei der Hand
und formgerecht gefügig, wenn ich
nach Wert ihn ordne und Verstand.
Den Werkzeugen, "Papier und Feder",
mißt man Geduld und Schärfe bei.
Das bringt uns Einigkeit entweder,
oder auch Bumerangelei.

Man sieht sich um in nieder'n Sphären,
wie in der hohen Politik.
Übt Stellungskrieg zum Ordinären,
zu Umweltschmutz und Blechmusik.

Ob Menschen sich versteh'n, ob streiten,
was hilfreich, was den Frieden stört,
auch Künste, Tiere, Jahreszeiten,
das alles ist beschreibenswert.

Was dann voll- oder unvollendet,
mehr oder minder geistreich wiegt,
hat mir schon Lebensfreud' gespendet,
selbst, wenn's in den Papierkorb fliegt.
Denn glücklich ist der Mensch zu nennen,
der über eig'ne Schwächen lacht.
Doch überglücklich liegt im Rennen,
wes' Wort auch and're fröhlich macht.

Heinz Falke
(Musiker und Kaufmann, geb. 1911)

Meine Erlebnisse mit dem Schreiben

Zwei Talente hat mir der Liebe Gott mehr, als durchschnittlich, mitgegeben: eine große Musikalität und die Fähigkeit, meine Gedanken und Ideen mündlich und schriftlich auszudrücken. Das "Aufschreiben" von Ideen bezieht sich sowohl auf das Wort, wie auf eine erfundene Melodie. Von beiden Gaben hatte ich als Kind bereits vielerlei Vorteile, nicht zuletzt jenen, als Halbwaise aus mittellosem Hause einen Freiplatz an einer Höheren Schule zu erhalten.

Schon als Zehnjähriger drückte ich mich von ungeliebten Turnübungen, indem ich mich einfach ans Klavier (unsere Turn-Halle hatte bereits ein solches) setzte und die Übungen rhythmisch-improvisierend begleitete. Meine liebsten Fächer waren Deutsch und Geschichte.

Ich habe nie einen Aufsatz geschrieben, der schlechter als mit "2" (gut) bewertet worden wäre, oft sogar bekam ich eine 1, obgleich gerade unser Deutschlehrer sehr streng zensierte. Meine von Kind an leider schlechte Handschrift wurde zwar immer wieder gerügt, schadete mir aber in "Deutsch" nicht.

Noch heute erinnere ich mich an einige mir ganz besonders gut gelungene Aufsätze: "Wenn der Dollar steigt", ein Thema, mit dem heute kein Junge etwas anfangen könnte. "Ein Besuch im Hafen", ein Thema, das mir weitschweifige

Möglichkeiten bot. Bei dem Aufsatzthema "Gedanken über ein (beliebig zu wählendes) Sprichwort" hatte ich das Wort "Mit dem Hute in der Hand kommt man durch das ganze Land" gewählt und die Richtigkeit des Sprichwortes sowohl in bezug auf die "Monarchen" (so wurden damals die Bettler genannt) wie auch als Hinweis für den Wert der Höflichkeit aufgezeigt. Ein weiterer Aufsatz, der mir besonders gut gelungen war, hatte das Thema "Auch der Winter ist schön"; an diesen Aufsatz erinnere ich mich besonders deshalb, weil ein lieber Klassenkamerad bei dieser Gelegenheit zu seinem Spitznamen kam. Der Schüler, Karl Meier, hatte in dem Satz "Die Kinder tummelten sich auf dem Eise" den Bogen über dem "u" etwas schief gesetzt, sodaß dieser Bogen auch als zugehörig zu dem vorangehenden "t" lesbar war; da in unserer damaligen "Deutschen Schrift" (Sütterlin) ein kleines "k" nichts weiter war, als ein kleines "t", dem ein vertikaler U-Bogen angehängt war, las der Lehrer nun vor der Klasse vor: "Die Kinder kummelten auf dem Eise" und fügte scheinheilig hinzu, es hätten die Umlautstriche über dem u gefehlt, es sollte doch wohl "kümmelten" heißen. Hier muß ich einfügen, daß bei uns der Ausdruck "kümmeln" bzw. "sich einen kümmeln" umgangssprachliche Bezeichnungen für reichlichen Alkoholgenuß sind. Kurz, unser Meier kriegte nun, weil wir noch weitere zwei Meier in der Klasse hatten, den Namen "Kümmelmeier" und so heißt er unter uns, die noch aus dieser Klasse am Leben sind, heute noch.

Bei Ende der Pflichtschulzeit verließ ich die Schule, trotzdem mein Zeugnis den Vermerk trug "versetzt nach Kl. 1" und ich somit nur noch ein Jahr benötigt hätte, um die Mittlere Reife zu erreichen. Es gab aber derartig schwere Gründe, die mir die Schule völlig verleideten, daß ich dieses eine Jahr nicht mehr Schüler bleiben wollte. Einigermaßen ersichtlich sind diese Gründe aus einem Artikel, den ich 55 Jahre später geschrieben habe und der in unserem Heimatblatt erschien. Ich füge hiervon eine Copie bei.

Da ich mit 14 Jahren schon bei fremden Leuten untergebracht war, mußte ich nun ab sofort für meinen Unterhalt selbst sorgen. Dies war mir möglich, weil ich schon in Gastwirtschaften und zu Tanzvergnügen mit Dorfkapellen als Klavierspieler voll eingesetzt werden konnte. Ich sah etwas älter aus, als ich war; ich bin großgewachsen und ich hatte mir aus einem second-hand-Laden einen Smoking besorgt.

Aber mir war natürlich nicht entgangen, daß mit Ausnahme des städtischen Kapellmeisters kein Musiker nur von diesem musischen Beruf lebte, sondern jeder irgendein Kreuz Arbeit nebenher hatte. Ich schrieb nun auf jede Annonce "Suchen Lehrling", aber die Zeiten waren schon bezw. noch so schlecht, daß auf eine ausgeschriebene Lehrstelle 10 Bewerber kamen. Ich ließ nun ab von schriftlichen Bewerbungen, sondern raste los, sobald irgendeine Lehrstelle in der

Zeitung stand. So stellte ich mich vor bei einem Tischler, bei einem Polsterer, bei einem kleinen Krämer, bei einem Versicherungsbüro und schließlich auch bei einem Baustoffhändler. Als es nun bei Letzterem endlich geklappt hatte, schien mir eine "Schlacht gewonnen", denn nun würde ich ja so etwas werden, was die Leute respektvoll und neidisch zugleich einen "Schreiber" nannten. Das war ja ein besonderer Stand, und es gab für ihn nicht ohne Grund eine treffende Bezeichnung: "Stehkragenproletarier". Immerhin, der "Chef" bat sich sogleich aus, ich möchte mich "standesgerecht" organisieren; hierauf wurde ich Mitglied im DHV, einer Organisation, der man nicht ansah, daß sie zu allen Mängeln noch jenen hatte, "völkisch" zu sein. Auch aus den monatlichen "Jugendbriefen" dieses Verbandes (ich besitze davon noch den kompletten Jahrgang 1927) war so etwas nicht zu ersehen; im Gegenteil, ich fand in einer dieser Nummern über Seiten hin ein Lob Albert Ballins als das Vorbild eines hanseatischen Kaufmannes!

Nachdem meine Lehrzeit begann, merkte ich erst, in welcher Hölle ich gelandet war. Der Chef beschäftigte niemanden außer drei Lehrlingen. Wer sein drittes Lehrjahr herum hatte, flog ohne jeden Verzug auf die Straße; es rückte ein neuer jüngster Lehrling ein, und die Zahl von drei billigen Sklaven war wieder erreicht. Die Arbeiten hätten normalerweise drei handfeste Arbeiter erfordert, aber die wären natürlich zu teuer gewesen.

Auf diese Art und Weise bekam ich also im ersten Vierteljahr das Kontor nur in der halben Stunde von innen zu sehen, die ich früher an Ort und Stelle zu sein hatte, um den Ofen zu heizen und auszufegen und für sonstige kleinere Nebenarbeiten. Dann ging's ab 7.00 Uhr los: am Bahnhof Baustoffe aus Waggon auf Gespann laden; Gespann auf dem Platz entladen; und so hin und her und nebenher noch die dritte Bewegung der schweren Lasten, nämlich aus dem Lager auf die Kundenfahrzeuge. Und all dieses gegen eine Entlohnung, die von vornherein für die ganze Lehrzeit vereinbart war: im 1. Jahr mtl. 10.– Mk., im zweiten Jahr mtl. 20.–, im 3. Lehrjahr 30,– Mk. pr. Monat. Dabei – zahlte ich allein für meine ungeheizte Bude schon mtl. 20.– Mk. und hatte dann noch kein Geld für Nahrung und Kleidung.

In diesen harten Jahren habe ich meine Arbeit als Musiker fortgesetzt, um leben zu können. Nebenbei verdiente ich mir noch hier und da ein paar Mark, indem ich für kleine Handwerker, die ich von der Firma her kennenlernte, am Sonntagmorgen die Bücher führte und diverse kleine Schreibarbeiten ausführte. Rückblickend ist es mir rätselhaft, wie ein Mensch all dieses aushalten kann. Zu allen sonstigen Übeln kam nun auch noch, daß mein Chef ein alter Nazi war und von mir wußte, daß ich meine Freunde in der Sozialist. Arbeiterjugend hatte, was er gelegentlich auch schon als "standeswidrig" gerügt hatte. Trotz aller offenen und versteckten Hinweise, in wievielen Situationen ich es als Pg. würde besser haben können, verschloß ich mich diesen Gedanken selbst auf die Gefahr, entlassen zu werden. Ich war jedoch en contraire der erste Lehrling in diesem Betrieb, der als Gehilfe, also nach Ende der Lehrzeit, nicht entlassen wurde. Allerdings erhielt ich als Gehilfe nur 2/3 des Tarifgehaltes, aber das war mir natürlich lieber, als überhaupt keine Stellung zu haben.

Mit der Zeit wurde aber meine Lage im Betrieb immer ungemütlicher. Ich war für das "Spuren" der Lehrlinge (wieder waren es drei!) verantwortlich, und andererseits hatte ich keinen Rückhalt beim Chef gegen die Hänseleien, daß man mich "Roten" schon noch zur gegebenen Zeit "packen" werde.

Nach dem 30.1.33 war meine Lage in diesem Betrieb untragbar. In einem Gespräch unter vier Augen hatte der Chef mich nun beschworen, sofort in die SA einzutreten, er wolle seine Beziehungen dafür aufwenden, daß mir dies noch ermöglicht würde. Ich lehnte ab. Daß ich dennoch von diesem Chef, der jetzt von früh bis spät in seiner Amtswalteruniform herumstolzierte, nicht entlassen wurde, liegt natürlich nicht an seinem guten Herzen; er wußte, was er an mir hatte. Ich schmiß ja für lausige 65.– Mk. pr. Monat (oder waren es inzwischen 85.–, ich weiß es nicht mehr genau) den ganzen Laden. Der Chef brauchte nur noch abends unter die Korrespondenz, die ich fast restlos selbst erledigte, seinen "Friedrich-Wilhelm" zu setzen.

Meines Bleibens war aber in dem Betrieb nun deshalb nicht mehr, weil ein 18jähriger Lehrling, inzwischen zu einem Hitler-Jugendführer avanciert, meinen Weisungen ostentativ entgegenarbeitete und auf Ermahnungen damit antwortete, ich könne froh sein, "wenn ich heute Abend, ohne Prügel bezogen zu haben, meine Wohnung erreichte". Ich floh förmlich diese grauenhafte Stätte und machte mich am 1.3.33 kurzerhand selbständig. Mir fehlte dafür Kapital, ich hatte keine Lagermöglichkeiten, hatte keine Verwandten, die sich für mich verbürgen konnten. Es würde zu weit führen, hier zu erläutern, wieso ich es trotz allem geschafft habe, innerhalb von fünf Jahren nun selbst Chef zu sein, 6 Leute zu beschäftigen (darunter 1 Lehrling), eigenen Grundbesitz zu haben und meine Kunden im eigenen Pkw besuchen zu können. – Gegen diese Entwicklung hatte ich nicht nur alle Schwierigkeiten, die eine solche Laufbahn mit sich bringt, sondern noch dazu jene, die von meinem früheren Chef her kamen; dieser war inzwischen ein hohes Tier bei der "Kreisleitung" geworden, und von dorther kam bald diese, bald jene mich ganz persönlich treffende Schikane. Den letzten Streich in dieser Beziehung leistete sich die "Partei", indem sie mich bei Ausbruch des Kriegs von einem Tag zum anderen zur Wehrmacht einberief, ohne Rücksicht auf alles, was ich aufgebaut hatte und für was ich nun Verantwortung trug.

Daß all die Jahre meiner Selbständigkeit verbunden waren mit der Notwendigkeit, sich um Beistand und Hilfe an alle möglichen Stellen mit langen Schriftsätzen zu wenden, ist sicher einleuchtend. Ich war also bis dato noch seit Schulbeginn nie so richtig ohne Zwang zum Schreiben gewesen.

Dies änderte sich nun mit einem Schlage. Ich war nicht als Soldat ausgebildet, mein Jahrgang hatte gar nicht angestanden zur Einberufung. Jetzt bimste man in uns "Zivilidioten" so viel Dreck hinein und schliff so viel saubere Substanz herunter, daß wir möglichst ganz auf die Schnelle einigermaßen zu "Kriegern" würden.

Meinen Personalpapieren muß irgendein Zettel beigegeben gewesen sein, der mich als ein Unikat auswies, denn ich wurde nun in kurzen Abständen von einer zur anderen Stelle versetzt, und jedesmal konnte ich beobachten, wie ungläubig meine Personalakte die Runde im Geschäftszimmer machte, wobei ich einmal einen murmeln hörte: "So etwas haben wir noch gar nicht gehabt!"

Natürlich war dies alles für mich sehr nachteilig, und nur einem Wunder verdanke ich es, daß ich bereits ein Jahr später wieder "Schreiber" war, ein begehrter Posten bei den Soldaten! Zunächst hatte ich bloß auf der Schreibstube einen erkrankten Soldaten vertreten. Schließlich behielt man mich da. Eines guten Tages, es war schon in Frankreich, wurde ich auf Befehl des Kommandeurs zum Regimentsstab versetzt. Die Grundlage für diese Versetzung war nichts weiter als allerlei komplizierte Meldungen (mit graphischen Darstellungen usw.); der Kommandeur hatte sich bei unserer Einheit erkundigt, wer diese Arbeiten verfertigt hatte und, bumms, war ich nun Schreiber im Stab. Als später in Rußland General Unruh, den man "Heldenklau" nannte, der Ansicht war, unser ganzer Stab sei überflüssig, wenn bloß 3–4 Mann seine Aufgaben beim Divisionsstab miterledigen würden (damit hatte er natürlich recht!) gehörte ich wieder zu den Glücklichen, die von 40 Mann herausgesucht wurden, und so kam ich zum Schluß noch zum Divisionsstab und in Folge davon direkt zum Stab der Luftflotte 4.

Natürlich war mein Aufstieg vom kleinen Kompanieschreiber bis zur rechten Hand eines Oberstlt.i.G. nur möglich, weil der Major, der mich von meiner Kompanie weggeholt hatte, ganz offensichtlich meine Personalakte von dem für mich so nachteiligen Sondervermerk befreit hatte. Ich habe somit als Schreiber immer einen glücklichen Stern über mir gehabt, was natürlich mein Schicksal, Mitte 1944 in russische Kriegsgefangenschaft zu geraten, nicht abwenden konnte. Diese Gefangenschaft bedeutete nun wieder eine Pause von 18 Monaten für jedwede Schreibtätigkeit.

Ich habe die Gefangenschaft überlebt, wenn auch mit schwersten gesundheitlichen Schäden.

Als ich 1946 wieder zuhause war, konnte ich rein physisch gar nichts mehr, als schreiben, weil ich für jede andere Tätigkeit zu schwach war.

Und wie und was habe ich nun nicht alles geschrieben! Um nun wieder zu einer Existenz zu kommen, konnte man sich die Finger wundschreiben, alles war völlig vergeblich. Meine alten Feinde aus der Partei saßen nach wie vor in ihren Ämtern, jetzt bloß ohne Parteiabzeichen. Selbstverständlich hatte man die Rückkehr dieses "Roten" verwünscht und versuchte nun, alles zu tun, um mich sofort zur Strecke zu bringen. Es wäre ein Buch für sich allein, wenn ich darstellen wollte, wie ich trotz allem wieder ein Geschäft aufgebaut habe und innerhalb von etwa 10 Jahren zu solidem Wohlstand mich hochgearbeitet habe. Nur das möchte ich hier ausdrücklich festhalten: ich sah von vornherein ein, daß es für einen alten Antinazi völlig aussichtslos war, irgendwie wieder Fuß zu fassen, es sei denn in der Politik.

Somit richtete ich den Wiederaufbau meines Geschäfts 30 km entfernt von meinem Heimatort ein, wo mich niemand kannte. Ich verschwieg auf das peinlichste, je *kein* Nazi gewesen zu sein, und nur so konnte man zur Existenz finden, denn die alten Nazis waren ja in der riesenhaftesten Überzahl, und wie sie in den anni satanis als gepanzerte Masse Dreck zu bezeichnen waren, so hatte sich diese Masse auch jetzt zusammengeschlossen, um sich gegenseitig reinzuwaschen, vor allem, um auch jetzt keinen hochkommen zu lassen, der sich in der Nazizeit nicht wie ein "guter Volksgenosse" = 100%iger Nazi erwiesen hatte.

Mein Schreiben war also aus vielen Gründen wieder beschränkt auf rein geschäftliche Dinge. Lediglich 1954 beteiligte ich mich einmal an einem Autorenwettbewerb, den unsere Lokalzeitung ausgeschrieben hatte; bei dieser Gelegenheit erhielt ich gegen 63 Mitbewerber, die zur Hälfte aus Akademikern bestanden, den 1. Preis! Ich füge die Arbeit, auf die ich sicher mit Recht stolz bin, in Copie bei.

1969 stieg ich aus dem Geschäft aus, weil ich nach einem Herzinfarkt (1967) nie so richtig wieder in Schwung gekommen bin und ein Geschäft keinen halben Mann an der Spitze brauchen kann.

Seit diesem Zeitpunkt nun bin ich auch endlich frei von allen Rücksichten, die mir das Geschäft auferlegte. Ich kann jetzt als Rentner jederzeit meine Meinung sagen und sie auch in Leserbriefen veröffentlichen. Hiervon habe ich in etwa 100 zum Abdruck angenommenen Leserbriefen, von denen ich Ihnen je einen aus der Lokalzeitung und einen aus der "Welt" beifüge, laufend Gebrauch gemacht. (2 Anlagen, B.J.W.)

Natürlich befinde ich mich auch heute wieder bei der Minderheit, aber das macht mir nichts aus.

Redaktionell konnte ich in etwa 10–12 Fällen seit 1969 Beiträge in Zeitungen und Fachzeitschriften placieren, bei denen es sich um mein Hobby (Langstrekken-Wandern) handelt. Zur Probe füge ich einen solchen Artikel bei.

Jetzt lebe ich als Rentner im Alters- und Pflegeheim, bin 80 % erwerbsunfähig und gehbehindert.

Ich habe – Gott sei Dank – meine umfangreiche Bibliothek (über 2000 Bände) hier mit in mein Appartement nehmen können, denn ohne Bücher würde ich mich nicht als Mensch fühlen.

Ich habe meinen großen Konzertflügel dem Heim gestiftet, auf dem herrlichen Instrument spiele ich einem kleinen Kreis Interessierter jeden Abend 1/2 Stündchen etwas vor. In mein eigenes Appartement habe ich mir noch ein Kleinklavier stellen lassen, damit ich ungestört auch üben kann. Ich komponiere noch jeden Monat irgendein Lied nach vorgegebenem Text, hin und wieder auch füge ich den Texten selbstverfaßte Strophen hinzu oder ich übersetze sie aus plattdeutsch in Hochdeutsch; hiervon als Beispiel eine Anlage. Nebenher unterhalte ich einen ausgedehnten Briefwechsel mit Freunden in aller Welt, mit ganz einfachen Leuten und auch mit "v.i.p."s; so z.B. mit Herrn Erich Lüth (Hmb), der mich seinen Freund nennt, womit ich von meiner Sicht aus alles erreicht habe, was ein Mensch erreichen kann. Wenn und solange ich die Feder führen kann (bezw. die Maschine bedienen kann), gehört Schreiben und Lesen zu meiner Existenz wie das tägliche Brot.

Georg Stief
(Bundesbahnbeamter, geb. 1912)

Betreff: Meine Erlebnisse mit dem Schreiben (Schreibgeschichte)
Ihr Schreiben vom Juli 1981

Sehr geehrter Herr Warneken,

als ruhiger, zurückgezogener und naturliebender Mensch mit bald 70 Jahren erinnere ich mich oft und gern an gute, manchmal auch böse Erlebnisse meines Lebens.

So schreibe ich "erfahrungsgemäß" über alles, was mir so in den Sinn kommt;

und, da ich in meinen Bekanntenkreisen viel Zustimmung zu den verschiedenen Themen wie Jugend-, Kriegserlebnisse, Schülertreffen, Kommunalpolitik, Zeitprobleme, Leserbriefe usw. erhielt, macht es mir eben Freude, anderen Menschen damit auch Freude und vielleicht auch Hilfe zu bereiten. Gerade in unserer Zeit sollten demokratisch gesinnte Menschen voneinander lernen und gegenseitig ihre Meinung austauschen zum solidarischen Miteinanderleben, wenn nicht am Rednerpult, dann eben brieflich an Verwandte und Bekannte (z.B. in der DDR), an Behörden und Ämter, oder an die Allgemeinheit durch die Zeitung.

Das Schreiben in der Schule mit Diktaten und Aufsätzen machte mir viel Freude und förderte schon damals meine Anschauungen und Meinungen zum Leben.

An Eltern und Geschwister schrieb ich bei längerer Abwesenheit vom Familienkreis, auch machte ich zu Geburtstagen und sonstigen Jubiläen und Festlichkeiten gerne einmal ein Gedicht.

Unsere Hersbrucker Zeitung (NN) bringt Erlebnisberichte in ihrer Heimatbeilage und veröffentlicht fast alle meine Leserbriefe, auch wenn ich damit vor den Kadi gezerrt wurde, aber von Amts- und Landgericht nicht verurteilt wurde mit der Begründung: "In einer Demokratie hat der Bürger das Recht, gegen Bedienstete des öffentlichen Dienstes wahre und berechtigte Kritik zu üben."

Warum ich gerne schreibe?

Ein freier Mensch im Ruhestand, ohne Partei- und Gewerkschaftszugehörigkeit, aufgewachsen in einer unverdorbenen Bauerngegend, liebt die Wahrheit und Gerechtigkeit und Gottes freie Natur über alles. Erfahrungen und Erlebnisse sollen zum Nutzen der Nachwelt erhalten bleiben, vor Gefahren bewahren und zu rechten Beschlüssen und Entscheidungen hinweisen. Ohne Haß und Zwang mit einer abwägenden Verständigung und vernünftigen Duldsamkeit, mit einer wahren sozialen Gerechtigkeit möchte ich mein Leben in der so "fortgeschrittenen Zeit" einmal ohne Arroganz still und ruhig beschließen, wie ich vor 70 Jahren in Einsamkeit geboren wurde. Ich glaube, meine beiliegenden Berichte und Kurzgeschichten zeugen davon.

Mit vorzüglicher Hochachtung

Ihr Georg Stief

Kurze Lebensbeschreibung:

Georg Stief, geb. König, geb. 18.3.12 im Bauerndorf Ernhüll (Opf), 6 Kl. Volksschule, 6 Kl. Realschule.

41 Jahre bei Reichsbahn und Bundesbahn, Gleisbau- u. Verwaltgsdst, im Hitler-

reich Einsatz in Österreich, Frankreich, Rußland.

Hobby: Natur – Garten – Wandern – Radfahren – Maschinenschreiben.

(Folgen als Anlagen zahlreiche "Tatsachen- und Erlebnisberichte in Kurzform", B.J.W.)

Heinz Weber
(Pfarrer, geb. 1912)

Wenn tatsächlich auch das von Interesse ist, wie man in unserer Kindheit schreiben lernte, so will ich berichten:

Mehr als 65 Jahre liegen die Anfänge zurück, aber wenn mir heute einmal gelegentlich der Geruch eines Farbstiftes oder der Pastellkreide meiner Nase zu nahe kommt, brauche ich nur die Augen zu schließen, und dann sehe ich wieder meine Anfänge ganz deutlich: das erste Klassenzimmer, den alten Lehrer, ganz in Kleidung und im Gehabe des Wilhelminischen Zeitalters, das 1918 zu Ende ging (Stifte-Kopf, Kaiser-Wilhelm-Schurrbart, hoher Kragen mit hinten zusammengehaltener schwarzer Schleife, Manschetten, die zu Beginn der Stunde aus den Ärmeln genommen und auf den Katheder plaziert wurden (wenn es klingelte, wieder umgekehrt), zweisitzige Bänke, Tafel, Schwamm und Kreide, ja: das ganze Klassenzimmer, alles, alles sehe ich ganz deutlich und erinnere mich dabei an meine allerersten Mal- und Schreibversuche. 1918 zu Ostern war das, auf der *Vor*schule zur "Höheren Schule" im Industriegebiet. Einige Monate später riet der Arzt meinem Vater zum Wohnungswechsel in eine ländliche Umgebung, wenn ihm seine Gesundheit, ja, sein Leben lieb sei.

Dadurch kam ich nach Lippe – und da 1919 durch die Revolution die *Vor*schulen des Kaiserreiches zur "Höheren Schule" abgeschafft waren, gerieten mir in einer Dorfschule Schiefertafel und Griffel und Griffelkasten und (ein immer nasser) Schwamm und ein Trockenlappen in die Hände. Der Griffel mußte immer spitz und die Tafel am Montag immer sauber gescheuert vorgezeigt werden. Die Auf-Striche sollten dünn, die Ab-Striche mit etwas Druck geschrieben werden. Kinder von Kapitalisten-Eltern (ich gehörte auch dazu) kauften für die Schiefertafel noch zusätzlich eine Tafelschoner-Hülle. Sie konnte aber auch nicht verhindern, daß die Schiefertafel Sprünge bekam, wenn man den Tornister an den Riemen ergriff und damit an einen Telegraphenmast (so schrieb man den damals noch) schlug, um anschließend ganz verzückt das Ohr an den Mast zu halten und zu jauchzen, wie das schrillte und sang und jubelte. Für Zahlen und Buchstaben, natürlich in "deutscher Schrift", stand uns lange Zeit nur die Tafel bzw. die Wandtafel im Klassenraum zur Verfügung. Dann aber, lange angekündigt und mit Spannung erwartet, mußten wir ein Heft und einen (immer "spitzen") Bleistift haben (das zu fertigen war Vaters Sache, denn: "Messer, Schere, Gabel Licht sind für kleine Kinder nicht"). Nach langer, langer Zeit und gewichtiger Ankündigung mußten wir einen Federhalter und eine "Bremer-Börsenfeder EF" mitbringen. Wie bei der Austeilung des Abendmahles am Konfirmationstag, so feierlich ging der Lehrer mit einem Tablett, das nach 3 Seiten mit einem Rand aus Latten umgrenzt war, durch die Bankreihen, teilte die Tintentöpfe aus, die sogleich in dem Loch, das in der Bank auf jedem Platz wartete, in Sicherheit gebracht werden mußten. Zu den Federhaltern und Heften mußte jeder einen "Tintenwischer" vorzeigen. Handtücher und Kernseife zur Säuberung der Finger wären ebenso angebracht gewesen. Zum ersten Mal wurde klar, weshalb es in jedem Heft ein "Löschblatt" gab: für die Kleckse, die wir vom Bleistift bisher ja noch nicht kannten.

Sexta hieß die Klasse damals noch, in welcher nur noch der Federhalter in der "Federtasche", einschl. Tintenwischer, zum "Marschgepäck" gehörten und nicht mehr Tafel und Griffel und Griffelkasten. Aber nun kam zu der "deutschen" Schrift auch noch die Kenntnis der "lateinischen" Buchstaben dazu, weil die erste "Fremdsprache" auf dem Stundenplan erschien. Wöchentlich für zwei Stunden hatten wir "Schön-Schreiben". Tintenfässer waren jetzt stationär in den Bänken und wurden vorher nicht mehr ausgeteilt und nachher nicht wieder in Sicherheit gebracht. Der Lehrer paukte uns eindrücklich folgendes ein: Wir müßten das Gefühl haben, der Federhalter wäre so lang, daß er uns über die Schulter ragte, dazu wie Daumen, Zeigefinger und Mittelfinger den Federhalter zu halten hätten, ja, und dann die *Auf*striche ohne und die *Ab*striche *mit* Druck, das wurde geübt so, wie Rekruten auf dem Kasernenhof erst richtig das "Gehen" lernen. Die "deutsche Schrift" mit ihrem Lang-s und Rund-s und Schluß-s (manchmal nicht am Schluß des Wortes, sondern auch der Silbe!), sie trat nun ins zweite Glied. Unter jeder Klassenarbeit stand nicht nur die Zensur, sondern links unten immer auch "Schrift": Das war selbstverständlich auch eine Note auf jedem Zeugnis, und das blieb so von der Sexta bis zur Oberprima.

Auf der Oberstufe, 3 Jahre vor dem Abitur, bekamen wir einen Klassenlehrer, den ich wegen der Schrift besonders erwähnen muß. Er unterrichtete die Fächer Französisch und Englisch, aber er hatte es auf "leserliche" Schrift abgesehen, und mit ihm war nicht zu spaßen. "Meine Herren", sagte er, (denn wir wurden auf der Oberstufe gesiezt), "schöne Schrift erfordert eine Begabung, die kann man nicht von jedem verlangen, aber daß sie *leserlich* schreiben, das will ich Ihnen *beibringen,* fürs Leben beibringen! Man schreibt nicht um zu schreiben, sondern damit es gelesen wird und gelesen werden kann. Es ist eine Rücksichtslosigkeit gegen Ihre Mitmenschen, wenn Sie mit unergründlichen Runen daherpflügen, so daß jeder Leser Ihrer Schrift vor einem Rätsel steht. Ich bringe Ihnen eine wenn nicht 'schöne', so doch leserliche Schrift bei!" Er selber schrieb ebenfalls leserlich und er *hat* es uns allen Widerständen zum Trotz gründlichst beigebracht! Und nachdem unsere Wut langsam verflüchtigt war, waren wir ihm fürs ganze Leben dankbar. Ja, er war darin, und nicht nur hierin, wie ein Panzer im Angriff, dem man als Infanterist tunlichst aus dem Wege ging, besser noch "in volle Deckung". In der Oberprima konnte es noch geschehen, daß man im Heft der französischen oder englischen Klassenarbeit ein loses Blatt vorfand, auf dem oben ein "f" oder "g" oder irgendein Buchstabe sauber vorgemalt stand und darunter die Aufforderung: 2 Seiten dieses Buchstabens gefälligst zu üben! Man stelle sich das heute einmal vor! Solche Methoden würden in der Bild-Zeitung angeprangert, und Eltern-Demo's vor seinem Hause wären an der Tagesordnung. Wir hätten gerne das Taschengeld eines ganzen Jahres geopfert, wenn er dafür auf den Mond geschossen worden wäre – was damals noch nicht im Gespräch war, wir hätten es *gerne* geopfert, wenn wir die Gewißheit gehabt hätten, daß er von dort nicht wieder zurück gekonnt hätte. Vor einiger Zeit liefen die Vorbereitungen an zum Jubiläum unseres 50jährigen Abiturs. Wir sind uns heute alle darin einig, daß er uns für das ganze Leben geprägt hat mit der leserlichen Handschrift, mit der Französischen bzw. Englischen Grammatik und allem, was er uns abverlangte, selber aber vorbildlich auch leistete und sich persönlich abverlangte. Wir neigen in Ehrfurcht das Haupt in Dankbarkeit vor diesem Mann.

In der Geometrie lernte ich einige wenige griechische Buchstaben bei der Bezeichnung der Winkel usw. Ich habe später die ganze griechische Sprache mit den einzelnen zu schreibenden Buchstaben lernen müssen und die hebräischen Schriftzeichen usw. dazu. Viele, viele Kolleghefte habe ich in Tübingen im Audimax und im Hörsaal 9 vollgeschrieben. Ich habe sie heute noch.

In einer Buchhandlung wurde einmal eine Methode angepriesen, durch die man in einer Stunde mit 10 Fingern "blind" die Schreibmaschine bedienen könnte. Ich habe es nicht geglaubt, aber dann doch ausprobiert und die Uhr neben die Maschine gelegt. In 20 Minuten war ich sicher, natürlich mußte die Geschwindigkeit sich erst nach einiger Zeit einstellen. Seitdem habe ich in meinem Leben unendlich viele Stunden an der Schreibmaschine verbracht, bis im Alter die Maschinenschrift der Vorträge, Reden usw. dem alt-gewordenen Auge zu klein erschien und ich wieder zur Handschrift zurückkehrte. Ich bevorzuge seitdem breitere Federn und schreibe größer und dicker.

Mit Absicht habe ich noch nicht berichtet, wie man uns durch unendlich viele Lese-Übungen, Diktate, Aufsätze mit den exakten "Gliederungen" – an denen wir uns oft die Zähne ausbissen – das "Schreiben" und Gestalten und Erzählen beibrachte, über den äußeren Vorgang des Schreibens und Lesens hinaus. Um mit Fontane zu sprechen, wäre das "ein weites Feld" für sich.

Die Stunden, die ich schreibend und lesend verbracht habe, reihen sich zu Tagen, Wochen, Monaten und Jahren zusammen und haben einen breiten Raum in meinem Leben ausgefüllt. Das ist mir erst im Rückblick richtig klar geworden. Ich habe das damals in der ersten Klasse der *Vor*schule zur "Höheren Schule" nicht ahnen können, als mir der seltsame Geruch von Bleistiften, Farbstiften und von Pastellkreide zum ersten Mal in die Nase stieg.

Johann Beran
(Uhrmachermeister, geb. 1912)

Meine Erlebnisse mit dem Schreiben:

Nach über sechzig Jahren sich noch genau zu erinnern, wie es in der ersten Klasse angefangen hat, daß mitunter die erste mit der zweiten Klasse ineinander, sich miteinander vermischen; ich sehe noch den Lehrer neben dem A B C -Kasten stehen, auf dem Podium, das fast die ganze vordere Stirnseite des Klassenzimmers einnahm. Der ABC-Kasten war genau so breit wie die zwei großen schwarzen Tafeln und zwar etwas schräg nach hinten vom Podium und an den Führungsschienen der Tafeln befestigt. Jede einzelne Tafel konnte auch umgedreht werden, wenn die rechte Schiene nach außen gedreht wurde. Zuerst mußten wir das ABC, die einzelnen Auf- und Abstriche üben, dann miteinander verbinden und dann ebenso lange üben und schreiben, bis man die einzelnen Worte mit einigem Raten auch lesen konnte. Als erste Schreibschrift lernte ich die Kurrentschrift, in den späteren Klassen die Lateinschrift und dann auch verschiedene Zierschriften. Ich erinnere mich noch, wie wir in der zweiten Klasse ein Diktat, nein, ein Erlebnis in den Ferien schreiben mußten und ich ein Erlebnis mit meinem Freund Erich beschrieben habe. An der Stelle, wo ich von einem Feldhasen geschrieben habe und dieser im Zickzacklauf vor uns davon gelaufen ist, schrieb ich statt zickzack hik hak. Aber das hätte ich längst vergessen, wenn nicht mein Schulkamerad Arnold mich damit gehänselt hätte. Arnold war der Sohn meines Lehrers und dieser hatte die Angewohnheit, solche Aufsätze und Diktate zuhause, vor seiner Familie mit seinen neun oder zehn Kindern, Arnold war der Zweitjüngste, vorzulesen und natürlich über solche Fehler sich lustig zu machen. Da ich mich damals im Stillen sehr geärgert habe, ist es mir bis heute so lebendig im Gedächtnis haften geblieben. In der dritten Klasse hatten wir einen Junglehrer, und der schlug mich einmal mit der Faust auf die Nase, daß ich entsetzlich Nasenbluten hatte. Die ganze Klasse hat zu mir geholfen, bis auf den wirklichen Täter und trotzdem schlug er mich. Eben dieser Lehrer, ich war zu dieser Zeit schon in der Fachschule, wurde wegen Roheit strafversetzt. Oft war eine Strafversetzung eine Beförderung, weil der "Herr Lehrer" in dem betreffenden Ort dann das höchste Ansehen genoß, mitunter sogar vor dem Herrn Pfarrer, denn von einer Strafversetzung wußte in diesem Ort niemand etwas. Daß ich dann auch noch in der dritten Klasse mich mit einem Schnitzmesser an der Innenseite meiner linken Hand schwer verletzte, ich wäre damals beinahe verblutet, weil meine Mutter in der Aufregung, bei so viel Blut, vergessen hat, meine Hand abzubinden und auch dann unser Hausarzt ihr arge Vorwürfe machte, während er mich notdürftig für den Transport in das Krankenhaus zurecht machte. Der Transport allein war schon ein Problem, denn mein Vater mußte mich tragen, möglichst ohne Erschütterungen, zwei Drittel etwas ansteigend über den Hauptplatz, an der Forstschule vorbei, vielleicht nicht ganz ein halber Kilometer. Die Füße sollte unser Geselle, oder war er damals noch Lehrling im letzten Jahr, tragen, ich mußte liegend getragen werden, und da er mit meinem Vater nicht Schritt halten konnte, mußte mein Bruder Franz einspringen, der daneben herlief. Unser Hausarzt mußte auch laufen, der ist schon vorausgelaufen, um alles zur Operation herzurichten, er war Primararzt im städtischen Krankenhaus, und dann noch eine ruhige Hand zu haben, denn er operierte mich dann eine halbe Stunde lang, die Uhr hing links an der Wand und ich sah ja auch immer wieder hin, wie der Primar mit verschiedenen, gebogenen Scheren herum hantierte, und das ohne Narkose bei vollem Bewußtsein. Daß ich furchtbar geschrieen hab, daß dann der Primar meinen Vater, der an der Tür hinter mir stand, angeherrscht hat, Herr Beran, gehen Sie bitte hinaus, aber dann, als ich losgebunden wurde, mich die Schwester, eine Ordensschwester, auf dem Fußende vom Operationstisch aufsetzte, um mich zu verbinden, da hab ich wirklich glücklich gelacht. Ich mußte am nächsten Tag nochmals, aber mit Narkose operiert werden, und da wäre es beinahe passiert. Ich wäre fast nicht mehr aus der Narkose aufgewacht. Ich mußte dann viele Wochen meine linke Hand in der Schlinge tragen, ein oder zwei Wochen hab ich überhaupt gefehlt in der Schule, und das genügte meinem lieben Herrn Lehrer, mich sitzen zu lassen und ich mußte die dritte Klasse wiederholen und dadurch war mir das Gymnasium vermasselt. Im Jahr darauf hatten wir einen Lehrer, der mich und meinen Freund Erich sehr gern hatte. In der ersten Klasse Bürgerschule, später hieß sie Hauptschule, hatten wir den Schuldirektor in Stenographie, und wenn ich da mehrere Fehler im Diktat hatte, mußte ich mir vor der ganzen Klasse sagen lassen, daß mein Vater noch mit über fünfzig Jahren Stenographie gelernt hat und weniger Fehler macht als ich. Mein Vater hatte eine sehr schöne Handschrift, ich meine das jetzt wörtlich, obwohl die andere Handschrift auch nicht von Pappe war. Um diese gleichmäßige schöne Schrift wurde mein Vater von manchem Lehrer beneidet und nicht nur von Lehrern.

(Folgen noch andere Jugenderlebnisse, B.J.W.)

N.N. [7]
(Sattler, geb. 1913)

Betreff: Hausaufgaben und Streiche

Mit meinen Hausaufgaben gab es keine Schwierigkeiten. War es nicht viel, so wurden sie vor Schulbeginn gemacht. Damals schon konnte ich gut und schnell schreiben. Mit diesen Eigenschaften war es nicht schwierig, für andere auch noch Hausaufgaben zu machen. Ich bekam manchmal 5 oder 10 Pfennig dafür.

Bei der Kontrolle der Hefte fiel es auf, daß meine Schrift öfters auftrat, aber nicht nur die Schrift, auch die Fehler. So gab es wieder mal zwei Tatzen, doch was machte das aus, das Geld hatte ich ja.

Wenn ich schon vom Geld schreibe, da habe ich eine kleine Erinnerung. Wir sind als Kinder mit Eimern von Baum zu Baum gegangen und haben den Hundekot gesammelt. Pro Kilo gab es 20 Pfennig. Der Hundekot wurde in der Gerberei als ein guter Gerbstoff verarbeitet. Die Driffländer verwenden ja heute noch Hundekot als Gerbstoff. Die Lederwaren, die von dort kommen und in Warenhäusern angeboten werden, haben meistens einen stark riechenden Geruch.

---

7 Auf Wunsch des Verfassers ohne Namensnennung

Ein Streich gefiel mir besonders. Damals hatte man an den Haustüren Laufglocken. Wir hatten uns immer solche Häuser ausgesucht, denen noch ein Vorgarten angehörte, ebenso mußte ein Hund in der Nähe sein. Wir hängten an die Leine der Glocke einen Knochen, möglichst hoch. Damit hatten wir erreicht, daß der Hund eine Weile an der Leine zog, bis er an den Knochen gelangen konnte. Wir waren nicht weit davon entfernt (unauffindbar versteht sich) und hatten unsere helle Freude daran.

Betreff: Schönschreiben

In der Zeit von 1920–1930.

Schönschreiben war eines meiner Lieblingsfächer. In der vierten und fünften Klasse hatten wir einen Lehrer, der besonders für das schöne Schreiben war. Dieser Lehrer hatte in seinem Bücherschrank Äpfel und Schokolade liegen. Wurde ein Aufsatz oder ein Diktat geschrieben, so gab es Noten fürs Schönschreiben und für die Fehler. In den vordersten Bänken wurden die Hefte dann ausgelegt, und jeder von uns konnte sie besichtigen. Meistens habe ich den ersten Preis gemacht. Als Belohnung durfte ich mir dann etwas von dem Bücherschrank zum Naschen aussuchen. Ich konnte gerade mit den Fingerspitzen die Regalkante erreichen, deshalb half mir der Lehrer meistens.

Dagegen hatte der Lehrer eine schwache Seite für einen Linkshänder. Dieser Junge tat mir immer leid. Er mußte zur Tafel gehen und mit der rechten Hand schreiben. Oft versuchte er mit der Linken anzusetzen und schon bekam er ein paar Tatzen.

Meine Enkeltochter schreibt auch links. Mit allen Tricks habe ich versucht es ihr abzugewöhnen. Es gelang mir nicht.

Man sieht keinen Unterschied zwischen links und rechts.

(Der Verfasser sandte mehrere Kurzberichte ein, von denen sich die beiden abgedruckten auf Schreiberlebnisse bezogen, B.J.W.)

Edmund Wendland
(Polizeibeamter, Verwaltungsangestellter, geb. 1913)

Sehr geehrter Herr Dr. Warneken!

In Ihrem Brief vom Dez./Jan. 1981/82, haben Sie mich gebeten, daß ich mich in Fortsetzung "Senioren schreiben Geschichte" weiterhin am Schreiben beteiligen möchte und ich Ihnen Erlebnisse, Kurzschriften, selbstverfaßte Zeitungsartikel, Leserbriefe usw. zur Auswertung einsenden möchte. Ich weiß nicht, ob meine Kenntnisse dazu ausreichen.

Obwohl ich nur die Volksschule bis zur 8. Klasse besucht habe, – heute nennt sie sich Hauptschule – war mein Lieblingsfach in der Schule: "Aufsatz schreiben". Ich konnte über einen Bleistift od. über eine Streichholzschachtel von deren Entstehung bis zur Fertigung seitenlang schreiben.

Nach der Schule war dann mit dem Schreiben Schluß. Erst als ich mit 20 Jahren zur Polizei ging, wurde ich dort mit dem Schreiben wieder konfrontiert.

Nach Kriegsende kam ich wegen meinem Kriegsleiden nicht mehr zur Polizei, sondern landete dann durch viele berufliche Tätigkeiten vom einfachsten Arbeiter bis zum Gebietsvertreter – mit Untervertretern – im Oktober 1954 bei der Verwaltung im öffentlichen Dienst. Bei einer staatl. Zusatzversicherung hatte ich hier im Büro mit Schreibarbeiten wie Berichte, Anfragen und Anforderungen von Unterlagen, Ablehnungen, usw. überwiegend zu tun. Ich fand wieder Freude am Entwerfen von Konzepten und Berichten und somit auch wieder am Schreiben.

Während ich im Verwaltungsdienst noch berufstätig war, habe ich für Vereine z.B. VdK., Tanzschulen usw. über festliche Veranstaltungen, Ausflüge, Hauptversammlungen udgl. Reportagen geschrieben, die in den Zeitungen veröffentlicht wurden. Selbst Leserbriefe über örtliche Ereignisse sind von der Zeitung angenommen worden und kamen zur Veröffentlichung.

Nachdem ich dann wegen einem Herzinfarkt im August 1972 in den Ruhestand versetzt wurde, habe ich mich nach meiner Genesung wieder dem Schreiben zugewandt.

Den Schreibaufruf des Landesseniorenrates habe ich mit Begeisterung aufgenommen, jedoch nie daran geglaubt, daß meine 3 eingesandten Berichte überhaupt gelesen werden. Es freut mich jetzt umso mehr, daß ich bei Ihnen noch in Erinnerung bin. Die s.Zt. von mir eingesandten 3 Berichte sind erlebte Tatsachen.

Jetzt in den letzten 4–5 Jahren habe ich für die in unserem Stadtteil bestehende Bürger-Gesellschaft der Südstadt e.V. Karlsruhe herausgegebene Mitteilungsblatt so an die 14 Geschäftsreportagen für Firmen geschrieben, die in diesem Mitteilungsblatt zum Abdruck kamen. Wenn Sie daran interessiert sind, diese Reportagen zu beurteilen, könnte ich Ihnen einige davon, evtl. auch Leserbriefe, in Kopien übersenden.

Diese Firmenreportagen habe ich in dem Sinne zusammengestellt, daß ich zuerst mit dem Firmeninhaber ein Interview gemacht habe. Ich ließ mir von ihm den gesamten Geschichtsablauf des Betriebes seit der Gründung schildern und machte dann meinen Bericht. Ich habe niemals irgendwelche Beanstandungen bekommen, daß ich etwas geschrieben hätte, was nicht stimmt.

Was bei mir im Kopf herumkreist, wäre ein Buch zu schreiben. Nur ich habe die Erkenntnis, daß ich dafür zu dumm bin. Ich möchte keinen Roman schreiben, auch nicht die sogenannten Memoiren, sondern mein eigenes Leben von der Geburt mit den dazwischen liegenden Erlebnissen schildern, die man als Einzelschicksale gar nicht schildern kann. Nur mal in Stichworten mein Leben:

Ich bin 1913 als Wolynien-Deutscher in Rußland geboren, mit meinen Eltern im I. Weltkrieg bis zum Ural verschleppt, mit der roten Armee 1917/18 zurück in die russische Heimat (Ukraine), von dort nach Deutschland im Nov. 1918, das Flüchtlingsleben nach dem I. Weltkrieg, die Inflation 1923, Aufbau der Eigenständigkeit meiner Eltern als Bauern, die Zeit des Nationalsozialismus, der II. Weltkrieg, die Zeit nach dem 8. Mai 1945 bis zur Gegenwart; im April d.J. werde ich 69 Jahre alt. Ich glaube, darüber müßte man doch ein Buch zusammenbekommen.

Aber wenn ich darüber nachdenke, wer bin ich denn schon? Ich bin kein Beckenbauer oder ein anderer namhafter Fußballer, keine Persönlichkeit wie ein Boxweltmeister der nicht lesen und schreiben kann, aber dennoch ein Buch geschrieben hat. Ich bin keine Kneef und keine Uschi Glas. Ich bezweifle nur, ob die alle selbst geschrieben haben oder ihre Gedanken jemanden nur erzählt haben, der sie dann zu Papier brachte. Ich möchte kein Günter Grass sein, auch kein Konsalik werden oder sein. Ich möchte nur ganz einfach mein Leben schildern. Aber wer liest so etwas schon oder für wen wäre es interessant? Na ja, den Gedanken werde ich wohl nie verwirklichen können.

(Folgen persönliche Mitteilungen, die sich nicht auf das Schreiben beziehen, der Hinweis auf zwei beigelegte Berichte – der eine, ebenfalls schreib-biographische, ist anschließend abgedruckt –, und der Briefschluß, B.J.W.)

Edmund Wendland

Eine Erzählung vom Schreiben in unserer Familie.

Ich bin aus Ostpreußen, ein Deutsches Land mit überwiegender Landwirtschaft. Dort hatten meine Eltern einen mittleren Bauernhof. Während ich als Lehrling das Schmiede- u. Schlosserhandwerk erlernte, waren meine beiden jüngeren Brüder noch schulpflichtig und besuchten die dortige Volksschule auf dem Lande.

Als ich meine Lehrzeit am 1. April 1933 beendet hatte, ging ich nach kurzer Gesellenzeit am 4. Dez. 1933 nach Tilsit zur Polizei. Während meiner Lehrzeit war ich jeden Sonntag zu Hause, da am Samstag noch den ganzen Tag gearbeitet wurde. Bei der Polizei bin ich dann so alle 6–8 Wochen übers Wochenende nach Hause gefahren.

Das Schreiben, ganz gleich worum es sich auch gehandelt hat, war – insbesondere bei meinem Vater – immer schon ein Problem. Die geschäftlichen Angelegenheiten, die mein Vater als Landwirt zu erledigen hatte, ließ er, wie alle anderen Bauern auch, beim Dorflehrer, Gemeindeschreiber oder, wenn es eine ganz wichtige Sache war, auch bei einem Anwalt in der Stadt schreiben. Aber wenn es eine Möglichkeit gab, das Geschäft per Handschlag zu erledigen, dann hatte dieser Handschlag beim Abschluß mehr Gültigkeit als jedes andere Schreiben von einem Notar mit sieben Siegeln.

Nur private Briefe, das waren bei uns zu Hause fast unüberwindliche Probleme. Das ging dann folgendermaßen vor sich:

Zuerst hat meine Mutter mindestens 3 mal in der Woche den Vater daran erinnert, daß *seine* Eltern vor 3 Monaten geschrieben hätten und deren Brief immer noch nicht beantwortet ist. Diese Ermahnungen hörte sich mein Vater so 4 Wochen an, und dann faßte er den Entschluß, daß am nächsten Sonntag Vormittag geschrieben wird. Der übliche Kirchgang an diesem Sonntag fiel dann aus.

Nach dem Frühstück am Sonntagmorgen legte dann mein Vater Briefpapier – kariert oder auch mit Linien – auf den Tisch, dazu das halbausgetrocknete Tintenfaß und den Federhalter mit der halbverrosteten Feder. Diese heilige Handlung war nun geschehen. Jetzt drehte der Vater noch kurz an seinem Schnurrbart, damit die Spitzen schön hoch standen, und dann ging es los. "Mutter, den wievielten haben wir heute?" Die Mutter sagte das Datum. Bis das Datum jetzt geschrieben war, hat mein Vater noch einige herzerfrischende Worte über die verdammte Feder und die schlechte Tinte von sich gegeben. Endlich stand das Datum. Dann fing er an: “Liebe Eltern, teilen Euch mit, daß wir noch alle gesund und munter sind und hoffen von Euch dasselbe.” – Pause –

Nach einer Weile des geistigen Nachdenkens kam dann die Frage: “Mutter, was noch?” Meine Mutter sagte dann: “Schreibe doch, daß wir den Brief erhalten haben und bisher keine Zeit zum Schreiben hatten.” Mein Vater: “Sehr richtig, wir hatten keine Zeit zum Schreiben.”

Endlich hatte er dann auch die zwei Sätze zu Papier gebracht. Nach einer ganzen Weile kam dann wieder die Frage: “Mutter, was soll ich noch schreiben ?” Dann kam wieder von der Mutter die Anleitung, na schreib doch, daß von 4 Gänsen bereits die Güssel (kl. Gänsküken) gekommen sind, 5 Glucken sitzen noch auf ihrem Nest, 2 Kühe haben gekalbt und die zwei Kälber haben sich gut entwickelt und stehen zum Verkauf. Die Kartoffeln sind bereits gepflanzt, und das Getreide auf den Feldern steht recht gut. Beim Wintergetreide ist durch den lang anhaltenden Schnee kein zu großer Schaden eingetreten.

Ich war damals als Lehrling 17/18 Jahre alt, und wenn ich an so einem Sonntag gerade zu Hause war, mußte ich manchmal rausgehen, um nicht vor den Eltern lachen zu müssen, wenn meine Mutter den Inhalt des Briefes so angegeben hat.

Nach zwei Stunden Briefarbeit war dann alles Bäuerliche aufgezählt. Zum Schluß kam dann nochmals, daß wir alle gesund und munter sind. Es wurde dann noch um recht baldige Antwort gebeten.

Als ich dann schon bei der Polizei war und gelegentlich übers Wochenende nach Hause kam, war es für meinen Vater eine Erlösung, daß ich dann aber auch restlos alles Private und Geschäftliche schriftlich erledigen mußte. Mein Vater kam dann immer mit der Ausrede: “Junge, wenn man auf die 60 ist, dann läßt das Gedächtnis zum Schreiben sehr stark nach.” Der alte Herr war nun glücklich, jemanden zu haben, der ihm diese so schwere Arbeit abnehmen konnte. Man kann wohl sagen, 100 Zentner Getreide verladen war nicht so schwer, wie einen Brief zu schreiben.

Ja, damals hatte man noch Zeit, am Sonntag Vormittag 2 Stunden lang einen Brief mit 4 kleinen Seiten und mit 6–8 Sätzen zu schreiben. Wer von der heutigen Jugend glaubt das noch, wenn er es selbst nicht erlebt hat. Selbst meine Tochter sagt heute zu mir: “Vati, das darf doch nicht wahr sein.” Leider war es aber so, und nicht nur bei uns, sondern bei vielen, vielen anderen Bauern ebenfalls.

Leo Pohl
(Postbeamter, geb. 1914)

Meine Erlebnisse mit dem Schreiben

Während meiner Mittelschulzeit in einer kleinen, sudetendeutschen Stadt hatte ich einen etwas älteren Freund, der ein weiter entferntes Gymnasium besuchte. Beide stammten wir aus einem Dorfe mit etwa 2000 Einwohnern und kamen eigentlich nur in den Ferienzeiten zusammen. In diesen Wochen wurden aber nicht nur die tollsten Streiche gemeinsam ausgeheckt und ausgeführt, sondern es kam auch etwas geistig Befruchtendes dabei heraus. Wobei ich von ihm, dem Gereifteren und Klügeren, manches lernte, das mir später zum Vorteil gereichte. Dazu gehörte auch das Reimeschmieden. Dichten wäre wohl zu hoch gegriffen? Handelte es sich doch anfänglich in der Hauptsache um Knüttelverse humorvollen Inhalts, die ich versuchte, mehr oder weniger geschickt nachzuahmen. Mit der Zeit wagte ich mich dann auch an Reime ernsteren Inhalts heran. Der Ansporn war da, wenn mir auch die klassischen Versmaße ein spanisches Dorf blieben, mußte das eine oder andere Gedicht doch Aufsehn erregt haben.

In einer Deutschstunde wurde so ein von mir geschaffenes Versgebilde vom Klassenlehrer vorgelesen, dem ich es zur Begutachtung vorgelegt hatte. Ich glaube es handelte sich um ein Loblied auf die Mütter, und da gerade deren Ehrentag vor der Türe stand, wurde es von dem Pädagogen in eine dafür günstige Deutschstunde eingeschoben. Über den Applaus in der Klasse kann ich heute nicht viel sagen, aber gejohlt oder gezischt wurde nicht. Daß da meine Brust etwas anschwoll und der Eifer zum Dichten neuen Auftrieb bekam, dürfte wohl die logische Folge gewesen sein. Leider befindet sich von den damaligen Reimen nichts mehr in meinem Besitze.

Nach Abschluß der Mittelschule besuchte ich eine Textilfachschule. Der hier zu behandelnde Stoff lag weitgehend im technischen Bereiche und der Deutschunterricht genoß nur untergeordnete Bedeutung. Die Folge: Das Dichten geriet bald in Vergessenheit, was wohl teilweise auch auf die selten gewordenen Zusammentreffen mit meinem Freunde zurückzuführen war.

Es verflogen die Jahre, teils in Arbeitslosigkeit, teils mit Beschäftigung im elterlichen Gastwirtschaftsbetriebe. Eine Zeit deprimierender Einflüsse und einer persönlichen Entwicklung, die viel von meinem gesundheitlichen Zustand bestimmt war. Versuche dem Negativen zu entkommen gab es schon, aber einen wirklichen Haltepunkt fand ich eigentlich nur im Singen und Musizieren. Da ich keinen schlechten Bariton besaß, nahm ich Gesangsunterricht bei einem

Organisten in Freiwaldau (Ostsudeten). Das erfolgte über Jahre hinweg, und diese Betätigung führte mich auch für einige Monate an das Konservatorium in Prag. Leider ließ sich mein Stimmumfang nicht in dem erwünschten Umfang ausweiten, und so verlor das Ganze in den Jahren 1938–1939 völlig seinen Reiz. Aber die viele Beschäftigung mit Schubertliedern dürfte meinen Hang zum Lyrischen, zum Romantischen gefördert haben, was sich später im beliebten Auswendiglernen von Gedichten aller Art niederschlug. Beim Wacheschieben oder den vielen einsamen Stunden, die es im Kriege genügend gab, rezitierte ich Gedichte. Das hat sicherlich bei der sich später wieder einstellenden Schreiblust eine Rolle gespielt.

Es kam der Anschluß des Sudentenlandes an das Deutsche Reich, und damit versuchte ich es in einem anderen Berufe, und zwar bei der Deutschen Reichspost. Ein Jahr später begann der große Krieg, und noch im Herbste 1939 holte man mich zur Wehrmacht. Während des Völkerringens, wo ich nach meiner Ausbildung als Feuerwerker zum Heereszeugamt nach Breslau kam, versuchte ich es wieder mit meiner Stimme. Ein Sänger nahm sich meiner an, aber außer einem netten Zeitvertreib wurde nicht viel daraus. Die Stimme behielt ihren spärlichen Umfang. Dann hatte ich 1944 ein entscheidendes Erlebnis, das mich wieder zur Feder greifen ließ. Ich gehörte damals zum Stabe einer Nachschubeinheit, die ihren Standort in Kecskemet (Südungarn) hatte. Vorübergehend wohnte ich da in einer ungarischen Kaserne, wo ich Zeuge folgenden Vorgangs wurde:

Wegen eines geringfügigen Vergehns, ich glaube es handelte sich um eine zeitlich etwas längere Überschreitung des Zapfenstreiches, wurde ein ungarischer Soldat aufgehängt. Nicht, wie Sie vielleicht meinen, im Sinne einer Hinrichtung. Oh nein, so weit ging das wieder nicht. Aber es wurden ihm immerhin vor versammelter Mannschaft die Hände auf den Rücken gebunden und der längere freie Teil des Strickes lief dann durch einen auf einem Galgen befestigten Ring in die Hände des Henkers zurück. Vielleicht ist der Begriff "Henker" etwas übertrieben, aber seine Tätigkeit war mit der eines Scharfrichters durchaus vergleichbar. Er hatte nämlich die Aufgabe, langsam den Strick anzuziehen, was sich zu einer äußerst schmerzvollen Prozedur für den Delinquenten auswirkte. Damit wurden seine gestreckten Arme in einen unmöglichen Winkel zum Körper gebracht, bis das Opfer sich immerzu streckend auf den Zehenspitzen stand. Instinktiv wollte wohl der Gequälte mit der Aufrichtung des Körpers die Schmerzen lindern. Aber das half nur vorübergehend. Man ließ ihn nämlich in dieser Haltung längere Zeit stehen, bis er ohnmächtig am Stricke hing.

So eine mittelalterliche, an finsterste Zeiten erinnernde Prozedur empörte mich maßlos. Angewidert wandte ich mich ab, und die in mir aufgestaute Wut verlangte nach einem Ventil. Ein Protest bei den Ungarn? Zwecklos, die hätten mich lediglich ob meiner Empfindsamkeit ausgelacht und mich auf die liebenswürdigste Art, als wäre dies nur eine Lappalie, zu einem Umtrunk eingeladen. Erfolgversprechender erschien es mir, die Sache aufzuzeichnen, zu kommentieren und eventuell zu veröffentlichen, wenn mir die Darstellung dieses empörenden Vorganges einigermaßen gut gelingen sollte. Ja schön, aber in welcher deutschen Zeitung? Alle waren gleichgeschaltet, und die Zensur ließ so etwas sicherlich nicht durch? Wie hätte man damals einen Verbündeten, einen Waffengefährten mit solcher Anklage konfrontieren können? Also blieb es bei der Niederschrift. Aber einen Vorteil hatte das Ganze, ich bekam wieder Spaß am Schreiben und dies hat bis heute angehalten.

Nach dem Kriege und zweijähriger ruß. Gefangenschaft landete ich in Baden-Württemberg, wo ich nach kurzer Erholungszeit meine Arbeit bei der Bundespost wieder aufnahm. In meinem ersten Artikel, der in einem Stuttgarter Blatt veröffentlicht wurde, behandelte ich das Thema "Zeitungen in Rußland." Ihre besondere Art der Nachrichtenanordnung, die ja ganz anders ist als wir es gewohnt sind, stand da im Mittelpunkte meiner Betrachtungen. Rekordistenergebnisse, Normüberschreitungen auf der ersten und Außenpolitik auf der letzten Seite. Das reizt zum Lesen von rückwärts nach vorn.

Es folgten abwechselnd Beiträge für Gewerkschaftszeitungen, hauptsächlich für die "Deutsche Post" (Organ der Deutschen Postgewerkschaft), für Heidenheimer und andere Tageszeitungen, für postalische Fachblätter wie die "Postpraxis" u.a.m. Zugleich nahmen die Aufzeichnungen von Erlebnissen aus meiner Heimat einen breiten Raum ein. Dazu kamen Leserzuschriften, die die verschiedensten Themen behandelten. Später spezialisierte ich mich eine zeitlang auf Glossen und humorvolle Betrachtungen aus unterschiedlichen Bereichen.

Nachdem ich in den Ruhestand trat, nahm auch der Umfang schriftstellerischer Arbeiten zu. Was sich deutlich in der Herausgabe eines Büchleins manifestierte. Über Jahre hinweg hatte ich wahre, humorvolle Begebenheiten gesammelt, die mir erzählt wurden oder in denen ich selbst, mit ironischer Selbstbetrachtung gewürzt, eine Rolle spielte. Ihr belustigender Inhalt schien mir durchaus wert, der Nachwelt erhalten zu bleiben, und das ging wohl nur über eine Zusammenfassung in Form eines Bändchens. So erschien vor fast drei Jahren das kleine Büchlein (...).[8]

Nun, ein Erfolg wurde es nicht, aber der Anfang ist gemacht. Die erste Auflage von rund 800 Stück ist verkauft, wobei ich den größten Teil der Werbearbeit

8 Buchtitel auf Wunsch des Verfassers ausgespart, B.J.W.

selbst übernommen hatte. Es folgte dann noch eine wesentlich geringere zweite Auflage, die erst teilweise abgesetzt ist. Durch die unfaire Haltung des Verlegers ist mein Interesse an einer weiteren den Absatz fördernden Tätigkeit wesentlich gesunken. Für mich entpuppte sich dieser Versuch als ein Verlustgeschäft, da ich als Anfänger auf diesem Gebiete die Herausgabe fast gänzlich finanzierte und dann nur mangelhaft an den Erträgnissen, entgegen den Abmachungen (leider nur mündlichen), beteiligt wurde. Ich weiß nicht, ob es in diesem Geschäft (bei Neulingen) üblich ist, den Autor stets angemessen zu beteiligen oder nur der Vorteil des Verlegers eine Rolle spielt? Ich mußte jedenfalls das Zweite bestätigt finden!

Dennoch hat mir das Betreten dieses Neulandes viel Spaß gemacht. Lob und Tadel, bezüglich Inhalt und Preis, berechtigte Kritik und oberflächliche vom Neid diktierte Stellungnahmen hielten sich die Waage. Die zuerst aufkommende Resignation schlug aber alsbald in eine Trotzreaktion um, und heute erfaßt mich ungehemmt neuer Schaffensdrang.

Jetzt arbeite ich überwiegend für verschiedene Heimatzeitungen, Jahrbücher, wobei der schles. Dialekt nicht zu kurz kommt. Zuweilen beteilige ich mich an Preisausschreiben, bei denen schriftstellerische Arbeiten prämiiert werden. Tageszeitungen sind einem jetzt ganz verschlossen, denn ihre Sparmaßnahmen lassen freien Mitarbeitern kaum eine Chance. Der Humor genießt bei mir, gegenüber allen anderen literarischen Geschmacksrichtungen, noch immer den Vorzug. Deshalb bereite ich auch ein zweites Büchlein vor, mit dem ich wieder versuchen will, die Lachmuskeln meiner Leser in Bewegung zu setzen. Die bis jetzt gesammelten Erfahrungen können mir dabei von Nutzen sein, und so hoffe ich ein wesentlich verbessertes Büchlein dem ersten folgen lassen zu können. Zugegeben, der Buchmarkt ist total übersättigt, doch glaube ich, daß für die Vielen, für die Leser mit einfachen Ansprüchen, zu wenig geschrieben wird. Vielleicht macht man sich da etwas vor, aber wer läßt schon das Schreiben und Pläneschmieden in diesem Metier, wenn er einmal vom Zauber des selbst geschriebenen Wortes erfaßt ist?

Werner Vieth
(Kriminalbeamter, geb. 1914)

Meine Erlebnisse mit dem "Schreiben" als Hobby.

Stets fort stören Rundfunktöne:
Zivilisationsgestöhne!
Plattenboxen, Fernsehn, Klo:
Immer rauscht es irgendwo! –
Halt den Denkschirm krankhaft fest
Gegen diese Rieselpest.
Sollt' es dennoch weiter nieseln:
Gassi gehn und selber rieseln!

(Aus meinem Büchlein "In die Pfanne geschlagen")

Da liegt mein Hauptmotiv fürs Schreiben: Abwehr der ständigen Beeinflussung und Berieselung, der Manipulationsversuche. Raus aus der Passivität, kreativ tätig sein.

Natürlich spielt auch der Ehrgeiz eine Rolle, der Ehrgeiz, eigene Gedanken druckreif zu artikulieren und sich so den anderen Menschen mitzuteilen.

Bei meinem Hobby entfallen materielle Gründe. Ich empfinde ganz deutlich, daß ich nicht schreiben könnte, wenn es dem Broterwerb dienen würde.

Auch könnte ich nicht schreiben, wenn in irgendeiner Form ein "Muß" von außen dahinter stehen würde.

Ich muß beim Schreiben das Bewußtsein haben, etwas von Bedeutung sagen zu können, das den Nächsten anregt, unterhält, zum Nachdenken oder zum Lachen bringt.

Zum Schreiben muß ich Zeit haben, und es muß mir Freude machen. Dabei bevorzuge ich Verse, heiter-besinnliche, denn Humor scheint mir die wichtigste Medizin zu sein. Verseschmied ist jeder sicher einmal gewesen. Man hat dabei Vorbilder, und ich bin mir völlig klar darüber, daß ich bei weitem nicht an sie herankomme. Dazu fehlt mir einfach die notwendige Begabung und das Talent. Da gibt es Eugen Roth, Fred Endikat, Christian Morgenstern, Joachim Ringelnatz und viele mehr. –

In meinem Beruf hatte ich u.a. eine umfangreiche Bibliothek zu betreuen. So las ich viel und habe mich auch schon mal an das Schreiben von Prosa herangewagt. Roman- oder Novellenschreiben? Poetische Ader? Schön wär's! Aber Tatsache ist, daß mir auf Wörter und Sätze immer gleich Reime einfallen, so daß ich gern "Sprüche klopfe". Das Schreiben von Romanen oder Novellen ist jedoch nicht drin. Sog. “Schriftstellerinstitute” (“Schreiben Sie gern?”) locken ja stets mit Anstachelung (im wahrsten Sinne des Wortes) des Ehrgeizes. Oder man spricht von “Selbstverwirklichung”, die aber meist nur zur Selbstüberschätzung führt. Man soll glauben, durch das Lernen einiger Regeln könnte man so eine Art zweiter Thomas Mann oder Ernest Hemingway werden, oder mindestens Trivialschriftsteller wie Johannes Mario Simmel bzw. Heinz G. Konsalik. Man wird jedoch normalerweise nicht einmal Verschnitt. Von beachtlichen Honoraren wird gesprochen, denn auch die finanziellen Vorteile werden herausgestrichen. Ruhm und Geld, mit diesen Lockmitteln wollen diese Schulen lediglich ihre teuren Heftchen vertreiben. Man kann sich sehr gut selbst informieren, gewisse Grundregeln fürs Schreiben lernen. So habe ich mir z.B. einige Bücher gekauft: “Das Manuskript”, ein umfangreiches Handbuch für angehende Autoren, Lektoren und Verleger; Hans Reimann “Hinter den Kulissen unserer Sprache”; Alfred Behrmann “So schreibt man Kurzgeschichten”. Und dann habe ich mich an einem “Volksstück” versucht (Onkel Otto der Große). Liegt aber auf Eis.

Als 10-jähriger habe ich zum ersten Mal ein Gedicht (“Maikäferschlacht”) geschrieben (in einer Jugendzeitschrift veröffentlicht worden). Und dann kam das sog. 3. Reich. Da wurde die Kreativität abgewürgt. Ein Fachartikel über Jugendkriminalität für die Zeitschrift “Kriminalistik” wurde durch die Zensur nicht genehmigt. Erfahrung: In einer Diktatur hat die schöpferische Initiative keine Chance, da verwechselt man Kopf mit Kehlkopf. –

Als ich 1945 in englische Kriegsgefangenschaft geriet, brach die Lust am Schreiben sofort wieder durch. Die plötzliche Meinungsfreiheit wirkte äußerst stimulierend. So schrieb ich laufend Verse für das “schwarze Brett”, Artikel für die Lagerzeitung und einen Leserbrief an den “Manchester Guardian”, der auch veröffentlicht wurde. Die “Belohnung” war ein Kursus an der Kriegsgefangenenschule Wilton Park und ein einsemestriges Studium an der Universität Sheffield.

Wieder in Deutschland, kam meine Anstellung beim Bundeskriminalamt. Und dann “fraß” mich mein Beruf auf. Ich schrieb lediglich mein eingangs erwähntes Büchlein mit heiter-besinnlichen Versen. Mein Hobby für die knappen Mußestunden. Allerdings habe ich bei Betriebsfesten gern den Conferencier gespielt und dann natürlich auch eigene Beiträge gebracht, besonders über Amtsereignisse. Menschliches – Allzumenschliches war und ist mein Lieblingsthema.

1963 – der verstorbene Fernsehshowmaster Peter Frankenfeld hatte mein Büchlein gelesen – wurde ich nach Berlin zum ZDF eingeladen, um Gedichte vorzutragen. War ein herrliches Erlebnis. Ein bißchen stolz war ich schon, mich später im TV sehen zu können (war eine Aufzeichnung), zumal alles klappte, weder Lampenfieber noch Steckenbleiben.

Nach meiner Pensionierung 1974 habe ich nun wohl Zeit, aber zu größeren Sachen habe ich keine Lust mehr. Menschliche Kontakte interessieren mich mehr. Die bekomme ich u.a. reichlich durch Leserbriefe und TV-Kurzkritiken. Die Flut von Neuerscheinungen bei der letzten Buchmesse in Frankfurt/Main bremst mich ebenfalls ab. Und wozu? Ich müßte dann etwas wirklich Wesentliches erzählen können, wäre zu lange gebunden. Es gibt so viele, die besser schreiben.

Nun, durch den Fernsehwettbewerb des SDR, habe ich mich irgendwie angesprochen gefühlt, wollte alte Erinnerungen aus der Zeit meiner Kriegsgefangenschaft wieder lebendig werden lassen. Erinnerungen, die vielleicht ein Stückchen Lebenshilfe bringen, Erinnerungen, die zeigen, wie man mit jeder Situation fertig werden kann. Fazit: 2 englische Redensarten, zu einer verbunden – Take it easy and make the best of it!

Was ich bei meiner Erzählung (und auch bei meinen Gedichten) besonders empfinde: ein gewisses Gefühl der Befriedigung und Erleichterung, daß ich etwas Abgerundetes vollenden und einen Druck "loswerden" konnte.

Hans Gothan
(Bankkaufmann, Feldmeister im Reichsarbeitsdienst, Kraftfahrer, Textilkaufmann, geb. 1915)

Mein literarischer Steckbrief.

Schriftsteller bin ich nicht, schreibe nur ein wenig. Was soll ich auch anderes machen als das, denn ein Infarkt, viermal hintereinander, was blieb? Ein menschliches Wrack, nun schon 12 Jahre lang mit einem – ausnahmsweise – noch intakten Verstand.

Erfolg beim Schreiben? Wenn man nur ein Schulze-Müller-Meier-Autor ist, hat man einfach keine Chancen. Ach! Es stimmt ja gar nicht! Einmal hatte ich Erfolg! Es war beim Seniorenerzählerwettbewerb der Volkshochschule der Alten Hansestadt Lemgo! Doch bis dahin ...., aber das im 2. Kapitel!

Schon als Pennäler träumte ich von einem eigen geschriebenen Buch, obwohl ich im Deutschen nur mittelmäßig war. Eine fixe Idee also? Wer weiß das später im Leben.

Während des Krieges führte ich ein Tagebuch. Stichwortähnlich natürlich, denn beim Krachen der berstenden Granaten, dem Töten und Sterben? Und dann Ereignisse, Erlebnisse fein säuberlich niederschreiben? Nach dem Kriege arbeitete ich alles aus, vollendete die Arbeit aber nie! Wer sollte, wollte es lesen?!?

Jahre später – gewissermaßen zur Stärkung meines Geistes, wie es so schön in einem Zeitungsartikel zu lesen war – griff ich wieder zur Feder, hatte ich doch in einer Zeitschrift eine Annonce gelesen, daß die "Hobby-Zentrale in Wien" Feierabendschriftsteller suche, die Kurzgeschichten schrieben. Also schrieb ich eine Kurzgeschichte. Doch das Unternehmen war reiner Schwindel! Daß ich so reingefallen war, ärgerte mich zuerst unheimlich, aber dann: "Alles umsonst das?" überlegte ich weiter und schließlich-endlich nahm ich mir ein Herz (und einen großen Briefbogen) und bot einigen Zeitschriften meine Geschichte an, die mir – tatsächlich – Tür und Tor für manches Fachblatt öffnete, erschienen doch nun jährlich meine Reiseberichte und -ereignisse in den verschiedensten Zeitschriften. Nur meine Kurzgeschichte wollte keiner veröffentlichen. Sie war allen – angeblich – zu lang.

Um für Abwechslung zu sorgen, wagte ich mich auch mal an ein Familienfernsehspiel. "... eine fleißige, sympathische Arbeit..." meinte das ZDF, aber senden? Denkste! Was mich aber nicht davon abhielt, fleißig weiter zu schreiben und die ausführlichen Artikel von einer Englandreise, erlebt mit dem Caravangespann..., es sollten die letzten werden, denn über Nacht wurde ich aus dem vitalen Leben herausgerissen. Infarkt nannte das der Onkel Doktor. Zwar überlebte ich das Inferno meiner Pumpstation in der Brust, aber ich war nur noch ein halber Mensch. Die Gedanken jedoch blieben. Sie wanderten, wanderten zurück. Ich schrieb sie auf. 600 Seiten wurden es, meine – *"Die Memoiren des Herrn Schulze-Müller-Meier"*, mein Erstlingswerk. Aber es war nur eine Sextanerarbeit, das wußte ich bald. "Ich muß es umschreiben!" dachte ich, und ich dachte es oft genug, doch immer noch fehlte mir jegliche Kraft.

"Die Nässe und Kälte hier zuhause..." sagte ich Monate später zu meiner Frau, und wir flogen nach Mallorca. Das heißt, wir wollten es! Statt dessen lungerten wir stundenlang auf dem Düsseldorfer Flugplatz herum. "Streik!" hieß dort die Parole. Erst weit nach Mitternacht erreichten wir endlich unser Hotel. Ich verfluchte die Reise, verfluchte mich selbst, denn nun streikte mein Herz. Eine ganze Woche konnte ich das Bett nicht verlassen. Doch dann ging's aufwärts. Länger wurden meine Spaziergänge. Da! Ein schneller Schritt, ein beißender

Schmerz im linken Bein! Drei Tage später fuhren sie mich mit Blaulicht nach Palma in ein Hospital.

Der Ostersonntag – Auferstehung – hatte für mich doppelte Bedeutung: Endlich war es soweit, daß ich für reisefähig erklärt wurde und wir zurückfliegen konnten. Zuhause angekommen, schleppte ich mich völlig ermattet zur Couch, die mir schon viele, viele Monate vorher als Dauerdomizil gedient hatte. Zufällig fiel mein Blick auf einen Kalender. "30. Januar!" las ich. Es war unser Abreisetag gewesen. "Wieder Wochen, Monate meines Lebens dahin!" dachte ich, "vorbei auch... – Das Buch!" kam mir im gleichen Augenblick in den Sinn. Schon am nächsten Morgen begann ich damit, straffte den Stoff, fügte ein paar Passagen aus meinem Kriegstagebuch ein, sogar für meine Paradegeschichte fand sich Platz, fein säuberlich eingebettet das Ganze in unsere Reise nach Mallorca. *"Bis zu dem Tag"* so nannte ich mein Erstlingswerk in Neuauflage.

Glatte 100 Verlage schrieb ich an, aber keiner war an dem Manuskript interessiert. Meist bekam ich noch nicht einmal eine Antwort. Mittlerweile hatte ich ein zweites Buch begonnen: Episoden vom Camping und Caravaning waren sein Inhalt. *"Campinggarn, gesponnen von ..."*, so sollte sein Titel heißen. Tatsächlich wollte ein Verlag das 250-Seiten-Werk lesen, und ab ging es! In Begleitung meines Erstlings. Ich hatte das Manuskript einfach mit beigepackt.

Lange mußte ich auf eine Antwort warten. Dann wartete ich nicht mehr, denn ich war am Ende, konnte nicht mehr, wollte auch nicht mehr. Da bekam ich eines Tages einen Brief. "... den Roman nehmen wir ..." las ich immer wieder. Das Campinggarn jedoch sollte weiter warten (und es wartet noch heute!)[10]. Ich aber hatte nun ein Ziel. Was ich seit meiner Jugend erträumt hatte, mein Buch, mein eigenes Buch, ich wollte es noch erleben, darin lesen, blättern. So kam ich über die Runden, und eines Tages hielt ich es tatsächlich in meinen Händen, mein "Werk", fein säuberlich gedruckt, in Leinen gebunden. Die ersten Exemplare wurden verkauft. Sogar "Post" bekam ich. "... las es in 2 Tagen!" schrieb mir die Studentin "Beate". "... ein jeder müßte das Buch lesen, ob jung oder alt!" hieß es in einem anderen Brief.

"... ich wünschte, daß eines Tages das Buch ins Französische übersetzt wird!" meinte der Kulturattaché der französischen Botschaft in Bonn (Passagen in dem Buch spielen auch in Frankreich). Doch dann wurde es still, ganz still um das Buch. Zwar wandte ich mich mit einem Schreiben an ..., ja, an wen alle!?! Die Dreihundert hatte ich längst überschritten, meine Handgeschriebenen, denn

---

9 Stimmt nicht mehr: Ein österreichischer Verlag hat das überarbeitete Buch mittlerweile herausgebracht, H.G.

mit der Maschine? Immer noch lag ich auf der Couch und..., da gab ich es endgültig auf.

Mich auch?

"Ich hab' dir was mitgebracht!" sagte eines Tages meine Frau zu mir, und sie stellte einen Schaukelstuhl ans Fenster. Als sie mal zum Einkaufen fort war, wagte ich die wenigen Schritte. Und schaffte es.

So saß ich nun dort wenigstens mal ein paar Stündchen, schaute über die Dächer der Stadt, grübelte, dachte, überlegte. Aber schreiben? Da fiel mir eine kleine Notiz in einer Fernsehzeitschrift auf: "... Südfunk Stuttgart ..., Seniorenwettbewerb ..., Sie schreiben ..., wir spielen ..."

"Warum sich nicht an ein Drehbuch wagen?!?" sinnierte ich, legte mir ein Tablett umgekehrt auf die Knie und begann zu schreiben, links auf dem Bogen das "Bild", rechts der "Ton". Als ich fertig war, schrieb ich das Ganze nochmals ab. Mit der Hand, versteht sich, denn Tippen? Auf einem Schaukelstuhl?

"Ich sitze am Fenster", so lautete der Titel meines Geschreibsels. Es kam sogar in die nähere Wahl, aber zum Schluß: "... leider ..." hieß es in einem ausführlichen Handschreiben. Ich nahm es nur am Rande zur Kenntnis, denn längst hatte ich ein neues Drehbuch in Arbeit genommen. Ein dreiteiliger Krimi sollte es werden: *"Die Flaschenpost".*

"Die Akte kann abgelegt werden!" erklärte ich Monate später meiner Frau, als ich den Mordfall in meinem Spiel aufgeklärt hatte und ich somit die letzte Seite des Drehbuches niederschreiben konnte. Sie blätterte eine Weile in dem dick gewordenen Band, las hier und da eine Stelle, schüttelte dann mehrmals den Kopf. "Tut mir leid, aber dein Handgeschriebenes ist noch schlechter zu entziffern als die Klaue von Doktor Meyer, und dessen Hieroglyphen kann schon kein Mensch lesen!" stellte sie ein klein wenig verlegen fest, und wenn ich spätnachmittags im Schlafzimmer verschwand, weil mir die Kräfte fehlten, schrieb sie das 360-Bild-Ton-Seitenwerk mit der Maschine ab.

"Wir machen keine Dreiteiler!" meinte der WDR, als ich ihnen das Drehbuch anbot.

"Natürlich können Sie uns Ihr Exposé einmal vorlegen!" schrieb der NDR, "aber senden können wir es bestimmt nicht!"

"Wir finden es nicht gut!" bestätigte das ZDF. (Immerhin hatten sie es gelesen!)

Und die anderen Sender? "Kein Geld!" ließen sie mich wissen.

Ich hatte auch kein Geld. Aber etwas hatte ich: Zeit! Viel Zeit! Also schrieb ich das Ganze zu einem Roman um.

Wieder saß ich hinter der Maschine und tippte. Mein Arm schmerzte, meine Schulter bohrte, das Herz stach. "Mach' mal Pause!" sagte meine Frau oft genug. Oft genug pausierte ich auch. Ganze Tage, ganze Wochen sogar. Manchmal schaffte ich nur eine halbe Seite, aber weiter, immer weiter ging's. Endlich konnte ich das Manuskript abschließen. "Ich will den Zeitungsfritzen mal anrufen!" sagte meine Frau zu mir (sie meinte den Kulturallgewaltigen der Zeitung), "die vielen Leserzuschriften von dir und das alles umsonst..., da kann er auch mal was für uns tun!"

Wochen später rief er an. "Ich hab' erst 20 Seiten gelesen, aber ..." Da wußte ich Bescheid und mottete mein Drittwerk ein. Trotzdem begann ich mit etwas Neuem. In langen, schlaflosen Nächten bastelte ich gedanklich eine Unterhaltungssendung fürs Fernsehen zusammen. Am Tage brachte ich mein Erdachtes zu Papier: *"Der ARD-Pokal"*.

"Interessant" bis "reizvoll" war die Reaktion, als ich den einzelnen Sendern meinen Vorschlag unterbreitete, das war aber auch alles. Allerdings, ein Unterhaltungschef war ehrlich. "Die ARD ist ein merkwürdiger Verein!" schrieb er mir in einem ausführlichen Brief. "Schluß!" sagte ich zu meiner Frau, "endgültig Schluß mit dem Schreiben!"

"Wie lange?!?" erwiderte sie und lächelte. Wie recht hatte sie, denn eines Tages bekam ich Post. Das heißt, ein Formular war's eher, das man mir zugeschickt hatte, und nachdem ich alles ausführlich durchgelesen hatte, füllte ich es tatsächlich aus, denn: "Schaden kann's ja nicht!" dachte ich, "wenn mein Name zusammen mit meinem Buch in einem Literaturkalender erscheinen wird." Doch als mir das gedruckte Opus geliefert wurde und ich den Rechnungsbetrag las, fiel ich aus allen Wolken. "Na!" brummte ich, nachdem ich mich von dem Schrecken erholt hatte, "auch diese Hürde nehme ich mit Würde ...".

Und bei jeder passenden und unpassenden Gelegenheit studierte ich das Vielseitennachschlagewerk, denn niemals hatte ich mir vorstellen können, daß es sooooo viele Schreiberlinge gab. Oder daß sie es wenigstens behaupteten, glaubten, hofften, es zu sein.

"Zu welcher Kategorie zählst du dich eigentlich, mein Herr!" sagte ich zu mir selbst. Einstweilen aber ließ ich die Frage noch offen, beschäftigte ich mich doch seit langem mit einem Vermerk einer Annonce, die ich in der dicken Schwarte – Verzeihung: Literatenbuch – zufällig, später nicht mehr ganz zufällig, zum guten Schluß sogar bewußt immer wieder fand: Angaben über literarische Wettbewerbe. "Was meinst du, soll ich mal ein Probeheft bestellen?" fragte ich meine bessere Hälfte, besser gesagt, meine Frau.

Sie meinte "Ja" (und schlug vor, ein ganzes Jahresabonnement zu nehmen). Gleich bei der Lieferung der ersten Zeitschrift fand ich, was mich so interessierte, und das gleich zweimal: Literatur-Wettbewerbe, womit ich zum 3. Kapitel übergehe.

Natürlich war ich mir im Klaren, daß ich keinerlei Chancen hätte. Immerhin aber würden sie meine Ergüsse einmal lesen. So Gott will, sagte ich mir wenigstens (aber dem war wohl doch nicht so, wie ich später feststellen mußte. In einem meiner Geschreibsel hatte ich 2 Seiten zusammengeklebt. Bewußt natürlich. Endeffekt? Oder gibt's welche, die um die Ecke lesen können?)

Nun, einstweilen begann ich fleißig zu wirken und zu werken, soweit mein Luxuskörper das erlaubte, denn immer noch lag ich auf der Couch, und nur ein Stündchen morgens und nachmittags schleppte ich mich zu meinem Schaukelstuhl am Fenster. Aber die Gedanken liefen weiter, eigentlich sogar mehr noch als vorher. Stoff hatte ich ja auch genug, und Seite für Seite füllte ich aus, erst eilig ein paar Stichworte dahingeworfen, anschließend ausführlicher, feiner. Oft genug aber warf ich alles wieder in den Papierkorb, oder verwarf das eine, das andere, um von Neuem anzufangen.

Wieder saß ich an der Maschine. Oft schaffte ich nur einen Bogen. Oft mußte ich sogar ganz aussetzen, wenn mein Herz wie wild hämmerte, raste, plötzlich stehen blieb und.... Nein! Es schlug wieder an. Doch wie lange noch und oft genug sah ich den Blick meiner Frau verstohlen auf mich gerichtet. Aber sie schwieg. "Was soll er auch anderes machen als schreiben, *der* auf seinem Schaukelstuhl am Fenster!" mag sie dabei gedacht haben.

Dann kamen die ersten Resultate. Natürlich war ich nicht dabei! Für den einen Wettbewerb galt ich wohl eine Nummer zu klein, für den anderen lief ich sicherlich "unter ferner liefen". Und das vom Bundeskanzler ausgeschriebene Volksstück? Ich hatte Verständnis für die Wahlentscheidung, besaß ich doch weder einen Professorenhut noch war ich ein Jung-noch-jünger-Sozialist.

Jedoch – wie war's mit dem Wettbewerb, bei dem die Tausender nur so hingeblättert wurden? Da zählte ich auch nicht zu den Arrivierten, gottlob, denn an diesem Tage war ich zu Gast in der Alten Hansestadt Lemgo! Ich war Dritter geworden in dem Seniorenwettbewerb "Geschichten aus meiner Jugend für junge Menschen von heute", herausgegeben von der dortigen Volkshochschule.

"Soll ich hinfahren?" fragte ich meine Frau. "Natürlich!" erwiderte sie, "irgendwie schaukel ich dich schon hin!"

Es war ein Risiko für mich, diese Fahrt, denn seit 8 Jahren war ich nicht mehr unter Menschen gewesen, aber ich wollte dabei sein!

Schwer fiel mir alles, die Feierstunde, die Preisverteilung, die vielen Menschen! Trotzdem, ewig bleibt mir dieser Tag in der Erinnerung, und es ermutigte mich natürlich auch, weiter zu schreiben. Bei dem Internationalen Satirer-Wettbewerb Alekko (Sofia) kam ich sogar in die enge Wahl, und meine Geschichte wurde ins Bulgarische übersetzt. Bei einem anderen Wettbewerb – es handelte sich um ein 15 Minuten-Kindertheaterstück – entschied nur das Los gegen mich, während ich bei dem Wettbewerb "Verkehrssicherheit für Senioren", herausgegeben vom Innenministerium Nordrhein-Westfalen in Düsseldorf, das "Goldene Herz" nebst Urkunde vom Minister erhielt.

Mehr hatte, konnte ich doch wahrhaftig nicht erwarten!

Mittlerweile hatte mein Sortiment Kurzgeschichten einen Umfang von glatten 150 Seiten erreicht, weshalb ich mich einem neuen Metier widmete: Ich schrieb ein Kindertheaterstück mit vollem Programm, das jedoch mit Pauken und Trompeten unterging. Da ich nun aber in Sachen Kinder "arbeitete", begann ich ein Kinderbuch. Eine utopische Geschichte sollte es werden: Vier Kinder reisten zu einem fremden Stern, sein Titel "Vier auf großer Fahrt". Nur langsam kam ich vorwärts. Nicht mit den Gedanken. Sie eilten stets voraus. Das Tippen war's, das mir immer noch so schwer fiel. Weit über 200 Seiten, das ist kein Pappenstiel für einen – fast hätte ich Krüppel gesagt, aber jetzt sagt man ja Behinderter.

Als ich es endlich geschafft hatte, wollten 2 Verlage das Manuskript lesen. Der eine verdonnerte es, der andere dankte. Ich auch, denn eines Tages rief meine Frau mich an das Telefon. "Lemgo!" sagte sie nur, und ich meldete mich. "Gratuliere!" hörte ich eine weibliche Stimme von jenseits des Drahtes sagen, "in dem diesjährigen Erzählwettbewerb für Senioren haben die Schüler und Schülerinnen der 10. Klasse der Grundschule Barentrup-Dörentrup Ihnen den ersten Preis zuerkannt!"

Nun, das war kein Weltereignis, für mich aber bedeutete es viel! Sehr viel!

War es der Beginn weiterer Erfolge? Oder der Anfang vom Ende? Ich wollte, konnte es nicht ergründen. Außerdem war es ja auch völlig belanglos, Hauptsache war's doch, daß ich etwas zu tun hatte, denn es ist schwer, wenn man in seinem Leben immer nur gearbeitet hat und über Nacht auf ein Abstellgleis geschoben wird.

Vielleicht höre ich eines Tages auch wirklich auf mit dem Schreiben. "Wie lange?!?" wird meine Frau dann wieder sagen. Ja! Wie lange?!? Ich weiß es nicht, denn in meiner Lage –, weiß man das da überhaupt? Denn ein Infarkt, viermal hintereinander, was blieb? *"Ich sitze am Fenster"* – *"Bis zu dem Tag"*.

Wann kommt er, der Tag?

Keiner weiß es! Keiner! Aber er wird kommen, und dann..., vorher aber ..., schon vorher werd' ich Schluß machen mit dem Schreiben. Vielleicht doch schon jetzt? Warum auch die Quälerei mit dem Tippen?!? Und lohnen? Nein! Es lohnt wirklich nicht! Viel besser ist es, die Gedanken spielen zu lassen, ohne sie aufzuzeichnen, und keiner kann in mein Gedankenspiel hineinreden! Ganz allein habe ich sie für mich! Kann sie ausrichten, einrichten, wie ich es will, möchte, kreuz und quer, rechts und links, nach vorn, nach rückwärts, und ..., ich weiß es, spüre es: Ich bin ausgebrannt, ausgedörrt! Das Spiel ist aus! Nichts geht mehr! Rien ne va plus. Und wenn ich die große Reise antrete, von der es kein Zurück gibt, nehme ich all meine Gedanken mit! Auch die Gedanken, die ich zu Papier gebracht.

Ob sie wohl einer später liest?

Kaum.

O d e r ? ? ?

Norbert Kortz, Aagje Ricklefs

Von der Veralltäglichung der Schreibgeräte

Mit Federmesser, Sprender und Schleifstein: Zum historischen Umfeld des "Gensskil"

Die Assyrer ritzten ihre Keilschrift in Tontafeln, die Ägypter schrieben mit Tinte auf Pergament, die Römer benutzten Wachstafeln und Pergament. Die Schreibfähigkeit beschränkte sich auf einen kleinen Kreis von Kennern, geschrieben wurde nur wenig. Es gab wissenschaftliche und historische Aufzeichnungen, man schrieb Gedichte, Gesetze und Verträge wurden schriftlich fixiert, Geschäftsbriefe ausgetauscht.

Daran ändert sich bis ins Mittelalter nur wenig. Schreiben ist in erster Linie eine dem Klerus vorbehaltene Sache und findet vor allem in Klöstern und fürstlichen Kanzleien statt. Die Knappheit und vor allem der Preis des aus Tierhäuten gefertigten Pergaments begünstigen diese Tatsache; Bücher, damals handgeschrieben, kosten ein kleines Vermögen:

> "In nicht seltenen Fällen wurden Bücher gegen Weinberge, Wälder und Viehherden getauscht."[1]

Nicht anders als im alten Rom erlernen die Kinder betuchter Eltern in den städtischen Lateinschulen das Schreibhandwerk auf Wachs- oder Schiefertafeln:

> "Kindern brachte man das Schreiben auf Wachs- oder Schiefertafeln bei: mit Tinte oder auch mit Farben, die sich leicht abwaschen ließen, schrieb man auf gefärbte Holztafeln. Diese hatten meist einen Stiel zum Halten. Mit einer solchen Holztafel soll der Aschaffenburger Kantor Gozmar einen Schüler im Jähzorn erschlagen haben."[2]

Einen Umschwung erfährt die Verbreitung des Schreibens mit den sich zunehmend vermehrenden Handelsbeziehungen vor allem Ende des 14. Jahrhunderts. Der umfangreichere Handel hat einen ausgedehnteren geschäftlichen und auch persönlichen Briefverkehr zur Folge. Die Augsburger Kontore der Fugger und Welser hätten nicht Handel im Weltmaßstab betreiben können ohne ein ebenso weitreichendes Netz von Schriftverkehr.

Zwei Dinge erleichtern dem Bürger des späten Mittelalters die umfangreicher gewordene Geschäftskorrespondenz: Das bis dahin gebräuchliche Pergament

---

1 EULE 1955, S. 114.
2 Ebd., S. 160.

wird durch Papier ersetzt; 1390 wird bei Nürnberg die erste Papiermühle Deutschlands gegründet. Gleichzeitig wird der "Gensskil" als Schreibgerät entdeckt. Er eignet sich freilich nur zum Beschreiben von Papier und ist in seiner Zubereitung sehr aufwendig – was schon daraus ersichtlich ist, daß spezielle Anleitungen in Buchform erscheinen, so 1553 die des Schreibmeisters Urban Wyss, das "Cantzly und Formular Buch".[3]

Die Herstellung einer Gänsekielfeder ging folgendermaßen vor sich: Man nahm sie aus einer der fünf äußersten Schwungfedern des Flügels, wobei man der zweiten und dritten den Vorzug gab. Die im Mai und Juni von selbst ausgefallenen Federn hielt man für geeigneter als die gerupften. Dann wurde die Feder durch Erwärmen erweicht, mehrfach unter einer stumpfen Messerklinge durchgezogen, wieder rundgedrückt, getrocknet und anschließend mit einem wollenen Lappen geglättet. Zuvor mußten die Kielhaut abgeschabt, der Kiel entfettet und mit heißer Asche bearbeitet werden.[4]

Unterstützt von neuem Schreibzeug, entwickelte sich vor allem seit der Reformationszeit ein wichtiger Ablösungsprozeß. Die Schrift und das Schreiben profanisieren sich, das Monopol des Klerus auf diesem Gebiet wird entscheidend durchbrochen, Schreiben und Lesen werden breiteren Schichten zugänglich. So reimt der Augsburger Meistersinger Daniel Holzmann 1581 in seiner "Wahrhaftigen und schönen Kunst der Schreiberei":

> "Den Handwerksleuten wohl und gut
> Die Schreiberei viel nutzen tut,
> Wie dann bei uns in deutschen Landen
> Ein sollich Sprichwort ist entstanden:
> Dieser ist nur ein halber Mann
> Der nicht lesen und schreiben kann."[5]

Entsprechend stieg auch die Zahl der Bücher, die Lesen und Schreiben lehrten. Die 1556 erschienene "Schreibkunst von allerhand zierlichen Schriften" z.B. hatte Neuauflagen 1568, 1570, 1577, 1597, 1607 und 1609.

In ein Buch der Brüderschaft der Frankfurter Schlossergesellen haben sich zwischen 1441 und 1524 mehrere hundert Gesellen aus ganz Deutschland eingetragen – ein Beleg dafür, daß sich die Schreibfertigkeit langsam, aber stetig verbreitete. Dadurch, daß das Schreiben alltäglicher wurde, veränderte sich auch das Schriftbild: Die Buchstaben wurden nicht mehr mit der Akribie des mit-

---

3 Schreibkunst 1981, S. 55.
4 POPHAL 1965, S. 48.
5 KUCZYNSKI 1981, S. 180.

telalterlichen Buchschreibers gemalt, die Feder wurde jetzt rascher geführt, die Schriftzüge wurden fließender.

"Wie umständlich die Schreibarbeit selbst in Kreisen war, die damit vertrauten Umgang hatten, beweist eine Stelle aus einem Brief Heinrichs von Nördlingen, des Mystikers des 14. Jahrhunderts, dem wir die älteste uns erhalten gebliebene Briefsammlung in deutscher Sprache verdanken: 'Ich schrieb mit licht, dar umb ist die Schrift nit gut.' In einer anderen Entschuldigung heißt es: 'Hab' gar eine böse Feder.' Daher auch die alte sprichwörtliche Redensart: 'Wenn der Schreiber nichts taugt, gibt er der Feder die Schuld.'"

Wilhelm EULE. Mit Stift und Feder, Kleine Kulturgeschichte der Schreib- und Zeichenwerkzeuge. Leipzig 1955, S. 61f.

"Alles schreibt, es schreibt der Knabe
Der Greis, die Matrone..."

Mit diesen Worten – entnommen der Werbung einer führenden Füllermarke – beginnt ein Gedicht Schillers. Er zeigt sich darin erstaunt über die damalige Ausbreitung der Schreibfertigkeit – die aber von heute aus gesehen gar nicht allzu groß war. Breitere Volksschichten als früher beherrschten zu Schillers Zeit zwar das Schreiben, aber noch längst nicht alle. Das Gros der Bevölkerung, vorwiegend Bauern, blieb in dieser Hinsicht ungebildet. Zwar war die allgemeine Schulpflicht schon lange eingeführt, in Preußen z.B. seit 1717, aber Lese- und Schreibfertigkeiten wurden in den Dorfschulen nur begrenzt vermittelt. Das lag nicht zuletzt an der Qualifikation der Lehrer: So befähigte in Preußen bis 1779 die Tatsache, daß er Soldat gewesen war, einen Menschen schon dazu, Schullehrer zu werden, auch wenn er völliger Analphabet war. Ähnlich verfuhren die Feudalherren mit ausgedienten Tafeldeckern, Jägern und Hausdienern. Johannes Büel erzählt in seinen "Bemerkungen für Landschullehrer und Freunde derselben" folgende Geschichte:

> "Ein Bauer kam zum Pfarrer und meldete sich zu dem Amte. 'Könnt Ihr lesen?' fragte der Pfarrer. 'Nein' antwortete jener, 'das kann ich nicht; aber es kommen große Buben in die Schule, und diese werden mir das Ding schon zeigen'."[6]

---

6 KUCZYNSKI 1981, S. 196.

Gegen den Anspruch, Wissen zu erwerben, stand zudem für die bäuerlichen Kleinfamilien der primäre Anspruch, das eigene Existenzminimum zu sichern. Die Kinder waren in erster Linie da, um mitzuarbeiten:

> "Sie waren eben wirklich 'Erwachsene' mit sieben Jahren oder gar noch früher und hatten das Leben von Erwachsenen zu führen."[7]

Und warum sollten die Kinder etwas lernen – sie würden ja auch nichts anderes werden als die Eltern, und die waren in der Regel auch auf keiner Schule gewesen. Am schlimmsten traf es auf dem Land die Bauerntöchter.

> "Mit der kunstmäßigen Begründung, sie lernten dann nur Liebesbriefe schreiben und fingen Liebeshändel an, und mit der autoritären Begründung, dadurch werde die Stellung verrückt, die der Hausfrau unter dem Hausherrn gebühre, sollten sie meist darauf beschränkt bleiben, den Katechismus auswendig zu lernen. Ein Lehrer erkärte 1772 lakonisch: 'Bei den virginibus ist das Schreiben nur ein vehiculum zur Lüderlichkeit'."[8]

Das stimmte mit den staatlichen Interessen überein. Durch den Schulzwang erhoffte man sich eine ausreichende Anzahl von Beamten, die lesen, schreiben und rechnen konnte. An eine Demokratisierung des Schreibens allerdings war nicht gedacht. In der 1799 erschienenen Schrift "Über die Verbesserung des Landschulwesens vornehmlich in der Churmark Brandenburg" von F.S.G. Sack heißt es:

> "Eine Ausbildung über die Sphäre hinaus, in der man eigentlich wirken soll, macht unzufriedene, unruhige und unnütze Menschen, und in dieser Rücksicht ist es allerdings wahr, daß es nicht gut sei, den Bauern zu klug zu machen (...)." Es sei "auf dem platten Lande genug, wenn sie ein bisgen lesen und schreiben lernen; wissen sie aber zuviel, so laufen sie in die Städte und wollen Sekretairs und so was werden (...)."[9]

Ähnliches steht noch in dem 1852 erschienenen zweiten Band des Nachlasses Friedrich August Ludwigs von der Marwitz:

> "Statt daß bis dahin der Religionsunterricht als das einzige absolut Nothwendige betrachtet wurde, daher auch fertiges Lesen der Bibel und des Gesangbuches und Schreiben für Diejenigen, die es besonders bezahlten, wozu drei Stunden wöchentlich, den Winter hindurch, vollkommen zureichten, wird jetzt Deutsche Sprache, Rechnen bis zu den Brüchen und Proportionen, Geographie, Naturgeschichte, Botanik und allgemeine Geschichte gelehrt (...). Sie schreiben sämmtlich gut, vorzüglich die Mädchen, die, nachdem sie die Schule verlassen, nie in ihrem Leben wieder eine Feder anrühren. (...) Da sitzen denn die kleinen Kinder Jahre lang, täglich 6 Stunden, die Fibel mit den Buchstaben, und späterhin mit kleinen Sätzen, vor der Nase, um die Buchstaben und das Le-

---

7 KUCZYNSKI 1981, S. 194.
8 Ebd., S. 198.
9 Ebd., S. 199f.

sen zu erlernen, dann mit Schreibbüchern, um Striche und einzelne Buchstaben zu machen."[10]

Marwitz weiß, warum es für ihn, für seinen Stand gefährlich werden kann, wenn die Quasi-Leibeigenen das Lesen, Schreiben und Rechnen lernen. Sie können so effektiver widersprechen. Und so schreibt Marwitz über die "gebildeten Bauern":

"Ich selbst bin jahrelang in dem Irrthume gewesen, mir zu Dienstboten immer solche auszusuchen, die wegen ihrer Capacität in der Schule berühmt waren, und bin jedesmal betrogen worden, – sie waren faul in ihrem Geschäft, praktisch ganz unbrauchbar, merkten und begriffen gar nichts, aber hochmüthig, Prahlhänse, und bisweilen Galgenvögel waren sie.

Jetzt nehme ich nie einen sogenannten Klugen, sondern immer die ruhigen, die sich sonst gut aufführen, aber von der Schulweisheit durchaus nichts begreifen können. Diese sind praktisch und merken und begreifen Alles, was sie sehen, nicht aber, was ihnen vorgeredet wird. (...) Ich nehme schon lange nur die Dummen, die eben sind klug in dem, was ich brauche."[11]

Auch in der zweiten Hälfte des 19. Jahrhunderts hapert es noch immer mit der Demokratisierung der Schreibfähigkeit. 1872 schreibt Wilhelm Liebknecht:

"Mit dem Lesen und namentlich dem Schreiben, das in deutschen Schulen erlernt wird, hat es (...) seine eigentümliche Bewandtnis. Bei den Rekrutenaushebungen findet sich, laut amtlicher Statistik, eine ganz beträchtliche Zahl von jungen, in Deutschland geborenen und 'erzogenen' Leuten, die weder lesen noch schreiben können. Das zeigt, daß der Schulzwang vom heutigen Staat nicht mit der gleichen Energie gehandhabt wird wie z.B. der Militärzwang. (...) Der Staat, wie er ist, d.h. der Klassenstaat macht die Schule zu einem Mittel der Klassenherrschaft. Er kann freie Männer nicht gebrauchen, nur gehorsame Untertanen. (...) So wird die Schule zur Dressur- statt zur Bildungsanstalt. (...) Fließend und richtig lesen können nur die wenigsten Kinder, welche die Schule verlassen. Und was das Schreiben anbelangt, so ist das Resultat ein noch weit ungünstigeres. (...) Von den Tausenden von Zuschriften und Briefen, die mir seit Jahren aus Arbeiterkreisen zugegangen sind, ist nur ein verschwindend kleiner Teil orthographisch richtig geschrieben und in stilistischer Hinsicht den mäßigsten Anforderungen entsprechend."[12]

Allzu durchschlagend war der Erfolg der Schulpflicht – ein Erfordernis des jungen Kapitalismus – nicht. Das stürmische Wachstum der Industrie mußte den Volksschulausbau als ökonomisch bedingten Anpassungsprozeß zur Folge haben. So heißt es in einer Rede vor dem preußischen Abgeordnetenhaus 1879:

"Die Lebensbedürfnisse unseres Volkes, die Entwicklung der Industrie (...) hat es mei-

---

10 von der MARWITZ 1852, S. 415–417.
11 Ebd., S. 419.
12 LIEBKNECHT 1979, S. 27.

ner Meinung nach dem Staat zur Pflicht gemacht, für ausreichend gebildete Lehrer der Volksschule zu sorgen."[13]

Ja: Die Industrie brauchte mehr und mehr qualifizierte Arbeiter, die allgemeine Produktionsvorschriften und spezielle Arbeitsanweisungen lesen und über den Materialverbrauch etc. abrechnen konnten. Und eine Analphabetenquote von 13,6 %, wie sie im Jahr 1871 noch in Preußen bestand[14], konnte sich ein aufstrebender imperialistischer Staat nicht leisten.

Faber-Castell & Company. Ein Beispiel für die 'Schreibrevolution' im 19. Jahrhundert

In einer "Zeitschrift für vaterländische Geschichte" findet man im Jahr 1900 folgenden stolzen 'Blick zurück' auf die rasante Entwicklung im 19. Jahrhundert:

> "Erst als der Weltverkehr durch die Eroberung der Dampfkraft für die Dienste der menschlichen Arbeit der bewegende Hebel eines neuen Kulturlebens wurde, als die Schrift sich mehr und mehr zur kennzeichnenden Verkünderin eines neuen, machtvollen, geistigen und wirtschaftlichen Aufschwungs gestaltete, da mußten notgedrungen die althergebrachten Einrichtungen beseitigt werden. Mit rastlosem Eifer strebte man nun dahin, das gesamte Schreibmaterial, den fortgesetzt wachsenden Ansprüchen der Zeit entsprechend, einer durchgreifenden Reform zu unterziehen. Jede neue Errungenschaft, die auf diesem Gebiet auftauchte, bildete die Vorläuferin einer anderen und rief gewerbliche Betriebszweige ins Leben, die gar bald zu wichtigen Gliedern des kaufmännischen Verkehrs emporsproßten. Wir erinnern nur an die neuen Spezialzweige der maschinellen Papierfabrikation, an die entstandenen Industriestätten für die Massenherstellung von Kouverts und Tüten, an die Stahlfederfabrikation, und an die gleichfalls als selbstständige Unternehmungen in die Erscheinung getretenen Tintenfabriken. Was man ehedem in mühseliger und zeitraubender Weise im Geschäftsbetriebe oder zu Hause selbst anfertigen mußte, wurde nun, wo das Schreiben eine Weltbedeutung errang, das Ergebnis eines wichtigen, vielumfassenden industriellen Schaffens."[15]

Von ebensolchem Fortschrittsstolz getragen ist der folgende Rückblick auf das 18. Jahrhundert:

> "Versucht man es z.B., aus Kulturbildern vom Anfang des nun verflossenen Jahrhunderts sich in irgendein kaufmännisches Bureau jener Zeit zurückzuversetzen, so wird man über den riesenhaften Unterschied zwischen dem Damals und dem Jetzt wirklich in Verwunderung geraten müssen. In Räumen, in die nur notdürftig das Tageslicht dringt, die während der Abendstunden von der trübselig brennenden Öllampe nur

---

13 Nach HERRLITZ 1981, S. 93.
14 Geschichte der Erziehung ^{9}1966, S. 409 f.
15 Blick auf die Entwicklung der Schreibmaterialien 1900, S. 138.

schwach erleuchtet werden, sieht man neben dem Handelsherrn die Gehilfen mit dem kratzenden Gänsekiel die geschmacklos gestalteten Briefbögen und die unförmigen Geschäftsbücher beschreiben. Das Kratzen des Federkiels, der die in höchst primitiver Weise im Bureau selbst erzeugte Tinte nicht mehr regelrecht aufzunehmen vermag, wird stärker; ein großer Tintenklecks veranlaßt die jähe Unterbrechung der eiligen Arbeit. Der betreffende Briefschreiber muß nun, falls er nicht eine andere brauchbare Federspule zur Hand hat, vorerst die langwierige und Geschick erfordernde Arbeit des Zuspitzens des alten Schreibkiels unternehmen."[16]

Bis weit ins 19. Jahrhundert hinein war die Gänsekielfeder das gebräuchlichste, weitverbreitetste Schreibgerät. Nicht ohne Grund: Die Auswahl an anderen Schreibgeräten war nicht sonderlich groß. Man hatte die Wahl zwischen der Feder und dem Bleistift.

Bleistifte wurden bis Ende des 18. Jahrhunderts in Kleinbetrieben hergestellt, deren Produktion ausreichte, um den Bedarf des nicht allzu großen Marktes zu decken. Faber-Castell etwa beschäftigt 1784 20 Gesellen und ist damit schon ein mittleres Unternehmen. Allzu groß allerdings darf man sich die manufakturelle Produktion auch hier nicht vorstellen, berücksichtigt man den arbeitsaufwendigen Herstellungsprozeß der 'Bleyweisstefte': Die Holzfassung wird um das 'Blei', einen Graphitstab, geleimt; beides muß zuvor zugeschnitten werden. Aber offensichtlich reicht die Produktion für den Markt um Nürnberg aus.

Mit der zunehmenden Schreibfertigkeit in der wachsenden Bevölkerung beginnt auch der Aufstieg der Firma Faber. Mitte des 19. Jahrhunderts beschäftigt das Stammhaus in Stein bei Nürnberg knapp 600 Arbeiter allein in der Bleistiftherstellung. In einer Presseinformation der Firma heißt es:

"Mit Lothar von Faber kam 1839 der Mann an die Firmenspitze, der das Unternehmen zu seiner ersten internationalen Bedeutung führte. Durch sein Streben nach Qualität – 'mir war es von Anfang an nur darum zu tun, mich auf den ersten Platz emporzuschwingen, indem ich das Beste mache, was überhaupt in der Welt gemacht wird' – setzte sich Lothar von Faber von den meisten übrigen Anbietern ab und fand mit einem Sortiment an Qualitätsbleistiften aufnahmebereite Märkte in seiner Heimat sowie vor allem jenseits der deutschen Grenzen. Lothar von Faber war der erste, der für seine Bleistifte eine einheitliche Länge und Stärke festlegte, der für die unterschiedlichen Minenhärten eine gleichbleibende Härtegradskala entwickelte und der schließlich den sechseckigen Bleistift erfand. Er erschuf damit im vorigen Jahrhundert Richtlinien, die noch heute für die gesamte deutsche Bleistiftindustrie gelten. (...) Schon bald wurde in Deutschland und in fremden Ländern die Bezeichnung Faber als Synonym für Qualitätsbleistifte schlechthin verwendet."

Faber, die große expandierende Schreibgerätefirma im 19. Jahrhundert: ein

16 Blick auf die Entwicklung der Schreibmaterialien 1900, S. 138.

Synonym für Qualität, aber auch ein – wenn auch kleinformatiges – Beispiel imperialistischer Rohstoffpolitik. Dezent heißt es dazu in der schon zitierten Presseinformation der Firma:

> "Auch der geniale Erwerb sibirischer Graphitlager für die Minenherstellung zeigt, wie zielbewußt Lothar von Faber vorausplante. Auf dem 2000 m hohen Berg Batougol, nahe der chinesischen Grenze, sicherte er sich – 'für alle Zeiten', wie es urkundlich heißt – ein Bergwerk mit reichhaltigen Vorkommen reinsten Graphits. Zentnerweise wurde das 'graue Gold' mühsam in großen Blöcken auf den Rücken von Rentieren über ungeheure Strecken durch ein straßenloses Land und dann auf dem Seeweg nach Stein befördert."

Dieser Art von Fernhandel setzte die russische Revolution ein Ende. Immerhin war Faber so vorausschauend gewesen daß die in Deutschland gehorteten sibirischen Vorräte bis 1943 reichten.

Die Faberstifte, keineswegs nur zu volkstümlichen Preisen zu erwerben, sondern auch in der lederbezogenen Luxusbox mit eigenem Spitzmesser, waren weitverbreitet. In der 'Gartenlaube' heißt es zum 100jährigen Firmenjubiläum 1861:

> "Ein guter Bleistift ist wahrlich keine Kleinigkeit. (...) Ein wahres Gaudium ist es, wenn das schöne Blei vom glänzendsten Schwarz bis in die feinsten Silbertöne über die weiße Papierfläche fährt und weder den Zeichner noch den Schreiber in ihrem Gedankenfluge hindert, sondern demselben gazellenfüßig vorauseilt."[17]

Auch Wilhelm Busch machte Publicity für Faber. Sein verhinderter Freizeitpoet Bählamm geht nicht ohne Faberbleistift auf Reise:

> "Die kleine Tasche, buntgestickt,
> Ist schnell gefüllt und zugedrückt.
> Ein Hut von Stroh als Sommerzier,
> Ein Dichterkragen von Papier,
> Das himmelblaue Flattertuch,
> Der Feldstuhl, das Notizenbuch,
> Ein Bleistift Nr. 4 und endlich
> Das Paraplü sind selbstverständlich."[18]

Die eigentliche 'Schreibgeräte-Revolution' im 19. Jahrhundert läutet die Erfindung und serielle Produktion der Stahlfeder ein. Erfunden wurde sie von dem Engländer Joseph Priestley. Er, ein Naturwissenschaftler und Vielschreiber, hatte das ewige Spitzen des Gänsekiels satt und experimentierte an einer dauerhaften Feder aus Stahl. Sein Freund Harrison wertete Priestleys Ergebnisse aus, und 1828 begann dann in Birmingham die industrielle Produktion von Stahlfedern.

---

17 Zit. nach "Satter Strich", in: Der Spiegel, Nr. 23/1981, S. 200.
18 BUSCH, Bd. IV, S. 24.

"Doch ungeachtet der blühenden Entfaltung der Schreibkunst, der bedeutsamen Entwicklung der Papierfabrikation behielt der alte Gänsekiel die unbestrittene Herrschaft auf dem Gebiete der Schrift. Alle Versuche, ihm die eroberte Kulturstellung zu entziehen, scheiterten an der unbeugsamen Macht der Gewohnheit im Menschendasein. Als aber am Ende des 18. Jahrhunderts mit der Eroberung der Dampfkraft für die menschliche Arbeit das Zeitalter des Eisens anbrach, da begann auch bald der Kampf gegen den Federkiel."

Blick auf die Entwicklung der Schreibmaterialien. In: Der Bär. Wochenschrift für vaterländische Geschichte, 25. Jg. 1900, S. 133.

Die Stahlfeder in ihrer heutigen Form – mit langem Spalt und Loch – wurde 1830 eingeführt. Während sie in England, Frankreich und Amerika ihren Siegeszug antrat, vermochte man sich in Deutschland nur schwer vom altgewohnten Schreibgerät zu trennen. Man sah in der harten Feder und dem hölzernen Federhalter ein kleines Spiegelbild der neuen gemütslosen Zeit. Ein Darmstädter Bürgersohn berichtet, er habe als Dreizehnjähriger eine gebrauchte Stahlfeder für sechs Kreuzer antiquarisch gekauft (um 1820 betrug der Preis einer Stahlfeder zwischen drei und zehn Gulden, was der Verbreitung natürlich hinderlich war):

> "Aber der Vater und der Schreiblehrer verdammten das merkwürdige Instrument als ganz aussichtslose Spielerei, welche die Hand verderbe und den edlen Ganskiel nimmer zu ersetzen vermöge."[19]

Die Reaktion der Schreiblehrer und Behörden auf den Wandel der Schreibgeräte müßte noch untersucht werden. Die Zeugnisse, die wir haben, legen den Schluß nahe, daß der Gebrauch neuer Schreibgeräte lange behindert zu werden pflegte:

> "Im Unterrichtsplan für die reformierten deutschen Primarschulen des Kantons Bern von 1845 wurden die Stahlfedern als 'durchaus unzweckmäßig' betrachtet und die Lehrer angewiesen, ihren Gebrauch nicht zu dulden."[20]

Aber solche Verbote können an der Durchsetzung der Stahlfeder letztlich nichts ändern. 1852 wird in Berlin die erste deutsche Stahlfederfabrik gegründet. Auch die Tinte wurde den neuen Schreibanforderungen angepaßt:

19 Nach ENGELSING 1973, S. 126.
20 Schreibkunst 1981, S. 56.

"Die mit der Ausdehnung des Maschinen- und Fabrikbetriebes, mit dem Ausbau des Eisenbahn- und Telegraphennetzes eingetretene gewaltige Verstärkung der menschlichen Arbeitskraft und wunderbare Beschleunigung des Verkehrs, erforderten eine unbedingte Schnelligkeit im ganzen Wesen der Expedition und des Bureaubetriebes. Man hatte keine Muße mehr, sich die Gänsepose anzuspitzen oder sich die Schreibtinte in der benötigten Art zu bereiten. Es entstanden nun zuerst in Frankreich und England, später auch in Deutschland besondere Fabrikstätten zur Fertigung geeigneter Tinten, welche dazu beitrugen, der Schrift die erforderliche Schnelligkeit, Schärfe und Dauer zu verleihen."[21]

Womit wird zu Beginn des 20. Jahrhunderts geschrieben?

Den Kugelschreiber gibt es um 1900 noch nicht, der wird erst in den 40er Jahren erfunden. Die Technologie ist bei manchen Schreibwerkzeugen verbessert worden (Füllhalter), es gibt Stahlfedern und Zubehör in mannigfaltiger Ausführung, auch der Bleistift ist in vielen unterschiedlichen Ausführungen zu erwerben: vom winzigkleinen Reisebleistift mit Minenschutz, der beim Schreiben als Stiftverlängerer dient, bis zum extragroßen Künstlerbleistift, mit dem Bismarck zu schreiben pflegte.

Ein häufig benutztes Schreibinstrument ist der Kopierstift, dessen Schrift im Gegensatz zu der des Bleistifts nicht radierbar und der des Füllers ähnlich ist. Er ist jedoch leichter zu handhaben (kein Nachfüllen von Tinte, kein Klecksen) und vor allem auch wesentlich billiger als ein Füller. Wie überhaupt die Preisfrage zu dieser Zeit von größerer Bedeutung ist, was auch Sparsamkeit durch überlegtes Benutzen der Schreibgeräte zur Folge hat. Jeder noch so kurze Bleistiftstummel wird mit Hilfe eines Bleistiftstummelhalters weiterbenutzt, für den sich in unserer heutigen Wegwerfgesellschaft kein Hersteller mehr findet – lieber wird ein neuer Bleistift verkauft.

"Alljährlich im September, wenn die Schulzeit beginnt
Stehen in den Vorstädten die Weiber in den Papiergeschäften
Und kaufen die Schulbücher und Schreibhefte für ihre Kinder.
Verzweifelt fischen sie ihre letzten Pfennige
Aus dem abgegriffenen Beutelchen, jammernd
Daß das Wissen so teuer ist. Dabei ahnen sie nicht
Wie schlecht das Wissen ist, das für ihre
Kinder bestimmt wird."

Bertolt Brecht: Gesammelte Werke. Suppl.-Bd. 2: Gedichte aus dem Nachlaß. Frankfurt/M. 1982, S. 581.

---

21 Blick auf die Entwicklung der Schreibmaterialien 1900, S. 133 f.

Einen Füller besitzen nur die etwas Wohlhabenderen, zumeist ist er ein Geschenk zur Konfirmation oder zum Abschluß der Berufsausbildung.

Der Kugelschreiber

Bis zur Zeit nach dem Zweiten Weltkrieg gibt es kaum Neuerungen bei den Schreibgeräten des Alltags; dann aber sind sie um so vehementer: Der Kugelschreiber hält seinen Einzug.

Nach einigen gescheiterten Versuchen in den 20er und 30er Jahren wurde der Kugelschreiber schließlich von dem Ungarn Laszlo Biro entwickelt. Biro verwendete statt Tinte eine Paste in der Mine, die nicht auslief. 1946/47 erschienen die ersten Kugelschreiber in den USA, allerdings noch zu horrenden Preisen. Amerikanische Truppen brachten ihn nach Europa, wo sein Ruf zunächst nicht allzu gut war, nicht zuletzt, weil seine Technik zu wünschen übrig ließ.

Auch heute noch, obwohl er mittlerweile perfektioniert ist, haftet dem Kugelschreiber etwas 'Billiges' an, man hört, er sei nur für bestimmte 'untergeordnete' Schreibleistungen zu verwenden. Er hat den Ruf, die Handschrift unsauber zu machen oder sogar zu verderben: Er federt nicht und schreibt immer nur in einer Breite, im Gegensatz zum unterschiedlich breiten Auf- und Abstrich vieler Federn. Für ihn sprechen jedoch sein niedriger Preis und vor allem seine außerordentlich leichte Handhabung. Dadurch nimmt er dem Schreiben das 'Besondere', er nimmt ihm ein Stück Kulthandlung. Das Aufsaugen der Tinte aus dem Faß, das Trocknenlassen der Tinte entfallen. Der "Kuli" macht Schreiben nun wirklich zu etwas Alltäglichem.

Schreibwaren heute. Aus Gesprächen mit Schreibwarenhändlern

Um Näheres über die Verbreitung und den Gebrauch heutiger Schreibutensilien zu erfahren, befragten wir drei Tübinger Schreibwarenhändler nach dem Kaufverhalten ihrer Kunden. Bei den Geschäften handelt es sich um schon länger in Tübingen ansässige (ca. 60, 80 und 100 Jahre), weshalb wir hofften, auch etwas über ein womöglich im Lauf der Zeit verändertes Kaufverhalten erfahren zu können.

Zu den Veränderungen bei der Geschäftsorganisation gehört z.B., daß von der früher üblichen direkten Einzelbedienung des Kunden an einer langen Ladentheke größtenteils auf Selbstbedienung umgerüstet wurde (allerdings nicht bei den teuren Schreibgeräten, da die Gefahr des Diebstahls oder der unsachgemäßen Behandlung zu groß sei.) Dies hatte auch Einsparungen beim Personal zur Folge.

Von Schreibwaren allein können die befragten Händler nicht mehr leben, die Konkurrenz in Form von Kaufhäusern und Supermärkten, in denen man billig einen Zehnerpack Stifte oder ein Füller-Set erwerben kann, ist zu groß geworden. Verschiedene Artikel – wie z.B. Toilettenpapier – sind ganz aus den Schreibwarengeschäften gewichen. Insgesamt machen die Schreibgeräte samt Zubehör nur ca. 25 % des Gesamtumsatzes der befragten Geschäfte aus. Dafür hat sich das Sortiment auf vielerlei andere Artikel, die mit Schreiben direkt oft gar nichts mehr zu tun haben, erweitert. So kann man Porzellan, Nippes-Figuren u.ä. Dinge mehr erwerben.

Was hat sich nun innerhalb des Schreibwarenangebots der besuchten Geschäfte verändert? Besonders das Papiersortiment hat sich vergrößert. Serienweise werden Briefpapiersets verschiedenster Farben und mit aufgedrucktem Muster angeboten, teilweise sogar mit dazu passendem Kugelschreiber, Radiergummi, Notizblock, Feuerzeug. Bei den Schreibgeräten hat der *Füller* zwar kurzfristig durch den Kugelschreiber eine Einbuße erlitten, aber gerade in den letzten Jahren wieder an Popularität gewonnen. Es werden hauptsächlich Füller der mittleren Preisklasse (bis 50,– DM) gewünscht, der Trend geht jedoch zu teureren Geräten (bis 200,– DM). Federn – früher das verbreitetste Schreibgerät – werden heute kaum noch verkauft, wenn, dann zu besonderen Zwecken (Kunstschrift, Zeichnen). Der Bleistift erlitt zwar durch den Kugelschreiber Einbußen – früher wurden zwei- bis dreimal so viele verkauft –, er ist jedoch immer noch im Rennen und "wird schon allein wegen der Radierbarkeit nie aussterben" (so ein Schreibwarenhändler). Die meistgekauften Schreibgeräte sind aber doch Kugelschreiber, vor allem billige, deren Verlust nicht so schmerzlich ist und die man, wenn sie leer geschrieben sind, wegwerfen kann. Der Kugelschreiber hat, seit er im Handel ist – in Deutschland immerhin erst seit den 50er Jahren – ständig an Beliebtheit gewonnen und verdrängte dadurch, wie bereits erwähnt, andere Schreibgeräte. Sehr beliebt und daher viel gekauft sind die noch jüngeren Verwandten des Kugelschreibers, die Rollstifte und Filzstifte. Auch sie sind billig, ein Kauf bedarf kaum einer Überlegung.

Das Zubehör für die einzelnen Schreibgeräte läßt ebenfalls auf ein verändertes Schreibverhalten bzw. auf eine andere Einstellung zum Schreibgerät schließen. So kann man kaum mehr Bleistiftverlängerer kaufen (zumal es an Herstellern mangelt), obwohl diese, so ein Schreibwarenhändler, "sparsamer sind – aber das ist ja kein Faktor momentan". Der Minenverkauf für Kugelschreiber ist zurückgegangen, Radiergummis und Anspitzer werden nach wie vor, jedoch hauptsächlich von Schülern gekauft. Der Trend zum 'guten alten Füller' hat nebenbei bewirkt, daß viele Leute zu Kolbenfüllern zurückkehren, die nicht mit Patronen betrieben werden, sondern mit "loser Tinte". Diese kann man jedoch nicht mehr wie früher auch lose kaufen, d.h. in sein eigenes Gläschen abfüllen lassen, sondern nur in fertig abgepackten Gläschen erwerben, was natürlich teurer ist.

Direkt nach ihrem Kundenkreis und dessen Kaufverhalten befragt, antworteten die Händler, daß sich dieser nicht bedeutend geändert habe. Auch das Kaufverhalten sei nach wie vor "preis- und qualitätsbewußt". Es hängt von der jeweiligen Alters- und Lebenssituation des Kunden ab, was und für welchen Preis er kauft. Jung und alt halten sich in etwa die Waage, wobei die jüngeren Kunden offenbar kritischer, die älteren mehr auf Beratung angewiesen sind. Die überwiegende Zahl der Kunden ist weiblichen Geschlechts, was natürlich nicht unbedingt etwas über das Schreibverhalten aussagt, da viele Frauen für Männer einkaufen oder das Gekaufte verschenken.

Die Einstellung zu einem kaputten Schreibgerät hat sich unseren Gewährsleuten zufolge gewandelt: Während früher häufig Reparaturen vor allem an Füllern ausgeführt wurden, lohnt sich dies heute für den Schreibwarenhändler kaum noch. Die mittlerweile wenig gewordenen Aufträge müssen – sofern es sich nicht um kleinere Geschicklichkeitsreparaturen handelt – an die Herstellerfirma eingeschickt werden. Das rentiert sich natürlich nur bei Schreibgeräten gehobener Qualität.

Erfahrungen mit Schreibgeräten.

Eine Skizze von Reinhard K., Architekturstudent

Wenn Du mich aufforderst, darüber zu schreiben, was mir Schreibgeräte bedeuten, ob es Anlässe gibt, "spezielle" Geräte zu bevorzugen, oder ob mir dies gar alles gleich sei, kann ich letzteres deutlich verneinen. Da mir Schreibgeräte also etwas bedeuten, muß ich gleich anfügen, daß sich mir in dem Moment, wo ich daran denke, ein Kreis öffnet, den mein Leben bisher geschlagen hat und sich Bilder zu Schreibgeräten einstellen, die bis an die Grenze meines Erinnerungsvermögens gehen.

So beginnen die ersten Erinnerungen im Vorschulalter, als ich noch gar nicht schreiben konnte. Die ersten Schreibgeräte waren Ölkreide und Buntstifte, alte Stummel aus den Restbeständen der älteren Geschwister. Dies waren wohl noch mehr Malgeräte, mit denen man nach Herzenslust dem nachsteigen konnte, was einem gerade in den Sinn kam. Bäume und Lebewesen oder Häuser zu malen, oder im Spiel die Rechnungen und Briefe schreibenden Eltern nachzuahmen. Irgendwann, ebenfalls noch vor der Schulzeit, faszinierte mich die tägliche Zeitung, und ich seh mich auf der Erde hockend, das für mich damals riesige Ausmaße besitzende Blatt fein säuberlich aufgebaut vor mir, eine Seite nach der anderen umschlagend, interessiert durchsehend. Ich verstand gar nichts, geschweige denn, daß ich auch nur ein Wort lesen konnte. Was es war, das mich veranlaßte in der Zeitung herumzublättern, weiß keiner, wahrscheinlich die Bilder als reiner Ersatz für nicht vorhandene Kinderbücher. Bald verlangte ich auch nach Buntstiften, um in der Zeitung herumzumalen bzw. die Buchstaben der Schlagzeilen nachzuziehen. Darauf folgten die ersten Fragen an die im Haushalt beschäftigte Mutter, was denn dieses und jenes bedeutet. Ich bekam immer eine Antwort und verstand immer noch gar nichts, obwohl einige Worte das Dunkel des Geheimnisses verloren und ich sie anderntags wiedererkannte. Voller Stolz über die richtige Identifikation zeigte ich sie der Mutter.

Hier, gerade am Anfang, enden auch schon wieder, erstmal für Jahre, die positiven Erinnerungen an die Malgeräte/Schreibgeräte. Ebenso die Zuneigung zu Zeitungen. Das ehemalige Spielgerät wird zum Gängelband. Die Schule begann.

Die Süßigkeiten aus der Zuckertüte waren kaum aufgefressen, da wurde der Betrug auch schon sichtbar. Von jetzt an wurde nicht mehr gespielt, sondern schreiben gelernt. Und Lernen bedeutet Arbeit – erst kam die Arbeit und dann das Spiel. Und wer arbeitet, braucht auch Handwerkszeug, einen Bleistift, einen Radiergummi, ein Heft mit vorgezogenen Linien. Am Anfang jeder Linie irgendein Haken, Bogen, Krückstöcke. Es reichte nicht, daß man diese langweiligen Gebilde einmal nachzeichnete, zeilenweise mußte man wiederholen, eng an eng.

Schnell wurde das tägliche Pensum zur Qual, auch für die Mutter, die schon bald neben mir saß, um zu beaufsichtigen, zu helfen, die störrische Hand zum Weitermalen zu bewegen. Unzählige Male donnerte der Bleistift auf den Tisch, flog in die Ecke oder zerbrach in den Kinderhänden unter den zornigen Blicken der Mutter. Das Schreibgerät hatte seinen Reiz als Spielgerät verloren. Durch den Bleistift war die verhaßte Schule allgegenwärtig. Ich sah ihn lieber im Schulranzen verschwinden, als daß ich ihn freiwillig hervorholte. Nach durchstandenem Tagespensum hielt einen nichts mehr im Haus, geschweige denn an den Malstiften und am Tisch. Raus wollte man, auch die Zeitungen verloren ihren Reiz. Schon bald stieg man die Klassenleiter empor, und die Zeit war reif, zu Höherem zu streben als Krückstöcken und Kringeln im Malheft. Das Alphabet war angesagt, das Schreiben von ganzen Wörtern. Und Höheres in der bürgerlichen Grundschule, die damals noch Volksschule hieß, verlangte auch "kultivierteres" Schreibgerät. Wieder einmal bekamen wir Schüler eine jener Be-

schaffungslisten mit nach Hause, die die Eltern angesichts der auf sie zukommenden Geldausgaben jedesmal zum Kopfschütteln und Seufzen veranlaßten. Diesmal war das Teuerste der erste Tintenfüller mit genauer Markenangabe. Heute will es mir fast scheinen, daß die Klassenlehrerin einen Werbevertrag mit der Herstellerfirma hatte, anders kann ich mir nicht die Besessenheit erklären, mit der sie auf genau dem einen Produkt bestand. Es waren jene "modernen" Tintenfüller der Marke Pelikan, die angeblich kein umständliches, bei ungeschickten Kinderhänden fleckenverursachendes Nachfüllen übers Tintenfaß erforderten, sondern mit den praktischen Tintenpatronen ausgestattet waren, die man ja auch überall nachkaufen konnte. Dazu sollten sie superstabil sein und absolut klecksfrei.

Entweder war die ganze Klasse nicht begnadet genug, dieses Gerät richtig zu bedienen, wenn ich daran denke, wie jeder den anderen mit seinen Tintenfingern zu übertreffen suchte, oder aber die Werbung hatte wieder über die Maßen viel versprochen, um den für damalige Verhältnisse sehr hohen Preis rechtfertigen zu können.

Da alle Schüler nun über das genau gleiche Produkt verfügten, schien das Fehlen der gebührenden Achtung vor diesem geheiligten Gegenstand vorprogrammiert. Um diesem vorzubeugen, scheint der Weg über die Klarstellung von Besitzverhältnissen als Identifikationshilfe gesellschaftstypisch. So wurden die Eltern durch das vorgeschriebene Eingravieren des Namenszuges ihres Kindes auf die Füllerkappe finanziell weiter gebeutelt und uns klargemacht, daß Gleiches eben doch nicht Gleiches ist und wie Mein und Dein auseinanderzuhalten sind. Dieses scheint wohl für die Persönlichkeitsentwicklung eines Kindes in kapitalistischen Gesellschaften unumgänglich. Interessant ist noch, wie es jenen Klassenkameraden ging, deren Eltern nicht bereit waren, dieses überteuerte Edelprodukt von Schreibgerät ihren Kindern mitzugeben, sondern ein billigeres, wahrscheinlich ebenso gutes, vorzogen. Sie wurden dafür von der Klassenlehrerin vor der ganzen Klasse verantwortlich gemacht. Da es Kinder aus den weniger wohlhabenden Familien unseres Viertels waren, wurde die soziale Rangfolge auf diesem Weg von vornherein im Klassenverband klargestellt. Die Startplätze waren geordnet. Der Unterricht konnte beginnen.

Diesen allerersten je von mir benutzten Füller besitze ich heute nicht mehr und bin darüber nicht mal traurig. Sehr schnell verlor ich mein erstes Schreibgerät, nach ihm noch reichlich andere. Nichts schien mir daran, was es wert wäre, besonders darauf zu achten. Lediglich den Verschlußperlen der Patronen galt unser Augenmerk. Sie allein besaßen die Kraft, uns zu faszinieren. In ihnen konnten wir einen Wert ausmachen, der uns veranlaßte, sie zu sammeln. Von jetzt an blieb das Verhältnis zum Schreibgerät genauso ungelöst und gespannt wie das zur Schule. Ebenso das Verhältnis zu einigen Verwandten. Nichts enttäuschte mich mehr, als ausgerechnet zu Geburtstagen oder Weihnachten Füller geschenkt zu bekommen. Einigen Onkels und Tanten schien ein solches Präsent die sicherste Investition für eine erfolgreiche Schulkarriere ihres Neffen zu sein, aber so schön und wertvoll jedes dieser Präsente auch war, das Rechnen schien dadurch nicht leichter geworden zu sein und die Fehlerquote im Diktat nicht kleiner.

Die Enttäuschung, die solchen "nützlichen" Geschenken anhaftet, wird bei Kindern nur noch von geschenkter Kleidung übertroffen.

Der Füllfederhalter war notwendiges Übel, genauso wie das verflixte Unterhemd, das man sich im ersten Anlauf immer falsch herum anzog.

Auf dem Gymnasium erinnerte man uns noch manches Mal daran, daß Kugelschreiber schlecht für die Handschrift seien, doch ihr Siegeszug über die jetzt muffigen und antiquierten Füller war nicht aufzuhalten. Zu diesem Zeitpunkt wurde auch im Kunstunterricht der Versuch unternommen – per Schriftkunde und Zeichenübungen mittels Bandzug, Ziehfeder und Scriptol – uns für die Ästhetik eines wohlproportionierten Schriftbildes zu sensibilisieren. Doch dieses Bemühen sollte erst einige Jahre später bei mir ein Echo hervorrufen.

Entweder besaß ich gerade mal wieder überhaupt kein Schreibgerät bzw. Unmassen davon, die alle nicht funktionierten, oder ich verfügte über eine ganze Batterie verschiedener Schreiber, wobei es vollkommen gleich war, ob teures Markenprodukt oder Werbegeschenk mit aufgedrucktem Firmenzeichen. Die Ex- und Hopp-Mentalität einer konsumorientierten und dabei noch expandierenden Überflußgesellschaft machte auch vor den Schreibgeräten nicht halt und hatte uns voll im Griff. Selbst in der Hochphase meiner Pubertät war es mir egal, mit welchem Schreibgerät ich meine ersten Schöpfungen der Poesie und Tagebuchaufzeichnungen niederbrachte.

Mit dem Eintritt in die Oberstufe des Gymnasiums eröffnete sich in puncto Schreibgeräte eine neue Dimension für mich: die Schreibmaschine. Referate wurden wohl noch handschriftlich konzipiert, konstruiert, gebaut und entworfen, doch die für jeden lesbare Reinschrift übernahm ab jetzt die Maschine. Alles Offizielle, Bewerbungen für einen Ferienjob, die Entschuldigung für Fehlen im Unterricht, das Referat, der Artikel für die Schülerzeitung, die Begründung für die Kriegsdienstverweigerung blieben von nun an der Schreibmaschine überlassen.

Die Existenz der Maschinenschrift gibt der Handschrift ihre Bedeutung wieder. Kein maschinengeschriebener Brief, kein maschinengedrucktes Dokument, das nicht erst kraft des handschriftlichen Namenszugs Authentizität und Beweis-

kraft erhält.

Die eigene Handschrift ist intim geworden. Mit ihr nähert man sich demjenigen, dessen Nähe man sucht, und verschließt sich im maschinell wiedergegebenen Manuskript der unpersönlichen Öffentlichkeit.

Trotzdem, der erste Ausfluß geistiger Regung bleibt der Koppelung von Kopf- (gedanklich) und Hand- (geschrieben) Arbeit überlassen.

Einhergehend mit der zunehmenden Politisierung in der Schule, wuchs auch das Interesse an der Literatur, politischen Publikationen, der Tagespresse, und parallel dazu der Wunsch, die aufgenommenen Gedanken geistig zu verarbeiten, mittels eigener Aufzeichnungen. Ebenso sehr das Bedürfnis nach kommunikativem Austausch im Briefverkehr mit Freunden außerhalb des Internats. Je mehr ich las, desto mehr wuchs auch das Interesse an der Ästhetik der Schrift, die Typographie faszinierte mich im Alltag genauso wie im Zusammenhang mit der Kunst. Einen Brief zu schreiben, wird zu einem Unternehmen, für das Vorbereitungen getroffen werden und das keine Ablenkung zuläßt. Einen Brief zu schreiben, bedeutet Anstrengung und Konzentration, ein Besinnen auf sich selber für eine Reise zum Empfänger, von der man ermattet, aber zufrieden heimkehrt.

Gleich blieb dabei immer noch das Schreibgerät. Ob Tintenfüller, Kugelschreiber oder Filzschreiber, eine Bedingung mußte jeder erfüllen: die Farbvorräte mußten bis zum Schluß durchhalten. Es gab kein größeres Ärgernis als ein Schreibgerät, dem die Tinte ausgeht.

Daß ich heute ein Schreibgerät besitze, das ich über alles bevorzuge, hat mehrere zufällige Gründe. Meiner studienbedingt gewachsenen Sensibilisierung für Form und Gestaltung und dem daraus entstandenen eigenen Formverständnis entspricht der Mont Blanc Quickpen, den ich mein eigen nenne, vollständig. Ein weiterer Grund ist die funktionale Qualität. Ich kann mit ihm einfach gut schreiben. Das Verhältnis zu diesem Schreibgerät kann man schon fast als manisch bezeichnen. Ich hüte es wie meinen Augapfel, was mir mitunter schon schiefe Blicke meiner Mitmenschen bescherte. War ich bei meiner Mutter zu Besuch und hab ihn dort vergessen, muß ich erst dort anrufen, um sicherzustellen, ob er dort liegengeblieben ist und ich ihn nicht wirklich verloren habe. Hier beginnen bereits die ideellen Gründe zu überwiegen, wenn ich schier verzweifeln könnte, wenn mir gerade dieses eine Gerät abhanden kommen sollte, ohne das ich einfach nichts mehr aufs Papier bringen kann. Es ist das letzte Geschenk von meinem Vater, bevor er drei Monate später starb.

(Verfaßt 1982 auf Anregung von Aagje Ricklefs.)

Wie man Kaufinteresse weckt

Einen Füller, einen Kuli kann man sich heute in jedem Supermarkt um die Ecke kaufen. Für den Kunden ist das praktisch, braucht er doch nicht mehr den Weg in ein Fachgeschäft anzutreten.

Für Schreibgerätehersteller ergibt sich daraus ein Problem: Zwar leben sie zum großen Teil von den Supermarkt-Billigangeboten, aber sie wollen auch Teureres verkaufen. Und das nicht im Supermarkt, sondern im Fachgeschäft. Wie aber bringt man den potentiellen Kunden ins Fachgeschäft und zum Kauf einer bestimmten Schreibgerätemarke?

Hier haben sich die public-relations-Abteilungen der betreffenden Firmen einiges einfallen lassen. Auf drei mitunter zusammenwirkenden Ebenen versucht man den Konsumenten anzusprechen, Verkaufserfolge zu erzielen:

- Durch Warenästhetik,
- durch "sekundäre technische Innovation",
- durch Werbung.

Die Warenästhetik

Gebrauchsgegenständen, dazu gehören auch Schreibgeräte, ist in unserer Gesellschaft in der Regel keine allzu hohe Lebenserwartung beschieden. Sie sind oft so konzipiert, daß sie nach einer gewissen Zeit nicht mehr 'wollen' und ersetzt werden müssen. Diese qualitative Verminderung des Gebrauchswertes wird meist durch die äußerliche Verschönerung des betreffenden Produktes, durch das Design, kompensiert. Aber selbst so bleiben die Gebrauchsgegenstände dem Hersteller noch zu lange in der Konsumentenhand. Um dem abzuhelfen, bedient man sich der Warenästhetik:

> "Durch periodische Neuinszenierung des Erscheinens einer Ware verkürzt sie (die Warenästhetik, d.V.) die Gebrauchsdauer der in der Konsumsphäre gerade fungierenden Exemplare der betreffenden Warenart."[22]

Bei Schreibgeräten gibt es technisch oft nichts mehr zu verbessern, die Technik selbst ist nicht mehr das entscheidende Kriterium, sie voneinander zu unterscheiden. Dazu dient nun die ästhetische Differenzierung von Marken: man kreiert eine besondere Warenhaut und Verpackung. In der Werbung mag es dann heißen:

> "Wir bauen unsere Schreibgeräte schon seit Jahrzehnten unverändert"

---

22 HAUG 1971, S. 50.

"Geschmackvolles Äußeres und der Flair von etwas ganz Besonderem."

Marken, die jenen stilsicheren Geschmack signalisieren, der "schon immer etwas teurer" war, sind dann "auf den ersten Blick erkennbar: Parker an dem Pfeilsymbol auf dem Clip, Montblanc am weißen Stern, Lamy an seinem einheitlichen Design in Silber und Mattschwarz."[23]

Die sekundäre technische Innovation

Man verkauft, was man verkaufen kann, ob es gebraucht wird oder nicht, ob es unnütz ist oder nicht. Schreibgeräte selbst kann man über ihre Primärfunktion, nämlich zu schreiben, hinaus höchstens geringfügig weiterentwickeln. So gibt es heute etwa einen Druckbleistift, der gar keiner mehr ist, weil die Mine sich von selbst vorwärtsschiebt. Ob die Zeitersparnis von ca. fünf Minuten im Jahr den Mehrpreis rechtfertigt? Andere Schreibgeräte werden mit technischen Spielereien ausgerüstet: "Heute gibt es Kugelschreiber (...) mit eingebauter Taschenlampe (...), mit integrierter Digitaluhr samt Wecker (...), mit Kalender und elektronischem Rechner (...), mit ausklappbarem Firmenstempel samt Stempelkissen. (...) Für Leute, die gern über Kopf nach oben schreiben, gibt es den (Nasa-Abfall) Space-Pen, der seine Farbe selbst in schwerelosem Zustand rauspreßt. Und von Paper Mate kommt der Replay, dessen Strich sich vierundzwanzig Stunden lang wieder ausradieren läßt".[24] Und wer den normalen Bleistift nicht mehr riechen kann, der kauft sich den Geruchsbleistift in verschiedenen Duftnoten von Kirsch über Erdbeer bis Grapefruit.

"Die wirklichen Klassiker unter den Edelfedern baut Montblanc. Seine 'Meisterstück'-Serie gibt es seit den zwanziger Jahren fast unverändert. Die beiden Modelle (etwa 175 und 275 Mark) sind Füllfederhalter in der traditionellen Rundform, schwarz mit ein paar Goldstreifen verziert, keine Patronen, sondern Kolbenaufzug, und auf der großen Goldfeder ist die Höhe des namengebenden Berges ('4810') eingraviert. 'Er sieht eher aus wie eine fette schwarze Zigarre', hat der amerikanische Designer George Nelson geschrieben, 'er ist altmodisch, hat nicht einen Hauch von modernem Styling, und doch ist das ein absolutes Design.'"

Horst-Dieter EBERT: Über Schreibgeräte. In: FAZ-Magazin vom 21.11.1980, S. 34.

---

23 EBERT 1980, S. 34 f.
24 Ebd.

Die Werbung

Geworben wird vor allem für gehobenere Schreibgeräte, für die man entsprechend mehr Geld hinblättern muß. Die Werbung setzt dabei stets an tatsächlichen Bedürfnisstrukturen und Problemen potentieller Kunden an, sie spricht also eine bestimmte Art von Schreibkultur an, aber sie fördert sie auch, sie schreibt sie fest.

Die Käufer gehobenerer Schreibgeräte sind laut Werbung meist aus den sogenannten 'besseren Kreisen'. Schreiben ist für sie etwas Selbstverständliches, es läuft locker von der Feder, wie die folgenden Beispiele zeigen:

> "Schreiben ist Leben. Informierte, interessierte Menschen, die schreiben wollen oder müssen, das sind Ihre Kunden. Sie kommen zu Ihnen ins Geschäft, um sich für ihr ureigenstes Bedürfnis den richtigen Schreiber zu kaufen."

Für diese Käuferschichten gehört die individuelle Note, die individuelle Handschrift dazu wie die Butter zum Brot:

> "Jeder schreibt, die verschiedensten Leute, und jeder hat eine ganz persönliche Vorstellung von dem Schreiber, der für ihn richtig ist."

Das Schreiben soll aber nicht nur persönlich, es soll auch kultiviert sein:

> "Immer mehr Menschen entdecken wieder ihre Freude am Handgeschriebenen, an der individuellen Note. Noch immer ist ein Handschreiben ein Zeichen von Kultur und guten Umgangsformen."

Dementsprechend ist auch die Werbung für solche Schreibgeräte. Es sind exklusive, weil teure Schreibgeräte, die Mehrpreisforderung läßt sich mit dem Bedürfnis des 'Prestigekonsums' verbinden:

> "Wertvolle Schreibgeräte sind schon immer beliebte Geschenke gewesen."
>
> "(...) das letztlich glückliche Gefühl, ein Schreibgerät in der Hand zu halten, das einfach schön ist."
>
> "Die neuen exklusiven Schreibgeräte machen das Schreiben in schönster Form möglich."

Das Bedürfnis nach sozialer Distanz auch im Schreibverhalten nimmt offenbar zu. Im schon zitierten FAZ-Magazin-Artikel heißt es:

> "Die Hersteller diagnostizieren unisono eine Renaissance des klassischen Schreibgeräts, die Zuwachsraten für Füllfedern brechen alle Rekorde. (...) Woher kommt dieser Zug zum Schreibinstrument von gestern, zur schwierigen Feder? Nostalgie vielleicht? Fortschrittsekel? Besinnung aufs Bewährte? Das Oltimer-Syndrom? – Man ahnt die Antwort, und man ist verstimmt.
> Womöglich geht es um die bessere Schrift, die der langsamer schreibende Füllfederhalter gegenüber dem haltlos, ja, geradezu charakterlos wegrutschenden Kugelschreiber gewährleisten soll?

Ich glaube eher, daß jene neue Sehnsucht nach gesellschaftlichen Formen, die auch Statussymbolen und Parkettritualen zu neuen Würden verhilft, auch hier wirksam wird: 'In den besseren Kreisen bei uns', so hat mir ein alteingesessener Hamburger Schreibwarenhändler erklärt, 'ist es doch heute wieder ein regelrechter Fauxpas, wenn ein persönliches Handschreiben nicht mit der Feder geschrieben ist.' (...)"[25]

Vom Verkaufsgespräch

Geht man in ein Geschäft und will sich einen Füller kaufen, hat man meist keine Vorstellung, welcher es nun eigentlich sein soll. Man geht nicht einfach auf den Verkäufer zu und sagt: "Bitte den Montblanc für 175 Mark." Man will sich beraten lassen, ausprobieren und schließlich das preiswerteste unter den passenden Angeboten auswählen. Die Verkaufsstrategen der Schreibgerätebranche sehen das ein bißchen anders. Noch ehe ein Kunde den Laden betritt, soll das Verkaufsgespräch bereits in allen Varianten vorgeplant sein. Und in der idealen Verkaufsstrategie hat der Kunde keine Chance mehr:

"Ein jedes Verkaufsgespräch findet nur zum Schein in der Form des Gesprächs statt. Es entspricht eher einem Kampf, bei dem nur eine der beiden Seiten weiß, daß gekämpft wird, und entsprechend handelt."[26]

Wie das in der Praxis aussieht, zeigt die Schweizer "Warenkunde Papeterie in Wort und Bild", eine dicke Informationsbroschüre für den Einzelhandel. Wichtiger als technische Hinweise und Informationen für den Kunden ist die zehnte der Goldenen Verkaufsregeln unter der Rubrik Füller: "Wenn wir richtig verkaufen, dann helfen wir den Menschen, intelligenter zu kaufen".

"1. Begrüßen Sie Ihren Kunden so, wie Sie als Kunde begrüßt werden möchten. Unaufdringlich nach Wunsch erkundigen, gut zuhören und ausreden lassen
2. Bieten Sie Ihrem Kunden nur das an, was zu ihm 'paßt', was er sich vorgestellt hat
3. Lassen Sie den Kunden 'Kontakt' mit dem angebotenen Artikel aufnehmen; er soll ihn ausprobieren, 'besitzen'
4. Geben Sie ihm das Gefühl, daß Sie etwas vom vorgeführten Artikel verstehen; erwecken Sie Vertrauen
5. Finden Sie den richtigen Moment, das Verkaufsgespräch zu beenden und zum Kaufentschluß zu kommen. Vielleicht müssen Sie noch etwas nachhelfen (z.B. meinen Sie, daß dieses Gerät Ihren Vorstellungen entsprechen könnte?)
6. Sagen und zeigen Sie Ihrem Kunden, was zu dem gerade von ihm gekauften Gerät alles paßt, rein informativ (z.B. Bleistift zu Füllhalter, Etui zu Garnitur, Strichstärken zu Kugelschreiber)
7. Vermeiden Sie auf jeden Fall den Eindruck, einen Zusatzverkauf 'anzudrehen'
8. Vergessen Sie nicht, einen Zusatz-Service anzubieten (neben Brauchbarkeit Freu-

---

25 EBERT 1980, S. 34f.
26 HAUG 1971, S. 74.

de über Aufmerksamkeit, z.B. Geschenkpackung, Füllhalter-Reinigung, Gravur, Farbbandwechsel bei Schreibmaschine, Lochen von Schriftlichkeiten usw.)
9. Geben Sie Ihrem Kunden Vertrauen mit auf den Weg und die Gewißheit, daß bei Problemen das Fachgeschäft diese lösen werde. Die Anerkennung, daß er gut und geschmackvoll eingekauft hat, kann Ihnen schlußendlich einen dankbaren Stammkunden sichern
10. Wenn wir richtig verkaufen, dann helfen wir den Menschen, intelligenter zu kaufen"[27]

Quellen und Literatur

Blick auf die Entwicklung der Schreibmaterialien. In: Der Bär. Wochenschrift für vaterländische Geschichte, 25. Jg. 1900, S. 132–134.

BRECHT, Bertolt: Gesammelte Werke. Suppl.-Bd. 2: Gedichte aus dem Nachlaß. Frankfurt/M. 1982.

BUSCH, Wilhelm: Historisch-kritische Gesamtausgabe Bd. IV. Hg. v. Friedrich Bohne. Wiesbaden, Berlin o.J.

EBERT, Horst-Dieter: Über Schreibgeräte. In: FAZ-Magazin vom 21.11.1980, S. 34f.

ENGELSING, Rolf: Analphabetentum und Lektüre. Stuttgart 1973.

EULE, Wilhelm: Mit Stift und Feder. Kleine Kulturgeschichte der Schreib- und Zeichenwerkzeuge. Leipzig 1955.

Faber-Castell: Presseinformation. Ein geschichtlicher Überblick bis in die Gegenwart. Nürnberg 1980.

Füllhalter. Entwicklung, Arten, Herstellung. Broschüre der Pelikan-Werke. Hannover o.J.

Geschichte der Erziehung. Berlin/DDR ^{9}1966.

HAUG, Wolfgang Fritz: Kritik der Warenästhetik. Frankfurt/M. 1971.

HERRLITZ, Hans-Georg/HOPF, Wulf/TITZE, Hartmut: Deutsche Schulgeschichte von 1800 bis zur Gegenwart. Eine Einführung. Königstein/Ts. 1981.

KUCZYNSKI, Jürgen: Geschichte des Alltags des deutschen Volkes. Band 2, 1650–1810. Köln 1981.

LIEBKNECHT, Wilhelm: Wissen ist Macht – Macht ist Wissen. In: Rüden, Peter von/ Koszyk, Kurt (Hg.): Dokumente und Materialien zur Kulturgeschichte der deutschen Arbeiterbewegung 1848–1918. Frankfurt/M., Wien, Zürich 1979, S. 23–34.

LUCHSINGER, Willi: Warenkunde Papeterie in Wort und Bild. Aachen ^{3}1980.

von der MARWITZ, Friedrich August Ludwig: Aus dem Nachlasse Friedrich August Ludwig von der Marwitz. Band 2, Berlin 1852.

POPHAL, Rudolf: Die Schrift und das Schreiben. Der Schreiber. Stuttgart 1965.

Satter Strich. In: Der Spiegel, Nr. 23/1981, S. 199–201.

Kunstgewerbemuseum Zürich / Museum für Gestaltung, Hg.: Schreibkunst. Schulkunst und Volkskunst in der deutschsprachigen Schweiz 1548–1968. Zürich 1981.

---

27 LUCHSINGER 1980, S. 90f.

Dirk Bredenbeck

Ausdruckshilfen, Ausdrucksverbote: Die Briefsteller

Als wir zu Beginn des Projekts mit der Idee konfrontiert wurden, daß eine Gruppe über Briefsteller arbeiten könnte, hörten die meisten von uns diesen Begriff zum ersten Mal. Schlägt man in einem Lexikon nach, läßt sich – wenn das Stichwort überhaupt auftaucht – etwa folgende Erklärung finden:

> "Briefsteller: Ursprüngliche Bez. für jemanden, der für andere Briefe schrieb; seit Mitte des 18. Jahrhunderts aufkommender Titel für ein Buch mit Anleitungen und Mustern für formvollendete Briefe."[1]

Wenn auch der Begriff dafür fehlte, gab es die Briefstellerei in Büchern schon seit dem 6. Jahrhundert. Frühe deutsche Lexikonartikel übernahmen unter dem Stichwort "Brief" selbst briefstellerische Funktion. Diese Praxis wurde noch bis zur Mitte des 19. Jahrhunderts beibehalten,[2] wobei die jeweils aktuellen Stilprinzipien übernommen wurden.

Zur Entwicklung der deutschsprachigen Briefstellerei bis um 1800 [3]

Einer der ersten, der einen Briefsteller mit der Absicht der pädagogischen Anleitung verfaßte, war der Römer Cassiodor. Um 538 u.Ztr. sammelte er amtliche Schreiben, die den Schriftgelehrten als Vorlage dienen sollten. Im Mittelalter entstanden teilweise auf Weisung, teilweise im Umfeld der römischen Kurie zahlreiche Sammlungen mit Brief- und Urkundemustern, sogenannte "formulae", die man für unterrichtliche und praktische Zwecke verwendete. Alberich von Monte Cassino (1057–1086) fügte den Musterbriefen auch einen theoretischen Teil hinzu, dessen Prinzipien der antiken Rhetorik entstammten.

Für den deutschsprachigen Raum wurden lateinische Briefsteller samt der theoretischen Abschnitte übersetzt und den eigenen Verwendungszwecken entsprechend umgestaltet. Solche Mustersammlungen dienten den beruflichen und praktischen Bedürfnissen des mittelalterlichen Verwaltungsapparates und seiner Kanzleien. Sie enthielten deshalb nur amtliche Briefe sowie Urkunden, Staatsvorschriften, Manifeste und diplomatische Noten. Das Wachstum des Verwal-

---

1 Meyers Enzyklopädisches Lexikon 1972/1973, Bd. 4, S. 724.

2 Vgl. Allgemeine Deutsche Real-Enzyklopädie für die gebildeten Stände 1833/1834, 2 Bd., S. 217–220.

3 Gestützt auf NICKISCH 1968.

tungsapparats bewirkte eine Vermehrung des Schriftverkehrs. Die damit verbundene Weiterentwicklung der deutschen Sprache war Ausgangspunkt für einen weiteren Aufschwung der Gattung Briefsteller. Da vor allem die kirchlichen Kanzleien auch die Aufnahme von Laien in den Kanzleidienst zugelassen hatten, mußten die bisher lateinisch verfaßten Sammlungen durch deutschsprachige ersetzt werden.

Obwohl es bald immer mehr Brief- und Formularbücher mit Titeln wie "Formulare und tütsch rhetorica" gab, stimmten sie inhaltlich nahezu vollkommen überein, zumal sie alle die Grundmuster der lateinischen Rhetorik übernommen hatten. Dem Sorgschen Formularbuch "formulari darinne begriffen sind allerhand brieff auch rhetorick" (ca. 1483) wurde bis zum Ende des 16. Jahrhunderts ungeminderte Gültigkeit bescheinigt. Da es von den folgenden Brieftheoretikern als verbindliche Grundlage betrachtet wurde, übte es auf das deutsche Stildenken einen großen Einfluß aus.

Die Schreibgrundsätze der deutschen Briefbücher des 16. Jahrhunderts

1501 erschien Hans Froschauers "Formulari und teutsch rhetorica". Der erste Teil dieses Buches wird von einem katechistischen Frage- und Antwortspiel zwischen Meister und Schüler, genannt Rhetorica, gebildet. Ihm folgt ein Titelbuch sowie eine Zusammenstellung der verschiedenartigsten Redewendungen. Als Schlußteil erscheint eine Mustersammlung. In den Rhetorica fordert Froschauer die Einhaltung des klassischen Dispositionsschemas: salutio, exordium, narratio, petitio, conclusio. (Begrüßungsformel, Einleitungsformel, Erzählteil, Bitte, Schlußformel.) Dies Schema erscheint ihm geradezu als naturwüchsig. Eines seiner Stilprinzipien ist die Verwendung von "lieblich kurtz recht geordnete Wörter". Angesichts der Ständehierarchie hält es Froschauer für unerläßlich, verschiedene Anrede- und Ehrwörterformen zu unterscheiden. Zugunsten der Standesrücksichten ist es seiner Meinung nach sogar zulässig, die grammatischen Regeln zu verletzen. Das Stilprinzip der Kürze z.B. leidet so unter dem devoten Charakter der Briefe – extreme Hypotaxen verzerren die Sätze bis zur Unverständlichkeit.

Der Ausgang des Bauernkriegs verstärkte die Forderung nach Beachtung der Ständeklauseln. Da die meisten Briefe zweckgebunden waren und hauptsächlich aus materiellen Motiven geschrieben wurden (z.B. Bittbriefe von Bauern an ihre Feudalherren – von Kanzleien formuliert –, bischöfliche Sendschreiben usw.), war die Befolgung dieser gesellschaftlichen Regeln unumgänglich.

Weitere Schreibgrundsätze waren: Vermeidung von "Überfluß" und "Unziemlichkeiten", "Kürze", "Klarheit", "Deutlichkeit" (d.h. Einhaltung des Dispositionsschemas), "Milde", "angenehme Formulierung", "formvollendete unpersönliche Sprache", "Zierlichkeit", "grammatische Richtigkeit", "Vermeidung von Unordentlichkeit und Unförmigkeit", "Glaubhaftigkeit", "Präzision in der Narratio" und "Verständlichkeit". Am Ende des 16. Jahrhunderts erlebten die brieftheoretischen Werke relativ hohe Auflagezahlen.

Langsames Aufweichen von Ständeklausel und Dispositionsschema

Im Verlauf des 17. Jahrhunderts machten sich innerhalb der Brieflehre einige Reformen bemerkbar: Christian Brehme z.B. forderte in seinem Buch "Art und Weise kurtze Brieflein zu schreiben" Bündigkeit des Briefes, achtete nicht auf strenge Befolgung des Dispositionsschemas und gebrauchte eine weniger förmliche Sprache. Die Musterbriefe aus den "600 Episteln oder Sendschreiben" Martin Zellers zeichnen sich durch kurze Sätze mit übersichtlichen Satzkonstruktionen aus. Es fehlt hier ein theoretischer Teil. Große Bedeutung für die deutsche Briefstellerei hatte die Übersetzung der Werke des französischen Epistolographen De la Serre. Seinen elegant-preziös geschriebenen Briefen fehlen die gesellschaftlich bedingten Ehrwörter. In einem allerdings nicht ins Deutsche übersetzten theoretischen Teil seines Buchs befürwortete er ein lockeres Aufbauschema, bestehend aus Exode, Discours und Conclusion. Zweitens forderte er, die Schriftsprache solle sich nicht von der Allgemeinsprache unterscheiden. Schon im Titel wird der Einfluß De La Serres auf Butschkys Briefsteller von 1649 erwähnt: "Die Hochdeutsche Kantzeley / darinnen des von Serre und viele andere höfliche / kurtze- und wohlgefaßte / hochdeutsche / reine Briefe od. Sendschreiben auf Azt übliche neue Art". Butschkys "Hochdeutsche Venus-Kantzeley" ist kein epistolographisches Werk im eigentlichen Sinne, sondern nur eine Anthologie von Liebesbriefen. Er machte dabei Anleihen beim Barockroman, indem er blumig-pomphafte Wortzusammensetzungen, viele Superlative und Häufungen von expressiven Adjektiven gebrauchte, wobei er aber auf kurze Sätze achtete.

Der Briefsteller "Neu vermahnte Schreibkunst" von Overheid aus dem Jahre 1657 richtete sich an den breiten bürgerlich-kaufmännischen Mittelstand. Auch er verzichtete auf das herkömmliche Aufbauschema, ließ aber einen freieren und direkteren Stil nur im schriftlichen Verkehr zwischen einfachen Leuten zu. Im Falle eines Briefwechsels zwischen Standesungleichen glaubte er, auf den Gebrauch des Ehrwörterkodex nicht verzichten zu können. Dadurch treffen bei ihm zwei ambivalente Strömungen zusammen: Während der kleinere Teil der Briefe in einer wohlverständlichen und rein deutschen Sprache abgefaßt ist und das Briefthema sachgemäß und ohne Umschweife erörtert wird, weist die Mehrzahl der Muster eine rhetorische Stilführung auf.

Zierlichkeit

In Georg Philipp Harsdörffers zweiteiligem "Teutschen Secretarius" (1655) stehen die Vorbilder der kanzlistischen Rhetorik und des Hofstils unvermittelt nebeneinander. Seiner Meinung nach sollte der Brief "I. kurtz, II. deutlich, III. zierlich und IV. mit gebräuchlichen Worten verabfaßt"[4] sein. Es kommt ihm darauf an, gebräuchliche – d.h. durch Hofsitten geprägte – Wörter zu verwenden, "überflüssigen und unnöthigen Ausschweiff" zu vermeiden und zierlich (d.h. hier: sachgemäß) zu sein. Die Veränderungen Harsdörffers erstrecken sich auf den Bereich der Devotion: Seine Ergebenheitsbekundungen sind aufgelockert und durch das Prinzip der Zierlichkeit höfischer gestaltet.

Bei Kaspar Stieler (z.B. 1673 "Der Hoff=Secretarius") besteht kein formaler Zwang mehr zum Aufbau des Briefes. Ein maßvoll hypotaktischer, gut überschaubarer Satzbau und eine preziös-geschmeidige, unkanzlistische Diktion weisen auf die höfischen Stilprinzipien hin. Der Zierlichkeit mißt Stieler hohen Wert bei. Sie ist seiner Meinung nach vor allem im freundschaftlichen Briefverkehr angebracht. Demgegenüber sollen Geschäftsbriefe lieber "einfältig und ohne Kunst und Zwang mit gemeinen Worten" geschrieben werden. Aus der Erkenntnis, daß der Schreibstil individuell geprägt ist, zieht Stieler die Konsequenz, das Individuelle zu verwerfen und die Originalität durch Brieftypen zu verringern.

Eine entscheidende Wendung nahm die Brieflehre mit der Theorie Christian Weises, der fünf Briefsteller (z.B. 1691 "Curiöse Gedanken von Deutschen Brieffen") veröffentlichte. Für ihn ist die Briefschreiblehre Bestandteil der höfisch-rhetorischen Kunst. Zwar bekennt er sich auch zum Stilvorbild der Kanzlei, aber es überwiegt das Politisch(= höfisch, d.V.)- Galante. Sein Dispositionsschema unterteilt den Brief in Antecedens (Initial-Complimente), Connexio und Consequenz (Final-Complimente). Er legt sehr großen Wert auf Kürze und überwindet die noch bei Stieler übliche Unterscheidung von hoher, mittlerer und niederer Schreibart. Allerdings soll der Brief "sonderlich " geschrieben werden, weswegen Epitheta (Ausschmückungen) und geistvolle Wendungen nötig seien: "(...) bey den Wörtern ist daß zu merken: Sie müssen zwar fremde klingen, doch sie müssen verständlich sein."[5]

Über Bohse, Hunold und Neukirch entwickelte sich die Brieftheorie von der insinuativen (d.h. einschmeichelnden) Zierlichkeit zur höfischen oder auch galanten Natürlichkeit. Die noch bei Bohse vorhandenen rhetorischen Traditionen

4 Ebd., S. 79.
5 Ebd., S. 105.

wurden in den folgenden Jahren von Hunold und Neukirch weiter zugunsten einer antirhetorischen galanten Natürlichkeit zurückgedrängt, indem sie Anleihen bei der höfischen Redeweise nahmen.

Die Reform Stockhausens (1751) und Gellerts (1751)

Einen ganz neuen Ton schlug Johann Christoph Stockhausen an, der harte Kritik an den alten Briefstellern übte und meinte, "daß sie alle mehr den Geschmack verderben, als bessern und reinigen können und daß man die Jugend nicht genug davor hüten könne, mit ihnen vertraut zu werden".[6] Ihm galt die Freundschaft als Seele des gesellschaftlichen Lebens, und sein stilistisches Prinzip war das Natürliche. Von daher verwarf er die Anschauungen der kanzlistischen Brieflehre und lehnte das Dispositionsschema und den Ehrwörterkodex als übertrieben und pedantisch ab. Ebenso kritisierte er den zierlich-galanten Briefstil: "Wer vernünftig, ordentlich und lebhaft denket, der kann schreiben wie er will."[7] Als Weg zum guten Briefstil empfahl er die Auseinandersetzung mit schöner, geschmackvoller Literatur, da eine so angeeignete Bildung Fähigkeiten vermittle, die das Erlernen von Stilregeln überflüssig mache. Die gute Schreibart wurde eine Sache des "Genies", das das Vulgäre ebenso verachtet wie die antiquierten Stillehren. In Besitz der 'Weltweisheit' zielt der vollkommene Briefschreiber auf das Vernünftige und Edle.

Auch Christian Fürchtegott Gellert forderte individuelle und natürliche Briefe. Der Schreiber sollte seiner Meinung nach eine ausreichende Bildung besitzen und seinen Briefstil der Gesprächssituation annähern. Gellerts Natürlichkeit ist somit eine gebildete Natürlichkeit, die ihre Kraft aus der Kenntnis der klassischen und modernen fremdsprachlichen Literatur bezieht. "Sie ist die Natürlichkeit einer stilisierten urbanen Umgangssprache humanistisch-literarisch Gebildeter".[8] Er forderte, der Brief solle

- Gesprächscharakter haben
- natürlich und lebhaft-leicht sein,
- persönlich gefärbt sein,
- deutlich im Ausdruck sein und
- den guten Geschmack des Schreibers zutage treten lassen.

Briefsammlungen, die im Zeichen des Freundschaftskultes geschrieben wurden, verdeutlichen, daß die Autoren die Gellertschen Prinzipien weitgehend adaptierten.

6 Ebd., S. 162.
7 Ebd., S. 165.
8 Ebd., S. 176.

Der beste Briefsteller: kein Briefsteller

Im Jahre 1783 erschien Karl Philipp Moritz' "Anleitung zum Briefschreiben", in der er sich gegen die Förmlichkeiten der Briefsteller verwahrt, ja gegen Briefsteller überhaupt Stellung nimmt. "Ein guter Briefsteller sey noch so gut, so stiftet er allemal mehr Schaden, als Nutzen. Denn auch gute Briefe, wenn sie nachgeahmt werden, verlieren in der Nachahmung ihren ganzen Werth."[9] Moritz' 'Normen' erwachsen aus einer ehrlichen Gedankenarbeit des Schreibers selbst: Es gebe "keine brauchbare Anweisung zu einer guten Schreibart (...), die nicht zugleich Anweisung zu einer richtigen Vorstellungsart, oder eine Art von praktischer Logik in sich enthielte. Denn der Ausdruck kann sich nur (...) mit der Denkkraft selbst und ihrer Entwicklung bilden. Was wirklich schön gesagt seyn soll, muß auch vorher schön gedacht seyn, sonst ist es leerer Bombast und Wortgeklingel, das uns täuscht."[10]

Folgerichtig entwickelt Moritz Stilmaßstäbe überwiegend philosophisch-ästhetischer Prägung, die sowohl für die Dichtkunst als auch für die Gebrauchs- oder Zweckprosa Bedeutung haben: Das "Deutliche" (vgl. Gellert, Stockhausen) steigert sich bei ihm zum Klaren, Bestimmten und Präzisen. Das "Schön-Natürliche" (vgl. Gellert) wird zum Echten im Sinne einer aus innerer, unverbildeter Individualität erwachsenden Schönheit. An die Stelle von Briefstellern soll deshalb eine verstandesgeleitete Sprachbildung treten.

Seit dem 19. Jahrhundert: Verfall der Briefkultur?

Zu Anfang des 19. Jahrhunderts veränderte sich die literarische und soziale Bedeutung der Briefstellerei. Die Briefsteller verloren ihre Funktion als richtungweisende Werke der Stilistik und Poetik. Stattdessen wurden sie nun in die große Menge der populären Ratgeberliteratur eingereiht. Der andere Umbruch in der Briefliteratur dieser Epoche ist inhaltlicher Art: Man stößt zunehmend auf die Klage, daß die Briefkultur in der Gegenwart einem Verfallsprozeß ausgesetzt sei. Ein prononciertes Beispiel dafür ist Georg Steinhausens "Geschichte des deutschen Briefes" von 1889: Sie schließt bezeichnenderweise mit dem Beginn des 19. Jahrhunderts – und der resignierten Bemerkung: "(...) seine (des Briefes, d.V.) eigentliche Geschichte liegt hinter uns und es scheint, als ob es mit einer weiteren Entwicklung vorbei sei".[11] Während das beginnende 19. Jahr-

9 Ebd., S. 196.
10 Ebd., S. 197 f.
11 STEINHAUSEN 1968, 2. Teil, S. 410.

hundert die Brieftradition des 18. Jahrhunderts noch konserviert habe, setze mit dem folgenden, dem Jahrhundert der Elektrizität und des Dampfes der Niedergang ein. Für diese Entwicklung macht Steinhausen verschiedene Faktoren verantwortlich: Nach 1848 habe das öffentliche Leben eine ganz andere Bedeutung gewonnen. Die philosophische Redseligkeit sei von den exakten Wissenschaften verdrängt worden zugunsten eines verstandesmäßig geführten Lebens. Die Entstehung der Massenverkehrs- und Kommunikationsmittel überziehe die Gesellschaft mit neuer Unruhe: "Eine rastlose Unruhe charakterisiert unser Leben." [12] Theater und Literatur, Brief und Kultur könnten sich nicht gegen die Zeichen der neuen Zeit behaupten. In ihrer Bedeutung würden sie von "Politik und Kammerdebatten" verdrängt. Zwar schreibe man noch Briefe, aber die Briefleidenschaft des 18. Jahrhunderts existiere nicht mehr. Eine Restitution des alten Zustands sei nicht zu erwarten.

Eine ähnlich pessimistische Prognose findet sich in der Zeitschrift 'Die Gartenlaube', Jg. 1909. Der Verfasser des Artikels über "Die Kunst des Briefschreibens" beklagt, daß kein persönlicher Briefstil mehr gepflogen werde: "'Le style c'est l'homme', das trifft längst nicht mehr zu. Wer hat denn heute noch Lust und Zeit, seinen Stil zu pflegen? Vor allem seinen Briefstil? Wer möchte heute noch Briefe schreiben, die etwas Persönliches aussagen?" Der Gartenlaube-Autor sieht darin ein Symptom: "Die heutige Briefkunst oder Unkunst ist ein untrügliches Symptom für den Niedergang unserer Kultur."[13]

Noch in der ersten Hälfte des 19. Jahrhunderts habe man "fleißiger denn je" Briefe geschrieben. Die damalige Generation, die die äußerlich ärmlichste und stillste Zeit durchlebte, habe ihr Bedürfnis nach persönlicher Freundschaft und Freiheit durch stilvolle, individuelle briefliche Kommunikation befriedigt. Selbst das nur dürftig gebildete weibliche Geschlecht habe an der hochentwickelten Korrespondenz teilgenommen und sich dadurch die Möglichkeit der inneren Freiheit und quasi-organischen Entfaltung des Geistes eröffnet. Die neuere Zeit hingegen wisse von diesem früheren Briefstil nichts mehr. Der in der Mitte des vorigen Jahrhunderts einsetzende Kulturverfall habe auch nachteilige Auswirkungen auf den Briefstil gezeitigt. Ursachen seien der

> "Zeitmangel, die Entwöhnung vom selbständigen Denken, Anpassung an das Kollektivdenken, wie es die Zeitung bereitstellt, die Geschäftlichkeit des brieflichen Verkehrs mit seinen sogenannten sachlichen Konventionen, die Veräußerlichung der Bildung auf Kosten des inneren organischen Wachstums, die Oberflächlichkeit als Folge der hastenden, mit unverarbeiteten Eindrücken überstürzten Entwicklung, die Materialisierung der

12 STEINHAUSEN 1968, 2. Teil, S. 409.
13 LUX 1909, S. 876.

Kultur, die Uniformierung der Empfindungen, Anschauungen und Äußerungen oder die Tendenz zum Unpersönlichen, der Zug zur Unaufrichtigkeit, der das wahre Empfinden nie zum Ausdruck kommen läßt, die allverpflichtende Höflichkeit, die die fruchtbaren Gegensätze überkleistert und im Keim erstickt."[14]

Die Anweisung "Schreiben Sie, wie Sie sich's denken" berge die Gefahr in sich, das "allerwidrigste, unzusammenhängendste Geschwätz von der Welt" hervorzulocken und der Unkultur freien Betätigungsraum zu eröffnen. Dasselbe gelte für Kunst und Literatur. Da alle diese Kulturelemente eine Sache des Herzens seien, lasse sich eine Besserung nur von seiten der Frauen erwarten, und zwar erst dann, wenn das Zeitalter des "Materialismus" als Geistesepoche überwunden sei.

"Warum können wir heute keine Briefe mehr schreiben?" fragte Helene Bulle im gleichen Jahr in der Zeitung "Ethische Kultur". Ihrer Meinung nach liegt die Unfähigkeit dazu im Materialismus und Rationalismus der vorhergegangenen Jahrzehnte begründet. Schnellebigkeit und Erfolgsdenken ließen die "Kultur des Herzens" verkümmern; statt den Einzelnen zu erziehen und mit sittlichen Qualitäten auszurüsten, sei die Erziehung auf das "Soziale und Allgemeine" ausgerichtet, um den Menschen zum Mitbürger zu machen, ihn bloß mit sozialen Fähigkeiten auszustatten und in die "große Kette" gesellschaftlicher Zusammenhänge zu integrieren. Individualität hingegen, im Sinne von Einmaligkeit, verliere im Prozeß der Zivilisation an Gültigkeit. Der Brief werde im "schnellebigen Verkehr moderner Zeit" konventionell und oberflächlich. Die Briefkultur vorhergehender Jahrhunderte sei vernichtet worden, die Pflege menschlicher Beziehungen, wie sie noch früher innerhalb der Familie üblich gewesen sei, sei geschwunden, "weil wir überhaupt die feine Kultur sympathischer, persönlicher Beziehungen nicht kennen". Der Intellektualismus des 19. Jahrhunderts habe diese Fähigkeiten verkümmern lassen. Vorbilder eines alternativen Kulturstils entdeckt die Autorin in der Jugend Goethes, dessen Korrespondenz ihr in Hinblick auf Form und Inhalt als Exempel gelungenen Briefstils, ja zwischenmenschlicher Beziehungen überhaupt gilt.[15]

In dem 1912 für das "Protestantenblatt" verfaßten Artikel "Vom Briefschreiben einst und jetzt" diagnostiziert G. Freyhe für die Zeit um 1900 ebenfalls einen erheblichen Kulturmangel, vor allem im Bereich der Briefkultur. Konstatierbar sei ein Rückgang der persönlichen Briefe. Die Eile des gesellschaftlichen Lebens, "die den modernen Menschen nicht zu sich selbst kommen läßt"[16],

---

14 LUX 1909, S. 878.
15 BULLE 1909, S. 138.
16 FREYHE 1913, S. 30.

verhindere das Wiederaufleben einer innerlichen, persönlichen Briefkorrespondenz. So benutze die vom Erwerbssinn – "Zeit ist Geld" – getriebene Generation lieber die neuen technischen Massenkommunikationsmittel und schablonisierte Textvorlagen sowie als Schreibgerät eher die "schaurige Schreibmaschine"[17] als die Feder. Als Quellen für intime gute Briefstilistik nennt Freyhe Briefe von Autoren wie Luther, Gellert, Goethes Mutter, Goethe, Lessing, Claudius, Bismarck, Moltke, Curtius und Naumann.

Die Topoi der Verfallskritik, derer sich die Kulturkritiker um 1900 bedienen, finden sich mit geringfügigen Abwandlungen auch in der Folgezeit bis hin zur Gegenwart. 1951 zum Beispiel schreibt Irene Kupfer in einem Aufsatz "Über das Briefschreiben", der sich vor allem mit frühbürgerlichen Frauenbriefen befaßt, der Brief habe seine Blütezeit im 17. und 18. Jahrhundert gehabt. Mit dem Aufstieg der Industrie und der Französischen Revolution habe diese Epoche des guten Briefes ihr Ende gefunden. Die materialistische Lebensauffassung, die Rastlosigkeit des Alltags und die Geld- und Besitzgier verdrängten den Brief und damit auch den guten Briefstil: "Auch die Frau wurde in den Strudel dieses Kampfes (um Geld und Besitz, d.V.) hineingerissen." Der Verlust an Kulturwerten halte bis in die Gegenwart an, so daß es heute wie damals notwendig sei, dieser Entwicklung Einhalt zu gebieten: "Liegt hier nicht eine wunderbare Aufgabe, die Aufgabe der Frau?" Die Kulturwende könne aber nur an dem Ort herbeigeführt werden, "wo unser Menschsein beginnt, in der Familie, im Haus." Dort und mithilfe des Briefes könne die verlorene Innigkeit wieder aufleben.[18]

In seinem 1960 erschienenen Aufsatz "Zur Phänomenologie des Briefes" betrachtet Albert Wellek den Kultur- und Briefverfall als irreversibel. Er meint, eine wachsende "Unbehaustheit" des Menschen in seiner Umwelt feststellen zu können, die ihre Wurzeln in der historisch zunehmenden Ver-öffentlichung und Entprivatisierung habe. Diese führten zu einer Verstärkung äußerer und innerer Zensuren. Die damit zusammenfallende Versachlichung der zwischenmenschlichen Beziehungen münde zunehmend in einen Verfall des Briefschreibens und -lesens. Äußere Zeichen dafür sind Wellek z.B. die Bevorzugung der Schreibmaschine und der Postkarten. Seine Feststellungen faßt er in 14 Thesen zusammen, deren erster Teil eine psychologische Phänomenologie vermittelt, während sich die letzten vier dem Thema des Verfalls widmen:

"1. Der Brief ist in der Neuzeit entstanden und geht mit ihr dahin.
2. 'Offene Briefe', dokumentarische Briefe, gedichtete Briefe, aber auch bloße 'Schreiben' sind vom eigentlichen, privaten oder intimen Brief zu scheiden.

17 FREYHE 1913, S. 31.
18 KUPFER 1951, S. 16.

3. Der eigentliche, private Brief ist Ausdruck oder Bekenntnis in der Schrift – und insofern Literatur.
4. Es ist jedoch der Brief vom Briefschreiber nicht zu trennen.
5. Der Brief ist – darüber hinaus – Bekenntnis von jemand für jemand.
6. Im Modellfall führt der Brief zum Brief w e c h s e l; aber nicht immer ist dies der Fall oder auch nur die Absicht.
7. Der Briefwechsel ist ein 'Gespräch' zwischen Abwesenden, nicht selten sogar zwischen Unbekannten.
8. Der Brief kann das Gespräch ersetzen auch dort, wo es als solches nicht gewünscht wird.
9. In der Zuwendung zu dem Empfänger unterscheiden sich die Briefstile und Briefschreiber in typischer Weise nach den Polen: naiv – sentimentalisch; extravertiert – introvertiert; weiblich – männlich.
10. Eine Übersteigerung und Verkehrung der extravertiert-weiblichen Einfühlung ist der hysteroide Parasitismus an fremden Briefstilen.
11. Das Fundament des Briefschreibens ist Vertrauen, und dieses ist privat.
12. Die Kunst des Briefschreibens, aber auch des Brieflesens befindet sich in einem langfristigen historischen Verfall, der auf nähere Sicht nicht aufzuhalten sein wird.
13. Mitverantwortlich dafür ist die 'Unbehaustheit' des modernen Lebens, die Veröffentlichung des Menschen und damit Hand in Hand die Zensur von außen wie von innen, als 'subjektive' Zensur.
14. Die letztere ist das Entscheidende, zumal zugleich die nach Ausdruck drängende Fülle der Innerlichkeit im Zuge des modernen Zeitverlustes verlorengeht, ja verdorrt."[19]

Auch heutige Briefsteller schließen sich solchen Theorien an. Für Heinz Hartwig hat die Briefschreibkunst mit Goethe und Schiller in der deutschen Klassik ihren Zenit durchlaufen und verflacht dann:

> "Mit der Industrialisierung im 19. Jahrhundert ging es mit der Briefschreibekunst bergab. Das gesteigerte Arbeitstempo, der Lärm der Maschinen, die sich von der Natur immer mehr entfernende Lebensweise ließ die Menschen der Städte, die ja bisher die meisten Briefschreiber stellten, am Abend ermüdeter ins Bett sinken als früher. Neue Ablenkungen und Vergnügungen kamen auf, die Jagd nach dem Geld, der Trieb, an möglichst vielen Dingen teilhaben zu wollen, das alles verdrängte das auf Besinnlichkeit beruhende Bedürfnis nach Briefwechsel (...). Im 20. Jahrhundert hat die Motorisierung, durch die Städte und Länder in bisher nicht bekannter Weise näherrückten, den persönlichen Verkehr in Form von Treffen, Tagungen und Besprechungen so weit gesteigert, daß das Schreiben privater Briefe als Zeitvergeudung erschien."[20]

Auch für Freiberger/Gschwind und für Fuhrmann sind Industrialismus, Zeitknappheit und die sich daran knüpfenden Probleme verantwortlich für den Kulturverfall.[21] Im Gegensatz zu den oben genannten Autoren stellt freilich Stave

---

19 WELLEK 1960, S. 354 f.
20 HARTWIG, Heinz, 1979, S. 21 f.
21 FREIBERGER/GSCHWIND 1977, S. 7, und FUHRMANN, S. 13.

fest[22], daß gerade der heutige Mensch mehr Zeit habe: Weniger objektive Zwänge als individuelle Bequemlichkeit verleiteten den kultivierten Menschen zu einer Vernachlässigung der Korrespondenz.

Die Verfallsthese – Phantasie und Wirklichkeit

Die kulturkritischen Briefsteller behaupten also, daß ungefähr mit dem Übergang vom 18. zum 19. Jahrhundert ein Kulturverfall eingesetzt habe, der sich bis ins 20. Jahrhundert hinein fortgesetzt habe und noch fortsetze. Sie verlegen die Hochphase der deutschen Briefschreibekunst in die Zeit der Klassik. Goethe und Schiller und allgemein die "gute alte Zeit" werden den Lesern aber auch von den Briefstellern vorgehalten, die keine explizite Theorie wie die des Kulturverfalls formulieren, sondern nur Briefe früherer Autoren als Musterbeispiele präsentieren.

Ein Blick auf einige vorhandene Daten zur Entwicklung der Schreibkultur macht jedoch deutlich, daß die These vom Verfall des Briefschreibens seit Anfang des 19. Jahrhunderts so nicht haltbar ist. Um 1770 können nur 15 % der Bevölkerung in Deutschland als potentielle Leser bezeichnet werden. Der Anteil vergrößerte sich bis 1800 auf 25 %. Es ist anzunehmen, daß die Zahl der schreibfähigen Menschen noch geringer war. Die Verbreitung des Analphabetismus wurde auch nicht durch die im 17. Jahrhundert langsam einsetzende Einführung der allgemeinen Schulpflicht beseitigt. Zwar führten die deutschen Fürstentümer die allgemeine Schulpflicht zwischen 1642 und 1802 gesetzlich ein, "jedoch bestand weder die Absicht, sie willkürlich auszudehnen, auch wenn sie nicht nur für Städte, sondern für Flecken und Dörfer vorgeschrieben wurde, noch wurde der angekündigte Zweck tatsächlich durchgesetzt und erreicht."[23] In Nürnberg besuchten 1720 9,5 % der Kinder die Schule. Berlin konnte jedoch noch 1786 nur 0,9 % aufweisen. Auch die Erziehung des Adels war weitgehend unliterarisch. Eine Wende vollzog sich erst während des 19. Jahrhunderts. Mit Hilfe verschiedener Kriterien wurde 1871 in Preußen die Zahl der Analphabeten auf 12 % geschätzt, bis zum Ende des Jahrhunderts soll deren Anteil an der Gesamtbevölkerung auf ein Prozent der Männer und Frauen gesunken sein.[24] Der Zeitraum also, der von den Briefstellern als Epoche des Kulturverfalls gekennzeichnet wird, weist eine größere Verbreitung der Lese- und Schreibfähigkeit auf als die Jahrhunderte zuvor. Und vieles spricht dafür, daß sich in dieser

22 STAVE 1978, S. 9.
23 ENGELSING 1973, S. 45.
24 Als "schreibfähig" galten z.B. alle verheirateten Männer und Frauen, die ihre Unterschrift unter den Ehekontrakt gesetzt hatten.

Zeit auch die briefschreibenden Schichten ausgedehnt haben.[25] Von einem Verfall der Briefkultur im Sinne einer Abnahme kann also wohl nicht die Rede sein – höchstens davon, daß sich der Usus des Briefschreibens in einigen Gesellschaftsschichten verringerte, die ihn im 18. Jahrhundert besonders gepflegt hatten. Auch hier ist jedoch eher anzunehmen, daß sich bestimmte Formen des Kunstbriefes, nicht jedoch das Briefschreiben überhaupt reduzierte.

Wie aber steht es mit der Behauptung eines qualitativen Niedergangs der Briefkultur seit dem 19. Jahrhundert? Die zitierten Briefsteller datieren den Beginn des Verfalls um den Zeitpunkt der industriellen Revolution. Die Kultur degeneriert angeblich mit der Durchsetzung kapitalistischer Produktionsverhältnisse. Mit dem Erscheinen neuer Klassen auf der Bühne des gesellschaftlichen Lebens wurden neue Formen des Zusammenlebens und der sozialen sowie kulturellen Identität begünstigt. Die Briefsteller verdeutlichen ihre Ansichten nicht; aber was sie als Verfall der Briefkultur bezeichnen, ist nichts anderes als die Entwicklung einer eigenen Briefkultur durch bisher nicht oder kaum briefschreibende Schichten. Dieser Schreibpraxis der modernen lohnabhängigen Klassen gegenüber bewähren sich die Verfalls-Theoretiker des 19. und 20. Jahrhunderts als kleinbürgerliche bzw. bürgerliche Kulturpädagogen, die der wirklichen Geschichte einen von ihnen gewünschten Verlauf aufzupfropfen versuchen, und die ein vergangenes, heute nicht wiederbelebbares und auch nicht mehr gültiges Kulturideal zum Maßstab ihrer Bewertung der heutigen Briefkultur erheben. Ihre Musterbriefe entstammen meistens den herrschenden Schichten oder der literarischen Intelligenz – es werden Briefe von Bismarck, Novalis, Goethe, Mme. de Sevigne usw. zitiert. Über die Identifikation mit ihren Vorbildern suchen sie klassenspezifische Normen und Werte zu verallgemeinern. Alle gesellschaftlichen Erscheinungen, die von diesem Kulturideal abweichen oder sich nicht darunter subsumieren lassen, geraten als Kulturverfall in Mißkredit oder aber sie werden unberücksichtigt gelassen.

Was heutige Briefsteller zur Erreichung ihrer pädagogischen Ziele im einzelnen postulieren, ist Gegenstand der folgenden Abschnitte.

Moderne Briefsteller – Versuch einer Beschreibung und Kritik

Wir haben uns bei der Beschreibung moderner Briefsteller auf diejenigen beschränkt, die wir im Winter 1980 im Handel erhalten konnten. (Die angegebenen Bücher werden im folgenden nurmehr mit ihrer Ziffer zitiert):

---

25 Vgl. WARNEKEN 1985, S. 11–16.

1) Brunner, Rolf: Gute Briefe für jede Gelegenheit. Musterbriefe für verschiedene Anlässe – Anreden – Postvorschriften u.a. München 1979 (Goldmann).
2) Freiberger, Waltraut / Gschwind, Brigitte-Barbara: So schreibt man Briefe besser! Ein moderner Briefsteller für persönliche Briefe – rund ums Jahr. München 1977 (Humboldt).
3) Fuhrmann, Olaf: Musterbriefe für alle Gelegenheiten. Niedernhausen/Ts. o.J. (Falken-Verlag).
4) Hartwig, Heinz: Briefe richtig formuliert. Der gute Brief in Alltag und Beruf. München 1979 (Bastei Lübbe).
5) Stave, Joachim: Gute Briefe keine Kunst, privat & geschäftlich. München 1978 (Mosaik).
6) Wolter-Rosendorf, Irmgard: Privatbriefe. Muster für alle Gelegenheiten. Niedernhausen/Ts. 1979 (Falken-Verlag).
7) Wolter-Rosendorf, Irmgard: Der neue Briefsteller. Musterbriefe für alle Gelegenheiten. Niedernhausen/Ts. 1969/1980 (Falken-Verlag).

Warum schreibt man überhaupt Briefe?

Drei der Autoren versuchen einleitend die Frage 'Warum werden Briefe geschrieben?' zu beantworten. Für Hartwig und Brunner ist das Schreiben eines Briefes die Befriedigung eines Urtriebes des Menschen nach Mitteilung, von angeborenem Herdentrieb und Neugier. Die Kultur des Briefeschreibens ist in den Augen Hartwigs eine idealistische, antimaterialistische Seite des menschlichen Daseins. In der Frühzeit der Geschichte hoch entwickelt, sei sie – wir kennen die These schon – mit dem Beginn der Industrialisierung und der Massengesellschaft ebenso zugrunde gegangen wie die große Epoche der deutschen Literaturgeschichte. Seit etwa 1975 könne man aber eine Renaissance der Briefkultur beobachten – Ausdruck, wie Hartwig meint, einer gewissen Abkehr vom materialistischen Denken.

Stave argumentiert weniger anthropologisch als soziologisch: Die Notwendigkeit des Briefschreibens erwachse aus einer bestimmten Form des menschlichen Zusammenlebens. Die Kompliziertheit und Vielschichtigkeit des gesellschaftlichen Seins lasse sich nicht durch kurze Gespräche erfassen, sondern bedürfe der Klärung durch Geschriebenes.

Alle diese Begründungsversuche geraten aber doch wohl zu kurz. Sie scheinen weniger der psychologischen und historischen Aufklärung über die Tradition des Briefschreibens zu dienen, als die bloße Funktion einer 'atmosphärischen Legitimation' durch Geschichte und damit auch einer Selbstlegitimation der Briefstellerei zu haben.

Die übrigen Autoren beschränken die Herleitung der Schreibmotivation auf die

Angabe von Schreibanlässen. Sie unterscheiden "Pflichtbriefe" (Geschäftsbriefe, Beileid) und sogenannte "freiwillige Briefe", die aber von den Regeln der Höflichkeit vorgeschrieben würden, in gewissem Sinn also ebenfalls Pflicht sind (Weiter unten werden wir gerade sie mit diesem Terminus bezeichnen). Zu den "freiwilligen Briefen" zählen persönliche, gesellschaftlich verbindliche und offizielle Festtagsschreiben (Geburtstag, Hochzeiten, beruflicher Aufstieg, Ostern, Weihnachten, Neujahr usw.). Von den meisten Autoren werden "Liebesbriefe" ausgeklammert, da deren Inhalt zu "intim" sei. Einige gehen jedoch unter Vorlage von Musterbriefen auf entscheidende Phasen (Annäherung, Heiratsantrag, Eifersucht, Trennung) einer Liebesbeziehung ein (3, 5, 7).

Zur Frage der 'Produktionsmittel' des Briefeschreibens

Alle Autoren haben ähnliche Vorstellungen über die zu verwendenden Schreibgeräte; sie begründen dabei ihre Vorschriften mit Hilfe von Kriterien der Praktikabilität und des individuellen Ausdruckes. Alle Briefsteller ziehen handschriftliche Briefe als adäquatere Ausdrucksmöglichkeit des persönlichen Interesses vor, erlauben aber – insbesondere bei schlechter Handschrift – die Verwendung einer Schreibmaschine. (Hartwig setzt die Möglichkeit dieser Wahl in vielen Haushalten insofern voraus, als er annimmt, daß die Schreibmaschine ein weitverbreiteter Gebrauchsgegenstand sei. Auch dies wäre eine Überprüfung wert.) Eine unumgängliche Norm ist nach Meinung der Autoren die handschriftliche Ausführung von Beileidsbezeugungen, Gratulationen und persönlich gehaltenen Einladungen sowie von Anrede und Unterschrift bei maschinell geschriebenen Briefen. Dabei soll der Briefschreiber genau darauf achten, welches Schreibgerät er verwendet, um "allgemein anerkannten" Qualitätsansprüchen gerecht zu werden (5). Kugelschreiber und Bleistift seien für diesen Zweck minderwertig, nur der Füllfederhalter also angemessen (4, 5, 6), wobei der Gebrauch blauer Tinte der Verwendung von schwarzer oder violetter vorzuziehen sei (5).

Fast alle Autoren geben auch Weisungen für die Wahl des Briefpapiers, weil von diesem die Wirkung eines Briefes entscheidend beeinflußt werde. Sie legen Wert auf die Verwendung weißer DIN A 4-Bögen oder leicht getönten Briefkassettenpapiers und geben zu bedenken, daß erst eine hohe Qualität des Papiers den gewünschten Eindruck beim Empfänger erziele. Wolter-Rosendorf erweitert den Katalog der Vorschriften durch die Forderung, daß Briefbogen und -umschlag zusammenpassen müssen und letzterer gefüttert sein solle. Als einzige rät sie von handgeschöpftem Büttenpapier wegen der Gefahr der "Protzigkeit" ab. Die anderen Autoren verfahren nach dem Grundsatz: "Je teurer, desto besser – aber der goldene Mittelweg ist auch richtig" (4, S. 41).

Weiter beschäftigen sich die Briefsteller mit der richtigen und formvollendeten Gestaltung des Layout. Sie raten dazu, sowohl im geschäftlichen wie im privaten Bereich gedruckte Briefköpfe zu benutzen und bei der Auswahl der Druckvorlagen gegebenenfalls in Schreibwarenläden und Druckereien fachmännischen Rat einzuholen. Andere Verfahren, wie handgeschriebene oder gestempelte Briefköpfe, gelten für sie nur als Notbehelf (4, 1).

Um jede Fehlerquelle möglichst auszuschließen, solle ein Rechtschreibduden griffbereit sein (1, 3, 4, 6). Einige der Autoren geben eine Übersicht über die ihrer Meinung nach häufigsten Fehler und korrigieren diese (3, 5, 7).

Kopie und Sammlung der Briefe sowie das Ordnen der Korrespondenz nach chronologischem oder alphabetischem Schema befürwortet die Mehrzahl der Autoren. Freiberger/Gschwind und Stave empfehlen, besonders solche Briefe aufzubewahren, die zeitgeschichtlich und familiengeschichtlich wichtig sind. Stave erörtert obendrein das Problem des Schreibortes und erläutert den Vorteil des nach arbeitstechnischen Gesichtspunkten strukturierten Schreibtisches gegenüber dem kleinräumigen Sekretär. Dieser Punkt macht besonders deutlich, daß die Vorschläge der Briefsteller in der Frage der 'Produktionsmittel' des Schreibens sehr realitätsfremd sind. Vermutlich besitzen viele potentielle Käufer ihrer Bücher keines der beiden von Stave empfohlenen Möbel und werden diese wohl z.T. aus finanziellen und räumlichen Gründen schwerlich anschaffen, während diejenigen, die als 'Kopfarbeiter' sowieso einen Schreibtisch in ihrem Privathaushalt benötigen, die Briefsteller wohl kaum zu Rate ziehen werden.

Ordnung ist das halbe Leben, Vorbereitung der halbe Brief

Der Schreibakt selbst benötigt nach Ansicht der Autoren eine Vorbereitung und Strukturierung. Ihm sollte Nachdenken, eine Gliederung, die Anfertigung eines Exposes und die Korrektur möglicher Fehler vorausgehen. Freiberger/Gschwind und Brunner geben ihren Lesern auch Formulierungshilfen an die Hand. Bei ihnen erklärt sich dieses Angebot aus dem Selbstverständnis, ein Briefsteller müsse ein Rezeptbuch für das Verfassen von Briefen stellen. Die anderen Autoren verlangen vom Leser die Ausbildung eines eigenständigen Stils sowie die Aneignung einer Sprach- und Schreibdisziplin. Dies kann, so meinen sie, durch die Lektüre sogenannter "guter" Bücher, den Kontakt mit "guten" Rednern und die Erstellung eines eigenen Texthandbuches geschehen.

Der Rahmen der Verhaltensanweisungen während des Schreibaktes wird von einigen Verfassern mit Angaben über das dem Brief angemessene emotionale Verhalten des Absenders bzw. über das 'richtige' Verhältnis zwischen Absender und Empfänger erweitert. So rät Stave, den Tonfall des Empfängers aufzugreifen. Am leichtesten sei es, Briefe in "tiefem Einverständnis" zu verfassen; müsse aber "Unangenehmes" gesagt werden, so falle dem Schreiber die Aufgabe zu, dies mit möglichst viel Diplomatie zu formulieren (5). Mit großer emotioneller Erregung geschriebene Briefe sollten vor dem Absenden erst einmal überschlafen werden (6). Hartwig und Brunner verlangen vom Briefschreiber, dem Empfänger Freude zu bereiten und gemäß der gesellschaftlichen Hierarchie (siehe Anredeformeln) Anerkennung zu erweisen. Im Vordergrund der von den Briefstellern geschätzten Gefühlskultur steht also die soziale Harmonie. Intensive – seien es erotische oder aggressive – Gefühle müssen abgewehrt werden. Dem Bedürfnis nach Harmonie gemäß soll sich der Schreiber selbst dann quasidiplomatischer Freundlichkeit bedienen, wenn diese nur vordergründig und geheuchelt ist.

Weitere Anweisungen aus den untersuchten Briefstellern zu Form- und Stilfragen in Stichpunkten:

- Brief in Absätze einteilen (für jeden neuen Gedanken einen neuen Absatz)
- Kurze Sätze bilden (15 – 20 Wörter)
- Fragesätze zur Auflockerung des Textes verwenden
- Fremdwörter, "abgedroschene Redensarten", "billige Schlagwörter" und Bürokratendeutsch vermeiden
- Möglichst wenig Hauptwörter auf -ung und -keit verwenden, Hauptwortanhäufungen vermeiden
- Keine Tautologien ("weißer Schimmel") bilden
- Keine Abkürzungen verwenden, da sie unhöflich und oft unverständlich sind.

Kontroverser Auffassung sind die einzelnen Briefsteller über den Gebrauch der Umgangssprache. Während die einen (1, 4, 5) die Verwendung der Alltagssprache für ungeeignet halten – sie unterstellen, daß die gesprochene Sprache inhaltsleer, "teilweise unsinnig" (4) und formlos sei –, schlagen die anderen (2) vor, "so zu schreiben, wie man spricht", allerdings ohne die deutsche Grammatik außer acht zu lassen.

Mit Ausnahme von Hartwig gleichen sich die Autoren in den Vorschriften zur Briefdisposition (Briefkopf, Anrede, Einleitung, Hauptteil, Grußformel, Unterschrift). Dieser bezieht sich durch seine Einteilung des Briefes in salutio, exordium, narratio, petitio, conclusio auf ein (im vorigen Kapitel erwähntes) klassisches Dispositionsschema.

Sage mir, wie Du schreibst, und ich sage Dir, wer Du bist!

Das Schreibverhalten ist eingebettet in die Totalität des Sozialverhaltens:

"So wie wir bei persönlichen Zusammentreffen mit anderen Leuten bestrebt sind, einen günstigen Eindruck zu machen, wie wir auf unsere Haltung und unsere Redeweise achten, um nicht aufzufallen, so stehen uns beim Brief auch verschiedene Mittel und Wege zur Verfügung, den Empfänger von vornherein für uns zu gewinnen. Die Mittel sind die äußere Aufmachung des Briefes, unsere Schrift und unsre Ausdrucksweise. Wer in der Anwendung dieser drei Bundesgenossen nachlässig ist, wird mit seinen Briefen kaum den gewünschten Erfolg haben."[26]

Im Rahmen seiner Analogie geht der Autor dieses Zitats, Freymann, so weit zu behaupten, eine richtige und ordentliche Haltung sei gleichbedeutend mit einer richtigen Haltung im Brief: Im richtigen Stil beweise sich Anstand, guter Wille und guter Ton. Auch Stave übernimmt mit Hilfe seiner Briefregeln Funktionen eines Sittenlehrers, dessen Leitbilder durch "Konvention und Tradition"[27] vermittelt sind. Im ersten Jahrzehnt unseres Jahrhunderts hatte man – noch mehr auf die Innerlichkeit konzentriert – das Briefschreiben mit der Pflicht zur "feinen Kultur des Empfindungslebens" und "des organischen Wachstums der Persönlichkeit"[28] verknüpft.

Die Bemühungen der heutigen Briefsteller, auf das Briefschreiben – und selbstverständlich auch auf die Brieflektüre – Einfluß zu nehmen, münden also in den Versuch, mit Hilfe einer Briefschreibpädagogik bewußt oder unbewußt Normen richtiger bzw. falscher Lebensform, richtigen oder falschen Verhaltens zu induzieren und damit nicht weniger als die Aufgabe einer komplexen Nachsozialisation zu übernehmen. In den Musterbriefen durchlaufen die Korrespondenten und ihre Briefpartner die Stationen eines gutbürgerlichen Lebens. Sie werden getauft, nehmen Teil an der bürgerlichen bzw. christlichen Festkultur, heiraten, gründen eine Familie und pflegen vornehmlich familiäre Kontakte. Beruflich haben sie die Absicht, mindestens Facharbeiter zu werden, oder streben eine Beamtenlaufbahn an. Von der Wiege bis ins Grab sind sie vorbildliche Bürger, die auch die Erhaltung staatlicher Autorität zu schätzen wissen. Ihre Sache ist es nicht, gesellschaftliche Normen, gleich welchen Charakters und welcher Herkunft zu hinterfragen.

Dem Leser, der diesem Ideal entspricht, machen die Briefsteller mannigfache Erfolgsversprechen:

"Ganze Schicksale trägt der Briefträger in seiner Tasche, und die schicksalsschwersten (Briefe, d.V.) sind sicherlich die Liebesbriefe. Sehr fein und hellhörig sind die Ohren liebender Menschen. Der Liebesbrief, den Sie schreiben, lieber Leser, soll von Herzen kommen und zu Herzen gehen. Er kann zum Baustein Ihres Lebensglücks werden. Und

---

26 FREYMANN 1956, S. 5.
27 STAVE 1978, S. 25.
28 LUX 1909, S. 876 f.

da überkommt mitunter eine gräßliche Unsicherheit Ihre schreibwillige Feder. Wir haben dem Liebesbrief in diesem Buch einen breiten Raum gewidmet. Denn wir wollen Ihnen helfen, daß Sie zu Ihrem Liebesbrief finden."[29]

Und Freymann verspricht: "Alle Briefe in diesem Buch sind gut, vorbildlich und eindrucksvoll – also genau das, was Du suchst."[30] Nachdem er den Leser die Grundkurse über die äußere Briefaufmachung hat durchlaufen lassen, teilt er ihm mit:

"Alle diese kleinen Dinge mögen manchem Menschen pedantisch und lächerlich erscheinen, aber wenn wir bedenken, daß der Brief unser Vertreter ist, verstehen wir die hier geforderte Sorgfalt. Wir müssen alles vermeiden, was uns in den Augen des Empfängers weltfremd, unbeholfen, unordentlich und ungebildet erscheinen läßt."[31]

In der Präsentation möglicher materieller und erotischer Erfolge stehen die restlichen Briefsteller den bisher zitierten nicht nach. Jedoch können diese Erfolge nur dann erreicht werden, wenn der Empfänger des Briefes sich im Rahmen derselben Skala von Normen und kulturellen Werten bewegt (und die Briefe quasi mit den Augen des Briefstellers liest). Diese Normen aber sind nicht nur durch massive Empfehlungen eines äußerst angepaßten Verhaltens charakterisiert, sondern beinhalten auch eine strikte Eingrenzung der Gruppe der Korrespondenten.

Die Briefsteller und die Öffentlichkeit

Nur wenige der Briefsteller geben ihren Lesern Hilfen für solche Briefe an die Hand, die für den öffentlichen Gebrauch bestimmt sind. Die Mehrzahl beschränkt ihre Erläuterungen und Beispiele auf die Korrespondenz im engen Familien-, Freundes- oder Bekanntenkreis. Diese Einschränkung wird auch nicht dadurch ausgeglichen, daß in allen Lehrbüchern die Anredeform für Inhaber politischer, öffentlicher oder kirchlicher Ämter aufgelistet sind.

Freiberger/Gschwind geben "gute Tips, Anregungen und Muster (Briefe nach dem Baukastensystem) zum Schreiben eines persönlichen Briefes".[32] Olaf Fuhrmanns Buch "Musterbriefe für alle Gelegenheiten" wird seinem Anspruch insofern nicht gerecht, als bei ihm Ratschläge und Muster für Briefe zu öffentlichen, politischen Problemen fehlen. Dasselbe Defizit gilt für Brunners "Gute Briefe für jede Gelegenheit". Ebenso wie bei Freiberger/Gschwind weist der Klappentext auf die Einschränkungen der exemplifizierten Schreibanlässe hin. Der Briefsteller enthält "Briefe zu vielen Anlässen, deren es genug gibt. Ge-

29 FUHRMANN, S. 13.
30 FREYMANN 1956, S. 5.
31 Ebd., S. 12.
32 FREIBERGER/GSCHWIND 1977, Klappentext.

burtstag, Verlobung, (...) Festtage im privaten Bereich, aber auch Briefe privatgeschäftlichen Inhalts, wie Anträge, Bewerbungen, Beschwerden und Kündigungen."[33] Renate Mayers "Liebesbriefsteller" bedenkt sogar den, der es unternimmt, den oben ausgeführten Rahmen zu überschreiten, mit mildem Spott: "Ihr Partner – ein Weltverbesserer":

> "Natürlich lieben Sie Ihn mit seinen Fehlern, und auch daß er ein Weltverbesserer ist, akzeptieren Sie. In Ihren Briefen erfreuen Sie Ihn am meisten, wenn Sie schreiben, welche neuen unsinnigen Bestimmungen schon wieder da und dort in Kraft gesetzt wurden; was unsere Politiker besser machen könnten, wo einzugreifen wäre, und daß wir in einem einzigen Wirrniß leben. Das ist Öl für sein Gemüt. (...) Aber es liegt freilich auch an Ihnen, Ihm Positives aufzuzeigen. (...) Sie brauchen besonders viel Fingerspitzengefühl, Ihn mit Ihrer Liebe all das Chaotische in unserer Welt ab und zu vergessen zu lassen. Verändern aber können Sie Ihn freilich nicht."[34]

Die Autorin betrachtet also soziales und politisches Engagement schlicht als Fehlverhalten. Nur die Briefsteller von Stave, Hartwig und Wolter-Rosendorf greifen das Thema der öffentlichen Korrespondenz auf. Alle drei Autoren warnen dabei vor dem Mißbrauch der Leserbriefspalten als "Meckerecke". Stave versteht unter "Meckern" das Politisieren, Polemisieren, Kritisieren und "Schwadronisieren" einzelner oder einer Gruppe. Diese Artikulationsweise sei unsachlich, nicht von öffentlichem, sondern nur von psychologischem Belang. Stave schreibt von "der psychologisch richtigen Erkenntnis" aus, "daß die Leute eine Stelle brauchen, wo sie ihren Groll abladen können." Groll, Mißvergnügen, Ärger und Empörung seien dann auch meistens der Grund dafür, daß die Leser sich der Mühe einer solchen Zuschrift unterziehen. Solche 'Meinungen' gehörten nicht in die Zeitung, sondern an den Stammtisch. "Die meisten Leserzuschriften" seien "fehlgeleitete Stammtischgespräche"; Stave verbannt sie "in die Gruppe derjenigen Briefe, die man nicht schreibt."[35] Als "brauchbare Leserbriefe" erkennt er nur solche an, in denen eine Berichtigung, eine Ergänzung, eine Anregung oder eine Sympathieerklärung enthalten ist.

Hartwig offeriert einige Leserbriefbeispiele – stets voller Sympathieerklärungen für den Adressaten. Er vertritt die Auffassung, daß die Sprache dem kritischen Briefverfasser einen größeren Wortschatz zur Verfügung stelle als dem Gleich- oder Freundlichgesinnten. "Wer dagegen ist, findet von selbst die richtigen Töne."[36] Außerdem steigere Lob die Qualität der zwischenmenschlichen Beziehungen und verdiene deshalb eine größere Verbreitung.

---

33 FUHRMANN, Klappentext.
34 MAYER 1980, S. 64 f.
35 STAVE 1978, S. 90.
36 HARTWIG, Heinz, 1979, S. 163.

Wolter-Rosendorf verurteilt ebenfalls die "Meckerer"[37] und fordert den Leser auf, strenge Maßstäbe an die Abfassung von Leserbriefen anzulegen. Sie bietet – mit Ausnahme eines Klagebriefes an eine öffentliche Fernsehanstalt – nur Beispiele für Leserbriefe an die Ratgeberecke einer Illustrierten.

Der einzige Autor, der die öffentliche Korrespondenz ausführlicher bespricht, ist Stave. Er beschreibt den Aufbau einer Bürgerinitiative, die sich für einen in der Gemeinde fehlenden Kindergarten einsetzt. Stave bekundet dabei seine Sympathie mit der Gründung solcher Initiativen, da sie "das Zusammenleben aller Menschen in diesem Lande gerechter und erträglicher (...) machen, unabhängiger von administrativer Willkür und privater Gewinnsucht." Da sich die Organisatoren jeweils "schnell in einen erheblichen Papierkrieg verwickelt" sähen[38], führt Stave in die gebührende Schreibpraxis ein. Dies geht bruchlos über zu Anweisungen für richtiges politisches Verhalten von Bürgerinitiativen überhaupt. Diese sollen wie der Stavesche "brauchbare" Leserbriefschreiber handeln: die kommunale Verwaltung berichtigen, ergänzen und animieren. Und selbstverständlich ist die Modell-Bürgerinitiative, die Stave der Realität entnommen haben will, schon nach kurzer Zeit erfolgreich: Sie erreicht "tatsächlich ihr Ziel, (...) die Errichtung eines Gemeindekindergartens mit zunächst 45 Plätzen. Dieser Erfolg ist nicht zuletzt auch der Tatsache zu verdanken, daß die Eltern-Initiative maßvoll im Fordern und geschickt im Verhandeln war."[39]

Der letzte Abschnitt belegt, wie stark sich für Stave Schreibverhalten als Kommunikationsverhalten und politisches Verhalten wechselseitig aufeinander beziehen, ja miteinander identisch sind. Stave assoziiert mit politischem Erfolg maßvolles Fordern und geschicktes Verhandeln; andere Formen der Auseinandersetzung werden in die Darstellung nicht einbezogen, weil sie angeblich weniger erfolgversprechend sind. Es ist anzunehmen, daß Stave im übrigen auch nur das für legitim hält, was bescheiden und maßvoll ist und in Kooperation mit Staatsorganen behandelt wird. Ein Briefsteller für die Bürgerinitiativen in Wyhl, Kalkar, Brokdorf, Walldorf muß also erst noch geschrieben werden.

Ästhetik-Gebote

Möglicherweise unbewußt erfüllen die Briefsteller in unserer Gesellschaft noch eine andere Funktion: "Unter dem Deckmantel der Briefdidaktik soll das Subjekt heute an die Erfordernisse des Warenverkehrs angepaßt werden (...). Das moderne Briefbuch dehnt die Ideologie des Marktes auf die 'privaten Beziehun-

37 WOLTER-ROSENDORF 1979, S. 125.
38 STAVE 1978, S. 141.
39 Ebd., S. 144.

gen aus."[40] Das läßt sich am besten an den Vorschlägen zur Ästhetik der Briefe deutlich machen.

> "Wie sehen viele Briefe heutzutage aus? Ist es nicht so, liebe Leser, daß Sie Briefe erhalten, die flüchtig hingeschmiert sind, im Telegrammstil gehalten, nachlässig zusammengefaltet und in irgendeine Briefhülle gesteckt sind, die nicht zum Briefpapier paßt? Solche Briefe bereiten selbstverständlich dem Empfänger keine Freude, er hat vielmehr das peinliche Gefühl, daß der Schreiber sich nur nachlässig einer unangenehmen Pflicht entledigen wollte. Briefe dieser Art sind nicht wert, daß man sie aufbewahrt. Ihren Verlust würde niemand betrauern."[41]

Woher weiß dieser Autor, daß Briefe heutzutage so aussehen? Aus welchem Antrieb bzw. zu welchen Anlässen wurden diese Briefe geschrieben, auf die er sich bezieht? Sind Pflichtbriefe (zumindest solche nach dem Muster der Briefsteller) überhaupt in der Lage, Freude zu bereiten? Ist es wirklich so sehr das Briefpapier, das für die Freude des Empfängers sorgt, und nicht vor allem der Inhalt, das Geschriebene?

Um zu erläutern, wie er sich die Aufmachung eines Briefes vorstellt, vergleicht Fuhrmann sie mit den Vorkehrungen beim Ausgehen. Um sich zurechtzumachen, wird sich der Herr z.B. rasieren, die Dame gar ein Make up auflegen. Was scheint also naheliegender, als daß auch der aus dem Haus gehende Brief ästhetisch getrimmt wird? Doch auch und gerade bei den Frauen geht diese Empfehlung an wesentlichen Briefzwecken vorbei. Simone de Beauvoir schrieb über die bürgerlich-intellektuelle Frau: "Um nicht im Nichts ein Innenleben versinken zu lassen, das zu nichts dient, um sich gegenüber dem Gegebenen zu behaupten, das sie in der Auflehnung über sich ergehen läßt, um eine andere Welt zu schaffen als die, in der sie nicht zu sich selbst kommt, hat sie das Bedürfnis sich auszudrücken."[42] Sie läßt in Briefen und Tagebüchern ihren Gefühlen freien Lauf. Dem aber steht die von den zitierten Briefstellern verordnete Stilisierung genau entgegen. Sichaussprechen wird unterdrückt, an die Stelle von Kommunikation tritt deren Anschein, der Austausch von Höflichkeiten. In diesem Zusammenhang erscheint es passend, den Begriff der "Sozialästhetik" einzuführen, der sich auf die Formen der gesellschaftlichen Interaktion bezieht. Ein unerläßliches Element der Kommunikation ist u.a. die "ästhetische Funktion"[43], die allerdings innerhalb des sozialen Alltags nie von bestimmten Zwecken losgelöst sein kann. Wichtig ist es daher, das enge wechselseitige Bestimmungsverhältnis zwischen den Formen der produzierten Waren (z.B. Briefpapier) und den For-

---

40 HARTWIG, Helmut, 1976, S. 115.
41 FUHRMANN, S. 16.
42 BEAUVOIR 1968, S. 658.
43 MUKAROVSKY 1978, S. 29.

men des menschlichen Verkehrs zu kennen: Einerseits sollen die Waren verkauft werden und werden deshalb nach dem Bild der Sehnsucht des Käuferpublikums[44] hergestellt, andererseits wird etwa durch die Reklame bestimmt, was liebenswert ist, damit eine latente Angst vor Liebesverlust erzeugt und so die Sehnsucht erst geschaffen, die in den zwischenmenschlichen Verkehr eingeht.

In unserem Fall haben die Briefsteller eine ähnliche Funktion wie die Reklame, denn sie drohen bei Nichtbeachtung der (ästhetischen) Vorschriften mit Sanktionen wie z.B.: man komme sonst in den "Geruch des Provinziellen"[45]. Nach einem Brief werde man beurteilt, behaupten die Briefsteller; doch erzeugen sie damit nicht Angst, statt Hilfe zu sein, hemmen das Schreiben, statt es zu fördern? In einer anderen Formulierung heißt es, Briefe seien Aushängeschilder für Erziehung, Bildung, Gewandtheit, Stellung in der Gesellschaft und Geldbeutel[46], sie hätten eine werbende Aufgabe für den Absender. Dabei heißt es zugleich, Briefe sollten ein Bild unseres Wesens geben, und jeder sollte bestrebt sein, sein eigenes "Gesicht"[47] zu entwickeln. Was die konventionellen Briefsteller aber nur garantieren können, ist, ein normiertes Bild aus ihrer Musterkollektion zusammenzusetzen.

Anpassung an fremde Normen oder eigener Stil?

> "Dieses Buch nimmt jedem, der Briefe schreiben will oder muß, die Hemmungen. Es führt ihn zum eigenen Stil, indem es ihn ermutigt, Sprache mit eigenem Leben und vor allem Erleben zu erfüllen. Der Leser wird begreifen, daß und wie es möglich ist, für jede Gelegenheit die passende Form, den richtigen Ton, das treffende Wort zu finden."[48]

Wir wissen leider nicht, wer Briefsteller kauft und was von solch einem Buch erwartet wird. Daher müssen wir uns bei der Beurteilung an das halten, was sich der Autor – meist im Vorwort – zur Aufgabe macht. Stave trifft zunächst zwei Unterscheidungen: Briefe, die aus eigenem Antrieb geschrieben werden, stellt er Pflichtbriefen gegenüber, der mit eigenem Erleben gefüllten Sprache den sogenannten "richtigen Ton". Während es bei den Pflichtbriefen vor allem darauf ankommt, daß eine dem Anlaß entsprechende Form gewählt wird – werden viele dieser Briefe doch nur geschrieben, damit 'die Form gewahrt' bleibe –,

---

44 Vgl. HAUG 1971.
45 STAVE 1978, S. 14.
46 HARTWIG, Heinz, 1979, S. 43.
47 Vgl. FUHRMANN, S. 17. Bei Fuhrmann wird das "Gesicht" hauptsächlich durch das Papier charakterisiert: "zuverlässig, solide", "vornehm, repräsentativ, großzügig, weltoffen", "billig, unansehnlich".
48 STAVE 1978, S. 9.

scheinen solche mit persönlichem Inhalt keine vorgegebene Form zu fordern, ja sich sogar gegen eine zu starke Formalisierung zu sperren.

Das läßt vermuten, daß es zwei grundsätzlich verschiedene – möglicherweise unvereinbare – Forderungen an die Briefsteller geben kann: Die eine gilt der Vermittlung gesellschaftlicher relevanter Normen und Umgangsformen im gesellschaftlichen Verkehr. Durch sie sind die alten und zeitgenössischen Briefsteller nahezu vollständig geprägt. Die zweite lautet, zur Selbstverwirklichung im Brief hinzuführen, zu einer Kommunikationsmöglichkeit, die schon bestehende, lebendige Beziehungsformen erweitert, das Bedürfnis nach schriftlichem Ausdruck der eigenen Persönlichkeit schafft. Dieser Forderung müßte ein alternativer Briefsteller nachgehen, der uns bislang noch nicht begegnet ist.

Die Diskrepanz zwischen diesen beiden Zielsetzungen ließe sich vielleicht mit der Frage auflösen, welche Norm, die ja immer eine (gruppen-)soziologische Größe ist, für das soziale Zusammenleben gebraucht wird. Die Briefsteller tragen dazu bei, daß Menschen zuweilen aufgrund von Gruppenstandards handeln, die einer Gruppe entnommen sind, der sie nicht angehören, an deren Leben sie vielleicht niemals teilhatten (und die womöglich gar nicht existiert), wodurch sie in Konflikt mit ihrer Identität kommen können. Diese erlangt der Einzelne ja vor allem dadurch, daß er sich während seiner Sozialisation die soziale und kulturelle 'Perspektive' seiner Bezugsgruppe aneignet, innerhalb der sich normalerweise gemeinsame Begriffe und eine gemeinsame Sprache herausbilden.

Hieße das aber nicht, daß die konventionellen Briefsteller nur auf Geschäfts- und Behördenbriefe eingehen müßten, während Anweisungen im Bereiche der Privatbriefe überflüssig wären? Wir verstehen uns nicht als Bewahrer der Briefkultur. Dennoch stimmen wir Olaf Fuhrmann in einem Punkt zu, wenn auch mit anderer Betonung: Gesellschaftliche Briefe, die aus einem Pflichtgefühl heraus geschrieben werden, und deren Form und Inhalt man manipulieren muß, sind eigentlich Lüge. Könnte man für sie nicht vorgedruckte Karten verwenden und Briefe nur an Menschen schreiben, die einem nahe sind, so nahe, daß man keine Angst haben muß, sich zu blamieren, keine Angst haben muß, nur nach dem Brief beurteilt zu werden? Es gilt Briefe zu schreiben, die sich nach keinem vorgegebenen Raster richten müssen, deren Form für jeden Anlaß neu gewählt werden kann, ohne daß der Schreiber seine Identität verliert, ja, wo er diese gerade im Suchen nach dem angemessenen Ausdruck findet.

Literatur

Allgemeine deutsche Realenzyklopädie für die gebildeten Stände (Konversationslexikon in 12 Bänden). Leipzig 1833/1834.

BEAUVOIR, Simone de: Das andere Geschlecht. Reinbek 1968.

BRUNNER, Rolf: Gute Briefe für jede Gelegenheit. München 1979.

BULLE, Helene: Warum können wir heute keine Briefe mehr schreiben? In: Ethische Kultur, Jg. 1909, Nr. 138, S. 138–140.

ENGELSING, Rolf: Analphabetentum und Lektüre. Stuttgart 1973.

EULE, Wilhelm: Mit Stift und Feder. Leipzig 1955.

FREIBERGER, Waltraud / GSCHWIND, Brigitte-Barbara: So schreibt man Briefe besser. München 1977.

FREYHE, Gottfried: Vom Briefschreiben einst und jetzt. In: Protestantenblatt, 45. Jg. 1913, Nr. 2, S. 30–32.

FREYMANN, Carl: Der wirklich brauchbare Briefsteller für alle Privatsachen. Lindau i.B. 1956.

FUHRMANN, Olaf: Musterbriefe für alle Gelegenheiten. Niedernhausen/Ts. o.J.

HARTWIG, Heinz: Briefe richtig formuliert. München 1979.

HARTWIG, Helmut: Zwischen Briefsteller und Briefpostkarte. In: Fischer, Ludwig/ Hickethier, Knut / Riha, Karl, Hg.: Gebrauchsliteratur. Methodische Überlegungen und Beispielanalysen. Stuttgart 1976, S. 114–127.

HAUG, Wolfgang Fritz: Kritik der Warenästhetik. Frankfurt a.M. 1971.

KUPFER, Irene: Über das Briefschreiben. In: Rheinischer Merkur, 6. Jg. 1952, Nr. 12, S. 16.

LUX, Joseph A.: Die Kunst des Briefschreibens. In: Die Gartenlaube, 57. Jg. 1909, Nr. 41, S. 876–878.

MAYER, Renate: So schreibt man Liebesbriefe. München 1980.

Meyers Enzyklopädisches Lexikon. Mannheim/Zürich/Wien 1972/1973.

MUKAROVSKY, Jan: Kapitel aus der Ästhetik. Frankfurt a.M. 1978.

NICKISCH, Reinhard M.G.: Die Stilprinzipien in den deutschen Briefstellern des 17. und 18. Jahrhunderts. Göttingen 1978.

STAVE, Joachim: Gute Briefe keine Kunst. München 1978.

STEINHAUSEN, Georg: Geschichte des deutschen Briefes. Bd. 2, Dublin / Zürich 1968.

WARNEKEN, Bernd Jürgen: Populare Autobiographik. Empirische Studien zu einer Quellengattung der Alltagsgeschichtsforschung. Tübingen 1985.

WELLEK, Albert: Zur Phänomenologie des Briefes. In: Die Sammlung, 15. Jg. 1960, Nr.6, S. 339–355.

WOLTER-ROSENDORF, Irmgard: Privatbriefe. Niedernhausen/Ts. 1979.

WOLTER-ROSENDORF, Irmgard: Der neue Briefsteller. Niedernhausen/TS. 1980.

Constanze Holdermann, Maria Loy
unter Mitarbeit von Mechthild Fuhrer und Margit Müller

Schreiben auf dem Dorf. Eine Problemskizze

Einleitung

Unsere Gruppe bemühte sich um das Thema 'Schreibbiographien älterer Leute auf dem Dorf'. Dabei ging es uns zunächst darum, etwas über die Art und Weise der Schreiberziehung von früher in Erfahrung zu bringen und Auskunft darüber zu erhalten, wie man das Schreiben in der Schule gelernt hat, welche Texte da zu schreiben waren und welche Erinnerungen unsere Befragten an ihre Erfahrungen damit haben. Vor allem aber interessierte uns die gegenwärtige Schreibpraxis: Zu welchen Anlässen greifen ältere Dorfbewohner zur Feder? Wo und wann spielt die Fähigkeit zu schreiben eine wesentliche Rolle? Wer von den Befragten schreibt in den Medien, in der Zeitung oder im Vereinsblatt?

Mit unseren Fragen über die Schreiberziehung wollten wir also an die ältere Generation herantreten, da sie es ja ist, die sich an die Zeit erinnern kann, in der das Schreibvermögen keine Selbstverständlichkeit war. Auch versprachen wir uns genauere Auskunft darüber, wie sich das Leben der Befragten durch das eigene und das allgemein wachsende Schreibvermögen verändert hat.

In dem Dorf Wurmlingen bei Tübingen, wo wir unsere Untersuchung durchführten, haben sich teilweise traditionelle Sozialstrukturen erhalten. So lebten der von uns befragte Schuhmacher, der alte Schmied und andere noch mit Kindern und Enkelkindern zusammen. Wir trafen hier also auf eine Kommunikationsform, wie wir sie gewöhnlich nicht mehr pflegen: Auch nächste Verwandte leben ja heute meist weit auseinander und sind dadurch mehr auf Brief oder Telefon angewiesen.

Daß unser 'demoskopischer Weg' uns nicht ganz zufällig in das Dorf Wurmlingen geführt hat, ist hierbei wichtig, erwähnt zu werden. Dort nämlich lebt Mechthild, ein Mitglied unserer Arbeitsgruppe, mit ihrer Familie. Aufgrund ihrer nachbarschaftlichen Beziehungen war sie die primäre Kontaktperson zu unseren Interviewpartnern.

Bei unseren Recherchen haben wir uns für ein gesprächsähnliches Vorgehen entschieden, wofür wir uns vorher einen gezielten Fragekatalog erarbeiteten. Dieser diente uns jedoch nur als Leitfaden in unseren Gesprächen. Weiter ist zu sagen, daß wir unsere Gespräche nicht auf Tonband aufgenommen haben. Wir verzichteten auf diesen scheinbaren Vorteil, um durch dieses unpersönliche Moment nicht noch mehr Zurückhaltung zu erzeugen, als wir als Studenten bei einer Begegnung mit älteren Dorfbewohnern sowieso schon zu überwinden hatten.

Es ist darauf hinzuweisen, daß sich aus unseren Interviews natürlich keine allgemeingültigen, repräsentativen Feststellungen und Ergebnisse ableiten lassen. Wir hatten nur begrenzte Zeit für unsere Recherchen und außerdem nur eine relativ kleine Anzahl von Interviewpartnern, die sich uns zur Verfügung gestellt hatten. Unsere Arbeit hat also nur den Charakter einer Pilotstudie, aus der sich bestenfalls Fragestellungen für eine künftige, eingehende Erforschung dörflicher Schreibkultur ableiten lassen.

Der Gesprächsleitfaden

1. Schreiberziehung

1.1 Wie haben Sie in der Schule schreiben gelernt? Wann war das?
1.2 Womit haben Sie früher geschrieben?
1.3 Hatten Sie einen bestimmten Ort, wo Sie früher Ihre Schularbeiten gemacht haben/ wo Sie geschrieben haben?
1.4 Wo haben Sie Ihre Schreibutensilien aufbewahrt?
1.5 Erinnern Sie sich noch an die Inhalte dessen, was Sie früher in Diktaten/Aufsätzen geschrieben haben?
1.6 Haben Sie gern in der Schule geschrieben?
1.7 Gibt es irgendwelche Erinnerungen, die Sie mit dem Schreiben in der Schule verbinden? (z.B. Lob, Hänseleien...)

2. Schreibpraxis

2.1 Was schreiben Sie heute?
   - Briefe? Aus welchem Anlaß? Wem? In welcher Regelmäßigkeit?
   - Notizen, Einkaufszettel, Tagebuch?
2.2 Schreiben Sie an einem bestimmten Ort?
2.3 Schreibwerkzeuge und Materialien:
   - Womit schreiben Sie?
   - Haben Sie Ihre Schreibutensilien (Füller, Papier etc.) selbst gekauft oder geschenkt bekommen?
   - Wo bewahren Sie Ihre Schreibutensilien auf? (Unterschied heute – damals)
2.4 Schreiben Sie gerne?
   - Ist dies abhängig vom Adressaten: öffentlich oder privat?
   - Schreiben Sie an Ämter? Lassen Sie sich dabei helfen? Von wem?
   - Gab es Briefe, die Sie ungern geschrieben haben? Welche? Warum? (z.B. Bewerbung, Beschwerde)
     Oder haben Sie solche Briefe erst gar nicht geschrieben?
2.5 Gibt es in Ihrer Familie bestimmte Briefe, die Ihr Mann/ Ihre Frau schreibt? Welche?

Das heutige Schulschreiben im Dorf

Unser Weg führte uns zunächst an den Ort, an dem das Schreiben gelernt wird. Dank unserer 'Vermittlerin' Mechthild konnten wir ein Gespräch mit einer Wurmlinger Grundschullehrerin führen.

Im Klassenzimmer, an den kleinen Schulbänken, fühlten wir uns fast in unsere eigene Grundschulzeit zurückversetzt, nur daß diesmal wir die Fragen stellten, die uns Frau Nolz, sehr interessiert an unserem Projekt, beantwortete.

Heutiger Erstschreibunterricht

In der 1. Klasse werden für die Schreiberziehung 55 Stunden angesetzt, in der 2. Klasse 25 Stunden, in der 3./4. Klasse 10 Stunden. Im ersten Schuljahr machen die Kinder Schwungübungen auf der Tafel. Dann erfolgt die Eingrenzung in die Lineatur und das Einsetzen adäquaten Schreibmaterials. Früher brachte der Übergang von der Tafel zum Papier oft Schwierigkeiten mit sich. Beim Aufsatzschreiben beobachtet die Lehrerin immer wieder Schwierigkeiten bei der sprachlichen Formulierung. Lust und Ideen seien zwar vorhanden, die Geläufigkeit, eigene Gedanken niederzuschreiben, fehle aber.

Mögliche Aufsatzschemata sind:
- Nacherzählung
- Erlebnisaufsatz ("Ein Streit", "Wie ich einmal Geld verdiente", und Themen in einem nicht festgelegten Rahmen, so daß "jedem Kind etwas einfällt")
- Reizwortgeschichten (4. Klasse) ("Morgen – Schulweg – Krach – Polizei"; dabei tauchen oft Inhalte aus Fernsehsendungen auf)
- Weitererzählen einer angefangenen Geschichte
- Der Schluß einer Geschichte ist gegeben. Die Aufgabe ist das Konstruieren des Anfangs.

Früher habe der Schüler nicht die Freiheit gehabt, das Thema zu variieren. Die Aufsätze wurden nach einem strengen System geschrieben, d.h. in ein bestehendes Gerüst fügte man Verben etc. ein. Bei der Beurteilung fallen heute Rechtschreibfehler nicht mehr ins Gewicht. Dabei bemerkt Frau Nolz, daß es mit der Rechtschreibung gerade auch in weiterführenden Schulen "trostlos" aussehe. Das Diktat werde in der Schule recht stiefmütterlich behandelt.

Vom Schreiben zum Sprechen?

Nach Meinung der Wurmlinger Lehrerin fand innerhalb der letzten Jahre eine Verlagerung von der schriftlichen zur mündlichen Sprachverständigung statt. Das mündliche Sprachhandeln gewinne zwar mehr an Bedeutung, gleichzeitig erfolge aber ein Schriftverfall. Während früher, wie sie uns erzählte, die Schüler lieber geschrieben hätten, gebe es heute mehr Möglichkeiten zur mündlichen Verständigung, die Bleistift und Papier immer mehr verdränge. Auch Erwachsene täten sich schwer, etwas schriftlich zu fixieren. Die Handhabung der Schreibtechnik stellt, so meint sie, keine Selbstverständlichkeit mehr dar.

Unsere nächste Frage bezog sich auf den Zusammenhang von Schreiben und Lesen. Frau Nolz sagte uns, daß die "Leseratten" in ihrer Klasse die besten Aufsatz- und Rechtschreiber seien. Von den meisten würden aber Fernsehen und Comics bevorzugt, d.h. die Informationsentnahme aus geschriebenen Texten habe nachgelassen. Sie erfolge größtenteils über Bilder. Außerdem meint sie, daß auf dem Dorf zu wenig Zuspruch der Eltern zum Lesen erfolge.

Die Notwendigkeit, die Motivation, etwas niederzuschreiben, ist nach Auffassung von Frau Nolz heute nicht mehr so groß. Als Ersatz dafür böte sich der Umgang mit Fernsehen, Telefon, Schallplatten etc. an. Offensichtlich sei, daß den Kindern selbständige Aufschriebe in Sachfächern immer schwerer fielen. Eine Ausnahme stellten die Liebesbriefe dar, die hauptsächlich in der 4. Klasse geschrieben würden.

Schichtenspezifisches Schreibverhalten

Die Klasse von Frau Nolz besteht aus zugezogenen Akademikerkindern, wenig Mittelschicht- und vielen Handwerker- bzw. Arbeiterkindern. Diese Zusammensetzung habe aber auf das Schreiben wenig Einfluß, eher auf das Lesen. Auch bei den einheimischen Eltern zeige sich oft ein gesunder Ehrgeiz: Sie wollen, daß ihre Kinder so viel wie möglich lernen.

Kleines Resümee

Dies Interview kann vor allem als Ausgangspunkt für Hypothesen, als Anregung zu weiterer Forschung dienen. So stellt sich uns z.B. die Frage, ob die zitierte 'schreibpessimistische' Einschätzung zutrifft, d.h. ob jemals auf dem Dorfe mehr gelesen und geschrieben wurde oder ob nicht doch durch Faktoren wie steigendes Bildungsniveau, das größere und preiswertere Angebot von Büchern usw. eine breitere Lese- und Schreibpraxis ausgemacht werden kann als früher.

Schreibbiographien älterer Dorfbewohner

Bei den folgenden Interviews ging es uns um die Frage nach dem Schreiben in der Schule und nach dem Schreibverhalten in Alltag und Familie. Die befragten Personen – alle aus dem Dorf Wurmlingen in der Nähe von Tübingen – sind Handwerker, Hausfrauen und haben zudem Landwirtschaft. Gemeinsam ist ihnen ein "Dorfzusammenhang": daß sie in nächster Nachbarschaft mit ihrer Verwandtschaft leben und eine relativ geschlossene Kommunikation besteht.

In puncto Schreiben erwarteten wir zunächst andere Antworten, als wir sie geben würden, da Schreiben einen wesentlichen Bestandteil unserer Arbeit ausmacht. Jedoch hofften wir insgeheim, auf Zeugnisse einer dörflichen Schreibpraxis, auf Briefe, Tagebücher, ja vielleicht sogar eine Familienchronik zu stoßen.

Unsere Interviewpartner waren:
- Therese S., 69, geb. 1912
- Kaspar S., 74, geb. 1907
- Josef S., 86, geb. 1895
- Paul W., 76, geb. 1905
- Maria W. (seine Schwester)

Schulzeit

Zunächst interessierten uns die ersten Schulerfahrungen. Alle Befragten besuchten sieben Jahre die Schule und erinnerten sich – für uns erstaunlicherweise – noch verhältnismäßig genau an ihre ersten Schreiberlebnisse. Sie begannen mit dem Lernen des ABC, wobei Therese S. die Schreibtechnik nicht vergessen hatte: "Auf ab auf – i-Tüpfele drauf".

Maria W. lernte vor dem ABC erst Striche, Bögen und Nullen zu zeichnen. Nachdem alle Buchstaben des ABC gelernt waren, wandte man das Gekonnte zum Schreiben von Wörtern, später Sätzen, an. Mit Diktaten wie "Was macht der Fuchs zur Winterszeit", so erinnert sich Kaspar S., überprüfte dann der Lehrer die Schreibfertigkeiten seiner Schüler. Bei allen spielte das Schönschreiben eine große Rolle, wobei besondere Hefte angelegt wurden, in die man die Buchstaben mit Tinte "malte".

In den ersten Klassen schrieb man, auch um Papier zu sparen, wie Josef S. sagt, auf Schiefertafeln. Neben Griffel und Tafel wurden aber auch, besonders in den höheren Klassen, Hefte und dazu Feder, Tintenbleistift und normaler Bleistift verwendet. Lediglich Paul W. befand sich in dem damals "luxuriösen Besitz" eines Füllers, als er eine Gewerbeschule besuchte.

Therese S. sagt heute, daß sieben Schuljahre zu wenig seien und sie "dumm geblieben sei bis jetzt". Der Lehrer und ihre Eltern hätten ihr zwar geraten, auf eine weiterführende Schule zu gehen, weil sie ein begabtes Kind sei... Therese und Kaspar S. stellten in diesem Zusammenhang gemeinsam fest, daß diejenigen vom Dorf, die eine Schule in der Stadt besucht hatten, heute mehr Fertigkeiten besäßen. Die Schule wird nachträglich als der prägende – leider meist zu kurz gekommene – Bildungseinfluß eingeschätzt: "Heute können wir nur noch von dem zehren, was dort gelernt wurde."

Kaspar S. und auch Paul W. genossen eine weiterführende Ausbildung in einer Gewerbeschule. Die Schwester W.s., Maria, das einzige Mädchen unter vier Brüdern, erzählte uns, daß sie oft erst auf dem Schulweg lernte und im Sommer wegen der Feldarbeit manchmal gar keine Zeit für Hausaufgaben hatte. Sie konnte, weil sie als Hilfskraft auf dem Feld unentbehrlich war (der Vater mußte auswärts arbeiten, da die Familie von der Landarbeit allein nicht leben konnte), keine weiterführende Schule besuchen, selbst wenn sie es gewollt hätte. Bezeichnend ist, daß sie als Mädchen im Gegensatz zu ihren Brüdern oft auch zu Hause bleiben mußte, um ihrer Mutter zu helfen. Auch wurde ihr z.B. nie bei den Hausaufgaben geholfen. Man setzte wohl voraus, daß für sie als Mädchen die Schulbildung bzw. die Weiterbildung sowieso keine große Bedeutung habe.

Spätere Schreibpraxis

Unser nächster Fragenkomplex bezog sich auf das Schreibverhalten nach der Schulzeit. Einen besonderen Stellenwert nahm dabei das Schreiben während des Krieges ein. Kaspar S., der viereinhalb Jahre in russischer Gefangenschaft verbringen mußte, bekam in dieser Zeit dreimal, davon das erste Mal nach anderthalb Jahren, die Erlaubnis, nach Hause zu schreiben. Mehr als 33 Silben auf einem vorgedruckten Formular waren nicht erlaubt. Briefe durfte er bekommen. Seine Frau Therese schrieb ihm so etwa jede Woche. Auch Paul W. und Josef S. schrieben aus der Gefangenschaft Briefe nach Hause.

Heute pflegen die meisten der von uns Befragten keine Briefkontakte. Eine Ausnahme ist Therese S. Sie lernte auf der Fortbildungsschule für Mädchen, "wie man schreibt" (Anrede, Dankesschreiben, Einladungen etc.). Sie schreibt auch heute noch regelmäßig Briefe an Geschwister und Verwandte. Ihr Mann Kaspar schreibt dagegen so gut wie keine Briefe, weil seine Geschwister stets ortsansässig waren und somit alles Wichtige mündlich besprochen werden konnte.

Sicherlich ist heute auch die Bedeutung des Telefons nicht von der Hand zu weisen. Oft wird der Griff zum Füller durch den Griff zum Telefonhörer ersetzt, um mit jemandem in Kontakt zu treten.

Wenn schon keine Briefe, so schreiben Josef S. und Maria W. doch wenigstens Glückwunschkarten z.B. an Weihnachten, Neujahr etc. Paul W. gesteht uns, daß er noch nie gern geschrieben habe und so "schreibfaul" sei, daß er nicht einmal Glückwunschkarten beantworte.

Weiterhin interessierte uns das Verhältnis unserer Interviewpartner zum amtlichen Schriftverkehr. Therese S. beantwortet diese Frage spontan: "Das ist seine Sache" (die ihres Mannes). Bei Josef S. dagegen erledigt die Schwester die Amtsschreiben. Das Beantworten von Amtsbriefen ist also nicht immer Männersache, wie man vielleicht geneigt ist anzunehmen. Maria W. allerdings gesteht uns, daß sie Angst habe, Formulare auszufüllen. Gleichzeitig hält sie es nicht für gut, daß der Mann alles macht, denn stirbt er, muß die Frau ja schließlich auch ohne ihn zurecht kommen.

Der einzige von unseren Befragten, der ein Tagebuch führte, ist Josef S. Das war während des Krieges, und er benutzte das Tagebuch, um sich kurze Notizen zu machen und Adressen von Kriegskameraden zu vermerken.

Weiterführende Fragen:

- Inwieweit sind die in den Interviews genannten Tatsachen allgemein für die älteren Bauern und Arbeiterbauern festzustellen?
- Hat bei allen Dorfbewohnern das Schreiben einen sehr geringen Anteil an ihrem Alltag?
- Inwieweit ersetzen auf dem Dorf bis heute andere Kommunikationsformen die Notwendigkeit des Schreibens?
- Was hat der Beruf der jeweiligen Interviewpartner mit der Schreibpraxis zu tun?
- Gibt es geschlechtsspezifische Unterschiede in der Handhabung des Schreibens?
- Welche – positiven und negativen – Bewertungen erfährt das Schreiben bei den Dorfbewohnern, gerade bei denen, die in der Nähe einer Universitätsstadt leben?

Landberichterstattung

Andere Wurmlinger überschreiten aber auch die private Sphäre des Schreibens und schreiben für die Öffentlichkeit. Sie berichten über Vereinsaktivitäten, üben öffentliche Kritik in Form von Leserbriefen, berichten über traditionelle Festlichkeiten des Dorfes. Auffallend ist es, daß es sich dabei um Personen handelt, die entweder in Vereinen oder in der Kommunalpolitik schon in einer gewissen Öffentlichkeit stehen. Was sie ebenfalls charakterisiert, ist ein gewisser Lokalstolz; sie versuchen bewußt, der dörflichen Kultur gegenüber der dominierenden Stadt etwas mehr Öffentlichkeit zu verschaffen.

Drei dieser Wurmlinger 'Dorfkorrespondenten' haben wir gesprochen.

Alfred L.

Er schreibt für den Kirchenchor und gelegentlich für Jahrgangstreffen. Seiner Meinung nach lohnt es sich nicht, dieses 'Hobby' des finanziellen Aspektes wegen zu betreiben. Wichtig erscheint ihm, "daß ein Verein nach außen tritt. Er muß sich geradezu nach außen kundtun in Zeitungen und im Amtsblatt, denn ein Nichts-Hören von einem Verein bedeutet seine Nicht-Existenz". Er behauptet, daß die Zeitung zwar viel verändere an seinen Berichten, der Grundgedanke aber bestehen bleibe. Schwierigkeiten sieht er in der Titelfindung. Er stellt fest, er habe seinen Beruf verfehlt. Er sei Handwerker, würde aber eigentlich lieber schreiben. Dies sei der Grund seiner Dorfkorrespondententätigkeit.

Josef L.

Er schrieb 14 Jahre lang als aktives Mitglied in Vereinen und im Gemeinderat über Kommunalpolitik. Nach seinem Ausscheiden aus dem Gemeinderat zog er sich auch vom Schreiben zurück.

Von einem Redakteur des "Schwäbischen Tagblatts" wurde er später aufgefordert, Berichte zu verfassen. So schrieb er als Freier Mitarbeiter. Wenn er abends zu Vereinssitzungen ging, setzte er sich am anderen Tag bis in die späte Nacht hinein hin, um seine Artikel zu schreiben, die er "sehr genau ausfeilte, so daß man ihm fast nichts mehr strich". Auch er sieht das Schreiben höchstens als Hobby, nicht aber als Erwerbsmöglichkeit. Für die Zeile bekommt er 20 Pfennig, für eine Kurzmeldung 5 DM.

Sein Amt gab er an die Schriftführer der Vereine ab – gute und schlechte gibt es da nach seiner Meinung. Viele Schriftführer haben Berichte nachträglich anhand seiner Aufzeichnungen verfaßt oder seine Texte wörtlich übernommen. Ein guter Schriftführer schreibe seine Berichte sofort nach der Sitzung. Man übertrug Josef L., eine Dorfchronik zu verfassen. Er gibt diese Anregung weiter und besteht darauf, daß es ein Gesetz geben sollte, das Vereins- und Dorfchroniken zur Pflicht mache.

Erich B.

Er schreibt seit zehn Jahren lokal- und kommunalpolitische Artikel und Leserbriefe, um zu kritisieren, was ihm im Dorfleben nicht paßt. Er ist zwar auch Vereinsmitglied, schreibt aber nicht für die Vereine. Seiner Meinung nach wird ein Schriftführer meist nach beruflichen Kriterien gewählt; wenn einer beruflich etwas mit dem Schreiben zu tun hat, so fällt meist auf ihn die Wahl.

Zu Tode redigiert?

In den meisten Fällen sind die ursprünglichen Berichte anders verfaßt, als sie schließlich in der Zeitung erscheinen. Häufig scheint bei der ursprünglichen Fassung dieser Berichte eine breite, chronologisch erzählende Form gewählt worden zu sein. Einige Beispiele dieser ursprünglichen Fassungen konnten wir einsehen, aber leider aus urheberrechtlichen Gründen nicht veröffentlichen. So wurde z.B. ein Vereinsausflug bis ins Detail geschildert: Was es zu essen gab, was an Unterhaltungen stattfand. Dabei erinnerten uns diese Schilderungen stark an Schulaufsätze.

Was von den Berichten nach der Redigierung übrig blieb, war eine kurze, trockene Feststellung der Tatsache, daß irgendwo irgendetwas stattfand. Es wurden nur 'Basisfakten' veröffentlicht. Scheinbar beschweren sich die Autoren nicht – jedenfalls nicht energisch genug – über eine solche Veränderung ihrer Berichte. Manche wollen sogar, daß ihnen die Berichte derart 'korrigiert' werden.

Was dabei wegredigiert wird, ist nicht nur ein möglicherweise schwerfälliger Stil, es ist auch häufig die Eindringlichkeit, mit der der Landberichterstatter den Erfolg eines Vereinsfestes oder eines Wochenendausflugs schildert. In diesen radikalen Kürzungen dokumentiert sich auch, daß eine für einen ganzen Kreis zuständige, aber vor allem auf die Kreisstadt orientierte Zeitung den dörflichen Ereignissen nicht annähernd den Stellenwert zubilligt, den sie für die Betroffenen selbst haben. Es entwickelt sich auf der Ebene der Presseberichterstattung die gleiche ständige Angleichung (und damit verbundene Unterordnung) der dörflichen Struktur an die Stadt, wie sie sich auch auf anderen Ebenen vollzieht.

Für die SÜDWEST PRESSE im Landkreis Tübingen arbeiteten bis vor kurzem 17 Redakteure, davon 10 für die Stadt Tübingen (der Auflage entsprächen 6,3), zwei fürs Land (müßten 3,7 sein), zwei für den STEINLACH-BOTEN (müßten 3,2 sein) und drei für die ROTTENBURGER POST (müßten 3,8 sein).

Mittlerweile wurde die Redaktion zugunsten der Landberichterstattung geändert. Beim SCHWÄBISCHEN TAGBLATT ist jetzt jeweils ein Redakteur bzw. eine Redakteurin neben städtischen Aufgabenbereichen für jeweils eine Gemeinde (Ammerbuch, Dettenhausen, Kirchentellinsfurt und Kusterdingen) zuständig. Die Unteramtsgemeinden Pliezhausen und Walddorfhäslach werden von dem auch für die Stadt Reutlingen zuständigen Redakteur mitbetreut.

LESERINNENTEXTE IN EINER ILLUSTRIERTEN

Martina Pfeifle-Schmidt

Die Frauenzeitschrift "bella"

Charakter und Anspruch

"bella – die moderne Frauenzeitschrift" erscheint im Heinrich Bauer Verlag Hamburg seit Ende 1979. Sie enthält die Sparten "Mode und Kosmetik", "Aktuelles und Meinungen", "Ratgeber", "Unterhaltung und Freizeit", "6-Seiten-Journal", "Haushalt und Wohnen", "Zum Selbermachen" und "Für Leser reserviert". Unter der letzteren Sparte findet man die fest eingerichteten Themen "Was mich bewegt" und "Mein schönstes Erlebnis". Beide Themen nehmen zusammen eine Doppelseite ein.

Die "bella" wird laut "MINI-MA 80"[1] regelmäßig von 2,6 % der Bevölkerung ab 14 Jahren gelesen. Nur 21 % der Leserschaft sind Männer. Im Vergleich dazu die Frauenzeitschrift "Brigitte": Sie wird von 11,3 % der Bevölkerung gelesen; die Quote der Männer ist hier ähnlich gering: 23 %. (Im folgenden werden zum Vergleich die Daten der Zeitschrift "Brigitte" in Klammern genannt.) Wegen des vergleichsweise geringen Interesses der männlichen Bevölkerung an "bella" werden im folgenden nur die auf die weibliche Gesamtbevölkerung bezogenen Daten aufgeführt.

Im Vergleich der Altersgruppen rangiert die Gruppe der Leserinnen im Alter zwischen 30 und 39 (20 und 29) Jahren an erster Stelle, gefolgt von denen im Alter von 14 – 19 (14 – 19) Jahren und von 20 – 29 (30 – 39) Jahren. Die meisten "bella"-Leserinnen sind berufstätig ("Brigitte": Lehrlinge, Schüler, Studenten), die zweitgrößte Gruppe bilden Leserinnen, die zur Gruppe der Lehrlinge, Schüler, Studenten (Berufstätige) zählen, an dritter Stelle stehen die Nichtberufstätigen (dto.) vor Rentnern und Pensionären (dto.).

Am stärksten vertreten sind Leser mit einem monatlichen Haushaltseinkommen von netto 2.500 bis 3.000 DM (3.000 DM und mehr). Die größte Gruppe innerhalb der "bella"-Leserschaft bildet die der seit vier bis sechs Jahren Verheira-

1 MINI-MA 80 ist eine Veröffentlichung der Verlagsgruppe Bauer. Sie bringt statistische Daten über die Zusammensetzung der Leserschaft aller bekannten bundesdeutschen Zeitschriften und richtet sich mit ihren Resultaten in erster Linie an die Anzeigenwerbeabteilungen der Konsumgüterindustrie.

teten (dto.), gefolgt von der Gruppe der sieben bis vierzehn Jahre Verheirateten (Ledigen). Die repräsentative "bella"-Leserin stammt aus einem 4-Personen-Haushalt (dto.) mit Kindern unter zwei Jahren (dto.). Sie hat vorwiegend eine weiterführende Schule ohne Abitur-Abschluß besucht (mit Abitur, Hochschulstudium) und wohnt in einer Gemeinde mit einer Einwohnerzahl zwischen 50.000 und 100.000 (dto.).

Wie die Resultate der "MINI-MA" beweisen, ist die Zeitschrift "bella" trotz der oben aufgeführten Themenvielfalt auf eine ganz spezifische Leserschicht zugeschnitten.

Rubriken

"bella" wendet sich an die 'etablierte' Frau mit Ehepartner und Kindern. Damenhafte Mode, Kosmetik und Modeberatung, all das ist speziell auf die nicht mehr ganz jugendliche Leserin ausgerichtet. Werbeinserate beinhalten überwiegend Anregungen für die Bereiche Küche und Kosmetik.

Der abgeschlossene Liebesroman – eine ständige Einrichtung innerhalb der Sparte "Unterhaltung und Freizeit" – darf ebenfalls nicht fehlen. Das Gesundheitsmagazin, im Teil "Ratgeber" zu finden, spricht vornehmlich Probleme der älteren Frau an; andere Frauenprobleme wie Abtreibung, Empfängnisverhütung, Bisexualität oder Scheidung kommen im redaktionellen Teil nur in der Serie "Die Acht-Stunden-Versuchung" (im Teil "Aktuelles und Meinungen") vor, wo z.B. auch sexuelle Beziehungen am Arbeitsplatz geschildert werden.

Regelmäßig erscheinen im Teil "Aktuelles" gleich auf Seite 3 nach dem Inhaltsverzeichnis Berichte über Frauen, die den 'Sprung nach oben' geschafft, sich also zumindest beruflich 'emanzipiert' haben.

Diese Texte haben geradezu reißerische Überschriften wie

- "Eine Frau erreichte alles – Familie, Karriere, weite Welt" (Stewardeß)
- "Eine Frau zeigt, was sie kann" (Küchenchefin eines großen Hotels)
- "Männer fliegen auf mein Kommando" (Flugsicherheitsbeauftragte).

Auffallend ist hierbei die Tatsache, daß die Berufe bzw. Stellungen der beschriebenen Frauen entweder für die Durchschnittsfrau unerreichbar sind (z.B. Fallschirmspringerin. Rennfahrerin, Einhandseglerin und Bodendenkmalpflegerin – Berufe, die auch in der Männerwelt nicht zum Alltäglichen zählen), oder es sich um künstlerische Hobbyaktivitäten von Frauen handelt. (Man vgl. die Berichte über Naive Malerei, Seidenstoffaquarelle, Rahmenvergolden, Kunstmalen und Gebildbrot-Backen). Man wird sehen, daß auch in den Sparten "Mein schönstes Erlebnis" und "Was mich bewegt" die Problematik der fehlenden Emanzipation von Frauen höchstens ansatzweise erscheint.

Aktuell-spezifische Problembehandlungen oder Tips für Frauen sind in den "bella"-Artikeln nicht zu finden. Wünsche nach höherer gesellschaftlicher Stellung oder das Bedürfnis nach öffentlich anerkannter Arbeit, d.h. auch z.B. politischer Betätigung werden nicht ernstgenommen; nur solche Aktivitäten werden ausdrücklich für nachahmenswert erachtet, die sich auf musischem Gebiet *neben* dem Hausfrauendasein bewegen.

In der Zeitschrift "bella" erscheinen auf der vorletzten Seite unter der Rubrik "Für Leser reserviert" Briefe von Lesern an die Redaktion. Diese Leserbriefe zeigen wirklichkeitsbezogenere Züge. Sie sind frei gestaltet und beinhalten auch Reflexionen über alternative Formen von Ehe und Gemeinsamkeit sowie gesellschaftskritische Ansätze überhaupt. Daß hier entschiedener und konkreter zu aktuellen gesellschaftlichen Themen Stellung bezogen wird, zeigen Überschriften wie diese:

- "Kampf dem Verkehrstod"
- "Ärzte müssen vor der Operation über Risiken aufklären"
- "Helfen Sie Kambodscha-Flüchtlingen"
- "Diskussion: Muß eine Frau unbedingt kochen können?"

Fragebogenauswertung

An 14 "bella"-Leserinnen, deren Beiträge in den genannten "Laien"-Spalten erschienen waren, haben wir Fragebögen versandt. Da in "bella" nur Name und Wohnort der Laienautoren abgedruckt sind, konnten nur Leserinnen befragt werden, deren vollständige Adresse über das Telefonbuch zu ermitteln war – deshalb die geringe Anzahl der Befragten. Acht Autorinnen antworteten auf unser Schreiben. (Tabellen nächste Seite.)

Das Durchschnittsalter der befragten Laienautorinnen beträgt 42 Jahre, wobei das Altersspektrum sich von 26 bis 65 Jahre erstreckt. Vier Frauen sind verheiratet, drei (!) geschieden und eine verwitwet. Die durchschnittliche Kinderzahl beträgt zwei.

Die Mehrheit der Befragten lebt in Klein- und Mittelstädten (3), zwei Frauen wohnen in der Großstadt, je eine im Randbezirk einer Großstadt bzw. im Dorf. Die Eltern der befragten Autorinnen kamen aus vorwiegend mittelständischen Kreisen (drei Väter selbständige Gewerbetreibende, ein Akademiker und ein

Angestellter). Die Hälfte der Befragten besuchte die Volksschule, die andere Hälfte legte die Mittlere Reife ab – Abitur hat keine von ihnen. Alle acht Frauen erlernten einen Beruf (vorwiegend 'typische Frauenberufe'), wobei noch drei in ihrem erlernten Beruf aktiv sind.

Persönliche Daten

Zuerst eine tabellarische Aufstellung über die wesentlichsten persönlichen Daten der befragten Personen:

	Alter	Familienstand	Alter der Kinder
Autorin 1	39	geschieden	12, 17
Autorin 2	33	geschieden	kinderlos
Autorin 3	40	verheiratet	4, 16, 20
Autorin 4	26	verheiratet	13 (Stiefkind)
Autorin 5	o.Ang.	geschieden	26
Autorin 6	65	verwitwet	33, 35, 41
Autorin 7	55	verheiratet	25, 33, 37
Autorin 8	34	verheiratet	1 Kind (ohne Altersangabe)

	Erlernter Beruf	Ausgeübter Beruf	Beruf der Eltern
Autorin 1	Kosmetikerin	Kosmetikerin	Ärztin / Lehrer
Autorin 2	Steuergehilfin	Steuergehilfin	Kranführerin u. Hausfrau / Kalkulator
Autorin 3	Verkäuferin	Kaufm.Angest.	Hausfrau / Destillateur
Autorin 4	Finanzbeamtin	Finanzbeamtin	ohne Angaben
Autorin 5	Schauspielerin	Sachbearbeiterin	ohne Angaben
Autorin 6	Sekretärin	(in Pension) ?	Büglerin / Wäschereibesitzer
Autorin 7	Kontoristin	Verkäuferin	Hausfrau / Schreinermeister
Autorin 8	Verkäuferin	Hausfrau	ohne Angaben

Schreibmotivation, Textauthentizität

Nur eine Autorin schrieb ihre Geschichte, um diese primär als Erinnerung für sich selbst bzw. für die Kinder festzuhalten. Alle anderen Befragten schrieben ihren Beitrag mit der Intention, ihn in "bella" zu veröffentlichen. Fünf der acht Antwortenden geben an, ihr Manuskript sei von der "bella"-Redaktion abgeändert worden, der Sinngehalt des Textes habe jedoch darunter nicht gelitten. Eine Einsenderin schrieb, ihr Manuskript sei originalgetreu abgedruckt worden, während eine andere Autorin klagte, der gewünschte Ausdruck ihres Beitrages sei durch die vorgenommenen Veränderungen entstellt worden.

Beliebteste Autoren

Bei den Lieblingsautoren der Befragten steht an erster Stelle J.M. Simmel (vier Autorinnen sind Stammleserinnen Simmels), gefolgt von Konsalik, Colette, Sheldon. Erwähnung finden noch Stefan Zweig, Kästner, Kishon und Steinbeck. Am liebsten lesen die Befragten Illustrierte, gefolgt von Büchern. Nicht so stark ausgeprägt ist ihre Neigung zur Lektüre von Tageszeitungen. Bei Büchern werden am liebsten Romane gelesen, vor Lyrik und Tatsachenberichten.

Literarische Vorerfahrungen

Für vier der Einsenderinnen war die Publikation in "bella" die erste literarische Veröffentlichung ihres Lebens. Die andere Hälfte konnte von Erfahrungen bei Veröffentlichungen eigener Gedichte, Kurzgeschichten und Reiseberichte in ähnlichen Frauenzeitschriften berichten. Der Anreiz zur literarischen Betätigung im Alltagsleben sei gering (sechs Nennungen). "bella" animiere durch das Inaussichtstellen einer Veröffentlichung zum Schreiben (vier Nennungen); zwei Autorinnen nannten nur das zu erwartende Honorar als Schreibmotiv.

Sieben der acht befragten Frauen fühlten sich nach dem Erscheinen ihres Beitrags zu weiteren schriftstellerischen Taten angespornt. Alle Personen gaben an, von Lesern, Bekannten oder Familie ein reges Echo auf ihren "bella"-Beitrag erfahren zu haben.

Fünf Frauen führten ihren Angaben zufolge in ihrem Leben schon einmal ein Tagebuch; drei lediglich während ihrer Jugendzeit, zwei behielten diese Gewohnheit bis zur Gegenwart bei. Keine der befragten Frauen genoß außer der schulischen 'Schreib-Bildung' eine spezielle Ausbildung zum Autor. Nur zwei Frauen gaben auf die Frage nach Zeiträumen größerer schriftstellerischer Produktivität hin an, ihre Schreibaktivität sei während ihres ganzen Lebens in etwa konstant geblieben. Die anderen berichteten, nur zu bestimmten Zeiten viel geschrieben zu haben, vor allem an Tagen des Alleinseins (3), der beruflichen

Nicht-Ausgelastetheit (3) oder nachdem die erwachsenen Kinder das Haus verlassen hatten (2).

Gesine von Prittwitz

Authentische Trivialität. Die Sparte "Mein schönstes Erlebnis"

Laienautor und Publikumszeitschrift

"Ich sitze da, kaue an meinem Bleistift wie ein Schulmädchen, dem beim Aufsatz nichts einfällt und hadere mit der Muse, die mich partout nicht küssen will. 'Mach dir nichts daraus, Mutti', sagt Claudia meine Älteste. 'Mit der Muse ist es wie mit der Polizei. Immer wenn man sie braucht, ist sie nicht da.' Und Mausi, meine Kleinste, meint mitfühlend, daß der Geist zwar willig, aber das Talent oft schwach sei. Und als ich von meinen Lieben noch ermahnt werde, Reißverschlüsse in Trainingshosen zu nähen, Lieblingsshirts zu waschen und ja bei meiner Schriftstellerei nicht das Mittagessen zu vergessen, reißt mir der Geduldsfaden (...). 'Mein schönstes Erlebnis', das ich von Christa, meiner Freundin niederschreiben möchte, als sie sich beim Skilaufen das Bein brach und ich mich in dem Wäldchen verirrte, als ich Hilfe holen wollte. Also haue ich mit beiden Zeigefingern in die Tasten, nicht schnell, aber laut. Läuten an der Tür läßt mich aufschrecken. Es ist der Briefträger, mit der Nachnahme (...). Ade, Christa, Heldin meiner erlebten Story. Ich lasse dich mit gebrochenem Bein im Stich und gehe in den Keller Kartoffeln holen. Beim Kartoffelschälen fällt mir wieder die Anzeige mit dem Sonderangebot der polnischen Gänse zu 16,95 ins Auge. Das gäbe einen köstlichen Sonntagsbraten. Ich überfliege die Zeitung, dann gehe ich ins Schlafzimmer Betten machen, wische Staub und denke an Christa, die da mutterseelenallein ihrem Schicksal überlassen ist. Schnell den mühsam formulierten Gedanken zu Papier bringen! So lasse ich den Staublappen fallen und renne zur Schreibmaschine. Noch hat die Geschichte weder Hand noch Fuß, aber es wird schon werden, tröste ich mich. Dann stockt meine Schriftstellerei, ich weiß nicht weiter. Plötzlich überkommt mich eine Unruhe. Sollten die Gänse schon weg sein? In Gedanken bin ich zwar immer noch in jenem Wäldchen und irre umher, aber dieser Irrweg läßt sich nicht so leicht zu Papier bringen. Ich stülpe die Plastikhaube über die Schreibmaschine und eile zum Supermarkt (...). Ich merke, wie mich der Alltag mit seinen prosaischen Verrichtungen ganz in Anspruch nimmt. Kartoffeln auf die glucksende Flamme zu setzen, Reißverschlüsse mit einer launischen Nähmaschine in eine Trainingshose zu nähen, und, und, und (...). Als ich schon aufgeben will, schaut mich das Titelbildmädchen der Zeitschrift an, die Lesern für ein schö-

nes Erlebnis 100 Mark zahlt. Ich lasse Reißverschluß Reißverschluß sein, schleppe meine klapprige Schreibmaschine hervor und denke dabei an die 100 Mark und was man dafür alles kaufen könnte. Das wäre also ein Drittel Gasherd, etwa ein Viertel Nähmaschine oder neue Vorhänge fürs Wohnzimmer. Und erst das Ansehen, das ich bei meiner Familie genießen würde – wenn Mutters Namen in der Zeitschrift stünde."
(bella 1980/Nr. 13)

Die Gelegenheitsautorin I.B.[1] schildert eindrucksvoll die Bedingungen, unter denen der hier vorgestellte Typus einer "popularen Schreibkultur"[2] entsteht. Neben den hausfraulichen Tätigkeiten und alltäglichen Verpflichtungen wirft Frau B. ihre "mühsam formulierten Gedanken" rasch aufs Papier. Es mangelt ihr nicht nur an der notwendigen Ruhe und der damit verbundenen Konzentration auf das Schreiben, sondern auch an einem tauglichen Schreibwerkzeug: Frau B. sieht sich auf eine "klapprige Schreibmaschine" verwiesen. Obwohl der "Alltag mit seinen prosaischen Verrichtungen" sie gänzlich in Anspruch nimmt, kann Frau B. von ihrer Passion, der "Schriftstellerei", nicht lassen.

Was mag die Einsenderinnen zum Schreiben bewegen? Die wenigen Stellungnahmen, die wir auf unsere Anfrage[3] hin erhielten, lassen sicherlich nur Mutmaßungen über die möglichen Schreibmotivationen zu. An eine innere Berufung zur Schriftstellerei scheinen die befragten Gelegenheitssautoren nicht zu glauben. Die von der Zeitschrift versprochene Belohnung für eine Veröffentlichung wird oft als der eigentliche Schreibanlaß genannt. Frau R.M. nahm zu diesem Punkt etwas ausführlicher Stellung:

"Nur muß ich Sie vielleicht enttäuschen, weil ich diese Geschichten in solchen Zeitschriften wie 'bella' in erster Linie wegen des Honorars schreibe. Ich bin mit meinem Beruf nicht zufrieden und brauche das Geld, um vielleicht noch mal was anderes machen zu können. Mit meinen 32 Jahren ist es vielleicht noch nicht zu spät."

Mit Honoraren wie den von "bella" gebotenen 100 DM kann ein Laienautor natürlich nicht seinen Lebensunterhalt finanzieren. Der Lohn für seine literarische Nebenbeschäftigung bietet aber dennoch die Möglichkeit, die "prosaischen Verrichtungen" des Alltags (I.B.) ein wenig zu erleichtern. Neben der finanziellen Belohnung ist auch die Aussicht auf öffentliche Anerkennung ein Anreiz für das Verfassen dieses Literatur-Typus; hierzu schrieb uns Frau H.G.:

"Betreibe die Schreiberei ernsthafter seit der Geburt meines 3. Kindes: Nur-Hausfrau, unausgefüllt, was Eigenanspruch betraf. Dies hatte sich nach der ersten Veröffentlichung ('bella') so ergeben. Der Redakteur rief mich an und machte mir Mut, mich in

---

1 In der untersuchten Zeitschrift sind die Namen und teilweise auch die vollständigen Adressen der Autoren angegeben.
2 Vgl. WARNEKEN, 1983.
3 Vgl. hierzu den Beitrag von Martina PFEIFLE-SCHMIDT.

Kurz-Romanen zu versuchen. Dauerte ewig (mit viel Dazulernen aus Absagen) bis der 1. klappte. Ein bißchen Stolz bringt das Gedruckte schon, und auch der Kaufmann freut sich über das Honorar."

Die Gelegenheitsautoren wagen durch die Veröffentlichung in einer Zeitschrift den Schritt aus der engen, jedoch Schutz gewährenden Privatsphäre. Sie stellen ihre alltäglichen Erlebnisse einem breiten Leserkreis vor und setzen sich damit auch kritischen Stimmen aus. Dieses Wagnis wird für eine mögliche Anerkennung in der Öffentlichkeit bereitwillig auf sich genommen. Frau I.B. weist in ihrer Geschichte ausdrücklich auf das Ansehen hin, das sie in ihrer Familie genießen würde, "wenn Mutters Namen in der Zeitschrift stünde".

Als Produkt des Alltags hat es diese Literatur jedoch ausgesprochen schwer, sich ihren Weg in die literarische Öffentlichkeit zu bahnen. Zwar öffnete sich in den letzten Jahren der Markt zunehmend für die sogenannte Laienliteratur[4], die Vorurteile gegenüber dem 'laienhaften' Schreiben bleiben aber wirksam. Die nur spärlichen Auseinandersetzungen mit Texten von Gelegenheitsautoren basieren in der Regel auf einem dichotomischen Literaturbegriff: Auf der einen Seite steht die gehobene Literatur des Profis, auf der anderen die triviale des Laien. Schon dem Begriff Laienliteratur haftet also zumeist die Vorstellung einer Differenz oder gar Defizienz gegenüber einer professionellen Literatur an.[5] Letztlich sollte dieser Begriff überhaupt verworfen werden. Jede aufklärerische Beschäftigung mit der "popularen Schreibkultur" verlangt zunächst die Definition eines neuen, erweiterten Literaturbegriffs – dieser sollte nicht zuletzt auch die reinen Gebrauchsformen wie z.B. Tagebuch oder Brief umfassen. Während die wissenschaftliche Auseinandersetzung mit Texten von Gelegenheitsautoren noch aussteht, bieten sich mittlerweile auch in der Bundesrepublik dem Laien etwas bessere Möglichkeiten für die Veröffentlichung von Texten.

"Auf dieser Doppelseite haben Sie, liebe Leserin, das Wort. Wenn Sie Ihr ganz persönliches Schicksal schildern wollen, Fragen an Frau Dr. Holm haben oder Ihr schönstes Erlebnis erzählen möchten – 'bella' ist für Sie da."

Die Illustrierte "bella" steht hier nicht alleine: Solche oder ähnliche Aufrufe finden sich seit Anfang der 80er Jahre vermehrt in diversen Publikumszeitschriften. Damit bietet sich zwar dem Laien endlich eine Chance, auf den literarischen Markt zu kommen, andererseits setzen aber die Interessen dieser Publikationsorgane den schriftstellerischen Freiheiten der Autoren enge Grenzen. Neben der Einengung, die sich aus einem vorgegebenen Thema ergibt (bei "bella"

---

4 Die Diskussion begann Mitte der 60er Jahre mit der Veröffentlichung des Romans "Sechs Richtige" von Bengta Bischoff; vgl. RÜHMKORF, 1964.

5 Vgl. WARNEKEN, 1983, S. 1.

die Themen 'schönstes Erlebnis' oder 'persönliches Schicksal'), spielen sicherlich auch redaktionelle Auswahlkriterien eine Rolle. Über inhaltliche Kriterien sowie eventuelle Zensurmaßnahmen schwieg sich die Redaktion der Frauenzeitschrift 'bella' auf unsere Anfrage hin leider aus.

Die folgende Analyse basiert auf 51 Texten von Gelegenheitsautoren, die in der Zeitspanne vom 29. Dezember 1979 bis zum 19. Dezember 1980 in der Illustrierten "bella" (Heinrich Bauer Verlag, Hamburg) veröffentlicht wurden. Dabei geht es nicht um eine literar-ästhetische Betrachtung, es sollen vielmehr die inhaltlichen Gemeinsamkeiten der Erlebnisschilderungen herausgearbeitet werden. Die Analyse geht von der Annahme aus, daß das Publikationsorgan, die Zeitschrift "bella", auf die untersuchten Texte einen 'Filtrationsdruck' ausübt. Sie erhebt also nicht den Anspruch, spezifische Eigenschaften von Popularliteratur überhaupt zu erfassen. Die Gemeinsamkeiten der hier vorgestellten Gelegenheitsautoren dürften eng mit der den Geschichten zugrundeliegenden Produktionsbedingung, nämlich: dem Schreiben für eine Frauenzeitschrift, zusammenhängen. Die Geschichte in der Rubrik "Mein schönstes Erlebnis" ist vielleicht weniger das liebste Kind eines Gelegenheitsautors als vielmehr das einzige ihm zugestandene Kind, mit welchem er an eine breitere Öffentlichkeit treten kann.

Die 'schönen' Erlebnisse

Im folgenden soll der Frage nachgegangen werden, wie die Gelegenheitsautoren das von der Redaktion vorgegebene Thema bearbeiten. Welche Vorstellungen haben sie von einem "schönen Erlebnis"? Welche Höhepunkte ihres Lebens erachten sie für mitteilenswert? Die in den Texten zum Ausdruck kommenden Vorstellungen sind dabei nicht notwendig unmittelbares Indiz des Bewußtseins der Gelegenheitsautoren. Die in den Texten vorherrschende harmonische Weltsicht ist wahrscheinlich nicht zuletzt Resultat eines Anpassungsprozesses der Autoren an die Produktionsbedingungen der Illustrierten "bella".

Die untersuchten 51 Texte habe ich in drei thematische Rubriken gefaßt und dabei folgende Anteile festgestellt:

Themenkreise	
Erlebnisse mit der Familie	47,0 %
Kennenlernen des Partners	31,5 %
Erlebnisse mit anderen Mitmenschen	21,5 %

Ein sicherlich signifikantes Ergebnis: Fast jede zweite Geschichte der hier untersuchten Texte behandelt den thematischen Komplex 'Familie'.

Ob es sich nun um den gemeinsamen Urlaub mit dem Vater handelt –

"Diese lieben Menschen und die herrlichen Tage mit Papa habe ich bis heute nicht vergessen. Jedesmal, wenn ich einen Vater mit seiner Tochter sehe, muß ich an dieses schöne Erlebnis denken."
(bella 1980/Nr. 25)

– oder um die Heiratspläne der siebenjährigen Tochter: Erlebnisse als Kind oder die mit den Kindern gelten offenbar am ehesten als schreibwürdige Höhepunkte. An zweiter Stelle rangiert das Zusammenleben mit Tieren:

"Wir drei jedenfalls waren überglücklich, daß unser Bubi wieder da war. Unser Wellensittich auf Abwegen – das war unser schönstes Erlebnis."
(bella 1980/Nr. 27)

Die Erinnerungen an schöne Momente mit dem Ehepartner oder die Erlebnisse im Verwandtenkreis sind ebenfalls, wenn auch seltener vertreten.

Der thematische Komplex 'Erlebnisse mit der Familie' ergibt, in Untergruppen aufgeteilt, insgesamt folgendes Bild:

(Unter-)Themen 'Familie

a) Erlebnisse mit Kindern/als Kind	45 %
b) Erlebnisse mit Haustieren	29 %
c) Erlebnisse mit dem Ehemann	18 %
d) Erlebnisse mit Verwandten	8 %

Neben dem Themenkreis 'Erlebnisse mit der Familie' (Textanteil 47 %) spielt der thematische Komplex 'Kennenlernen des Partners' mit einem Anteil von 31,5 % bei den untersuchten Veröffentlichungen eine ausgesprochen große Rolle. 73 % dieser Liebesgeschichten enden mit dem Gang zum Traualtar – und leiten damit zur größeren thematischen Rubrik 'Familie' über.

Bei den Liebesgeschichten fällt auf, daß auch die Schilderungen, die nicht ausdrücklich in der Eheschließung enden, auf eine gemeinsame Zukunft verweisen:

"Seit diesem Tag gehen Rainer und ich jedes Jahr im Frühling einmal um den Starnberger See."
(bella 1980/Nr. 35)

Offensichtlich gewährt eine nur flüchtige Bekanntschaft mit dem anderen Geschlecht keine erzählenswerte Erinnerung; den Texten zufolge gelten nur die dauerhaften Beziehungen als schönste Erlebnisse:

"Seitdem starteten und landeten wir viele Male zusammen. Bis wir dann zum Start ins Glück ansetzten und zur Landung in den Ehehafen."
(bella 1980/Nr. 37)

Der dritte thematische Schwerpunkt läßt sich unter 'Erlebnisse mit anderen Mitmenschen' zusammenfassen. In 21,5 % der untersuchten Texte durchbrechen die Autoren also die familiare Sphäre und wenden sich anderen Bereichen des Alltags zu. Hierbei dominieren die Erlebnisse mit 'lieben Mitmenschen', wobei Erlebnisse der Hilfsbereitschaft (Textanteil 46,7 %) den breitesten Raum einnehmen:

"Noch heute muß ich manchesmal daran denken, wenn ein Busfahrer mir die Tür vor der Nase zumacht. Fahrer mit Herz scheint es nicht mehr viele zu geben. Für mich war es jedenfalls ein beeindruckendes und schönes Erlebnis, daß es noch nette und hilfsbereite Menschen in dieser hektischen Zeit gibt."
(bella 1980/Nr. 19)

Auch die zweite inhaltliche Untergruppe, die sich den Erlebnissen in den Ferien oder während eines Ausflugs widmet, stellt zumeist die Erinnerung an freundliche Zeitgenossen dar:

"Bis heute haben wir diese eindrucksvolle Begegnung nicht vergessen, und es war ein zauberhaftes Erlebnis für uns, daß solch eine Gastfreundschaft und Herzlichkeit zwischen fremden Menschen entstehen kann."
(bella 1980/Nr. 21)

"Mein schönstes Erlebnis": Thematische Schwerpunkte

Liebeserlebnisse: 31,5 %

Kennenlernen des Partners

Erlebnisse in der Öffentlichkeit: 21,5 %

Erfahrungen mit Mitmenschen

Erlebnisse im Familienkreis: 47,0 %

Mit den Kindern/ als Kind (45 %)

Mit Haustieren (29 %)

Mit dem Ehepartner (18 %)

Mit Verwandten (8 %)

Einige der untersuchten Autoren beschreiben in ihren Texten auch negative Erfahrungen. Im Zusammenhang mit dem redaktionell vorgegebenen Thema müssen letztlich jedoch auch diese unangenehmen Erinnerungen eine Wendung zum Positiven nehmen. Dieser problematische, weil zwanghafte Harmonisierungsversuch gelingt nicht immer bruchlos. Die Geschichte "Der Alptraum vom Fliegen" von U.G. z.B. berichtet ausführlich über die Rücksichtslosigkeit und das schlechte Benehmen mitreisender Fluggäste. Im Kontext wirkt dann das erforderliche happy end durchaus etwas fragwürdig:

> "Müde und ausgemergelt statt erholt betraten wir endlich wieder heimatlichen Boden. Wieder zu Hause. 'Zu Hause' – diese beiden Worte in ihrer ganzen Bedeutung begriffen wir erst jetzt. Festzustellen, wie gemütlich die eigenen vier Wände sind, das war unser schönstes Erlebnis."
> (bella 1980/Nr. 34)

Die untersuchten Erlebnisschilderungen spielen also in der Familie, im Verwandten- oder Bekanntenkreis sowie auf der Reise oder bei einem Ausflug. Problembereiche wie Arbeitswelt, Politik oder Kultur fehlen vollständig. Die vorgestellten Autoren umgehen gesellschaftliche und historische Konflikte sowie aktuelle politische Fragen. Auf diese Weise fördern die in der Frauenillustrierten "bella" veröffentlichten Texte den Rückzug des Einzelnen aus seiner Verantwortlichkeit für das öffentliche Leben. Die Beschränkung der Autoren auf schöne Erlebnisse in der Familie, mit dem Liebespartner oder den freundlichen Mitmenschen resultiert sicherlich auch aus dem besonderen Anpassungsprozeß an die Forderungen des Publikationsorgans Frauenzeitschrift. Die reale Aktions- und Reflexionsgrenze eines Gelegenheitsautors wird schwerlich mit der hier festgestellten Schreibgrenze zusammenfallen.

Groß und braungebrannt. Zur Personendarstellung

Alle untersuchten Erlebnisschilderungen sind in der Ich-Erzählhaltung abgefaßt: Ein Ich, hinter dem sich der Autor verbirgt, berichtet dem Leserkreis der Frauenillustrierten "bella" sein schönstes Erlebnis. Das Ich der Geschichte ist in der Regel weiblich – im gesamten Jahrgang der untersuchten Zeitschrift fand sich nur eine einzige Veröffentlichung eines männlichen Autors.

Der Leser erfährt jedoch nur wenig über die weiblichen Hauptpersonen. Die Ich-Erzählerin schildert sich selbst nicht als ganzheitliche und abgerundete Persönlichkeit. Vielmehr zeigt sich die Hauptperson im Hinblick auf das zu berichtende schöne Erlebnis in einer bestimmten Rolle – als 'Nur'-Mutter, als 'Nur'-Geliebte oder als 'Nur'-Hausfrau. Andere als solche rollentypischen Eigenschaften wie die der guten Mutter oder die der perfekten Hausfrau stellen die Texte nicht dar. Die Protagonistin der Geschichte von B.H. "Eine ungewöhnliche Tischdekoration" (bella 1980/Nr. 9) erweist sich z.B. als eine Frau, die vollständig in ihrer Rolle als Gastgeberin aufzugehen scheint. Darüber hinausgehende Einzelheiten über die handelnden Personen finden sich nur dann, wenn diese bestimmte Funktionen im Handlungsablauf übernehmen. Je nach Art des Erlebnisses (Familie, Liebe, Mitmenschen) zeigt sich das Ich in einem funktionalen Rollenrepertoire und ist Träger bestimmter, signifikanter Eigenschaften.

Diese eingeschränkte Personendarstellung hängt nicht nur mit der thematischen Reduktion auf den Privatbereich zusammen; sie resultiert auch aus der Kürze der Texte: Der Autor kann letztlich nur das darstellen, was ein schönes Erlebnis unmittelbar konstituiert.

Die untersuchten Autoren charakterisieren ihre handelnden Personen kaum, ihrem äußeren Erscheinungsbild hingegen widmen sie stimmungsvolle Beschreibungen:

> "Gerade war ich von einem Urlaub in Italien zurückgekehrt. Natürlich hatte ich mir ein paar schicke Kleidchen mitgebracht. Außerdem war ich knackig braun. Gründe genug, mich vor den Augen der Männerwelt nicht gerade unsichtbar zu machen."
>
> (bella 1980/Nr. 6)

> "Ich drehte mich vor dem riesigen Kristallspiegel und dachte: Donnerwetter, das bist du? 'Zufrieden mit der neuen Frisur?' fragte die Chefin des exklusiven Salons. Ich war es. Darum fiel das Trinkgeld für Fräulein Marion besonders großzügig aus."
>
> (bella 1980/Nr. 41)

Der Leser der obigen Erlebnisschilderung wird sich wohl kaum ein genaueres Bild von der Kundin des exklusiven Friseursalons machen können. Die Skizzierung der Protagonistin erzeugt allenfalls vage Vorstellungen von einem guten und adretten Aussehen – was auch immer damit gemeint sein mag.

Die Personendarstellungen basieren in der Regel auf verbreiteten Wertvorstellungen: des Adrettseins, des Zartseins, der "Natürlichkeit":

> "Überrascht wandte ich mich ihr zu, entdeckte blaue Augen, welliges Braunhaar, die zierlichsten Hände der Welt. Eine Welle von Sympathie brandete diesem bescheidenen Geschöpf entgegen. 'Ja', bestätigte ich, 'Sticken ist mein Hobby.' 'Meins auch', sagte sie. Jetzt erst sah ich, daß sie eine wunderschöne Bulgarenbluse trug, mit viel Stickerei, dazu einen entzückenden Glockenrock. 'Ist das etwa auch Ihre Arbeit?' fragte ich beeindruckt. Sie nickte."
>
> (bella 1980/Nr. 5)

Zu den normierten Schönheitsattributen hinzu kommen Eigenschaften wie Innerlichkeit, Bescheidenheit und Ruhe; die hausfraulichen Fähigkeiten tun ein übriges. Auf diese Weise halten die untersuchten Texte die Leserinnen in ihrem traditionellen weiblichen Rollenfach fest.

Die Norm, gepflegt und gutaussehend zu sein, gilt für die Ich-Erzählerin wie auch für deren Gegenspielerin. In den untersuchten Geschichten bieten gepflegtes Aussehen und schicke Kleidung den Protagonistinnen die Gewähr, geliebt zu werden; die dargestellten "Märchenprinzen" scheinen stets oberflächlich genug zu sein, um auf diese Äußerlichkeiten hereinzufallen.

Wie sehen aber nun diese Traummänner aus? Die Autorin H.G. beschreibt die beiden Männer Josef und Georg in ihrer Geschichte "Liebe auf den zweiten Blick" auf folgende Weise:

> Josef: "(...) der beste und schönste Mann schlechthin – so war jedenfalls meine Ansicht. Er hieß Josef, hatte blondes, welliges Haar und blaue Augen. Josef versorgte mich mit Unmengen von Schokolade und Eis, meist aus dem väterlichen Geschäft."
> Georg: "Vor einem Zelt auf einem Baumstumpf saß ein junger Mann, braungebrannt wie ein Indianer (...). Immer sah ich braunes Haar und freche, braune Augen vor mir."
> (bella 1980/Nr. 51)

Über die Augen-, Haar- und Hautfarbe hinaus erfährt der Leser kaum etwas über die Auserwählten. Ausdrücke wie "nett", "jung", "ist nett und freundlich" oder "braunes Haar und freche, braune Augen" reichen meist zu ihrer Charakterisierung aus. Auch den zukünftigen Ehepartner beschreiben die Texte nicht individueller, sie greifen vielmehr auf stereotype Wendungen zurück:

> "(...) war mindestens zwei Meter groß, braungebrannt und gutgelaunt (...). Er winkelte nach Kavaliersart seinen Arm (...). 'Sie haben Geschmack', urteilte er, als er sich bei mir umgesehen hatte. Nicht verstohlen, sondern sehr interessiert, als verstünde er etwas davon (...). Christian tanzte wie ein junger Gott..."
> (bella 1980/Nr. 41)

Der interessierte Blick und das offensichtlich fachmännische Urteil über eine Wohnungseinrichtung zeugen von den beruflichen Qualifikationen des Mannes. Da sich dieser darüber hinaus durch gute Laune sowie eine gute Erziehung auszeichnet und sich noch dazu als ein guter Tänzer erweist, ist die Grundlage für eine tiefere Beziehung gegeben. Die Männerdarstellungen basieren offenkundig auf einem patriarchalisch geprägten Bild vom Mann. Die beschriebenen Männer sind dazu prädestiniert, ihre besondere Rolle als Herr und Beschützer sowie als alleiniger Ernährer der Familie zu erfüllen. Nach dem in den Texten zum Ausdruck kommenden Selbstverständnis erfüllt der Mann seine propagierte Rolle erst dann angemessen, wenn er eine gute berufliche Position innehat.

Die Männer der publizierten Texte sind zudem in der Regel ritterliche (Vater)-Figuren: Sie stellen Blumen auf den Schreibtisch der Angebeteten, bieten vor dem Regen Schutz und winkeln "nach Kavaliersart den Arm". Sie zeichnen sich einerseits durch die sogenannte männliche Härte aus, andererseits sind sie aber auch zärtlich und sanft.

Auch betonen die Texte immer wieder die Größe ihrer männlichen Helden:

> "Meine heimliche Angst, er könne kleiner sein als ich, erwies sich gottlob als unbegründet. Immerhin messe ich ganze 180 Zentimeter. Doch er war fast noch einen Kopf größer als ich."
> (bella 1980/Nr. 6)

Die Betonung der männlichen Statur leistet nicht nur dem Klischee vom weiblichen Schutzbedürfnis Vorschub: Durch die Größe des männlichen Partners wird auch eindringlich das Akzeptieren der Dominanz des Mannes über die Frau sichtbar.

In den untersuchten Erlebnisschilderungen ist "Natürlichkeit" Trumpf. Das humorvolle und fröhliche, offene Wesen des Partners wird ausführlich beschrieben; der Mann hat stets ein lustiges Wort parat.

> "So eine Lache – hatte ich jemals eine nur annähernd erfrischende gehört?"
> (bella 1980/Nr. 41)

Solche Beschreibungen erfüllen wiederum bekannte Klischees: Der wahre Mann nämlich verbindet seine Männlichkeit mit einer lausbubenhaften Art. Das "Jungenlachen" dient offensichtlich der Frau immer auch dazu, die Macht der Männlichkeit zu entschärfen und erträglicher wirken zu lassen.

Resümiert: Alle untersuchten Texte verzichten auf ausführlichere Personenbeschreibungen. Die Vollkommenheit körperlicher Konstitution sowie moralischer Qualitäten scheint den Autoren durch vage Ausdrücke und alltägliche, abgenutzte Redewendungen wie "nett", "gutgelaunt", "wie ein junger Gott" etc. ausreichend belegt. Die allgemein gehaltenen Gütezuschreibungen erlauben dann wiederum, daß der Leser seine individuellen Träume ins vage Klischeebild hineinlenken kann. Mit einem "unwiderstehlichen Jungenlachen" wird letztlich jeder seine sehr persönlichen Vorstellungen verknüpfen.

Krabben, Gin und Zigaretten. Zu den dargestellten Gegenständen

Auch die Kurzgeschichten bedürfen einer Kulisse, vor der sich das schöne Erlebnis abspielt. Dabei verzichten die Autoren jedoch auf eine genauere Lokalbeschreibung. Die wenigen erwähnten Requisiten haben vielmehr die Aufgabe, den reibungslosen Ablauf der Handlung zu garantieren.

Das Arrangement der Gegenstände charakterisiert weniger den lokalen Raum der Handlung als vielmehr die agierenden Figuren. Die Requisiten verdeutlichen das Aussehen, die Gefühlswelt und die besonderen Fertigkeiten der Protagonisten. Wenn der nette Arbeitskollege Blumen auf den Schreibtisch der Ich-Erzählerin stellt, verschönt er damit nicht nur ihren Arbeitsplatz, sondern er bekundet durch diese Handlung endlich das ersehnte Interesse an ihrer Person. Überhaupt lassen die Autoren in den untersuchten Texten häufig Blumen für sich sprechen. Dabei verzichten sie jedoch auf protzige Rosen: Konfliktlösungen z.B. werden geschickt mit einem Veilchen- oder Moosröschenstrauß angedeutet. Die blumigen Requisiten ersetzen in der Regel Diskussionen und problematische Auseinandersetzungen.

Bei ihren Schilderungen bevorzugen die Autoren Gegenstände, mit denen der Leser angenehme Assoziationen verknüpfen kann. Anscheinend ganz beiläufig werden ein schickes Kleid, ein rasantes Auto oder eine Wendung wie "Wir rauchten eine Zigarette zu unserem Gin" eingebaut. Nach Peter Nusser gelten diese eingestreuten "Reizsituationen"[6], die ihr Pendant in der Konsumwerbung haben, als Charakteristikum der Trivialliteratur. Ein Beispiel:

> "Ich schob die Verbindungstür zum Eßzimmer auf. Der gedeckte Tisch im Speisezimmer war eine Augenweide. Die duftigen Frühjahrsblumen paßten farblich genau zu den Servietten und Kerzen, das zarte weiße Porzellan hob sich herrlich von der Mahagoniplatte des Tisches ab und die Gläser funkelten mit dem Silber um die Wette."
> (bella 1980/Nr. 9)

Attraktive Artikel aus der Warenwelt stehen im Mittelpunkt dieser Darstellungen. Ein raffiniertes Make-up, das mondäne Kleid oder die teuren Delikatessen aus dem Feinkostladen werden ausführlich beschrieben. Im untersuchten Jahrgang der "bella" fanden sich sogar Erlebnisschilderungen, die sich ausschließlich solchen Luxusgegenständen widmen ("Der Tag, an dem ich aus der Versenkung auftauchte", bella 1980/Nr. 24; "Viel Wirbel um ein Kleid von Dior", bella 1980/Nr. 48). Die distanzlos anmutenden Beschreibungen wie "der hervorragend, schrecklich teure Sherry" oder "brauchte ich für die Frisur, das raffinierte Make-up und das Anlegen des Schmuckes ein wenig zu lange" zeigen eine starke Orientierung an den Slogans der Konsumgüterindustrie. Andererseits mag es sich gerade in diesem Punkt um eine Anpassung der Autoren an das Klima ihres Publikationsorgans handeln: Illustrierte sind ja nicht zuletzt Werbeträger, sie werden finanziell zum Großteil durch in ihnen werbende Firmen getragen. Aus diesem Grund gestalten die Publikumszeitschriften in der Regel ihren redaktionellen Teil derart, daß auch dieser zur Erzeugung einer spezifischen Kauf- und Konsumstimmung beiträgt. Indem die untersuchten Gelegen-

6 NUSSER 1973, S. 68.

heitsautoren mit solcher Vorliebe Luxusgegenstände beschreiben, unterstützen sie zumindest objektiv die Funktion der Illustrierten als Werbeträger.

"Ich hatte mein Herz an ihn verloren." Zur Darstellung der Gefühlswelt

Der Versuch, seelische Erlebnisqualitäten niederzuschreiben, stellt jeden Autor vor besondere Probleme. Auf welche Weise meistern die untersuchten Gelegenheitsautoren diese Schwierigkeiten? Gelingt es ihnen, diese Gefühle nicht nur zu behaupten, sondern auch angemessen darzustellen?

Im Zusammenhang mit der Niederschrift eines schönen Erlebnisses räumen die Autoren natürlich Empfindungen wie Zuneigung, Freude, Sympathie etc. einen weitaus größeren Raum ein als Gefühlen wie Trauer, Wut oder Enttäuschung. Der dramatische Aufbau der Geschichte verlangt jedoch mehr als die bloße Schilderung von Schönem. Wenn auch die Erlebnisschilderung letztlich in der glückhaften Erfüllung kulminiert, muß der Autor doch auch (Lese-) Spannung erzeugen. Dieser Forderung kommt er nach, indem er ein besonderes Wechselverhältnis von positiven und negativen Empfindungen aufbaut. Die Autoren schildern zwar ihre in Erfüllung gegangenen Wünsche, im Zusammenhang mit den ursprünglich als aussichtslos empfundenen Träumen sprechen sie jedoch auch von ihren Ängsten und Enttäuschungen. Die untersuchten Geschichten zeichnen sich damit bis zum schönsten Erlebnis durch ein stetes Auf und Ab aus.

Die spannungserzeugenden Ereignisse werden gemäß ihrer kausalen Verknüpfung in einer Reihenfolge dargestellt, die dem objektiven Zeitablauf entspricht. In allen Texten ist die erzählerische Anordnung linear; auf Rückgriffe oder Zersplitterungen wird verzichtet. Und wie sich die Autoren bei ihren Personenbeschreibungen auf klischierte, äußerliche Erscheinungsbilder beschränken, schildern sie auch keine geistig-seelischen Entwicklungen ihrer Figuren. Damit verzichten sie auf die Darstellung einer inneren Spannung. Sie gleichen dieses psychologische Defizit dadurch aus, daß sie ihre Figuren bis zur Erreichung der erzählerischen Klimax – dem schönsten Erlebnis – mit den verschiedensten äußeren Ereignissen konfrontieren. Im folgenden soll nun der Frage nachgegangen werden, wie die handelnden Personen auf die äußeren Widerstände und die anderen Widersacher reagieren, wie sie ihre Gefühle hierbei zum Ausdruck bringen.

In der thematischen Rubrik 'Kennenlernen des Partners' spielt naturgemäß das Verliebtsein die zentrale Rolle. Hier wird besonders gerne mit dem Motiv der 'Liebe auf den ersten Blick' gearbeitet. In der Regel verlieben sich die Ich-

Erzählerinnen sehr rasch in ihnen unbekannte Männer:

> "Ich gab mir besondere Mühe bei meinem Kopfsprung. So unsinnig es klingt, aber noch während ich durch die Luft segelte, entdeckte ich IHN. Er saß auf einer Bank dicht neben dem Becken. Schnell tauchte ich wieder auf, um den Mann meiner Träume ja nicht aus den Augen zu verlieren."
> (bella 1980/Nr. 6)

Regelmäßig reicht das äußere Erscheinungsbild der jeweiligen Person als Voraussetzung für das Sich-Verlieben und das Geliebtwerden aus. Die Ich-Erzählerin entdeckt einen Mann, der "mindestens zwei Meter groß, braungebrannt und gutgelaunt" ist (bella 1980/Nr. 41), und es wird ihr sehr schnell klar: "Ich hatte mein Herz an ihn verloren" (bella 1980/Nr. 17):

> "Und so war es ihm nach kurzer Zeit gelungen, sich in meine Gedanken zu stehlen – mehr als mir lieb war. Als ich ihm eines Tages gegenüber saß – er war in seine Arbeit vertieft – da fühlte ich eine eigenartige Mischung von Freude und Zuneigung. Mir wurde klar: Ich hatte mein Herz an ihn verloren."
> (bella 1980/Nr. 17)

Liebe wird beschrieben als "dieser himmlische Zustand", der bewirkt, daß man sich "wie im siebten Himmel fühlt" und das "Herz zu klopfen beginnt". Liebe ist eine "eigenartige Mischung von Freude und Zuneigung"; durch diesen Zustand erfährt man endlich, "was es heißt, tief im Herzen glücklich zu sein". Diese ich-verlorene Liebe, so läßt sich kritisch anmerken, kann letztlich nur das Selbstgefühl bestätigen und zielt immer am Partner vorbei. Dessen Rolle bleibt darauf beschränkt, beim anderen einen ekstatischen Gefühlsrausch auszulösen: Hier mischt sich Zärtlichkeit mit Egoismus und Herrschaftsansprüchen.

Die Männer, von denen die Ich-Erzählerinnen wie der Blitz "aus heitrem Himmel" getroffen werden, sind in den Texten mit Ausdrücken belegt wie "meine heimliche Liebe", "mein großer Schwarm", "meine stille Liebe", "der beste und schönste Mann schlechthin", "mein Typ" oder auch "ein junger Gott". Häufig muß bereits die Großschreibung genügen, um dem Leser den Traummann und die damit verbundenen Gefühle zu verdeutlichen: "Ich entdeckte IHN", "Meine Gedanken waren immer nur bei IHM", oder einfach: "Und – THOMAS". Die Autoren greifen gerne auch auf Auslassungspunkte zurück, um den "himmlischen Zustand" zu umschreiben: "Es ergab sich fast von selbst, daß er auf dem Nachhauseweg seinen Arm um mich legte ... und ich ließ es gern geschehen." Oder in einer anderen Liebesgeschichte: "Ausgelassen plauderten wir, es kam, was kommen mußte – erst ein Kuß dann noch einer ...". Offensichtlich lassen sich für den "himmlischen Zustand" und die schicksalshafte Liebe – nämlich für das, "was kommen mußte" – in der Tat nur schwer die rechten Worte finden. Auf der anderen Seite dürften gerade die vagen und teilweise sogar offengehaltenen Gefühlsbeschreibungen auf den Leser dieser Liebesgeschichten besonders reizvoll wirken. Jeder Leser kann in die hier zum Ausdruck drängende romantische und triebentkleidete Liebe seine sehr persönlichen Liebesträume einfließen lassen.

Auch die 'negativen' seelischen Erlebnisqualitäten wie Wut, Trauer oder Enttäuschung werden in den Texten zu einer Angelegenheit von drei Pünktchen stilisiert. Daneben verwenden die Autoren ein eingeschränktes Repertoire feststehender Redewendungen, wenn sie starke emotionale Empfindungen ausdrücken wollen. Stereotype Redewendungen wie "Mir blieb die Luft weg", "Ich fühlte mich schrecklich", "(Das) wirkte wie ein rotes Tuch" oder "Ich heulte erstmal drei Tage und drei Nächte lang" finden sich in fast allen Texten. Selbst bei den stärksten Gemütsbewegungen wie Haß oder Liebe arbeiten die Autoren mit solchen Sprachhülsen; die Konstruktionen "(...) war es endgültig um mich geschehen" und "Ich fühlte mich wie im siebten Himmel" sind bei der Darstellung positiver Gefühle besonders beliebt.

Da die Gefühle nicht im Zusammenhang mit der Besonderheit der jeweils handelnden Person gezeigt werden, sind sie von den Figuren leicht abzulösen. In den untersuchten Erlebnisschilderungen tauchen Gefühle nur als Abstrakta auf. Letztlich werden auch die stärksten subjektiven Empfindungen durch die vage und allgemein gehaltene Beschreibung nivelliert und damit fragwürdig. Aber auch hier garantiert wiederum der Gebrauch feststehender und vom jeweils handelnden Individuum leicht abstrahierbarer Redewendungen das Mitempfinden des Lesers. Da offensichtlich alle Menschen gleich empfinden, können die Texte auf eine genauere Darstellung der Gefühlswelt verzichten.

In den untersuchten Geschichten finden sich ausgesprochen häufig Ausdrücke des Betroffenwerdens und Nicht-Mehr-Reagierenkönnens.

> "Plötzlich blieb ich wie gelähmt stehen. Etwas störte die Harmonie der Tischdekoration. Zwischen den zarten Frühlingsblumen und den brennenden Kerzen lag niemand anderes als Nina. Gelassen hob sie den Kopf und betrachtete uns aus ihren grüngelben Katzenaugen. Mir verschlug es vor Entsetzen die Sprache – ich hätte mich auf der Stelle in das berühmte Mauseloch verkrochen."
>
> (bella 1980/Nr. 9)

In dem hohen Anteil von Wendungen wie "Ich glaubte in den Erdboden versinken zu müssen" oder "Mir verschlug es die Sprache" zeigt sich die latente Passivität der handelnden Figuren. Die Protagonisten fügen sich zumeist in Situationen, an denen anscheinend nichts mehr zu ändern ist. Wendungen wie "meine stille Liebe" oder "Es war ihm gelungen, sich in meine Gedanken zu stehlen" indizieren eine Haltung des Erwartens und Abwartens: "Da kam mir der Zufall zu Hilfe".

Zu dieser Haltung der Inaktivität paßt, daß die Protagonisten bei auftauchenden Konflikten "blaß werden" oder es ihnen "übel wird". Auch wenn sich in einer Geschichte die Ich-Erzählerin als Antwort auf eine spezifische Problemsituation in hektische Aktivitäten stürzt, gibt sie damit ihre passive Haltung noch lange nicht auf. Sie flieht vielmehr vor dem Konflikt.

> "Ich war froh, daß ich an diesem Tag viel Arbeit um die Ohren hatte. In der Mittagspause lief ich förmlich durch die Stadt. Ich ließ mich von den vorbeieilenden Menschen hin- und herschieben, achtete auf nichts. Mir war zum Heulen zumute. Du mußt deine Stelle dort kündigen, fuhr es mir durch den Kopf. Ja, das würde das Beste sein, ihn nur nicht mehr wiedersehen."
> (bella 1980/Nr. 17)

Auffallend ist immer wieder die Konfliktscheu der dargestellten Figuren. In der Regel wird die Lösung nicht erkämpft und starke Gefühle nicht ausagiert. Sei es nun Liebe, Wut oder Enttäuschung – vor einem solchen Gefühl laufen die Protagonisten wie auch die Autoren davon.

"... ich ließ es gern geschehen." Zum Frauenbild der Geschichten

Obwohl die Gleichberechtigung der Frau seit nunmehr fast 40 Jahren im Grundgesetz verankert ist, kann von einer tatsächlichen Gleichbehandlung und Gleichwertigkeit wohl noch kaum gesprochen werden. In den Köpfen – und interessanterweise nicht nur in denen von Männern – spuken weiterhin Vorstellungen über die wesenshafte, wenn nicht gar naturhafte Bestimmung einer Frau. Gemeinhin legt man die Frau auf ihre Rolle als liebende Ehegattin, gute Mutter und perfekte Hausfrau fest. Auch die untersuchten Gelegenheitsautorinnen halten an diesem anachronistischen Rollenverständnis fest.

Um dem, nicht zuletzt in jüngster Zeit auch wieder von Regierungsstellen proklamierten Frauenbild entsprechen zu können, sieht sich zunächst jede Frau gezwungen, ihren zukünftigen Ehepartner und d.h. hier den Ernährer und das Oberhaupt der Familie kennenzulernen. Es mag eine logische Konsequenz dieser gesellschaftlichen Leitbilder sein, daß ein Drittel der Geschichten um den thematischen Komplex 'Kennenlernen des Partners' kreist. Ob die Protagonistin nun 17 oder 32 Jahre alt ist, die meisten dieser Erlebnisschilderungen enden vor dem Traualtar: Hochzeit als das schönste Erlebnis im Leben einer Frau...

> "Ich war gerade 32 Jahre alt geworden und als Angestellte in einem großen Verlag tätig. Mutter, eine rüstige Sechzigerin, versorgte den Haushalt. Mutter äußerte sich immer wieder kritisch über mein vorgeschrittenes Alter und daß ich immer noch keinen Mann

hatte. 'Für dich wäre es gut, wenn du bald heiraten würdest. Aber wie sollst du nur einen Mann kennenlernen, wo du dich doch meistens in deine Bücher vergräbst und wenig unter Leute gehst', meinte sie. Meine Antwort war stets dieselbe: 'Muß ich denn unbedingt heiraten, Mutti?' Und ein belustigendes Lächeln konnte ich mir nicht verkneifen. 'Du bist doch ein hübsches Mädchen.' Meine Mutter konnte es nicht lassen, immer wieder in die alte Kerbe zu fahren. 'Zu meiner Zeit war man in deinem Alter längst unter der Haube und hatte einen Mann und Kinder zu versorgen.' 'Ja, zu deiner Zeit ...', antwortete ich und lächelte noch immer."

(bella 1980/Nr. 2)

Einerseits belächelt die Erzählerin die unzeitgemäßen Erwartungen der Mutter, andererseits sehnt sie sich dann doch nach der Ehe. Folgerichtig endet auch diese Geschichte mit "eine(r) wunderschöne(n) Romanze, die zur Hochzeit führte".

In der Regel klammern die Texte die berufstätige Frau und eine damit verbundene kritische Einstellung gegenüber dem traditionellen weiblichen Rollenfach aus. Letztlich dominieren die sogenannten weiblichen Tugenden und Eigenschaften. Frauen, die diese ablehnen, werden in den Texten sogar diffamiert:

"Jeans, hauteng bis zum Gehtnichtmehr, in der Höhe der nackten Knie abgeschnitten und ausgefranst. Dazu Tennisschuhe und T-Shirt, eine ungekämmte Mähne bis zur Taille, Pony bis in die Augen hinein. Und das am Sonntagnachmittag als Antrittsvisite bei der Schwiegermutter. Als ich meinen selbstgebackenen Apfelstrudel servierte, meinte sie kopfschüttelnd: 'Wie kann man heutzutage noch seine Zeit mit Backen verplempern.' Mir blieb die Luft weg. Gloria setzte eine Diskussion in Gang, zunächst zum Thema Gen-Forschung, dann Atomzertrümmerung und schließlich über Einstein und die Relativitätstheorie. Jochen und Rolf palaverten eifrig mit, warfen mit Brocken um sich, vor denen eine einfache Hausfrau – wie ich – sich nur verkriechen kann."

(bella 1980/Nr. 5)

Nur gut, daß die 'intellektuelle Emanze' Gloria in der bescheidenen und fraulichen Anke ihr Gegenbild findet:

" 'Ja', bestätigte ich. 'Sticken ist mein Hobby.' 'Meins auch', sagte sie (Anke, G.v.P.). Jetzt erst sah ich, daß sie eine wunderschöne Bulgarenbluse trug, mit viel Stickerei, dazu einem entzückenden Glockenrock. 'Ist das etwa auch Ihre Arbeit?', fragte ich beeindruckt. Sie nickte. Ein Wort gab das andere, und bald landeten wir im Nebenzimmer, vor der Kommode meiner Patentante, aus der ich ihr meine schönsten Handarbeiten zeigte. Wir stimmten in so vielen Dingen überein, und ich fand so viel Gefallen an ihrer Art, daß mein Herz schwer wurde. Schließlich seufzte ich ganz unglücklich: 'Warum mußte sich Jochen (der Sohn der Ich-Erzählerin, G.v.P.) ausgerechnet in Gloria verlieben? Warum nicht in Sie ...?"

(bella 1980/Nr. 5)

Die untersuchten Geschichten propagieren also das traditionelle Rollenfach der Frau nicht nur unterschwellig, vielmehr werden die sogenannten 'unweiblichen'

Eigenschaften wie Intelligenz, Autonomie und Selbstsicherheit auch zuweilen explizit diskreditiert. Die Teilnahme an einer männlichen Diskussionsrunde über "Gen-Forschung" und "Atomzertrümmerung" schickt sich für eine Frau nun wirklich nicht. In der obigen Geschichte folgt für die 'unweibliche' Gloria dann auch die Strafe auf dem Fuß:

> "Da kam Jochen auf mich (die Ich-Erzählerin, G.v.P.) zu, schlechtes Gewissen vom Scheitel bis zur Sohle, legte seinen Arm um meine Schultern und flüsterte: 'Mam, wir haben gemogelt. Ich habe dir Gloria als Gegenstück zu Anke vorgeführt, in der stillen Hoffnung, daß du vor lauter Abneigung gegen sie Ankes Vorzüge selbst entdeckst."
> (bella 1980/Nr. 5)

Gloria, die an Diskussionen teilnimmt, vor denen sich die "einfache Hausfrau" "nur verkriechen kann", und die sich höhnisch-überheblich über die hausfraulichen Tugenden äußert ("Wie kann man heutzutage noch seine Zeit mit Bakken verplempern?") findet letztlich keinen Mann. Sie wird ihre Selbstsicherheit mit dem Verzicht auf Liebe und Ehe zu bezahlen haben. Die backende und stickende Anke, dieses "bescheidene Wesen" wird dagegen den Sinn ihres fraulichen Daseins erfahren können, sie hat in Jochen ihren Ehepartner gefunden und fortan "einen Mann und Kinder zu versorgen".

Insofern sich die Erlebnisschilderungen überhaupt dem modernen Selbstbewußtsein heutiger Frauen widmen, bleibt die Emanzipation in einem äußerst eingeschränkten Rahmen stecken. So wird z.B. in der Geschichte "Hilfe, mein Mann ist Hobbyfotograf" der Ehepartner als ein passionierter Amateurfotograf geschildert, für dessen Liebhaberei die Ich-Erzählerin sehr großes Verständnis aufzubringen hat.

> "Doch neulich ist mir der Geduldsfaden gerissen, und ich emanzipierte mich. Ich kratzte meine Spargroschen zusammen und kaufte mir einen – Fotoapparat. Aber nicht so ein einfaches, extra für Damen konstruiertes Kästchen, bei dem der Druck aufs Knöpfchen genügt, weil Frauen angeblich doch nichts von der Technik verstehen. O nein, eine Kamera, die bei Kennern einen guten Namen hat."
> (bella 1980/Nr. 50)

Diese Erlebnisschilderung versucht mit dem weitverbreiteten Vorurteil aufzuräumen, daß Frauen nichts von der Technik verstünden. Indem sich diese Frau eine Kamera anschafft, "die bei Kennern einen guten Namen hat", wagt sie einen ersten, wenn auch zaghaften Schritt in die Selbständigkeit:

> "Künftig werde ich nun nicht mehr wie die Sklavin ihres Herrn, beladen wie ein Packesel, hinter meinem Angetrauten hertrotten, sondern stolz meine eigene Kamera um den Hals tragen. Ich weiß nun, was man unter Blende, Belichtungszeit, Winder und dergleichen Fachausdrücken versteht. Denn nun bin ich selbst Hobbyfotografin. Und das ist mein schönstes Erlebnis."
> (bella 1980/Nr. 50)

Die Autorin schreibt auch ganz bewußt gegen andere frauenfeindliche Klischees an:

> "Sage mir einer, nur Frauen fänden kein Ende mit ihrem Palaver! Diese Behauptung widerlegt so manches Paar Socken, das ich während dieser Unterhaltung (der Ehemann im Gespräch mit gleichgesinnten Amateurfotografen, G.v.P.) für ihn strickte."
> (bella 1980/Nr. 50)

Freilich reproduziert das obige Zitat z.B. die gängige Vorstellung, daß sich Frauen nicht in männliche Gesprächsgruppen einzumischen hätten: Die Frau strickt (natürlich für den Mann!), während der Mann fachsimpelt. Und die geschilderte Emanzipationshandlung besteht lediglich in der Übernahme des Hobbys des Ehemannes. In der Geschichte spricht die Ich-Erzählerin nirgends davon, daß ihr die Amateurfotografie tatsächliches Vergnügen bereitet. Vielmehr weisen die Passagen, in denen die Fototechnik dargestellt wird, eher darauf hin, daß sie mit 'ihrem' Hobby einige Schwierigkeiten hat. Letztlich verbleibt also auch in dieser Geschichte die Emanzipation und ein damit verbundenes kritisches Bewußtsein der Frau in einem durchaus 'schicklichen' Rahmen.

Die hier untersuchten Geschichten basieren also auf einem Frauenbild, das die Frau als gutaussehendes, willenloses Wesen schildert, deren Stärke im Herzen und nicht im Kopf liegt. In der Regel fügen sich diese Frauen in das ihnen traditionell zugestandene Rollenrepertoire ein und richten ihr Leben auf Ehemann und Kinder aus. Das in den Texten vermittelte männliche Äquivalent baut folgerichtig auf eben diesem Bild des 'schwachen Geschlechts' auf. Die Männer sind den Frauen grundsätzlich überlegen; sie sind es, die beschützen, bestimmen und (be-)herrschen. Ob im Beruf, im Alltag oder bei der Partnerwahl: Männlichkeit setzen die untersuchten Autoren mit Aktivität gleich. Weiblichkeit hingegen bedeutet, auf das gütige Schicksal oder den günstigen Zufall zu warten. Wenn eine Frau glücklich werden will, dann darf sie allenfalls auf die berüchtigten weiblichen Waffen zurückgreifen: Aber dann, bitte, mit dezentem Make-up!

In allen untersuchten Texten wird das äußere Erscheinungsbild der Frau überhöht; die weibliche Schönheit ist die Basis für den Weg zum Traualtar. Letztlich bejaht die Gelegenheitsautorin durch diese Darstellung ihren eigenen Warencharakter als Frau. Als Persönlichkeiten mit einem eigenen Willen scheinen sich diese Frauen offensichtlich nicht zu begreifen. Insofern die weiblichen Protagonistinnen überhaupt eigene Wünsche artikulieren, kreisen diese dann doch wieder um den Mann, das Wunschkind oder das gemütliche Heim. Hier kommt zum Ausdruck, daß die Frau ihr Glück, ihre Selbsterfüllung und auch die gesellschaftliche Anerkennung häufig nur in der ehelichen Geborgenheit finden kann. Der Ehepartner wird als Erlöser und Retter dieser infantilen und konfliktscheuen Frau die Sorgen und Widrigkeiten des Alltags abnehmen:

> "Seit es ihn gibt, gibt es keine Regenprobleme mehr."
> (bella 1980/Nr. 41)

Die untersuchten Geschichten berichten interessanterweise jedoch nur, wie die Frauen ihren zukünftigen Ehepartner kennengelernt haben. Über die sich anschließende Partnerschaft schweigen sich die Autorinnen aus; hier fehlen die berichtenswerten schönsten Erlebnisse.

Der Laienautor in Publikumszeitschriften: Werkzeug und Legitimation

Indem Publikumszeitschriften zu Erlebnisschilderungen aufrufen, bietet sich endlich auch dem Gelegenheitsautor eine Chance, mit seinem Text den engen, zumeist familiären Leserkreis zu durchbrechen und Aufmerksamkeit in einer breiteren Öffentlichkeit zu finden. Andererseits setzen dann wiederum die spezifischen Bedingungen des bundesrepublikanischen Medienmarktes und die jeweiligen Produktionsbedingungen des Publikationsorgans den schriftstellerischen Freiheiten der Gelegenheitsautoren enge Grenzen.

Die hier untersuchten Autoren schreiben als Resultat dieses Anpassungsprozesses teilweise ganz bewußt, was von ihnen verlangt wird. Das Ergebnis unserer Umfrage unter den Autorinnen[7] läßt darauf schließen, daß die Redaktion der Frauenzeitschrift "bella" auf schwerwiegende Eingriffe in die eingesandten Texte zumeist verzichten kann. Offensichtlich leisten die Einsenderinnen die nötige 'Einpassung'; sie scheinen ihre Erlebnisschilderungen nach den in "bella" bereits veröffentlichten Texten auszurichten. Andererseits ergab die vorliegende Analyse, daß sich die Gelegenheitsautoren auch an Mustern der Trivialliteratur orientieren. Indem sich die Autoren deren Klischees beugen und eigenen Erfahrungen einen nur geringen Spielraum lassen, produzieren sie scheinauthentische Laienliteratur. Damit unterstützen und legitimieren sie die entmündigende und stabilisierende Funktion einer trivialen Literatur auf besonders wirksame Weise. Der Leser wird im Gelegenheitsautor 'den Mann' bzw. 'die Frau' von nebenan zu erkennen glauben und bei der Lektüre dieser schönsten Erlebnisse zu Text und Autor eine nur geringe Distanz halten. Man kann wohl davon ausgehen, daß die Geschichten 'vom Leser für den Leser' noch kritikloser konsumiert wer-

---

7 Vgl. den Beitrag von Martina PFEIFLE-SCHMIDT.

den als die Heftchenromane der professionellen Autoren.

Der Gelegenheitsautor verkauft im Auftrag der Massenmedien das als Wahrheit, was die Trivialliteraturforschung als Kitsch oder als harmonisierendes Weltbild kritisiert.

Von den klischierten Darstellungen der schönsten Erlebnisse kann jedoch nicht auf ein verkitschtes Bewußtsein der Autoren geschlossen werden. Vielmehr werden gerade hier solche objektiven Restriktionen wie ungleiche Bildungschancen und Schreibbarrieren deutlich. Massenmedien lenken die Einstellungen, Normen und Wertsetzungen, sie halten die Gelegenheitsautoren vielfach künstlich auf der Stufe einer bloßen Rezeptivität und Reproduktion trivialer Klischees fest. Es sind Organe der Regenbogenpresse – hier die Frauenillustrierte "bella" – die die klischierten schönsten Erlebnisse aus den Köpfen der Autoren herausholen, um sie als Wahrheit verkaufen zu können.

Durch seine Anpassung an fremdbestimmte Muster der Massenmedien legitimiert der Gelegenheitsautor als 'Mensch von nebenan' eine Literatur, der entmündigende und gesellschaftsstabilisierende Funktionen innewohnen. Die in der Frauenzeitschrift "bella" veröffentlichende Autorin unterstützt eine Literatur, die an der Aufrechterhaltung eines patriarchalischen status quo mitarbeitet. Vielleicht kann die vorliegende Untersuchung auf diesen circulus vitiosus aufmerksam machen; dabei geht es nicht nur um literarische Freiräume für den Laienautoren, sondern auch um die Gleichberechtigung der Frau.

Literatur

NUSSER, Peter: Romane für die Unterschicht. Stuttgart 1973.

RÜHMKORF, Peter: Bengta Bischoff oder die befangene Unschuld. In: Schmidt-Henkel, Gerhard, Hg.: Trivialliteratur. Aufsätze. Berlin 1964, S. 85–91.

WARNEKEN, Bernd Jürgen: Populare Schreibkultur. Eine explorative Studie über die Schreibpraxis älterer Gelegenheitsautoren. In: SPIEL (Siegener Periodicum zur Internationalen Empirischen Literaturwissenschaft), 2. Jg. 1983, H. 1, S. 1–23.

Thomas Briem

Anpassung oder Risiko? Die Rubrik "Was mich bewegt" als Anklagebank und Beichtstuhl

Unter der Rubrik "Was mich bewegt" erschienen im Jahrgang 1980 in der Frauenillustrierten "bella" wöchentlich (meist) zwei jeweils halbseitige Problemberichte. Dieser Untersuchung liegen die 52 "bella"-Nummern dieses Jahrgangs zugrunde, was – wegen dreier ganzseitiger Texte – 101 Berichten entspricht. Die Hefte erschienen zwischen dem 29.12.1979 und dem 19.12.1980.

"Was mich bewegt" gehört dem Genre nach nicht zur sogenannten "publizierten Zeitschriftenberatung", da die Berichte nicht an eine Beratungsinstanz adressiert sind. Obschon der Titel die Rubrik als ein Forum zur Artikulation von Problemen jedweder Art ausweisen könnte, fungiert sie, wie das Gros der entsprechenden Spalten bundesdeutscher Publikumszeitschriften, fast ausschließlich als Kummerkasten für private Probleme. Das Themenspektrum besteht hauptsächlich aus den Problemfeldern 'Liebe und (Ehe-) Partnerschaft', 'Familie', 'Autorin und andere Personen (Kreise)' sowie 'Krankheit/Unfall'. Von den untersuchten Berichten entfallen lediglich zwei auf das Feld 'Probleme am Arbeitsplatz'. 'Rechtliche Probleme' bilden in einer Erzählung den thematischen Schwerpunkt. Religiös-weltanschauliche Probleme hat kein Text zum Thema; religiöse Skrupel sind jedoch in einem Fall Mitfaktor der Problemlage.

Problemfelder	*Zahl der Berichte*
Liebe und Ehe/Partnerschaft	49
Familie, Familie und Umwelt	35
Beziehungen zu Verwandten, Freunden usw.	19
Krankheit, Unfall	8
Probleme am Arbeitsplatz	2

(Einige Berichte wurden zweifach aufgeführt, da sie zwei Problemfeldern zugehören.)

Während die Berichte hauptsächlich nur drei Problembereichen entstammen, ist die Skala der *Problemintensität* äußerst breit: Sie reicht vom Fall der einsamen, doch offenbar nicht unglücklichen Witwe, die unter erfreulichen Umständen einen Alterspartner findet, bis zu Fällen von Frauen, die Ehehöllen und Selbstmordversuche hinter sich haben. Für die Mehrzahl der Protagonistinnen steht die Lösung des Konflikts zur Zeit der Niederschrift noch aus. Rund ein Zehntel hat zu einer Lösung gefunden, die in einigen Fällen jedoch nur als Schein- oder Ersatzlösung bezeichnet werden kann.

Dieser Untersuchung geht es indes nicht um eine Analyse der Probleme und um die Frage nach der Adäquanz der Lösungen. Sie sucht hauptsächlich die Formen und Dimensionen der von den Autorinnen geübten *Kritik* auszumachen eine Methode, die sich gerade dem als Königsweg zum Charakter einer Problembericht-Rubrik erweist, der wie wir der Frage nach den Möglichkeiten und Hemmnissen der Interessenvertretung von Laienautoren nachgeht.

Die Rubrik als Forum für Kritik

Was die Spalte einen Kummerkasten für fast ausschließlich private Probleme sein läßt, ist nicht eigentlich die redaktionelle Selektion und Änderung, sondern die traditionelle Auffassung der Autorinnen vom Verfassen eines Berichts, die der Erzählung weit affiner ist als der analytischen Darstellung und dem Essay. Diese Auffassung manifestiert sich im weitgehenden Verzicht der vornehmlich an trivialen Erzählmustern geschulten Autorinnen auf einen größeren Freiraum für Reflexionen und eine kritische Stellungnahme.

Daß sich nicht alle "Was mich bewegt"-Autorinnen diese Beschränkung auferlegen, zeigt am sinnfälligsten ein ganzseitiger Bericht, der sich nicht wie eine 'Erzählung' liest, sondern geradezu wie ein Pamphlet. Die Autorin dieses Textes ist, was nur zunächst überrascht, keine Angehörige der jüngeren Generationen, sondern eine 80jährige Altersheimbewohnerin. Obgleich ihre Publikation den Titel trägt "Ich habe zwei Töchter und zwei Söhne – trotzdem lebe ich in einem Altenheim" (Nr. 18, 26.4.1980), geht es der alten Dame keineswegs um Kritik an ihren Kindern, denen sie vorwerfen könnte, sie hätten sie trotz ausreichenden Wohnraums nicht bei sich aufgenommen. Ihre private Geschichte bildet lediglich den Rahmen für eine – recht herbe – Kritik an Mentalität und Auftreten der heutigen Frauenrechtlerinnen. Am Beispiel einer jungen Frau, die angeblich alle in deren Elternhaus begangenen Fehler der Passivität und Demut der Mutter anlastet, zieht sie gegen die Feministinnen vom Leder, denen sie Egozentrik und den Mangel an Opferbereitschaft, Geduld und Güte vorwirft. Ihre Vorwürfe gipfeln in der Behauptung, daß diese (von ihr maliziös als "liebe Töchter" bezeichneten) Frauen "auf der Einbahnstraße zur Selbstverwirklichung" die eigene Mutter opferten, sie ins Altersheim abschöben, weil sie "abgewrackte Mütter" bräuchten, "um ihre Ziele zu verdeutlichen".

Trotzdem und gerade weil die alte Dame sich selbst "eine emanzipierte Frau" nennt, die "mit ganzem Herzen dabei" ist, "wenn es um die Belange von Frauen geht", darf man annehmen, daß sie hier ganz bewußt für die mehr oder minder konservative schweigende Mehrheit als eine Art 'Wortführerin in Sachen

Emanzipation' eingesetzt ist, eine 'Methode', derer sich die bella-Redaktion – im Gegensatz zu Blättern der Boulevardpresse – in dieser Deutlichkeit allerdings nur okkasionell bedient.

Die Einmaligkeit dieses Textes (in der Problemrubrik des Jahrgangs 1980) liegt darin, daß er expressis verbis Gesellschaftskritik zum Ausdruck bringt. Was sich in den anderen Berichten an Kritik findet, erstreckt sich fast ausschließlich auf die an der Konfliktlage der Autorin 'mitschuldigen' Personen. Bei den Partnerproblemen ist dies naturgemäß der Mann. Das Problemspektrum reicht vom narzißtischen Ehemann, der seine Frau durch Imponiergehabe nervt, über den launisch-unberechenbaren Freund, der seiner Partnerin alles Selbstbewußtsein nimmt, bis zum Seitenspringer, dessen Frau Hand an sich legt, und zum brutalen Ehemann, der seine Frau 'scheidungsreif' prügelt. Mit abwertenden Adjektiven wie etwa 'brutal' wird der Partner jedoch von den Autorinnen nicht bedacht. Die meisten Frauen kritisieren nicht explizit. Sie sind sichtlich bemüht, bei der Leserin nicht den Eindruck der Lieblosigkeit und Selbstgerechtigkeit aufkommen zu lassen. Manche glauben, ihre Kritik mit dem Gegengewicht der Beteuerung aufwiegen zu müssen, daß sie ihren Mann trotz allem lieben. Von den am schwersten belasteten Frauen, die das nicht mehr empfinden dürften, verfielen einige auf die neutralisierende Behauptung, daß sie für ihren Mann "keine Gefühle mehr" hätten. Nur bei zwei Fällen findet sich das Eingeständnis von Haßgefühlen.

Daß die Frauen sich ausdrücklicher, wertender Kritik enthalten, erklärt sich wohl nicht nur aus der Befürchtung, die Redaktion, und wenn nicht diese, so doch die Leserschaft gegen sich einzunehmen, sondern auch aus dem psychologischen Verständnis für Wesensart und Handlungen des Partners, das eine Reihe von Frauen ansatzweise zu Wort bringt. Wird der männliche Partner näher charakterisiert, geschieht dies lediglich aus der individual-psychologischen Perspektive. Wie in fast allen Berichten gesellschaftliche Determinanten der Problemlage unberücksichtigt bleiben, wird der Partner niemals als 'typischer' Vertreter seines Geschlechts oder gar als 'Sozialcharakter' aufgefaßt.

Nur einmal ist von einer "typisch männlichen" Eigenschaft die Rede: von "männlicher Überheblichkeit". So kommentiert eine Frau, die sich, verzweifelt wegen der Libidinösität ihres Mannes, an ihren Gynäkologen gewandt hatte, dessen lachende Antwort: Sie habe halt einen vitalen Mann...

Was in anderen Berichten an Kritik am Arzt laut wird, richtet sich weder gegen ihn als Mann noch gegen Tendenzen in der Ärzteschaft überhaupt. Kritisiert werden Spezialistentum, menschliche Uneinfühlsamkeit und Besserwisserei. Die schärfste Kritik, eine Kritik, die bereits aus der Schilderung spricht, findet sich

"(...) Zwanzig Jahre lang hatte ich die Heimat nicht mehr gesehen!

Mit Bangen sah ich jeden Morgen dem Briefträger entgegen. Erst zwei Tage vor meiner Reise in die Vergangenheit trafen die Einreisepapiere ein – ich durfte in die DDR.

Mit Koffer und Reisetasche stieg ich im Bahnhof Hessental in den Nachtzug nach Berlin. Alles klappte wie am Schnürchen, und doch klopfte mir das Herz bis zum Halse, als ich am nächsten Morgen auf dem Ost-Berliner Bahnhof Friedrichstraße nach Nichte Astrid und ihrem Mann Ausschau hielt. Würde sie mich wiedererkennen? Sie war damals, als wir uns das letztemal gesehen hatten, gerade fünfzehn gewesen. Ich hatte unser Dorf im Kreis Oranienburg verlassen, um zu meiner Schwester nach Westdeutschland zu ziehen.

Seitdem hatten wir nur durch Briefe Kontakt zueinander gehabt. Und doch – es dauerte nur Sekunden, bis wir uns gegenseitig in dem Menschengewimmel erkannt hatten und uns vor Wiedersehensfreude in den Armen lagen.

Das Gepäck wurde im Auto verstaut, wir stiegen ein, und ab ging die Fahrt ins dreißig Kilometer entfernte Heimatdörfchen. Kein Wort brachte ich über die Lippen, sah die ganze Zeit nur aus dem Fenster, hakte in der Erinnerung die Orte ab, durch die wir fuhren. Als wir schließlich in 'mein' Dorf kamen, konnte ich die Tränen nicht mehr zurückhalten. Alte, gute Heimat, wie hast du dich verändert, dachte ich. Die ehemalige Kiefernschonung hatte sich zu einem ansehnlichen Wald gemausert, überall neue Ferienhäuschen, nur die blühenden Gärten, die waren wie damals.

'Bitte, fahrt mich in den Summter Wald', bat ich Astrid und ihren Mann. 'Ich möchte die Stelle wiederfinden, wo es die dicksten Heidelbeeren gegeben hat!' (...)"

Aus "Nach zwanzig Jahren wagte ich eine Reise in die Vergangenheit", bella Nr. 24 vom 7.6.1980.

Dieser Bericht ist sowohl Beispiel für die 'Halbidyllen' der Rubrik wie für deren privatistischen Charakter bzw. für die Ausklammerung von (gesellschaftlich) Kontroversem: Die Autorin sieht die DDR – verständlicherweise – ausschließlich als alte Heimat. Bemerkungen über Charakteristika des Alltagslebens in der DDR unterbleiben ebenso wie jegliche politische Andeutung.

im Leidensbericht der knapp 40jährigen Elke J., die an der gleichermaßen seltenen wie schweren Krankheit Morbus Cushing litt, was aber von den sie zunächst behandelnden Internisten nicht erkannt worden war. Ein “Leidensweg durch die Instanzen der Medizin” begann; ein therapeutischer Holzweg, auf dem Elke J. zudem der “kaltschnäuzigen Ironie der Ärzte” ausgesetzt war. Als die Schwester der Patientin den Medizinern ihren Verdacht auf Morbus Cushing mitteilte, antworteten diese angeblich nur mit “Hohn und Spott”. Auch wenn es Elke J. nicht um eine Pars-pro-toto-Kritik (eine Kritik an der Ärzteschaft also) ging – ihr Bericht ist jedenfalls dazu angetan, bei der Leserschaft Pauschalurteile gegenüber diesem Berufsstand zu bestätigen oder Vorurteile aufkommen zu lassen.

Ein – wenn auch entferntes – Pendant hat dieser Text nur in einem Bericht, dessen Autorin in zwei Kurzerzählungen ihre Empörung über die arrogante Kaltherzigkeit zum Ausdruck bringt, mit der eine benachbarte, äußerst wohlhabende Familie deren Nachbarn, zwei in bescheidenen Verhältnissen lebende Kätnerinnen, behandelte. Obschon die Erzählerin ihre Kritik offenbar nicht als Kritik an den Allüren der Geldaristokratie aufgefaßt wissen will – trotzdem sie mit dem Wort von den “Betuchten” diesen Eindruck erwecken könnte –, dürfte ihr Bericht eine ähnliche Reaktion hervorgerufen haben wie die Krankengeschichte.

Wie diese beiden Texte sind auch die meisten anderen so strukturiert, daß sie eine andere (emotionale) Reaktion als die von der Autorin angestrebte weitgehend ausschließen. Daß dies nicht unbedingt auf Kosten der Diskutabilität geht, zeigt sich bei einer Reihe von Berichten, deren Autorinnen zum Teil ganz bewußt gesellschaftliche Probleme zur Debatte stellen. Neben einzelnen Texten, die Probleme mit dem Arzt, Tablettensucht oder Probleme am Arbeitsplatz zur Sprache bringen, sind dies auch Berichte aus dem Bereich des Ehe- und Familienlebens:

Eine Autorin dieser Gruppe wirft die Frage auf, ob man als Ehefrau nicht auch einmal zu Hause bleiben dürfe, wenn die Familie in Urlaub fährt; eine andere fragt – gleichfalls indirekt – ob eine Ehefrau und Mutter nicht auch einmal alleine in Urlaub fahren dürfe. Beide haben sich gegen die Forderung zu behaupten, daß eine Familie auch im Urlaub zusammengehöre – eine Forderung ihrer Ehegatten, die das Gerede “der Leute” an die Wand malen.

Jene Frau, die, um notwendiges Geld zu sparen, zuhause bleiben möchte, zeichnet aus ihrer Sicht als “Ferienbungalowhausfrau” ein illusionsloses Bild vom Tagesverlauf eines von ihrem Mann so verstandenen “Traumurlaubs”, womit sie nicht nur den öden, aus immer denselben wenigen Beschäftigungen bestehenden Urlaub, wie ihn in ähnlicher Weise Millionen erleben, zur Erörterung stellt, sondern (wenngleich offenbar unbewußt) auch das Problem des traditionellen Rollenverhaltens der Ehemänner, eine Problematik, die in nur wenigen anderen Texten dieses Bereichs so deutlich herauskommt wie hier: Etwa im Bericht einer Frau, die unter dem extremen Eigentums- und Verfügungsanspruch ihres Ehegespons zu leiden hatte, in zwei Texten, die das Problem der Frau als Renommier-Objekt deutlich machen, sowie im Bericht einer Frau, die ihren vom Ehemann argwöhnisch beobachteten Weg vom "Heimchen am Herd" zur selbstbewußten, kritischen und bildungsbeflissenen Frau beschreibt.

Kritik in Berichten über den außerfamilialen Sektor

Gemessen an den Fällen von Kritik im familialen Bereich, zu denen auch einige Fälle von Kritik an den Eltern und am eigenen Kind gehören, gibt es im anderen Bereich nur sehr wenige unter diesem Aspekt interessante Texte. Dazu gehören – neben den besprochenen – insbesondere zwei Berichte:

Der eine stammt von einer 47jährigen, in einer Textilfabrik im Ruhrgebiet arbeitenden Frau, die nach 22jähriger Tätigkeit als Bandleiterin – offenbar aus Altersgründen – "ins Lager abgeschoben" wurde, wo sie unter ihrer Isolation und der Einförmigkeit ihrer Arbeit überaus leidet. Bemerkenswert ist an diesem Fall, daß die Autorin – im Gegensatz zu einer anderen Einsenderin, der im weitesten Sinne 'Ähnliches' widerfuhr – auf drastische Weise deutlich macht, daß sie kein Einzelfall ist, daß man in der Industrie noch immer "einfach abgeschoben" werden kann, "gerade wie es vielen hohen Herren in den Firmenleitungen paßt".

Die andere Einsendung stammt von einer 57jährigen Dorfbewohnerin, die daran Anstoß nahm, daß ihre Kaffeekränzchen-Genossinnen bei ihren Zusammenkünften "ausschließlich ihre Ehe-Probleme durchsprachen, von ihren Kindern und Enkeln und deren Erfolgen prahlten". Die Autorin kündigte ihnen schließlich die Gemeinschaft auf, wobei sie offen ihre Gründe darlegte. Was diesen Bericht heraushebt, ist allerdings weniger die Kritik an Klatsch und Renommiergehabe, sondern das Selbstbild der Protagonistin: Von der Frage ausgehend, was sie denn eigentlich unternehme, um andere Frauen kennenzulernen, reflektiert sie über ihre Unsicherheit und das Leben, das dem Rückschritt vom Wagnis zur Anpassung folgte: "Mein Selbstbewußtsein ist so gering, daß ich es nicht einmal fertigbringe, mich zu einem Volkshochschulkurs anzumelden. Mein Mann und die Kinder unterstützen mich in jeder Hinsicht, ermuntern mich immer wieder, es doch einfach mal zu versuchen. Aber ich habe schlichtweg Angst vor dem Neuen, Unbekannten. Die Frauen im Dorf halten mich nun sicher für eingebildet. Dabei habe ich nur mein Unbehagen ausgedrückt, ohne jedoch selber eine Patentlösung parat gehabt zu haben. Ich fühle mich jetzt so unsicher, daß ich am liebsten gar nicht auffallen will, um nicht neuen Gesprächsstoff zu liefern. Ich bin ständig am Putzen, habe aus unserem leicht verwilderten Garten eine langweilige Zieranlage gemacht. Ich vermeide alles, was aus dem dörflichen Rahmen fallen könnte. Ich fühle mich nicht mehr frei und bin es letztlich doch selber, die sich einengt."

Selbstvorwürfe

Eine derartige kritisch-psychologische Selbstbeschreibung findet sich nur in wenigen anderen Texten. – Der 'Verzicht' der meisten anderen Autorinnen, der eingangs ansatzweise begründet wurde, wird eigentlich erst bei einer kleinen Gruppe von Texten augenfällig. Im Zentrum dieser Berichte steht der Selbstvorwurf: Eine Frau klagt sich an, weil sie ihren Mann zur Sterilisation überredet hat, eine andere gibt sich die Schuld am wirtschaftlichen und seelischen Ruin ihres Mannes. Bemerkenswert, wenn auch nicht verwunderlich, ist hierbei der Verzicht der Autorinnen auf eine (psychologische) Begründung ihrer Handlung, die ihnen, hätten sie ihre Geschichte in apologetischer Absicht niedergeschrieben, nicht allzu schwer gefallen wäre: Etwa jener Frau, die an einem Schuldkomplex leidet, weil sie – offenbar aufgrund eines Schwächeanfalls – nicht mehr rechtzeitig in die Klinik kam, um ihrem sterbenden Mann beistehen zu können. (Siehe Kasten.)

"(...) An seinem letzten Tag schrillte das Telefon bei meinen Freunden. Ich war sofort am Apparat: 'Bitte, kommen Sie schnell!' hieß es.

Ich zitterte am ganzen Körper und begann, hemmungslos zu schluchzen. Worauf mich meine Freunde erst einmal in den Sessel drückten und mir einen Kaffee vorsetzten. Erst nach einer halben Stunde wurde ich wieder wach: Ich mußte doch in die Klinik.

Ich raste los – und kam zu spät. Wäre ich doch früher gefahren! Hätte ich doch wenigstens an seiner Seite gesessen, als er die Augen für immer schloß!

Wenn und aber – es hat keinen Sinn mehr, sich das ständig wieder ins Gedächtnis zu rufen. Ich muß mit meiner Schuld leben, mit meiner großen Schuld, daß ich einen Menschen, den, den ich auf der Welt am meisten geliebt habe, allein ließ."

Aus: "Ich war zu feige, meinem Mann in seiner schwersten Stunde beizustehen", bella Nr. 46 vom 8.11.1980.

Der Selbstvorwurf dient wohl keiner dieser Frauen (auch) als bequemes Surrogat für die psychologische Erklärung. Er entspricht dem Schuldbekenntnis im Beichtstuhl, wo man sich nicht rechtfertigt, sondern lediglich vom Gegenüber Entschuldung gewärtigt.

Funktionen der Rubrik

Was das auf Problemberichte dieser Kategorie gemünzte Wort von der 'säkularisierten Beichte' ebenfalls rechtfertigt, ist die hinter dem Dauerangebot zweier Kummerkästen stehende Intention des Blatts, sich der Leserin als eine Art 'Über-Freundin' zu präsentieren, anders gewendet: durch die Simulation eines intimen Vertrauensverhältnisses eine – nicht eigentlich ideologisch, sondern ökonomisch gemeinte – Leser-Blatt-Bindung zu schaffen und zu konsolidieren.

Nichtsdestoweniger sucht "bella" – wie andere Publikumszeitschriften – ihre Leserschaft in einem bestimmten Mentalitätsgebäude unterzubringen respektive zu belassen. Wie weit sich diese Absicht in die bewußte Propagierung von Werten und Normen erstreckt, ist mit einer textimmanenten Untersuchung natürlich nicht feststellbar. Sie dürfte bei den besagten 'Schuldgeschichten' enden, angesichts derer man der Redaktion schwerlich die Absicht unterstellen kann, sie wolle die – menschlich unschwer verständlichen – Handlungen, deren sich die Autorinnen schämen, weiterhin verpönt wissen; legen einige der Selbstbezichtigungen doch eher den (endgültigen) Abschied von einem überzeitigten, gewissermaßen postreligiösen Schulddenken nahe.

Der moralische Zeigefinger steht anderswo. Vornehmlich dort, wo eine Ehe bzw. Familie in die Brüche gegangen ist oder auseinanderzubrechen droht. Der Verdacht, daß hier der systematische Versuch wirksam ist, vor 'Verfallserscheinungen' im familialen Leben unserer Gesellschaft abzuschrecken, verstärkt sich beim Überblicken der Themen des Jahrgangs 1980: Neben der Zunahme der Problemintensität fällt hierbei der Trend zum Themenkreis 'Ehe- und Familienprobleme' ins Auge.

Daß unter den Texten des späten Jahres auch solche von Frauen sind, denen die Ehe zum Gefängnis wurde, Berichte, von denen sich einige fast wie exemplarische Darstellungen von Problemehe-Typen ausnehmen, muß nicht als Widerspruch zu unserer Familiarisierungshypothese aufgefaßt werden: zum einen, weil keine dieser Frauen als grundsätzliche Kritikerin heutiger Eheverhältnisse auftritt, und zum andern, weil sich die meisten als Trägerinnen von Eigenschaften (wie Mutterliebe und familialer Verantwortung) zeigen, die ihr Bezugssystem im Ideal der Familie haben.

Titelgebung

Die chronologische Titelauflistung der Sparte "Was mich bewegt" macht zwei Tendenzen ersichtlich: Den Trend zu Themen aus dem Bereich der Familie sowie die Eskalation der Problemschwere. Das Spektrum der Problembereiche verschmälert sich allmählich. Die Abstände zwischen den besonders tragischen Fällen werden dichter. Schwere Eheprobleme, die den Großteil dieser Fälle bilden, sind in den Nummern der zweiten Jahreshälfte häufiger anzutreffen als vorher.

Es ist möglich, daß die Überschriften – zumindest zum Teil – von der Redaktion formuliert wurden; vielleicht weil über 10 % nicht textadäquat, einige hiervon sogar sachlich falsch sind. So trägt beispielsweise die Erzählung einer Büroangestellten, die aus Furcht vor Entlassung darauf verzichtet, ihr Problem dem Chef vorzubringen, den Titel "Ich mag nicht mehr arbeiten gehen" (Nr. 33 vom 9.8.1980). Ein Beispiel für 'Unangemessenheit' ist der Titel "Ich bin nur seine Geliebte" (Nr. 36 vom 30.8.1980), der heute gewöhnlich nur jene eine, den Leser anlockende Assoziation weckt, die sich jedoch beim Lesen des Textes, der eine menschlich enge Beziehung beschreibt, als Vorurteil herausstellt.

Die Mehrzahl der unangemessenen Titel zeichnet sich durch journalistische Übertreibung aus: Ihr Tenor ist, wenn auch nur graduell, schärfer, tragischer oder kitschiger als der des Textes. Stilistisch sind bei diesem Zehntel wie auch bei den anderen Überschriften allerdings nur wenige bemerkenswert. Neben einigen Fällen von leichtem Pathos findet sich ein vulgärsprachlich eingefärbter Titel ("Als ich das himmelblaue Fahrrad klaute", Nr. 43 vom 18.10.1980). Die Mehrzahl der Überschriften läßt sich als sachlich und prägnant bezeichnen.

Das Bevorzugen von Berichten der Problemfelder 'Ehe und Familie' dürfte bei einer Publikumszeitschrift wie "bella" allerdings (weit) weniger von der Absicht der Wertestabilisierung bestimmt sein als von einem Anknüpfen an Bedürfnisse der Leserschaft, über die Redaktionen dieses Zeitschriftentyps ja nachgewiesenermaßen ein recht präzises Wissen haben. Durch die Publikation von Ehe- und Familienproblem-Berichten suchen Blätter (nicht nur) dieser Presse der von Analysen immer wieder bestätigten Suche eines Massenpublikums nach Identifikation und Affirmation ein Ziel zu geben; seiner Neigung entgegenzukommen, sich – durch Orientierung an bestimmten Werten – gleichsam der 'Lebensführung' durch das Blatt anzubefehlen; sein Interesse an Erlebnisberichten zu befriedigen, die aus der Feder von Personen stammen, deren Erfahrungs- und Wertewelt mit der eigenen wenigstens zum Teil kongruent ist. Eine Rubrik wie "Was mich bewegt", die ja für 'Durchschnitts'-Privatpersonen reserviert ist, erfüllt diese und weitere 'Bedürfnisse' der Leserschaft: Mit dem Privatmenschen, der – nicht selten beichtend – über sich selbst spricht, wird ihr eine Art Ersatznachbar, also ein Kommunikationsersatz angeboten und damit auch ein Schlüsselloch für Problemvoyeurismus.

Was heißt hier 'Interessenvertretung'?

Angesichts einer solch kalkulierten Ausrichtung der Spalte auf weitverbreitete Bedürfnisse erscheint es zumindest problematisch, sie als Forum zur 'Interessenvertretung' ihrer Autorinnen zu bezeichnen. Noch schwieriger ist es, die Dimensionen der Interessenlage der gesamten Einsenderschaft auszumachen, eine Aufgabe, die durch eine Erhebung wie die unsere, welche nur mit einigen Autorinnen der publizierten Texte durchführbar war und nicht mit dem 'größeren Rest', natürlich nicht zu lösen ist.

Dem Spekulierenden bietet sich hierbei vielleicht zunächst die These an, ein größerer Teil der abgelehnten Texte sei deshalb zurückgewiesen worden, weil er primär gesellschaftsbezogene Interessen ausgedrückt und mithin an 'Tabus' des Blattes gerührt habe. Ich halte jedoch für weitaus wahrscheinlicher, daß diese Texte in erster Linie dem Kriterium der Publikumswirksamkeit (d.h. der Spannungs- und Problemintensität) zum Opfer gefallen sind. Die erste Vermutung und mit beiden das Fazit, die Spalte diene faktisch nur den Interessen des Blatts, stellt sich bei der Frage nach der 'Vertretung von Interessen' freilich leicht ein – eine Folgerung, die in bezug auf Erlebnisbericht-Rubriken immer dann falsch ist, wenn man aus dem Begriff der Interessenvertretung den Bereich der eher 'emotionalen' Autormotivationen ausgrenzt. Gerade aber diese Motivationen dürften bei der (gesamten) Einsenderschaft bei weitem vor einer Absicht wie der rangieren, ein gesellschaftliches Problem zur Diskussion stellen zu wollen.

Die Reihe dieser Motive, die als Bedürfnisse 'erfüllt' werden, reicht vom simplen Wunsch, einmal als Autorin einem Massenpublikum gegenüberzustehen, bis zur Hoffnung auf den 'Entlastungseffekt', der sich mit dem Einweihen anderer, mit der Vorstellung, von diesen bemitleidet und bestätigt zu werden, ja bereits beim Schreiben (durch die Abreaktion von Verzweiflung, Trauer, Empörung oder Frustration) gewöhnlich einstellt. Nur halb in den Bereich der reflektiert-intentionalen Interessen gehört m.E. auch der Versuch, sich durch den Akt der

Niederschrift weitere Klarheit über seine Konfliktsituation zu verschaffen, der sich beispielsweise im Abwägen des Für und Wider einer Absicht oder im Formulieren von Wünschen zeigt.

Daß sowohl Interessenlage wie Interpretationsfähigkeit von Laienautoren und Lesern nicht so begrenzt sind, wie dies Erlebnisspalten bundesdeutscher Publikumszeitschriften erscheinen lassen, liegt auf der Hand. Trotz der gemeinsamen grundthematischen Vielfalt (Familie, Ehe, Erotik) unterscheiden sich diese Spalten allerdings nicht unerheblich im Ton, wobei "bella, die moderne Frauenzeitschrift" derzeit wohl zu jenen Illustrierten gehört, die der Besprechung aktueller Probleme relativ lange Zügel lassen. Zeigte sich dies bei der 'frühen' bella meist nur unter der Leserbrief-Rubrik, so werden nun auch unter "Was mich bewegt" vernehmliche Töne angeschlagen: Bei Stichproben in den Jahrgängen 1981 und 1982 stößt man beispielsweise auf die offenbar vorbehaltlos-kritischen Reflexionen einer Fünfunddreißigerin über ihr (emanzipiertes) Verhältnis zur Männerwelt.

Dieser Schritt macht "bella" als Frauenzeitschrift freilich noch nicht zur Schrittmacherin. Die untersuchte Rubrik wird jedenfalls kaum über die 'personellen' Bedingungen weiblicher Probleme hinauskommen. Auch thematisch wird sie keine wesentliche Erweiterung erfahren. Grundthematisch ohnehin nicht. Der altbewährte Themenkanon erweist sich heute schließlich als attraktiver denn je, ernährt er doch eine ganze 'Erlebnisblatt-Industrie', die den Trend zum autobiographischen Erzählen für sich gepachtet zu haben scheint. Der Erfolg von Magazinen wie "Meine Geschichte", "Mein Erlebnis" und "Mein Geheimnis" darf diese Tendenz jedoch nicht mit einer Modewelle gleichsetzen lassen. Diese bislang als "Subjektivismus" angesprochene Tendenz ist stark genug, um auch ihre Kommerzialisierung zu überleben. Sie ist ja längst zu einer überliterarischen geworden und wird wohl gerade deshalb maßgeblich zur Entwicklung einer breiten, pluralistischen 'Laienschreibkultur' beitragen.

Barbara Götz, Sabine Ilg, Vreni Kobelt, Mechthild Rogge, Karin Wiesner

"GESCHICHTE VON UNTEN"?

ERINNERUNGSTEXTE ÜBER NATIONALSOZIALISMUS UND KRIEG

Mit einer Umfrage unter Gelegenheitsautoren

Die untersuchten Texte und Themen

Unsere Arbeitsgruppe beschäftigte sich mit Erzähltexten, die 1977 zu einem ARD-Wettbewerb eingesendet wurden. Dieser Wettbewerb "Erzähl doch mal", von der Redaktion der Nachmittagssendung "Schaukelstuhl" veranstaltet, forderte ältere Menschen ab 60 Jahren auf, Erlebnisse aus ihrem Leben einzusenden. Einige wenige der daraufhin eingesandten rund 2800 Erzählungen wurden in filmischer Form bearbeitet bzw. es wurde im Fernsehen aus ihnen vorgelesen. Eine Textauswahl wurde zu einem Buch zusammengestellt.[1]

Eine erste Durchsicht der in der Stuttgarter Villa Berg gelagerten Einsendungen informierte uns grob über die darin behandelten Zeiträume und Thematiken. Wir entschieden uns dann, uns für die Textanalyse auf solche Erinnerungen zu beschränken, die sich mit der Zeit des Nationalsozialismus und des Zweiten Weltkriegs beschäftigten – die Auseinandersetzung der Autoren mit dieser Epoche interessierte uns aus naheliegenden Gründen am meisten. Bei einem Durchgang durch den Gesamtbestand fanden wir etwa 350 Texte, die in ausführlicher Weise auf den fraglichen Zeitraum eingingen. Deren Autoren wurden nun brieflich um ihre Zustimmung zu einer Auswertung ihrer Einsendungen gebeten. 266 antworteten mit Ja.

Der Umfang der Texte ist sehr verschieden, er liegt meist zwischen fünf und zwanzig Seiten. Eine Umfrage unter den Autoren – sie wird im dritten Kapitel unseres Beitrags genauer vorgestellt – ergab, daß etwa zwei Drittel von ihnen kein Abitur haben und Volksschulabsolventen etwas mehr als ein Drittel ausmachen. Die Einsender bezeichnen sich ganz überwiegend als Gelegenheitsautoren, nicht als nebenberufliche oder Berufsautoren. Alle Texte sind autobiographisch. Allerdings kann man sich bei einigen Erzählungen fragen, ob hier nicht auch einige fiktionale Elemente hereingenommen wurden.

---

1 WILIMZIG 1982.

Da wir bald sahen, daß die Eingrenzung auf Erzählungen über die Zeit von 1933 bis 1945 noch sehr weitmaschig war – die betreffenden Texte enthielten eine Fülle verschiedener Themenkreise – konzentrierten wir unsere Auswertung bald auf folgende Fragestellungen:

- Wie werden fremde Ethnien und Staatsangehörige beschrieben?
- Wie werden rassisch verfolgte Minderheiten dargestellt?
- Wie stellt der Autor dabei jeweils sein eigenes Verhalten diesen Personen oder Gruppen gegenüber dar?

Unsere Darstellung beschränkt sich dabei auf Erlebnisse mit Sowjetrussen und mit jüdischen Mitbürgern. Begegnungen mit diesen ethnischen Gruppen wurden in den Texten am häufigsten geschildert – was es uns möglich machte, jeweils mehrere thematisch verwandte Erzählungen vergleichen zu können.

Sowjetrussen – Vorurteile und Erfahrungen

Begegnungen mit sowjetischen Männern

In den von uns durchgesehenen Texten fanden sich 31, die relativ eingehend Erlebnisse mit sowjetrussischen Männern schildern. Diese sind meist Soldaten der Roten Armee. Fast immer spielten sich die dargestellten Ereignisse nicht zur Zeit des deutschen Vormarsches in die Sowjetunion, sondern gegen Kriegsende ab.

Die folgende Tabelle versucht, die Erzählungen entsprechend den verschiedenen Umgangsweisen mit Vorurteilen gegen "die Russen" oder "den Russen" zu unterteilen – wobei die Mehrschichtigkeit vieler Texte natürlich nur unvollkommen zum Ausdruck kommen kann.

Verhältnis Vorurteil – Erlebnis

Der Autor ist	eine Frau	ein Mann
1. Ein Vorurteil wird durch ein Erlebnis bestätigt:	4	3
2. Dem Vorurteil eigentlich Widersprechendes wird erlebt – das Vorurteil bleibt aber bestehen:	0	1
3. Eine positive Erfahrung wird als rational unerklärbar (Wunder, Zufall) interpretiert. Das Vorurteil wird also nicht tatsächlich abgebaut:	3	1
4. Ein Vorurteil wird durch das Erlebnis abgebaut:	5	1
5. Dem landläufigen Vorurteil entgegenhandelnde Autoren:	3	0
6. Nicht deutlich wertende Berichte:	4	6

Zum Problem ethnischer Vorurteile

Das Thema 'ethnische Vorurteile', ja 'Rassenideologie' ist leider nach wie vor aktuell: "Der inländische Rassismus Westeuropas gegen Juden, Zigeuner, Asylanten und 'Gastarbeiter' prägt die Züge von Menschenverachtung und entbehrter Humanität. (...) Das Feindbilderbe unserer Väter drückt auf unseren Verstand und unser Herz."[2] *Vorurteile sind Einstellungen, die verallgemeinernd und deshalb wissenschaftlich falsch sind. Für ihre Träger besitzen sie Orientierungswert. Sie geben Anhaltspunkte, wie man sich in neuen Situationen, z.B. gegenüber Fremden verhalten soll. Neben ihrem Orientierungswert haben Vorurteile für ihre Träger die Funktion, eine Gruppe positiv von andern abgrenzen zu können: "(...) das, was den Zusammenhang einer Gruppe ausmacht, nämlich das 'Wir-Gefühl', (wird) im Außenverhältnis zur Ablehnung anderer gleichartiger Gruppen. 'Syngenismus erzeugt Fremdenhaß'. Diese Situation schafft also rein strukturell eine ständige Bereitschaft zur Ablehnung fremder Gruppen und damit eine erhöhte Chance zur Diskriminierung mit evtl. nachfolgender Bedrohung, die bis zur Extermination gehen kann."*[3]

Wie die weiße Rasse im 19. Jahrhundert von der Wissenschaft als überlegene und beste bezeichnet wurde, um den Kolonialismus zu rechtfertigen, so werden im Nationalsozialismus Angehörige der "nordischen Rasse" zu Edelmenschen erklärt. "Der Rassismus des ausgehenden 19. Jahrhunderts erfährt keine zeitgenössische Kritik. Einzig die angefeindete Sozialdemokratie verurteilt die Kolonialpolitik des Reiches. Bereits in der Weimarer Republik wird die bedingungslose Annektion fremder Länder, die Entrechtung fremder Völker, die Ausbeutung ihres Landbesitzes und ihrer Arbeitskraft ideologisch vorbereitet. Die erneute Okkupationspolitik des Nationalsozialismus spricht ihre eigene Sprache."[4]

Die Spannweite der Haltungen soll nun an einigen Textbeispielen näher untersucht werden. Exemplarisch herangezogen wurden dabei acht Erzählungen:

- Text 1, Autorin (nähere Angaben zur Person fehlen)
- Text 2, Autorin (nähere Angaben fehlen)
- Text 3, Autorin, geb. 1904, Wirtschafterin

2 HOHMANN 1981, S. 19.
3 KÖNIG 1967, S. 335.
4 HOHMANN 1981, S. 68.

– Text 4, Autorin, geb. 1908, Gesundheitsfürsorgerin
– Text 5, Autorin, geb. 1916, Angestellte
– Text 6, Autorin, geb. 1917, Krankenschwester
Text 7, Autorin, geb. 1918, Diakonissenschwester
– Text 8, Autor, geb. 1909, Einzelhändler, Verwaltungsangestellter

Befestigung von Vorurteilen

Bei männlichen Autoren erscheinen abschätzige Urteile über "die Russen" vor allem durch Erlebnisse unsachgemäßen Umgangs mit Technik und mit Gütern überhaupt als bestätigt, bei Frauen sind es insbesondere Plünderungen und Vergewaltigungen:[5]

> "Daß Bechsteinflügel einfach über eine Eisentreppe gerutscht wurden, daß Harfen einfach auf offenen Lastwagen transportiert wurden, ebenso Bässe und Celli, daß Schallplattenschränke umgeworfen wurden und mit untergelegten Rundhölzern aus dem Lager befördert wurden, soll nur am Rande vermerkt sein. Kultur war zur damaligen Zeit jedenfalls nicht die Stärke der Russen."
>
> (Text 8)

> "Die Jagd auf deutsche Frauen war fürchterlich. Am Tage hielten wir uns wieder in unserem Quartier auf. Am 3. Tag hatten wir 8 Hausuntersuchungen. Was den Russen gefällt, wird mitgenommen. Ihre 3 einzigen deutschen Worte heißen nur: 'Schnaps – Uhr – Frau'."
>
> (Text 2)

Bei solchen Episoden trifft das ein, was die Autoren erwartet haben. Das ist zwar unerfreulich und zum Teil schwer zu ertragen, fordert aber nicht zum Nachdenken heraus. Anders ist es, wenn Vorurteil und Erfahrung nicht übereinstimmen. Hier muß der Autor entweder die Vorurteile umwerfen bzw. relativieren oder aber einen 'Trick' anwenden, um sie aufrechterhalten, das Erlebnis aber doch einordnen zu können. Die Fälle, in denen die Diskrepanz einfach stehen bleibt, sind selten.

Es geschehen "Wunder" – Vorurteile bleiben

Etliche Autoren führen es auf ein Wunder oder auf die Hilfe Gottes zurück, wenn sie eine positive Erfahrung mit Russen machen. Text 3 schildert, wie beim Einmarsch der Roten Armee fünf sowjetische Soldaten im Haus der Verfasserin einquartiert werden:

> "Die Angst, die wir in dieser Nacht ausstanden, kann sich niemand denken. Alle 10 Gewehre mit gezücktem Bajonett standen in der Küche in Garbenform zusammengestellt.

---

5 Die verwendeten Zitate wurden von uns, wo nötig, orthographisch verbessert.

Mit Gottes Hilfe passierte uns nichts, ja der Russe gab uns sogar Brot, und ich mußte eine dicke Grützsuppe kochen. So saßen wir alle an einem Tisch, Freund/Feind, und aßen, und ich kann mit gutem Gewissen sagen, daß mir der Russe nichts getan hat, sogar zu essen gab."

Auffällig an diesem Abschnitt ist u.a., daß die Autorin nicht von 'den Russen', sondern immer 'vom Russen' erzählt. Obwohl sie gute Erfahrungen mit 'Russen' macht, differenziert sie nicht. Es entsteht der Eindruck, sie betrachte sie nicht als Individuen.

Das Schicksal in die eigene Hand nehmen

Es gibt Autoren, die erzählen, wie sie durch richtige Einschätzung der Situation und entschiedenes Handeln die Ereignisse positiv beeinflussen konnten. Hier spielen Vorurteile eine zweitrangige Rolle. Die Autoren kennen sie zwar, nehmen sie aber nicht als für sich verbindlich hin.

"Auf dem Weg durch Felder kamen uns zwei Russen entgegen. Wir wollen an ihnen vorbei. Da packt mich einer von ihnen und holt mich neben sich auf die Straßenböschung. Als er den Arm um mich legt, nehme ich langsam seine Hand und lege sie zwischen uns aufs Gras. Er sieht mich verblüfft an, und ich fange an zu lächeln. Auf Bulgarisch erzähle ich von Kindern – Armbewegung – 'da drüben'. Ich weine wie ein Baby, lege den Kopf schräg auf die Hand und schnarche ausführlich, schreie dann plötzlich mit hängendem Kiefer 'Mama' und zähle in verschiedenen Höhen: eins, zwei, drei, vier Kinder auf. Dann fällt mir noch 'Kommandantura' ein mit Handbewegung, wo ich sie wußte. Und als meine Gefährtin sagte: 'Ich gehe!', stehe ich auf und gehe mit, zwei Russen zurücklassend, die nichts, garnichts tun."

(Text 1)

Der plündernde, vergewaltigende, kulturlose, kinderliebende, fromme Russe. Textbeispiele.

"Hysterisch schrie eine Frau auf: (...) 'Was man von denen alles schon gehört hat. Die vergewaltigen doch alle Frauen und die Männer werden umgebracht oder nach Sibirien verschleppt.'"

"Ein Mann ging herum und sagte, man solle den Russen auf keinen Fall Schnaps in die Hände fallen lassen, da sie dann unberechenbar seien. Und versteckt eure Uhren gut. Die sind ganz wild auf Uhren."

"Kultur war zur damaligen Zeit jedenfalls nicht die Stärke der Russen."

"Die Russen sind fromm und kinderlieb!"

"(...) Ich hatte schnell meine kleine Tochter auf den Arm genommen, weil ich gehört hatte, daß die Russen bei allem doch sehr kinderlieb seien."

"Wir entdeckten, daß es auch Menschen waren"

"Niemand von den Schwestern und Schülerinnen (eines Säuglingsheims, d.V.) wollte die Mittagsaufsicht bei den Kindern machen, weil das andere Personal seine Freizeit hatte und man allein im Kindersaal war. So teilte ich mich selbst ein, tat sehr mutig, aber hatte Angst wie alle.

Eines Mittags wurde die Türe geöffnet und ein Russe trat herein. Das Herz klopfte mir bis zum Halse. (...) Dann setzte er sich zu mir an den Stationstisch und sagte: 'Du Angst, warum, russischer Soldat Dein Freund.' Ich war trotzdem sehr mißtrauisch und wartete auf das, was erfahrungsgemäß kommen mußte. Doch ich hatte mich geirrt. Die freundlichen Blicke kamen wirklich von einem anständigen Menschen. Er tat mir nichts, aber er kam jeden Mittag und plauderte mit mir, soweit seine Sprachkenntnisse es zuließen. (...) Aus der Bekanntschaft mit diesem jungen Russen bekam ich bestätigt, daß es bei Menschen gleich welcher Nationalität immer Gute und Schlechte gibt."
(Text 6)

"Es waren nur wenige Familien da, und die hielten sich versteckt, weil Hunderte von Russen ihren Sieg mit Wodka feierten und Frauen dazu brauchten. Der asiatische Brauch, daß die Frauen der Besiegten die Beute des Siegers sind, wurde bittere Wirklichkeit." (Die Erzählerin hält sich mit ihren Kindern im Kartoffelkeller versteckt, schleicht dann aber heraus, um Brot aufzutreiben.)

"Da spürte ich einen Schlag auf meiner Schulter, und ich hörte das russische Wort: Stoji (Steh). Es war ein junger russischer Soldat. (...) Ich rührte mich nicht und schrie jetzt fast die Worte: Brot, Bäcker, Brot, Hunger. Die Kinder schrieen mit. Wieder das gefürchtete Wort: Commandantura. Ich wußte, was das bedeutete. Ich hatte es in den Dörfern vorher von den Frauen erfahren, die man dahin geschleppt hatte. Würde er mich erschießen?" (...) (Eine Nachbarin kommt dazu und geht an Stelle der Erzählerin mit auf die Kommandantur. Nach einer Weile kommt sie mit Brot zurück.) "Selten habe ich auf ein Brot ein Kreuzzeichen andächtiger gezeichnet als damals auf das geschenkte Brot des jungen Russen. Und auch heute noch nach 32 Jahren gedenke ich dankbar unseres damaligen Feindes. Ich habe ihn nie wieder gesehen und bin auch nicht belästigt worden."
(Text 4)

Die nächste Autorin hat nicht einfach 'Vorurteile' gegen die Russen, sondern erlebt im Krieg wirklich Schreckliches. Der Hof ihrer Eltern wird von den Russen zerstört, ihre Schwester vergewaltigt, ihre Mutter kommt auf dem Marsch der Gefangenen um, und sie selbst verliert ihren Vater aus den Augen. Trotzdem schreibt sie dann:

(Der Krieg ist zu Ende. Die Erzählerin arbeitet als Landarbeiterin in ihrer Heimatgemeinde.) "Wir lernten uns mit den Russen zu verständigen und entdeckten, daß es auch Menschen waren. Meine Schwester bekam Typhus. Immer sehr hohes Fieber und dazu Läuse. Sie hatte keine Haare mehr auf dem Kopf, aber Läuse so viel, daß sich die Kopfhaut abhob. Diese Schmarotzer hatten sie praktisch unterhöhlt. Nischa, ein russischer Posten, der uns bewachen mußte, hat sie gepflegt, rührend und selbstlos. Er wollte nie etwas, er hat nur gegeben. Posten gab es, die Lebensmittel und sonstiges bewachen

mußten. Sie haben Posten gestanden und aufgepaßt, daß wir nicht erwischt wurden, wenn wir 'organisiert' haben."
(Text 5)

Auffällig ist, daß es in den von uns untersuchten Texten zum größten Teil Frauen sind, die Vorurteile überwinden. Vielleicht liegt dies nicht zuletzt an ihrer damaligen Situation. Die Frauen waren eher gezwungen, mit Russen in Kontakt zu kommen, und mußten sich mit ihnen auseinandersetzen, während Männer – meist Soldaten – eher die Möglichkeit hatten, einen persönlichen Kontakt zu vermeiden.

"Russinnen": Vier Erzählbeispiele

Unter den ausgewählten Erinnerungstexten sind vier, die sich etwas eingehender Erlebnissen mit sowjetrussischen Frauen widmen:

- Text 9, Autor, geb. 1909, Tischler, Schlosser, Polizist, Sanitäter
- Text 10, Autorin (nähere Angaben zur Person fehlen)
- Text 11, Autor, geb. 1913, Verwaltungsangestellter, technischer Kaufmann
- Text 12, Autor, geb. 1913, Kaufmann, Kantinier

Verachtung

In Text 9 schildert der Autor seine Erfahrungen als Kriegsgefangener in einem sowjetrussischen Lager. Dort kommt er in Kontakt mit Russinnen, die ebenfalls dort arbeiten:

> "Eine Handvoll Russen, unter ihnen eine Frau, empfangen uns. Die Frau sagt in holprigem Deutsch u.a. zu uns: 'Ihr werdet essen Nudeln weiß und schlafen in Betten süß!' (...) Am folgenden Morgen erschienen dieselben Russen, die uns vom Bahnhof abholten, nur die weiße, süße Bettnudel hat es vorgezogen, zu Hause zu bleiben."

> "Die Mädchen müssen den Wald aufräumen, sie schleppen Reisig und Äste herbei, um das Zeug in meinem Feuer zu verbrennen. Ich hätte ihnen dabei lieber nicht helfen sollen, denn sie betrachten mich fortan als ihren Gehilfen. Die Arbeiterinnen werfen mir jetzt einfach das Brennmaterial vor die Füße und befehlen mir, es ins Feuer zu werfen. (...) Also wende ich mich vom Feuer ab, was die Damen veranlaßt, mich zu verfluchen. (...)
> Aus der Ferne beobachte ich, wie die Mädchen einige Kartoffeln zum Rösten in die heiße Asche legen. Nach einiger Zeit wollen sie ihre garen Früchte ernten, aber die Frauen finden sie nicht mehr.
>
> Die Damen hätten eben nicht fluchen sollen!"

Aus der ironischen Beschreibung dieser Begebenheiten läßt sich wohl ableiten, daß der Autor ein sehr negatives Bild dieser russischen Frauen hat. Den "Damen" und der "Bettnudel" bringt er keinen Funken Respekt entgegen. Derartige Beschreibungen durchziehen den ganzen Text; es findet keine Veränderung der Einstellung statt.

Das Verhalten des Autors hat zum Teil mit seinem allgemeinen Frauenbild zu tun: Frauen werden grundsätzlich in "Damen" und "Frauen" oder "Weiber" eingeteilt. Sowjetrussinnen, die auch einmal fluchen und sich im Deutschen ungeschickt ausdrücken, fallen in die Kategorie "Weiber".

Noch ein weiterer Faktor kommt zum Tragen. Der Autor fühlt sich den Arbeiterinnen sowohl als Mann wie auch als Angehöriger eines 'zivilisierten Volkes' überlegen. Auch eine andere Episode zeigt diese im doppelten Sinn chauvinistische Haltung: Als eine Entlausungsanlage installiert werden soll, brennt die ganze Anlage aufgrund der Unerfahrenheit der Schwestern nieder.

> "Der russische Stab ist auch dazu erschienen, in seinem Gefolge befinden sich auch drei Frauen. Indem ich noch überlege, ob sie wohl vom Tierschutzverein geschickt worden sind, wird der Ofen von zwei Heizern angeheizt. Es dauert einige Zeit, doch dann stieben aus dem Rohr Funken, daß die Amazonen plötzlich nicht nur zurück-, sondern den dicht hinter ihnen stehenden Leuten auf die Füße treten. (...) Die Frauen haben sich als Krankenschwestern entpuppt. (...) Eine Schwester kommt auf die Idee, man solle drei Läuse fangen, sie in einen Mulltupfer wickeln und gleich hinter der Innenraumtür aufhängen. Wenn dann die Beine knusprig gebraten sind, wäre die Temperatur gerade richtig. (...) Als eine Schwester fordert, noch mehr Dampf aufzumachen, stopfe ich schnell die bereits glutrote Tonne mit Birkenholz bis obenhin voll."
>
> (Die Entlausungsanlage geht in Flammen auf.)
>
> "Es bedurfte nicht einmal meiner Erfahrung, die ich mir in einjähriger Ausbildung bei der Feuerwehr erworben hatte, daß hier nichts mehr zu retten war. Auch die Schreie einer Schwester 'Sabotage, Sabotage' änderten nichts daran."

Die Schwestern benehmen sich zum einen wieder gänzlich "undamenhaft", zum anderen haben sie keine Ahnung von Technik. Die Art der Beschreibung untermalt, wie leicht es für den Autor war, das Unglück vorauszusehen, und wie überlegen er sich angesichts der Ungeschicklichkeit der Sowjetfrauen fühlt. Schon eine nur einjährige Ausbildung in Deutschland reichte aus, um ihn die Situation abschätzen zu lassen.

Daß der Text nirgends positivere Beispiele des Verhaltens sowjetischer Frauen anführt, liegt wohl kaum daran, daß diese nicht existieren; bei so vielen anscheinend anwesenden Frauen hätte der Erzähler sicher auch Gegenbeispiele finden können. Es zeigt eher, daß er diese nicht wahrgenommen hat, da sie seinen Vorurteilen widersprachen. Um seine Einstellung zu ändern, hätte der Autor seine gesamte Einstellung als Angehöriger der sowieso überlegenen Klasse 'Mann' gegenüber Frauen und sein Frauenbild ändern und sein Selbstverständnis als Angehöriger eines angeblich überlegenen Volkes abbauen müssen.

Eine Russin wird "zivilisiert"

Die Autorin von Text 10 erzählt, wie sie 1943 eine russische Zwangsarbeiterin als Ersatz für ihre Dienstbotin in den Haushalt aufnimmt und sie allmählich 'zivilisiert'. Die erste Begegnung mit der jungen Sowjetrussin wird so geschildert:

> "Mitten im Zimmer saß auf einem Stuhl ein zusammengekauertes Etwas und schlief. Der graue, viel zu lange Mantel war am Hals mit einer riesenhaften Sicherheitsnadel zusammengehalten und war schmutzig, aber die Soldatenschuhe, die sie trug, waren noch viel schmutziger. (...) Das fettige Haar hing in Strähnen über ihr Gesicht und verdeckte es."

Wenig später:

> "Als sie sich aufgerichtet hatte, saß uns durchaus keine Verkörperung der Hilflosigkeit gegenüber, sondern eine Tigerkatze, die uns mit ihren haßerfüllten Blicken zu zerfleischen wünschte."

Aggression und Haß – so jedenfalls interpretiert die Autorin die Blicke des vielleicht nur verängstigten Mädchens.

Die Autorin kleidet die Russin neu ein; das Ergebnis überrascht sie:

> "Und da saß sie nun, Maja, das Russenmädchen! Blitzblank sauber, groß und schlank, mit dunkelblondem Haar und blauen Augen, und sehr hübsch anzusehen in meinem langen Nachthemd! Keine Spur von Russin, wie sie in meiner Vorstellung lebte! Kein gedrungener Körperbau – keine ausladenden Hüften – und keine breiten Backenknochen! Eine Super-Germanin, wie sie sich Hitler nicht besser hätte wünschen können!!"

Im weiteren Verlauf wird "Maja", nachdem sie sich als vertrauenswürdig erwiesen hat, in den Haushalt aufgenommen. Dennoch scheint die Autorin noch erhebliche Berührungsängste zu haben. Sie verbrennt alle von der Russin mitgebrachten Kleidungsstücke:

> "Das war nicht nur Angst vor dem Ungeziefer, sondern Angst vor dem Flecktyphus, der durch Kleiderläuse übertragen wird. Diese schreckliche Krankheit können zwar Russen irgendwie überstehen, aber für uns Deutsche ist es eine tödliche Krankheit."

So kommt es in der Geschichte nur zu einer teilweisen Widerlegung ihrer Vorurteile. Tatsache bleibt für sie bis heute, daß sich Russen, biologisch gesehen, von den Deutschen sehr wohl noch unterscheiden.

Die Ärztin

Der Autor von Text 11 berichtet von seiner Begegnung mit einer sowjetischen

Ärztin. Das erste Mal treffen sie aufeinander, als ihm befohlen wird, Partisanen zu erschießen:

> "Die Frauen schauten uns fragend an, als die Kameraden uns verließen, und die eine versuchte sich auszuziehen, um sich mir anzubieten, damit ich die verwundeten Partisanen nicht töte. Ich nahm keine Notiz, sondern forderte sie auf, dies zu unterlassen, nahm meine Maschinenpistole und schoß ein Magazin in das Strohdach, so daß der Eindruck entstand, ich hätte die Partisanen getötet. Die Frauen deckten erleichtert die Partisanen zu und sagten, sie wären beide Ärzte und hätten fest geglaubt, ich würde sie alle erschießen. (...) Ich erinnerte die Ärztinnen an ihren ethischen Eid und forderte eine davon auf, mir zu folgen."
>
> "Diese Frau versorgte sehr aufopferungsvoll die Soldaten – es war ja kein Arzt mehr für die Verwundeten da. Als der Befehl kam, sich in die Gefangenschaft zu begeben oder sich auf eigene Faust durchzuschlagen, brachte ich die Ärztin in der Nacht über die HKL ins Niemandsland, damit sie nicht mit uns in die Gefangenschaft kommen sollte, was für sie der Tod wäre."

Die Begebenheit wird sachlich geschildert. Es fallen keine abwertenden Bemerkungen über die russischen Frauen – im Gegenteil: Bewunderung wird deutlich.

Beim zweiten Aufeinandertreffen der beiden sind die Rollen vertauscht. Als Gefangener, lebensgefährlich an Fleckfieber erkrankt, trifft der Autor die Ärztin wieder:

> "Sie erkannte mich trotz des üblen Zustandes sofort und zeigte mich einem höheren Dienstrang, der mich sehr hart anschaute, doch plötzlich gab er an den deutschen Arzt Anweisungen. Es dauerte nicht lange, da erschienen die sogenannten Sanitäter und schleppten mich in einen Waschraum, wo ich unter Aufsicht der Ärztin gründlich gereinigt wurde. Anschließend brachte man mich in das russische Hospital. Die Ärztin brachte mir Medikamente und verbrachte einige Nächte an meinem Bett. Als ich später die Frage an sie stellte, warum dieser Vorzug den anderen Soldaten gegenüber, sagte sie, ich hätte damals hohe Parteifunktionäre leben gelassen und dies sei der Dank der Sowjetunion. Als ich aber 98 Kilo erreichte, mußte ich in das Lager zurück (es würde zu weit führen, meinen weiteren Werdegang im Lager zu schildern), da sagte die Ärztin, ich möge nichts ohne ihr Wissen unterschreiben.
>
> Am 5.8.44 kam ich in die russische Kriegsgefangenschaft, und am 28.8.45 wurde ich durch die Hilfe der Ärztin entlassen."

Der Autor widerlegt also gängige Klischees über die sowjetrussische Frau zum einen, indem er das Bild einer überaus human handelnden Vertreterin dieses Volkes entwirft. Zum anderen ist die Schilderung insofern bedeutsam, als sie das Bild einer intelligenten Frau zeichnet und damit Vorurteile vom 'primitiven Russenvolk' eindrücklich konterkariert.

Diese drei Texte zeigen, wie zum Teil, aber leider eben nur zum Teil (siehe Text 9), die Begegnung mit sowjetischen Frauen das Feind- und Klischeebild auflockert. Die entsprechenden Vorstellungen werden jedoch nicht allgemein in Frage gestellt, sondern es wird mit Einzelfällen argumentiert. Die positiv beurteilten Frauen können zumindest vom Leser als Ausnahmen angesehen werden. Freilich führt auch die Begegnung mit einer Vielzahl von 'Ausnahmen' über kurz oder lang zu einer Durchbrechung von Vorurteilen über Völker.

Die Schilderung des eigenen Verhaltens

Nachdem bisher die Rede war von Klischeebildern, von deren Bekräftigung oder Widerlegung, soll abschließend noch ein Blick auf Beschreibungen und Einschätzungen des damaligen Verhaltens der Autoren geworfen werden. Es sind vor allem Text 10 und Text 12, die sich für diese Fragestellung anbieten.

Die Autorin des schon angesprochenen Textes 10 sieht sich der Sowjetrussin Maja gegenüber als Wohltäterin, als diejenige, die ihr Annehmlichkeiten der Zivilisation gewährt und ein zivilisiertes Benehmen beigebracht hat. Die Grenzen ihrer Solidarität werden an der Erzählung jedoch ebenso deutlich: Das Herrin-Magd-Verhältnis, das von der Autorin nirgends kritisch beleuchtet wird. Ausgeblendet werden auch die Bedingungen, unter denen die Sowjetrussin zum Dienstmädchen einer Deutschen wurde: Ist sie Zwangsarbeiterin, und wenn nicht: Welche Umstände, welches Familienschicksal, welche Versprechungen haben sie dazu bewogen, als Dienstmädchen bei Deutschen fern von zuhause zu arbeiten? Hinzu kommt, daß die Autorin nicht signalisiert – oder mangels Wissen nicht signalisieren kann – wie die geschilderte individuelle Beziehung zu einer russischen Fremdarbeiterin zur kollektiven Realität jener Zeit steht. Das aber könnte bedeuten, daß die individuelle Rechtfertigung der Autorin, sie habe sich gegenüber der ihr untergebenen Russin nichts zuschulden kommen lassen, als Beleg für eine kollektive Rechtfertigung der Deutschen gelesen wird. So verwendet würde die möglicherweise durchaus wahre Einzelfallschilderung dann doch zur Geschichtsklitterung.

Text 12 schildert die Arbeit des Autors in einer Munitionsfabrik in Polen. Dort sind zahlreiche Zwangsarbeiterinnen eingesetzt, darunter auch sowjetrussische Frauen:

> "Vor allem wurden die polnischen Arbeiter voll eingesetzt. Auch Fremdarbeiterfrauen und Mädel aus Rußland, die man in einer Baracke untergebracht hatte, waren ständig im Einsatz. Auch Lettinnen, Finninnen, Kroatinnen und sogar Französinnen waren angerollt worden. Es war ein bunter zusammengewürfelter Haufen, in dem man sich erst einmal zurechtfinden mußte (...)."

> "In einer Halle hatten wir über 80 russische Mädel und Frauen eingesetzt, welche an Halbautomaten, Fräsen, Bohrmaschinen und Langzugautomaten eingesetzt waren. Es waren alles ungelernte Kräfte, und man ging nicht gerade gefühlsmäßig mit der Hand-

habung im Gebrauch um. So gab es auch manche vermeidbare Unfallwunde, mitunter sogar grob fahrlässige Wunden, welche sehr ernstlich waren. Allerdings eine besondere ärztliche Betreuung schenkte man den Verletzten nicht. Ein notwendiger Verband, und schon ging es weiter, denn Räder mußten rollen für den Sieg. Allerdings wurden die Maschinen auch nicht immer der Vorschrift entsprechend bedient, so war ich viel unterwegs, um die Defekte zu beheben.

Mir oblag als Maschinenbauer der gesamte Maschinenpark, und dieser mußte immer in Fertigbereitschaft gehalten werden. So hatte ich über Arbeitsmangel nicht zu klagen. Wenn ich die Reparaturen ausführte, beobachtete ich, wie die russischen Arbeiterinnen auf einer Karte, welche sie sich irgendwie organisiert hatten, die Punkte einzeichneten, wie weit die russische Front schon vorgerückt war, es erfaßte sie dabei eine rechte Begeisterung über den Erfolg ihrer Landsleute. Da einige unter ihnen Studentinnen waren und auch die deutsche Sprache sehr gut beherrschten, legte ich ihnen nahe, diese Offenheit und Begeisterung intern zu behandeln, denn es könnte ihnen erheblich schaden.

Man lachte mich aus, und eine wurde noch ziemlich kiebig, so daß ich mich nicht weiter mit ihnen befaßte, um mich nicht zu erregen. Einen Kollegen, welcher den Einrichter machte, (...) sprach ich darauf an, aber der zuckte nur mit den Schultern und sagte: Was kümmert es mich!"

Im ersten Zitat scheinen die Arbeitsbedingungen der sowjetischen Fremdarbeiterinnen teilweise durch: Sie sind in einer "Baracke" untergebracht und "ständig im Einsatz". (Interessant wäre es freilich, Genaueres über ihre Ernährungslage, ihre Kleidung, über Belegung und Beheizung der Baracken und Arbeitszeiten zu erfahren, um diese Angaben dann mit solchen über die Situation des Autors vergleichen zu können.) Auch im zweiten Teil des Zitats werden Probleme benannt, die den Russinnen zu schaffen machen: nämlich häufige Arbeitsunfälle. Die Ursachen hierfür werden allerdings bei den Verletzten selbst, ihrer "Fahrlässigkeit" gesucht – nicht bei denen, die "ungelernte Kräfte" für eine sie überfordernde Arbeit einsetzen; auch daß Arbeitshetze und das in der ersten Passage gestreifte "ständig im Einsatz"-Sein der Arbeiterinnen und eine aufgrund schlechter Lebensbedingungen geschwächte Konstitution im Spiel sein dürften, will der Autor nicht eingestehen; bis heute fehlt offenbar das Bewußtsein dafür. Noch interessanter ist dann die Schlußpassage: Was hier dargestellt wird, liest sich wie die Schilderung einer Denunziation. Den Autor scheint dies nicht zu genieren: Er ist sich offenbar bis heute keines Fehlers bewußt und sieht deshalb keinen Grund, die Episode zu verschweigen.

Resümee

Die Erzählungen stellen Erinnerungstexte dar, sie geben die subjektive Realität der Autoren wieder; aber inwieweit sind sie auch Dokumente des tatsächlichen damaligen Geschehens? Dabei geht es nicht nur um das bewußte Lügen und

Leugnen, das den Wirklichkeitswert des Geschilderten mindern könnte – es kann gut sein, daß keiner der untersuchten Texte solche Manipulationen enthält. Erkennbar ist jedoch, wie durch das Weglassen von problematischen Aspekten des individuellen Erlebens (Wie waren die Zwangsarbeiterinnen untergebracht, wie wurden sie ernährt?) oder durch das bloße Vorbeisehen an gesellschaftlichen Zusammenhängen des eigenen Alltags (Wie kam die Russin Maja in den Haushalt der Autorin?) Realität doch nachhaltig verzerrt werden kann.

Eine Grenze dieser Verzerrung resultiert ironischerweise aus der Tatsache, daß die Autoren das Unrechtshandeln, das sie während des Kriegs erlebt haben und in das sie oft auch selbst verstrickt waren, oft nur begrenzt als solches erkennen und zugeben. Fehlt aber das Unrechtsbewußtsein, so ermöglicht das den Autoren, auch problematische Tatsachen, Hinweise, aus denen der kritische Leser ohne Mühe Unrechtshandeln rekonstruieren kann, nicht zu verdrängen, sondern ganz naiv zu schildern.

Dennoch: Die hier vorgestellten und die übrigen untersuchten Texte machen auch ungewollt beileibe nicht das tatsächliche Ausmaß der Schuld deutlich, die die Deutschen während des Zweiten Weltkrieges in der Sowjetunion auf sich geladen haben. Die folgenden Dokumente sollen auf diese – sofort wieder verdrängte? nie gewußte? – Realität der systematischen Vernichtung hinweisen.

Befehl des Armeeoberkommandos 6 über das "Verhalten der Truppe im Ostraum" vom 10. Oktober 1941 (Auszug):

"(...) Der Kampf gegen den Feind hinter der Front wird noch nicht ernst genug genommen. Immer noch werden heimtückische, grausame Partisanen und entartete Weiber zu Kriegsgefangenen gemacht, immer noch werden halb uniformierte oder in Zivil gekleidete Heckenschützen und Herumtreiber wie anständige Soldaten behandelt und in Gefangenschaft geführt.

(...) Fern von allen politischen Erwägungen der Zukunft hat der Soldat zweierlei zu erfüllen:

1. die völlige Vernichtung der bolschewistischen Irrlehre, des Sowjet-Staates und seiner Wehrmacht,

2. die erbarmungslose Ausrottung artfremder Heimtücke und Grausamkeit und damit die Sicherung des Lebens der deutschen Wehrmacht in Rußland. (...)"

Ereignismeldung UdSSR Nr. 132 der Sicherheitspolizei und des SD, Gestapo-Abteilung Kommunismus, vom 11. Dezember 1941 (Auszug):

"In Borispol wurden auf Anforderung des Kommandanten der dortigen Kriegsgefangenenlager durch einen Zug des Sonderkommandos 4 am 14.10.41 752 und am 16.10.41 357 jüdische Kriegsgefangene, darunter einige Kommissare und 78 vom Lagerarzt übergebene jüdische Verwundete erschossen. Gleichzeitig exekutierte derselbe Zug 24 Partisanen und Kommunisten, die vom Ortskommandanten in Borispol festgenommen worden waren (...). Ein anderer Zug des Sonderkommandos 4 a wurde in Lubny tätig und exekutierte störungslos 1864 Juden, Kommunisten und Partisanen, darunter 53 Kriegsgefangene und einige jüdische Flintenweiber. (...)"

Aus: Reinhard Kühnl: Der deutsche Faschismus in Quellen und Dokumenten. Köln 1975, S. 353f.

Zur Darstellung der Judenverfolgung

In 266 Texten, die zumindest unter anderem vom Nationalsozialismus handeln, fanden wir 15, die sich ausführlicher mit Juden und Judenverfolgung beschäftigen. Um unsere Textbasis etwas zu vergrößern, zogen wir außerdem noch drei Erinnerungstexte aus einem Seniorenwettbewerb der VHS Lemgo[6] heran.

Wir wollen im folgenden keine Gesamtanalyse dieser Erzählungen vornehmen, sondern nur einige wesentliche inhaltliche Merkmale der Texte diskutieren, auch wenn ein Merkmal nur einmal auftreten sollte. Wir verwenden dabei Zitate aus zehn der Texte:

Text I, Autorin, geb. 1906, Angestellte; Nachhilfelehrerin
Text II, Autorin, geb. 1907, Verwaltungsangestellte
Text III, Autorin, geb. 1913, Hausfrau und Mutter
Text IV, Autorin, geb. 1915, Krankenschwester; Gastwirtin
Text V, Autorin, geb. 1915, Korrespondentin

6 Es handelt sich um die Schreibwettbewerbe "Erlebnisse aus der Zeit von 1945 bis 1949" (1979) und "Erinnerungen" (1980/81).

Text VI, Autor, geb. 1905, Pfarrer; Lektor; Schriftsteller
Text VII, Autor, geb. 1913, Maschinenbauer; selbständiger Kaufmann; Kantinier
Text VIII, Autor, geb. 1915, Schreinermeister
Text IX, Autor, geb. 1916, Industriekaufmann; Offizier; Bankkaufmann
Text X, Autor, geb. 1919, Bergmann

Das Bild der Juden

Keine der Erzählungen befürwortet das Vorgehen der Nazis gegen die Juden.[7] Bei allen untersuchten Autoren kommt zum Ausdruck, daß sie mit der Intention geschrieben haben, Antisemitismus auszuräumen, wobei öfter ursprüngliche eigene Vorurteile geschildert und dann deren Widerlegung bei einer Begegnung mit Juden gezeigt werden.

Bei näherer Betrachtung der Texte sind natürlich Unterschiede in der Haltung gegenüber Juden erkennbar. Das hängt u.a. damit zusammen, welchen Kontakt die Autoren zu Juden hatten: Waren sie gute Bekannte und Freunde, waren sie Mitbewohner desselben Hauses oder kannte man sie gar nicht persönlich, sondern nur "vom Hörensagen".

Text I etwa zeigt, wie die Autorin durch die enge Freundschaft mit einem jüdischen Mädchen eine ganze Reihe von Irrmeinungen über Juden ausräumen kann. So korrigiert sie z.B. das Vorurteil von der "vaterlandslosen Gesinnung" der Juden, indem sie ihre Freundin sagen läßt:

> " 'Weißt du, wenn ich auch Italien und Frankreich schön finde – wenn wir von der Reise zurückkommen, bin ich froh, wieder in W. zu sein. W. gefällt mir immer wieder am besten.' (...) Sie hing an ihrer Heimatstadt wie ich."

Die Autorin erklärt auch die – für viele unverständlichen – jüdischen Essens-

---

7 Ein Autor, der sich ebenfalls gegen die Judenverfolgung wendet, begründet diese allerdings in christlicher Tradition mit dem "Fluch", der auf dem jüdischen Volk laste. Er berichtet aus einem Arbeitslager:

"Wo immer ich eine Möglichkeit fand, nahm ich eine kleine Gruppe (Juden, d.V.) beiseite und redete mit ihnen, weil sie mich erbarmten. Sie fragten oft warum, warum, warum sie solches ertragen müssen; ich sagte ihnen, eure Väter haben es so gewollt und haben das über eure Köpfe herabbeschworen. Damals bei der Kreuzigung des Herrn Jesus Christus sagte der Heidenkönig Pilatus, ich finde keine Schuld an diesem Menschen. Da schrien eure Väter und Mütter: Kreuzige ihn, kreuzige diesen, sein Blut komme über uns und unsere Kinder. Begreift ihr nun, nach eurer Verstreuung in alle Welt ist dieses wahrscheinlich der letzte Akt des Fluches, welchen eure Väter auf euch geladen haben." (Text VIII) regeln:

"Meine Mutter hat mir erklärt, warum im Hause P. nach Fleischmahlzeiten kein Pudding gereicht wurde – 'Fleischding und Milchding vertragen sich nicht'. Es gab dann Obst zum Nachtisch. Daß die alten jüdischen Speisevorschriften vermutlich gute, eigentlich ärztliche Gründe haben, wußte auch meine Mutter nicht."

Und die Beschreibung der Freundin macht den Eindruck, als solle hier bewußt einer Vorstellung vom "häßlichen Juden" entgegengewirkt werden:

"Wir hatten die ersten Verehrer und sie war eine Schönheit mit ihren dunklen Augen und den blauschwarzen langen Zöpfen."

Auch Text IX behandelt das Problem Vorurteil: Der Autor will 1945 nach Kriegsende eine Uhr an Juden verkaufen, bekommt dann aber Angst, sie würden ihn über's Ohr hauen:

"Am späten Nachmittag erreichte ich das Lager, früher Arbeitsdienstlager, dann Gefangenenlager, jetzt aufpoliert als Lager für auswanderungswillige Juden aus osteuropäischen Ländern, mit Kaftan und flachen Hüten und Pajenkelis – (...) das sind Ringellöckchen vor den Ohren bis auf die Schultern. Bald wußte ich, daß man am Bahndamm sitzen mußte und warten bis einer mal vorbeikam und im Vorbeigehen vor sich hinsagte: 'Ham se was zu verkäuf?' (...) Stunden sitze, stehe ich, der Abend neigt sich. Ich habe schon bis auf eintausend Mark nachgegeben. Aber keiner will die Uhr haben. Endlich, nachdem ich schon die Hoffnung aufgegeben hatte, kommt noch einer. (...) Da verlangt er noch, daß ich ihm die Uhr mitgebe. Ins Lager. Dort wird er sie vor dem Kauf von einem jüdischen Uhrmacher prüfen lassen. 'Ja', sagte ich, 'und dann ist meine Uhr fort!' Entrüstet sagt er: 'Juden sain ährliche Leut.' (...) Ich finde den jüdischen Uhrmacher, frage ihn, (...), ob er etwas von einer Armbanduhr wüßte. Da kommt 'mein' Jude lächelnd auf mich zu und: 'Nu, hab ich Ihnen gesagt, daß Juden ährliche Leut sind? Die Uhr ist gutt. Da ham se den Zaster, die Zigaretten und die Schokolade.'"

Das Bild der Verfolgung

Daß Antisemitismus nicht nur im Nationalsozialismus auftrat, sondern die Juden schon vor 1933 und noch nach 1945 von vielen abgelehnt und – mehr oder weniger "erfolgreich" – diskriminiert wurden, zeigen in kritischer Absicht die Texte II und V:

"Ihr Vater hatte auch am Weltkrieg teilgenommen. Ihre Mutter erzählte mir einmal, daß man ihren Mann einmal fast von hinten erschossen hätte, weil er Jude war. Dabei war er blond und man sah es ihm gar nicht an."

"Ins Haus hatte der Bauer die ehemaligen Häftlinge (jüdische KZ-Häftlinge, d.V.) auch nicht aufgenommen, sondern ihnen als Schlafstelle den Heuboden zugewiesen, der jetzt im Mai schon ziemlich leer und zugig war. Sie wurden wieder wie Aussätzige behandelt!" (Text V)

Sehr anschaulich berichten mehrere Autoren von den Auswirkungen der nationalsozialistischen Judenverfolgung:

> "Vor kurzem hatte man Herrn A. in der Nacht abgeholt und in ein Lager gebracht. Da er aber im Weltkrieg 1914–18 gekämpft hatte und mit dem Eisernen Kreuz I. Klasse ausgezeichnet worden war, hatte man ihn nach einigen Tagen wieder nach Hause geschickt. Er hatte nicht über seine Erlebnisse gesprochen, aber die Demütigungen und Strapazen hatten ihn gezeichnet. Seitdem lebte das Ehepaar in ständiger Furcht." (Text III)

> "Unter meinen Kunden waren verschiedene jüdische Bürger, die noch vom Glück begünstigt waren unter uns zu weilen. Allerdings war ihr Schritt und Auftreten sehr bescheiden, weil sie sicher fühlten, wie brüchig der Boden unter ihnen war. (...) Wenn ein jüdischer Mitbürger den Laden betrat, die Handtasche fest an die Brust gedrückt und sich bescheiden in den Halbschatten des Ladens stellte um anderen Kunden den Vortritt zu lassen, dann wußte ich, daß unter dieser Tasche ein Stern leuchtete, den diese Leute zu ihrer Beschämung dort annähen mußten." (Text VII)

> "Dann kamen Fackelzüge, Aufmärsche, Versammlungen, die große Zeit brach an. Eines Tages schickte mich mein Vater zu Doktor Sultan. Ich erschrak, als ich ihn sah. Nein, er dürfe nicht mehr kommen. Sein Lächeln war ganz anders. Angst war in dem Gesicht der Frau." (Text X)

> "Und E. und ihr Mann faßten nun auch den Entschluß, Deutschland schnell zu verlassen. Seinen Beruf würde er aufgeben müssen. (...) Wir nahmen Abschied von E. und ihrem Mann. Ernstlich und beklommen wünschten wir uns gegenseitig alles Gute für die dunkle Zukunft. (...) Als ich das nächste Mal nach W. kam, lebten dort keine Juden mehr. Sie seien alle nach Spanien umgesiedelt worden, hieß es, dort gebe es Land zu kultivieren. Ich habe das lange glauben wollen, es war noch vor der 'Kristallnacht'." (Text I)

Die beschriebenen Gewaltakte reichen von der Zerstörung jüdischen Eigentums bis zur direkt miterlebten Ermordung von Juden. Die Betroffenheit und Abscheu der Autoren kommen dabei deutlich zum Ausdruck.

> "Als 1938 das Judengrognom (scil: Judenpogrom, d. V.) erfolgte, man jüdische Geschäfte zerstörte, die Synagogen ansteckte, mußte die Feuerwehr pro forma zum Löschen ausrücken. Mein Chef und ich sahen uns nur vielsagend an. Ich fühlte, daß ihm alles genauso gegen sein Empfinden ging wie mir. (...) Die Westend-Synagoge blieb als einzige stehen. Das Volk, das sich angeblich so empört hatte (lt. Göbbels), wußte gar nichts davon." (Text II)

> "In der Nacht hatten sie die Sultans geholt. Auf Lastwagen verladen. Ich hörte von den Leuten, sie würden nur woanders hingebracht, wo nur Juden seien, es gehe ihnen gut." (Text X)

> "Meine Eltern wohnten an der Synagoge in der Lewetzowstraße, und da ich sie sehr oft aufsuchte, wurde ich auf dem Wege zu ihnen mit meinen Augen Zeuge ekelhafter Szenen. Vor der Synagoge (...) standen Lastwagen. Aus dem fast ausgebrannten Gotteshaus holte man alte jüdische Bürger, Männlein und Weiblein, durch ein Spalier von den braunen Müllkutschern der SA heraus, diese zum Teil noch gehbehinderten Menschen

wurden durch das Spalier hindurchgetrieben und mit Gewalt auf den Wagen geschleudert als wenn man Unrat auf eine Karre ladet. Als ich empört stehenblieb, kam ein Bestiefelter auf mich zu und schrie: 'Weiter gehen, hier gibt es nichts zu sehen.' Für die gab es nichts zu sehen, denn das war ihr augenblickliches Handwerkszeug (scil: Handwerk, d. V.), Menschenausrottung (...)." (Text VII)

Einer der Autoren erlebt die Behandlung zwangsarbeitender Juden in Ungarn mit und muß auch deren Tötung mitansehen:

"Hier in Jugoslawien war es unsere Aufgabe, die Betonbunker zu sprengen und das Eisen daraus zurückzugewinnen und diese unmenschliche Arbeit mußten die Juden mit unserer Aufsicht verrichten. Andere Gruppen wurden geschlagen, gemartert und bei den geringsten Vergehen erschossen. Und die, welche das taten, wurden befördert. (...) So wie die Arbeiten grausamer wurden, so wurde auch die Behandlung der Juden grausamer. Sie wurden an die Arbeit getrieben mit Schlägen, Treten und Erschießen. (...) Täglich wurden ein paar erschossen, dazu genügte schon der Grund, daß einer den anderen ansprach und mit ihm etwas redete." (Text VIII)

In solchen Erinnerungen wird der Grad der Verfolgung deutlich sichtbar für alle, die sehen wollen.

Die Schilderung des eigenen Verhaltens

Mitleid und Empörung

Alle Autoren, die von der Judenverfolgung erzählen, berichten zugleich von ihrer ablehnenden Reaktion darauf. Die Autorin von Text II z.B. ist 1938 Zeugin eines Synagogenbrandes, der von der Feuerwehr sehr halbherzig bekämpft wird:

"Mein Chef und ich sahen uns nur vielsagend an. Ich fühlte, daß ihm alles genauso gegen sein Empfinden ging wie mir."

Aus dem Jahr 1933 berichtet sie folgende Szene:

"Im Oktober 1933 starb meine geliebte Mutter. (...) Bei ihrer Beerdigung saß auf der einen Seite mein Kollege in der braunen Uniform, auf der anderen Seite die Mutter meiner jüdischen Freundin. Nach der Trauerfeier kam sie ganz schüchtern zu mir, ob sie meiner Mutter denn auch eine Blume am Grab nachwerfen dürfe. Sie hatte den Mann in Uniform gesehen und war ganz verängstigt. Ich führte sie dann selbst zum Grabe, um sie zu beruhigen."

Der Autor von Text VI betont an mehreren Stellen die tiefe Scham, die er damals verspürt habe:

"Jahre später gehe ich im Tiergarten zu später Stunde in der Nähe des Bahnhofs Zoo spazieren. Es spricht mich im Dunkeln eine jener 'Damen' an, die dort zahlreich herumstreunen. Ich will weitergehen, da flüstert sie mir zu: 'Kennen Sie mich denn nicht mehr, Herr O.? Erinnern Sie sich noch an damals, als Sie sich dafür verbürgen wollten, daß kein deutscher SA-Mann mir als Jüdin jemals werde etwas antun wollen? Ich bin am Ende. Meinen Sohn habe ich gerade noch rechtzeitig nach Palästina bringen können; ich selber habe nicht das Geld für eine zweite Überfahrt und hoffe jetzt nur noch auf die Quäker, an die ich mich gewandt habe und von denen mir Hilfe versprochen worden ist.' Ich schämte mich meiner törichten Worte von vor sieben Jahren und schämte mich auch für meine Landsleute, die ich nicht daran hindern konnte, unmenschliche Verbrechen zu begehen."

Hilflosigkeit

Eine der Erzählerinnen war von 1940 bis 1944 auf dem Wirtschaftsamt einer niederrheinischen Kleinstadt beschäftigt und hatte dort u.a. mit der Ausgabe von Lebensmittelkarten zu tun. Eines Abends erwartet sie – wie üblich nach Dienstschluß – wieder ihre jüdischen Kunden, doch diesmal, um ihnen "Reisemarken" auszuhändigen:

> "Mein Herz klopfte zum Zerspringen, auch an der Tür klopfte es: meine alten Leutchen standen mit ihrem Judenstern wie immer dort. Gaben mir die Hand. Alle kannte ich von Kind an, da die meisten mit meinem Großvater über Vieh handelten." (Text IV)

Die Bezeichnung "Leutchen" für die zu betreuenden Juden könnte als Ausdruck einer 'Sympathie von oben herab' erscheinen, die die jüdischen Bürger nicht als gleichwertige Mitbürger behandelt. Anders klingt dann jedoch die Fortsetzung der Erzählung, wo die Autorin die Juden in wörtlicher Rede sprechen läßt:

> "Frau Koppel sagte: 'Wir kommen in ein Heim, min Deern!' Ich sagte nicht nein – ich sagte nichts. Ein Kloß saß mir im Hals. (...) Da faßte mich Herr K. um den Hals und sagte: 'Thüs min Deern' – alle weinten und ich mit ihnen. Eine sagte: 'Wir kommen nicht mehr nach F. zurück.'"

Eigene Hilfeleistungen und ihre Grenzen

Häufig berichten die Erinnerungen von der eigenen Hilfsbereitschaft gegenüber Juden:

> "Unten im Schutzraum hatte sich schon eine Reihe Hausgenossen eingefunden. Alle trugen sie Luftschutzgepäck mit sich, einzelne hatten die Gasmaske umgehängt. Alle sahen ein bißchen betreten aus. Es sprach aber für den Geist in unserem Hause, daß Dr. A. mit uns im Schutzraum saß, obwohl für Nichtarier ein anderer Raum bereitgestellt war." (Text III)

Zuweilen werden aber innerhalb solcher Solidaritätsschilderungen doch auch Versäumnisse oder 'Pannen' deutlich – so in Text I, in dem es um die Beziehung der Autorin zu einer jüdischen Jugendfreundin geht:

"Wir nahmen Abschied von E. und ihrem Mann. Ernstlich und beklommen wünschten wir uns gegenseitig alles Gute für die dunkle Zukunft. Nach ihrer Abreise sollte mein Mann beim Verladen der Möbel anwesend sein und den Bahntransport dann bis zur Grenze begleiten. Leider kam er zu spät und kehrte unverrichteter Dinge zurück." (Text I)

Mehrmals wird in den Erinnerungen betont oder zumindest angedeutet, daß schon die bezeugten kleinen Hilfen für jüdische Mitbürger ein Risiko bedeuteten. Ein Text nur legt Wert darauf, daß sogar offener Widerstand gegen die Judenverfolgung möglich und nicht automatisch lebensgefährlich gewesen sei:

"Daß aber selbst ein SS-Führer sich nicht dazu hergeben wollte, auf Befehl solche Verbrechen zu begehen, das beweist mir der Fall meines Onkels L., der – wie die Jungfrau zum Kinde – eines Tages in der schwarzen Uniform eines SS-Standartenführers vor uns stand. (...) Und als der Krieg ausbrach, bekam er ein Regiment der Waffen-SS, das in K. stationiert war. Dort erhielt er den Befehl des SS-Brigadeführers, eines Mannes aus altem preußischem Adel, seine Einheit zu Judenerschießungen abzustellen. Er weigerte sich mit der Begründung: 'Meine Jungens können ja überhaupt noch nicht schießen und also nicht treffen; es würde ein entsetzliches Blutbad geben, für das ich, als ehemaliger preußischer Offizier, die Verantwortung nicht bereit bin zu übernehmen.'

Er wurde sofort als Regimentskommandeur abgelöst und zur Durchleuchtung zum Obergruppenführer J. ins SS-Sicherheitshauptamt nach B. kommandiert, wo man sich von seiner politischen Harmlosigkeit überzeugte und ihn dann auf's Abstellgleis schob, indem man ihn zum 'Standortältesten der Waffen-SS von Groß-B.' machte." (Text VI)

Selbstkritik

Mehrere Autoren, so berichten sie, wollten lange die ganze Realität der Judenverfolgungen nicht wahrhaben (Texte I, II, III, VI, X). Die Autorin von Text I schildert, wie sie an die offiziellen Erklärungen für das Verschwinden jüdischer Mitbürger zu glauben versuchte:

"Als ich das nächste Mal nach W. kam, lebten dort keine Juden mehr. Sie seien alle nach Spanien umgesiedelt worden, hieß es, dort gäbe es Land zu kultivieren. Ich habe das lange glauben wollen, es war noch vor der 'Kristallnacht'."

Die Verfasserin von Text III bezieht – obwohl sie die Inhaftierung jüdischer Nachbarn miterlebt – erst dann kritisch Stellung zum nationalsozialistischen System, als für sie selbst das Leiden beginnt. Sie schildert ihre Situation im Sommer 1939; ihr Mann ist eingezogen worden, es wird Krieg geben:

"Nur einige Freunde, die zu mir kamen, waren sich einig: 'Am Krieg führt kein Weg vorbei. Der gehört zu Hitlers Programm.' Ich wollte ihnen nicht glauben, wußte ich doch, daß sie von Anfang an immer gegen Hitler gewesen waren und alles, was ich bewunderte, z.B. Arbeitsdienst, Reichsautobahn als Kriegsvorbereitung gewertet hatten. Für mich waren es Mittel gegen die Arbeitslosigkeit."

Als der Autor von Text VI vom Genozid am polnischen Volk hört, ist er beschämt, daß seine Kameraden, Wehrmachtsangehörige wie er, zu solchen Taten fähig sein sollen. Eine eigene Mitverantwortlichkeit sieht er darin, daß er seine Kameraden nicht hindern konnte, solche Verbrechen zu begehen. Ihm bleibt die Scham für ihr Tun.

Nur in einem Text erfolgt eine Reflexion darüber, daß man vor 1933 den Anfängen nicht ausreichend gewehrt habe:

> "Doktor Sultan war mehr wie ein Hausarzt, ich mochte ihn, auch die anderen Leute im Haus. In seinem großen Garten überließ er mir und den anderen Kindern die Obsternte, seine zarte Frau stand dabei und freute sich über unsere gerade nicht leise Erntearbeit.
> Wenn ich Rezepte holte, behandelte er mich nie so flüchtig, wie ich es oft als Kind bei Erwachsenen erlebte.
> Dann kamen Fackelzüge, Aufmärsche, Versammlungen, die große Zeit brach an. Eines Tages schickte mich mein Vater zu Doktor Sultan. Ich erschrak, als ich ihn sah.
> Nein, er dürfe nicht mehr kommen.
> Sein Lächeln war ganz anders.
> Angst war in dem Gesicht der Frau.
> Ich rannte heim und unterwegs dachte ich an Doktor Sultan.
> Warum durfte er nicht mehr kommen?
> Mein Vater meinte, jetzt sei es passiert, es würden schreckliche Zeiten kommen. Ich begriff nicht, wo doch alles besser werden sollte und teilweise schon war.
> Dann stand ich eines Tages vor dem Haus. Das weiße Emailleschild war überschmiert. 'Judenschwein'. In meiner Naivität dachte ich, das sei doch unmöglich, dieser gutmütige Mann...
> Einige junge Männer in Uniformen liefen im Haus herum. Was ich hier wolle, hier sei kein Judendoktor mehr, ich solle abhauen.
> Judendoktor?
> Ich wußte nicht, daß er ein Jude war.
> In der Nacht hatten sie die Sultans geholt. Auf Lastwagen verladen. Ich hörte von den Leuten, sie würden nur woanders hingebracht, wo nur Juden seien, es gehe ihnen gut.
> Wo waren wir, seine Freunde?
> Wo waren sie alle, denen er geholfen hatte?
> Ich stellte mir selbst die Frage, was dieser weißhaarige gütige Mann so gedacht hatte, als sie ihn wegholten.
> Er wird sich nicht gewehrt haben.
> Ich denke auch heute noch an einen Doktor, er hieß Sultan. Und ich sah Jahre später in einem wahnsinnigen Krieg die Juden. Wie Tiere wurden sie getrieben.
> So einer wie der Sultan muß doch etwas gedacht haben, ich meine, er war doch ein Mensch. Ich hatte früher nicht gewußt, daß er ein Jude war, weil ich darüber überhaupt nicht nachgedacht hatte.
> Einige Leute sagen und schreiben, man müsse endlich damit aufhören. So einfach geht das nicht, ich sehe es doch bei mir und dem Doktor Sultan." (Text X)

Zur Schreibpraxis von Gelegenheitsautoren – eine Umfrage

Unsere Arbeitsgruppe hat, wie berichtet, die Texte von 266 Einsendern zum Fernsehwettbewerb "Erzähl doch mal" von 1977 gesichtet. Zugleich wurden an alle diese Autoren Fragebögen versandt, die Genaueres über ihren sozialen Status, ihre vergangene und heutige Schreibpraxis, über Verwendung und Veröffentlichung ihrer Texte zu erkunden versuchten. Die Antwortbereitschaft war groß: Von den 266 verschickten Fragebögen kamen 219, also 82 %, ausgefüllt zurück. Unsere Auswertung umfaßt nicht alle Aspekte der Umfrage, sondern beschränkt sich auf diejenigen Ergebnisse, die uns unter dem Aspekt bildungs- und geschlechtsspezifischer Unterschiede am wesentlichsten erschienen sind.[8] Uns ist natürlich bewußt, daß die Einsender zu einem Schreibwettbewerb nicht repräsentativ für ältere Gelegenheitsautoren insgesamt sind. Auch handelt es sich, wie ersichtlich, nicht um eine Zufallsstichprobe aus der Einsenderschaft zum Stuttgarter Fernsehwettbewerb. Doch behandelten die ausgewählten Texte mit Faschismus und Zweitem Weltkrieg ein von Erinnerungsautoren so häufig gewähltes Thema, daß ihre Autoren wohl kaum eine Sondergruppe unter den Einsendern bilden.

Persönliche Daten

Geschlecht		Alter		Familienstand	
Frauen	58 %	bis 70 Jahre	43,3 %	verheiratet	51,6 %
Männer	42 %	bis 75 Jahre	27,9 %	verwitwet	36,3 %
(n=219)		über 75 Jahre	28,8 %	geschieden	6 %
		(n=215)		ledig	6 %
				(n=215)	

Es waren also mehr Frauen (58 %) als Männer (42 %) beteiligt. Das "Statistische Jahrbuch" von 1979 gibt den Stand der Wohnbevölkerung über 60 Jahre

8 Bernd Jürgen WARNEKEN, der an der Fragebogenaktion mitwirkte, hat sie zusammen mit einer zweiten Umfrage unter Einsendern zu Schreibwettbewerben der Volkshochschule Lemgo ebenfalls, aber z.T. unter anderen Gesichtspunkten ausgewertet (Vgl. Warneken 1985). Er geht übrigens von 218 Antworten auf die gemeinsame erste Frageaktion aus, während wir, einen Nachzügler hinzurechnend, auf 219 kommen. Da nicht alle den Fragebogen vollständig ausfüllten, liegt die Summe bei den Einzelantworten aber meist unter 219.

Der Fragebogen

Liebe Autorin, lieber Autor!

Uns läge daran, daß Sie möglichst alle Fragen beantworten. Das würde der Forschung über Erzählautoren sehr weiterhelfen! Vielen Dank!

1. Ihr Name .... Ihr Vorname ....

   Wann sind Sie geboren? ....

   Wo sind Sie geboren ? ....

   Sind Sie verheiratet ...., ledig ...., verwitwet .... oder geschieden ....?
   (bitte nur ankreuzen!)

2. Welchen Beruf hatte Ihr Vater ....

   Ihre Mutter ....

3. Welche Schule(n) haben Sie besucht? ....

   und mit welchem Abschluß haben Sie Ihre Schullaufbahn beendet?

   Welchen Beruf haben Sie erlernt? ....

   Welchen beruflichen Tätigkeiten sind Sie in Ihrem Leben nachgegangen?

4. Haben Sie das Manuskript, das Sie ans Fernsehen schickten, auf den Wettbewerbsaufruf hin geschrieben? ....

   schon geschrieben gehabt? .... (bitte Zutreffendes ankreuzen!)

5. Wie würden Sie sich bezeichnen:

   – als Berufsautor ....

   – als nebenberuflicher Autor ....

   – eher als Gelegenheitsautor oder "Hobby-Autor" ....? (bitte ankreuzen!)

   Gibt es einen Lebensabschnitt, in dem Sie besonders viel geschrieben haben? Wenn ja, welcher Lebensabschnitt war das?

   Führen oder führten Sie Tagebuch? ....

   in welchem Zeitraum Ihres Lebens?

Schreiben Sie vor allem Selbsterlebtes? ....

Schreiben Sie Gedichte ...., Kurzgeschichten ...., Romane ....? (bitte Zutreffendes ankreuzen!)

6. Wurden schon Texte von Ihnen veröffentlicht? Ja .... Nein ....
(bitte ankreuzen!)

Was für Texte waren dies:
- Roman ....
- Autobiographie ....
- Erzählung, Kurzgeschichte ....
- Gedicht ....
- Zeitungsartikel ....
- Anderes, und zwar: ....

Gibt es Texte, die Sie gerne veröffentlichen würden, für die sich aber bisher kein Verlag gefunden hat? Ja .... Nein .... (bitte ankreuzen!)

Was für Texte sind das?

Geben Sie Ihre Texte auch an Verwandte ...., Freunde ......, Bekannte .... weiter?

Zu welchen Anlässen? ....

Lesen Sie aus Ihren Texten gelegentlich vor? ....

Wem lesen Sie vor? ....

Bei welchen Anlässen? ....

7. Was lesen Sie gerne? ....

z.B. Illustrierte ....

Zeitungen ....

Bücher ....

Welche Lieblingsautoren haben Sie? ....

8. Wie haben Sie sich Ihre besonderen Schreibfähigkeiten angeeignet?

Haben Sie einen Schreibkurs oder etwas Ähnliches belegt? ....

Wenn ja, was für einen? ....

Wann war das ungefähr? ....

Wir danken für die Bearbeitung des Fragebogens!

Raum für persönliche Anmerkungen:

am 31.12.1977 folgendermaßen an:[9]

Frauen	62,4 %
Männer	37,6 %

Somit ist das Verhältnis der Geschlechter in der Gesamtbevölkerung der BRD über 60 Jahre noch stärker zugunsten der Frauen verschoben, als dies unter den Teilnehmern der Fall ist. Wir können also eine verhältnismäßig höhere Repräsentiertheit männlicher Autoren feststellen.

Familienstand der Autor/inn/en

	Autor/inn/en	Zum Vergleich BRD (Statist. Jb. 1979)
verheiratet	51,6 %	51,9 %
ledig	6 %	7,8 %
verwitwet	36,3 %	37,5 %
geschieden	6 %	2,8 %

Der Anteil der Verheirateten, Ledigen, Verwitweten in unserem Sample entspricht ziemlich genau deren jeweiliger Quote an der Gesamtbevölkerung über 60 Jahre. Lediglich Geschiedene haben sich deutlich mehr beteiligt, als nach ihrem Bevölkerungsanteil zu vermuten gewesen wäre. Motiviert der bewußte Schritt aus der Partnerschaft eher zur selbständigen Verarbeitung von Erlebtem?

Bei der Frage nach dem Schulabschluß ergab sich folgendes Bild:[10]

Volksschule	35,7 %
Mittelschule	40,6 %
Oberschule	19,3 %
Nicht einzuordnen	4,3 %
(n=219)	

Es zeigt sich, daß literarische Tätigkeit keineswegs auf das 'Bildungsbürgertum' beschränkt ist.

---

9 Statistisches Jahrbuch 1979, S. 59.

10 Unter "Volksschule" sind Volksschulabsolventen mit und ohne anschließende Lehre u.ä. zusammengefaßt. "Mittelschule" umfaßt auch Autoren, die eine Mittel- oder Oberschule wenigstens zeitweise, höchstens aber bis zur Mittleren Reife besucht haben. Zu "Oberschule" wurden auch Absolventen von Lehrerseminaren gezählt.

Die Antworten auf unsere Frage nach den Berufstätigkeiten enthielten, wie erwartet, zahlreiche Mehrfachnennungen. Für die folgende Auflistung haben wir die unseres Erachtens 'höchstrangigen' unter den angegebenen Tätigkeiten genommen, weil es uns darum ging, ob auch Leute schreiben, die in ihrem Leben eher untergeordnete Arbeit zu leisten hatten.

Berufe der Autorinnen

Büroangestellte	39
Hausfrauen	13
Lehrerinnen	10
Krankenschwestern	10
Sozialfürsorgerinnen	8
Hauswirtschaftsgehilfinnen	6
Näherinnen / Schneiderinnen	5
Verkäuferinnen	5
Geschäftsfrauen	4
Übersetzerinnen	4
Bibliothekarinnen / Lektorinnen	4
Journalistinnen / Schriftstellerinnen	3
Sängerinnen / Musiklehrerinnen	3
Bäuerinnen	2
Heimarbeiterinnen	1
Freie Grafikerinnen	1
Buchbinderinnen	1
Volkshochschulpädagoginnen	1
Krankengymnastinnen	1
(n=121)	

Bringt man die Berufe der Eltern in Zusammenhang mit denen der Autorinnen, so ergibt sich, daß mehr 'Aufsteigerinnen' (6) als 'Absteigerinnen' (1–2) geschrieben haben.

Am häufigsten wurden Berufe genannt, die die Möglichkeit geben, am Arbeitsplatz Kontakte zu knüpfen und zu pflegen: Verkäuferin, Geschäftsfrau, Krankenschwester, Sozialfürsorgerin, Hotelangestellte. Interessant sind sicherlich auch die oft angegebenen Nebentätigkeiten der Frauen. Vorherrschend sind dabei Kulturberufe, dann 'kommunikative' Tätigkeiten wie Angestellte in einer Leihbücherei oder Reisebüro, Gasthörerin in Literaturwissenschaft, Briefpatin für Strafgefangene, Schriftführerin in Vereinen. Sehr oft schreiben also Frauen, die von ihrem Beruf her schon an eine Kommunikation mit Personen außerhalb des Familien- und Bekanntenkreises gewöhnt sind. Dies Ergebnis stützt also nicht die Meinung, daß Schreiben vor allem kompensativ in dem Sinne sei, daß sozial Inaktive und Isolierte (z.B. die 'Nur-Hausfrauen') sich damit ein 'zweites Leben' schafften. Es kann natürlich sein, daß 'Schreibfähige' oft erst dann zur Feder greifen, wenn sie – durch Krankheit etwa oder im Rentenalter – ein Defizit an direkter Kommunikation haben. Jedoch haben sie dann schon Voraussetzungen für die Schreibpraxis mitgebracht.

Bei den männlichen Autoren läßt sich eine (noch) größere Palette von Berufen als bei den Frauen feststellen:

Berufe der männlichen Autoren

Arbeiter	7
Angestellte	17
Handwerker	11
Bauern	1
Beamte	7
Akademische Berufe (Lehrer, Ingenieur, Pfarrer, Wissenschaftler etc.)	16
Kaufleute (auch Selbständige)	12
Journalisten	7
Regisseur, Conferencier, Kleinkünstler	je 1
Früherer Unternehmer (DDR)	1
(n=82)	

Es finden sich in dieser Liste nur ein Bauer und wenige, nämlich sieben Arbeiter (= 8,5 %). Wie bei den Frauen sind auch hier nicht die schreibenden und lehrenden Berufe in der Mehrzahl, sondern Beamte, Angestellte, Kaufleute und Handwerker. Bei 25 Autoren läßt sich eine Nähe zu Kulturberufen erkennen. Wiederum wurden häufig Nebenberufe angegeben, die im kulturellen Bereich liegen. (Zwei Musiker, zwei Dirigenten; ein Autor gab an, er habe eine psychologische Praxis).

Es haben sich nur drei deutliche 'Absteiger' ergeben. Von den 17 'Aufsteigern' sind alle in Lehr- und Kulturberufe gelangt. Die hohe Zahl der 'Aufsteiger' hängt sicherlich mit der gesamten wirtschaftlichen Entwicklung zusammen, das soll heißen, es gibt immer weniger Bauern, weniger 'klassische' Arbeiter, dafür mehr Facharbeiter, mehr Angestellte und vermehrt den Trend zu akademischen Berufen.

Ebenso wie bei den Frauen stammt die Mehrzahl der Männer aus 'kommunikativen' Berufen. Auch für die männlichen Autoren ließe sich für weitere Untersuchungen die Hypothese aufstellen, daß der Kontakt mit Menschen und nicht nur formale Qualifikationen von Bedeutung für eine rege Schreibpraxis sind.

Fragen zur Schreibpraxis

Die Bitte, sich in die Kategorien "Berufsautor", "nebenberuflicher Autor" oder "Hobbyautor" einzuordnen, ergab folgendes Bild:

Berufsautor	1,9 %
Nebenberuflicher Autor	9 %
Hobbyautor	79,6 %
Keine Angaben	9,5 %
(n=211)	

Die vier Berufsautoren sind/waren auf journalistischem Gebiet tätig. Was die "nebenberuflichen Autoren" betrifft, so vermuteten wir, daß die sich so Bezeichnenden mindestens einmal etwas veröffentlicht hätten, was aber in vier Fällen nicht der Fall war. Andererseits hatten drei "Nebenberufliche" schon mehrere Bücher veröffentlicht. Festhalten kann man, daß die Mehrheit der "nebenberuflichen Autoren" nicht aus 'schreibenden' Berufen kommt, sondern Schreiben nur als Freizeitbeschäftigung betrachtet.

167 Autoren haben die Frage, ob sie ihre ans Fernsehen geschickte Erzählung eigens für den Wettbewerb geschrieben hätten, mit "Ja" beantwortet, 38 haben ihre Erzählung schon zu einem früheren Zeitpunkt geschrieben gehabt. Die weitaus meisten Erzählungen wurden also erst auf den Fernsehaufruf hin verfaßt; es zeigt sich daran deutlich, daß ein latentes Bedürfnis nach Mitteilung vorhanden, aber ein besonderer Anstoß nötig war, damit dieses Bedürfnis auch in die Tat umgesetzt wurde.

Der Schreibaufruf gab die Möglichkeit, die Isoliertheit der 'Randgruppe', die alte Menschen in unserer Gesellschaft darstellen, einmal zu überwinden und die Aufmerksamkeit einer breiteren Öffentlichkeit zu erreichen, die sonst in unserer eher leistungsorientierten Gesellschaft auf Erfahrungen von Älteren kaum einzugehen pflegt.

Tagebuchschreiben

Die Frage "Führen oder führten Sie Tagebuch?" beantworteten 56 % der Frauen und 35 % der Männer mit "Ja", 32 % der Frauen und 57 % der Männer mit "Nein".

Die Angaben über die Lebensperioden, in denen Tagebuch geschrieben wurde, ergeben bei nachträglicher Kategorisierung folgende Aufteilung:

Tagebuch-Zeiten

	Frauen (n=70)	Männer (n=32)
In der Jugend	20	2
In der Kriegszeit	8	7
Nachkriegszeit (bis heute)	11	3
In der Gefangenschaft	–	1
Zwischen dem I. und II. Weltkrieg	1	–
Immer	13	6
Zeitweise (ohne genauere Angaben)	11	11
Sonderformen:		
– Reisetagebuch	2	–
– Kalendernotizen	1	–
– Elterntagebuch über Kinder	3	2

Unter anderem läßt sich ablesen, daß v.a. in der Jugend, in persönlichen Krisenzeiten (Pubertät) und in 'unsicheren' bzw. Trennungszeiten (Kriegs- und Nachkriegsjahre) vermehrt Tagebuch geschrieben wird.

Veröffentlichungen, Rezipienten

131 Probanden gaben an, schon mindestens einmal eine Erzählung, eine Kurzgeschichte oder einen Zeitungsartikel veröffentlicht zu haben. Auf die Frage, ob sie veröffentlichen würden, wenn sie die Möglichkeit dazu hätten, antworteten für uns überraschenderweise 70 Autoren mit "Nein"; 114 bejahten diese Frage.

Wie lassen sich diese 70 ablehnenden Antworten erklären? Denkbar ist, daß diese Autoren sich mit ihren Texten einfach nicht an die Öffentlichkeit wagen – oder aber das Wirken in dem Kreis, den sie durch Vorlesen und Weitergabe von Manuskripten erreichen, als ausreichend ansehen. Zu prüfen wäre aber auch, ob teilweise weniger eine tatsächliche Zufriedenheit mit dem Schreiben, Textweitergeben oder Vorlesen abseits von gedruckten Medien im Spiel ist als vielmehr eine trotzige ("Das habe ich gar nicht nötig") oder resignative ("Ich habe ja doch keine Chance") Reaktion auf vergebliche Publikationshoffnungen.

52 % derjenigen, die angaben, aus ihren Texten gelegentlich vorzulesen, nannten als Rezipientenkreis die Familie; 42 % gaben Freunde oder Bekannte an.

Als Vorleseanlässe wurden am häufigsten Feste (Weihnachten, Neujahr etc.) und Familienfeiern (Geburtstage, Hochzeiten etc.) genannt. Der am häufigsten erwähnte öffentliche Anlaß waren Vereinsfeiern. Das Schreiben für Altenclubs und Vereine scheint also eine der wenigen Gelegenheiten für Laienautoren zu sein, einmal eine begrenzte Öffentlichkeit ansprechen zu können – Grund genug, diesen Sektor der popularen Schreibkultur künftig einmal näher in Augenschein zu nehmen.

Zum Erwerb der Schreibfähigkeit

"Gott gab mir das Talent!", "Das Leben hat diktiert!", "Viel lesen ist wichtiger als kursen!" – diese und andere erfrischenden Antworten kamen auf die Frage, wie man denn seine "besondere Schreibfähigkeit" erworben habe. Die meisten Befragten machten allerdings keine Angaben hierzu; vielleicht war das Attribut "besondere" mit ein Grund dafür.

Eher rationale Einzelbegründungen für die angeeigneten Schreibfähigkeiten waren der Deutschunterricht, die Schule allgemein, "Beobachtungsgabe", "Interesse an allem" oder Ähnliches. 31 Männer und 36 Frauen machten Aussagen dieser Art. Deutlich weniger, nämlich neun Männer und acht Frauen, stellten ihre Schreibfähigkeit als "Gabe Gottes", als "Wunder" oder "Schicksal" dar.

14 unserer Autoren (ca. 6 %) hatten einen Fernlehrkurs bei einem kommerziellen "Schriftstellerinstitut" belegt gehabt. Aufgrund des geringen und zum Teil recht kostspieligen Angebots an Schreibkursen ist diese Zahl u.E. doch recht hoch. Diese Autoren unterteilen sich in vier Männer und zehn Frauen. Die geringe Anzahl der Männer läßt keine gesicherte Interpretation zu; bei den zehn Frauen sah die Schul- und Berufsausbildung folgendermaßen aus:

Volksschule:	4, davon	3 ohne erlernten Beruf
		1 kaufmännische Lehre
Mittlere Reife:	6, davon	2 ohne erlernten Beruf
		3 Sozialberufe
		1 Sekretärin (vorher freiberufliche Modejournalistin)

Keine dieser Frauen hat also eine höhere Schulbildung, die Hälfte ist ohne erlernten Beruf. Diese Autorinnen waren offensichtlich der Meinung, daß sie durchaus die Fähigkeit zu literarischer Betätigung hätten; allerdings hielten sie es für notwendig, sich zu ihrer Förderung noch einmal 'in die Schule' zu begeben: Unsicherheit und Selbstbewußtsein, so könnte man also sagen, halten sich bei ihnen die Waage.

Soziale Unterschiede in der Schreibpraxis – am Beispiel von Frauen

Da wir etwas über das unterschiedliche Schreibverhalten verschiedener Bildungs- und Berufsgruppen erfahren wollten, verglichen wir zwei sozial deutlich unterschiedene Teilgruppen. Dabei schränkten wir unsere Auswertung auf Frauen ein, da uns – als Frauen – diese vor allem interessierten. Wir bildeten eine Gruppe Büroangestellte (38 Probandinnen) und eine Gruppe mit Frauen in sogenannten Bildungsberufen wie Lehrerin, Journalistin, Dolmetscherin, Bibliothekarin (22 Probandinnen). Die Berufsangaben der Frauen waren nicht so breit gefächert wie bei den Männern, wo es uns schwergefallen wäre, homogene Vergleichsgruppen zu finden.

Auf die Frage "Haben Sie das Manuskript (...) auf den Wettbewerbsaufruf hin geschrieben?" antworteten drei Büroangestellte und sieben Frauen aus Bildungsberufen mit "Ja". Dieser auffallend große Unterschied zeigt wohl deutlich, daß Büroangestellte eher eines Schreibanstoßes – z.B. eines Wettbewerbsaufrufes – bedürfen, daß es ihnen also an Schreibgelegenheiten, zumindest für Erinnerungstexte, eher mangelt als den Frauen aus Bildungsberufen.

Bei den Antworten auf die Frage "Wie haben Sie sich Ihre besonderen Schreibfähigkeiten angeeignet?" überwiegen 'rationale' Erklärungen wie "Lust und Freude am Schreiben", "durch die Schule", "durch das Vorbild meiner Eltern" deutlich, aber etwas mehr Büroangestellte sahen die Herkunft ihrer Schreibfähigkeit eher 'irrational' ("angeboren", "ererbt").

Auffallend war, daß drei Büroangestellte einen Schreibkurs bei einem kommerziellen Institut belegt haben, aber keine der Frauen aus Bildungsberufen. Büroangestellte geben sich vielleicht Defizite in der Schreibbildung eher zu oder meinen, sie autodidaktisch nicht beheben zu können.

20 Büroangestellte (52 %) und 16 Frauen aus Bildungsberufen (70 %) schreiben oder schrieben Tagebuch. Offen bleibt: Führen Frauen aus der letztgenannten Gruppe nur deshalb öfter Tagebuch, weil sie im Umgang mit der Sprache geübter sind? Haben sie ganz einfach mehr Zeit? Und – damit verbunden – mehr Zeit, über sich und ihre Umwelt zu reflektieren?

Bei der Frage, in welchem Lebenszeitraum Tagebuch geführt wurde, ergab sich das auf der umseitigen Tabelle dargestellte Bild.

Ersichtlich wird, daß Frauen aus Bildungsberufen in der Jugend wesentlich mehr Tagebuch geschrieben haben als Büroangestellte. Die Gründe dafür sind wohl in den unterschiedlichen Bildungseinflüssen in der Schule wie zuhause zu suchen. Bei den Büroangestellten dagegen sind die Voraussetzungen zur Entwicklung einer ähnlichen Ausdrucksfähigkeit wohl nicht in gleichem Maße vorhanden gewesen, doch im Laufe ihres Lebens scheinen sie aufzuholen und später aus eigenem Antrieb sie bewegende Probleme niederzuschreiben.

Tagebuch-Zeiten

	Büroangestellte (n=20)	Frauen aus Bildungsberufen (n=16)
In der Jugend	5	5
In der Kriegszeit	1	3
Nachkriegszeit (bis heute)	3	–
Immer	4	2
Zeitweise (ohne genauere Angaben)	3	–
Sonderformen:		
– Reisetagebuch	1	–
– Kalendernotizen	1	–
– Elterntagebuch über Kinder	–	3
Ohne Angaben	–	3

Bei der Frage, ob schon einmal Texte von ihnen veröffentlicht worden sind, antworteten von den Frauen aus Bildungsberufen 18 (81 %), von den Büroangestellten 19 (50 %) mit "Ja". Daß Texte von Frauen, die aus Bildungsberufen kommen, qualitativ besser sind, kann man sicher nicht ohne weiteres behaupten. Vermuten läßt sich, daß bei den 'Gebildeten' das Selbstvertrauen, der Mut zu den eigenen Fähigkeiten stärker ausgebildet ist, und sie daher Publikationen eher wagen. Auch liegt ihnen der Umgang mit Medien wie Rundfunk, Verlags- und Zeitungswesen näher.

Auf die Frage, an wen Manuskripte zum Lesen weitergegeben und wem sie vorgelesen werden, antworteten die beiden Gruppen so:

Schreibanlässe und Adressaten

	Büroangestellte (n=38)	Frauen aus Bildungsberufen (n=22)
Familiäre Feste	11 (29 %)	12 (54,5 %)
Größere Teilöffentlichkeiten wie Vereine, Kulturgemeinschaften, Altenclubs	3 (7,9 %)	7 (31,8 %)

Bevorzugte Anlässe zur Verbreitung von ungedruckten Texten sind demnach bei beiden Gruppen Familienfeiern. Doch der Anteil der Autorinnen mit Bildungsberufen, die über diesen internen Kreis hinauswirken, ist ungleich größer als bei den Büroangestellten. Damit vervollständigt sich das Bild, das sich schon bei der Frage nach Veröffentlichungen abzeichnete: Der Adressatenkreis, den die schriftstellerisch tätigen Büroangestellten ansprechen können oder anzusprechen wagen, ist weit enger und damit auch homogener als der bei Bildungsberuf-Autorinnen; daß sich dies auch auf die Themen- und Formenbreite der Schreibpraxis auswirken dürfte, ist keine zu gewagte Behauptung – doch sie müßte im Rahmen von Folgeuntersuchungen noch geprüft und spezifiziert werden.

Literatur

HOHMANN, Joachim S.: "Schon auf den ersten Blick". Lesebuch zur Geschichte unserer Feindbilder. Darmstadt 1981.

KÖNIG, René, Hg.: Fischer-Lexikon Soziologie. Stichwort: Vorurteile und Minoritäten. Frankfurt/M. 1967, S. 335–339.

KÜHNL, Reinhard, Hg.: Der deutsche Faschismus in Quellen und Dokumenten. Köln 1975.

Statistisches Jahrbuch 1979 für die Bundesrepublik Deutschland. Stuttgart und Mainz 1979.

WARNEKEN, Bernd Jürgen: Populare Schreibkultur. Eine explorative Studie über die Schreibpraxis älterer Gelegenheitsautoren. In: Ders.: Populare Autobiographik. Empirische Studien zu einer Quellengattung der Alltagsgeschichtsforschung. Tübingen 1985, S. 127–140.

WILIMZIG, Imo, Hg.: Die erfahrene Generation. 1900–1950. Fünfzig Jahre erlebte und geschriebene Geschichte. Stuttgart 1982.

ANHANG IN EIGENER SACHE

Margret Gröner, Karl Poschner-Martell

Schreiben kann jeder – nur die Studenten und Studentinnen nicht? Eine empirische Studie

Schreiben und Lesen sind Arbeitsformen, die bestimmend für den Studienalltag sind. In den 'heiligen Hallen' der Universitäts-Bibliotheken warten Tausende von Metern geschriebener Gedanken auf Verarbeitung. Im Laufe ihres Studiums produzieren Studenten und Studentinnen Texte, die sich unter bestimmten Fragestellungen mit dem bereits vorhandenen Geschriebenen befassen. Dies geschieht vor allem als Reproduktion. Und auch die Form der Arbeiten, z.B. Referat, Paper, Protokoll, ist vorgegeben.

Lehrende wie auch Studenten und Studentinnen zeigen sich nun, wenn auch meist aus verschiedenen Gründen, in steigendem Maße mit dem 'Geschriebenen' unzufrieden. Aber die Klagen über einen Niedergang der Schreibkultur beschränken sich nicht auf die Universität. Zur Situation an den Schulen sei ein Auszug aus einem Brief eines Fachleiters für Deutsch mitgeteilt:

> "Ein für mich erschütternd großer Prozentsatz unserer Schüler kann kein anständiges Deutsch mehr von schlampigem, inkorrektem oder bewußt verändertem Deutsch unterscheiden. Auch im Leistungskurs Deutsch häufen sich die Fälle, daß Arbeiten sprachlich so abgeliefert werden, als ob sie von jemand mit Deutsch als zweiter Fremdsprache geschrieben worden wären. Von Unsicherheiten in Zeichensetzung, Silbentrennung und Orthographie spreche ich hier gar nicht: immer häufiger tauchen Sätze auf, die gar keine Sätze mehr sind oder bei denen so gravierende grammatische Fehler auftauchen wie die Verbindung von Singular-Subjekt mit Pluralprädikat. 'Patterns' werden vermischt, Wortinhalte oft gar nicht mehr erfaßt oder willkürlich verschoben.
>
> Lange Zeit meinte ich, bloß ich würde so unsinnig irritiert; doch dann erfuhr ich von Kollegen im Bereich der Naturwissenschaften, daß auf eine konkrete Frage fast nie mehr in einwandfreien Sätzen Antwort zu bekommen ist – auch jüngere Kollegen und Kolleginnen beginnen über eine Art Sprachverfall zu klagen."[1]

Wenn davon ausgegangen wird, daß man auch auf dem Gymnasium kein 'richtiges Deutsch' lernt, kann es nicht verwundern, daß Schreib- und Artikulationsschwierigkeiten auch in die Universität hineingetragen werden. Nachdem Bonner Professoren durch einen Test bei Studenten festgestellt hatten, daß "bei Fragen, die sich auf Wort- und Satzarten und Rechtschreibung bezogen, fünfzig

---

1 Diesen Brief überließ uns freundlicherweise Fritz Hackert, dem wir dafür herzlich danken.

Prozent derer, die Deutsch als Gegenstand ihres Universitätsstudiums gewählt hatten, falsch oder gar nicht antworteten", wurde als Nachhilfestunde ein Seminar "Deutsch für Deutsche" an der Universität angeboten.[2]

Wir fragten nun: Stimmt die Diagnose, daß das studentische Schreiben im Niedergang begriffen ist? Und wie sehen die Schreibgegebenheiten von Studierenden, wie ihre universitären und privaten Schreibbedingungen aus?

Die Methoden unserer Untersuchung waren:

- Fragebogenumfragen unter 41 Studenten und 59 Studentinnen des Ludwig-Uhland-Instituts für empirische Kulturwissenschaft an der Universität Tübingen.
- Interviews mit sieben Lehrenden[3] und mit acht Studierenden, davon je vier Studentinnen und vier Studenten, die allesamt verschiedenen geistes- und/oder sozialwissenschaftlichen Fächern angehör(t)en.
- Eigene Beobachtungen.

Sekundärliteratur zum Thema 'Schreiben im Studienalltag' war kaum vorhanden; zwar gibt es zahlreiche Studienhilfen ("Wie schreibe ich eine Diplomarbeit?" usw.), aber keine Analysen der heutigen studentischen Schreibwirklichkeit.

Schreiben im Studium

Mitschreiben im Seminar

Überfüllte Seminare sind beim heutigen Universitätsbetrieb an der Tagesordnung, und Teilnehmerzahlen von 100 und 150 sind keine Seltenheit mehr. Die Tische und Stühle reichen dann meist nicht aus, um allen Kommilitoninnen und Kommilitonen Platz zu bieten; manche sind gezwungen, zu stehen oder auf

---

2 Deutsch für Deutsche, in: Die Zeit vom 25.7.1980, S. 30. – Ergänzend sei darauf hingewiesen, daß sogar Verlagslektoren einen Schwund an Rechtschreibkultur beklagen. Wie aus einem Artikel der "Zeit" hervorgeht, müssen sie sich immer häufiger mit Texten beschäftigen, die "von grammatikalischen Fehlern strotzen."

"Von den Autoren selber werden die Korrekturen als überflüssig abgelehnt. Sie sehen keine Notwendigkeit darin, Konjunktive einigermaßen richtig zu handhaben oder einen Unterschied zwischen hing und hängte zu machen. Sie weisen beleidigt darauf hin, daß sie schon zahlreiche Bücher verlegt haben, und vor allem, daß sie ihr Manuskript 'eben wo anders los werden.'" (Ebd.)

3 Werner Faulstich, Gerhart von Graevenitz, Fritz Hackert, Jürgen Hauff, Gregory K. Jember, Walter Jens, Martin Scharfe. Zitate, die wir diesen Interviews entnommen haben, werden im folgenden ohne weitere Zusätze nur mit dem Namen gekennzeichnet.

dem Boden zu sitzen. In solchen Situationen überlegt man/frau es sich schon zweimal: "Soll ich überhaupt mitschreiben?"

Überdies begegnete uns häufig die 'Studentenideologie': "Wer ständig mitschreibt, ist ein Streber oder blutiger Anfänger." In ihr ist wohl auch ein Grund fürs Nichtmitschreiben zu sehen.

Unsere Umfrage ergab zur Häufigkeit des Mitschreibens in Lehrveranstaltungen folgendes Bild:

Mitschreiben in Vorlesungen:

wenig:	42 %
mäßig:	24 %
viel:	34 %

Mitschreiben in Seminaren:

wenig:	52 %
mäßig:	30 %
viel:	18 %

Die geschlechtsspezifische Auswertung ergab, daß die Frauen in Vorlesungen und Seminaren erheblich mehr mitzuschreiben angeben als die Männer.

Mitschreiben in Vorlesungen:

	Männer	Frauen
wenig:	58,53 %	30,50 %
mäßig:	17,07 %	28,81 %
viel:	24,40 %	40,69 %

Mitschreiben in Seminaren:

	Männer	Frauen
wenig:	58,53 %	47,45 %
mäßig:	36,58 %	25,42 %
viel:	4,99 %	27,13 %

Übrigens bestätigte sich zumindest im Vergleich zwischen Männern und Frauen die These nicht, daß, wer viel mitschreibt, auch entsprechend mitredet: Die Männer melden sich prozentual öfter zu Wort als die Frauen.

Die Materialschlacht: Bücher, Bücher, Bücher ...

Eine als unangenehm empfundene Erscheinung, die im Zusammenhang mit der Erstellung von Referaten und Hausarbeiten gesehen und die gefürchtet wird, ist die hier so genannte 'Materialschlacht'. Soll heißen: Angesichts der Literaturliste und der mit Büchern wohlgefüllten Regale zu einem bestimmten Thema kann man sehr leicht von Verunsicherung befallen werden bei dem Gedanken, daß man sich durch diese Berge von Literatur hindurchquälen soll.

Übereinstimmung herrscht bei den von uns interviewten Kommilitonen und Kommilitoninnen in dem Punkt, daß eine – tatsächliche oder so empfundene – Fülle an Material abschreckend wirkt.

> "Zuviel Material zerreißt mich. Ich schaue, daß ich Referate mit kleiner Literaturliste nehme. An der Uni soll man mit z.B. möglichst vielen Fußnoten zeigen, was man schon alles gelesen hat – die eigenen Gedanken kommen meistens zu kurz." (Susanne)

Wesentlich in diesem Zusammenhang scheint auch zu sein, daß es den einzelnen Studierenden nicht so ohne weiteres möglich ist, einen Anfang oder auch eine Abgrenzung zu finden:

> "Wenn man vor einem Regal mit Büchern steht: Man kann da ein bißchen mutlos werden – uaah, um Gottes willen, jetzt soll ich da auch noch anfangen, besser gesagt: Wo fange ich jetzt an?" (Jürgen)

> "Das find ich für mich immer wichtig, daß ich eine Abgrenzung habe, weil sonst weiß ich nicht, wo ich anfangen oder aufhören soll. Dann kommt so viel Zeug und du denkst, das vielleicht noch, das wäre vielleicht auch noch wichtig; das sprengt dann den Rahmen so einer Seminararbeit vollkommen." (Bertram)

> "Auch wenn der erste Eindruck erdrückend ist, macht er doch nicht gänzlich mutlos. In einem zweiten Schritt wird nur einiges aus der ganzen Fülle ausgewählt." (Bettina)

Es soll hier nicht in Abrede gestellt werden, daß es notwendig und nützlich sein kann, Literatur zu einem Thema aufzuarbeiten – wenn auch nicht "sämtliche" –, aber wenn man sich gezwungen fühlt oder sieht, nur die Ideen anderer zusammenzutragen und keine Möglichkeit erkennt, eigene Gedanken einfließen zu lassen, ist es schließlich nicht erstaunlich, wenn eine solche Schreibpraxis nicht gerade ermunternd wirkt.

> "Das ist eigentlich das, wogegen ich mich wehre, daß ich nur Sachen zusammentrage, die andere schon längst geschrieben haben. (...) Ich lehne es ab, eine Arbeit zu schreiben, wenn sie zu einer wissenschafts-terminologisch angereicherten Zitatensammlung wird." (Simon)

Abhängig vom eigenen Interesse am Thema ist die Einstellung zur Materialfülle bei den Befragten Tina und Reinhardt. Im Rahmen der Arbeit an einem interessanten Thema, bei der Ordnung, Sichtung und Zusammenstellung des Materials, wo sich die Möglichkeit bietet, die eigene Meinung mit einzuarbeiten, werden eher größere Mühen hinsichtlich zu bewältigender Literaturberge in Kauf genommen (Tina). Bei Reinhardt spielt es eigentlich keine Rolle, wieviel Material zu bewältigen ist, solange er an dem Thema interessiert ist. Wenn hingegen das eigene Interesse nicht beteiligt ist, wird die Arbeit zu einem "Kampf um jeden Satz." Unter derartigen Umständen verkommt studentisches Schreiben zwangsläufig dazu, daß in 08/15-Manier ein Thema 'heruntergehauen' wird, damit man/frau in den Besitz einer Qualifikation, eines Scheines, kommt. Und: "Wenn man sich wochenlang hinsetzen muß, nur um einen Schein zu bekommen – das ist eine formale Motivation, die sich letztlich (...) negativ auf die Schreibatmosphäre auswirkt." (Jürgen Hauff)

Das Referat

Wir fragten nach der Anzahl der ausgearbeiteten Referate im Wintersemester 1980/81. Erstellt hatten

ein Referat:	16 %
zwei Referate:	52 %
drei Referate:	18 %
vier Referate und mehr:	18 %
kein Referat:	14 %

Zwischen Männern und Frauen sowie zwischen Studierenden im Grundstudium (1. – 4. Semester) und denjenigen im Hauptstudium (ab dem 5. Semester) ergaben sich hierbei keine signifikanten Unterschiede.

Umfang der Referate:

Hier war nach der "Anzahl der Seiten" der Referate gefragt.

0 bis 5 Seiten:	18 %
5 bis 20 Seiten:	44 %
20 und mehr Seiten:	24 %
kein Referat:	14 %

Zur Frage einer maschinenschriftlichen Reinschrift zuvor gehaltener Referate hörten wir häufig Äußerungen wie diese: "Weshalb soll ich das Referat überhaupt noch ausformulieren und ins Reine tippen, gehalten habe ich es schon, das liest dann doch nur noch der Prof oder sein Assistent."

Unserer Umfrage zufolge wurden 68 % der Referate im Plenum gehalten. Davon 35 % im Wortlaut und 33 % in Paraphrase. Das heißt: Nur ein Drittel der Referate wurden so, wie sie erarbeitet worden waren, auch vorgetragen.

Hinzuzufügen sind noch die Angaben zur Diskussionsdauer im Anschluß an die Referate:

Über	45 Minuten:	16 %
	30 Minuten:	15 %
	20 Minuten:	7 %

über 10 Minuten:	5 %
unter 10 Minuten:	13 %

Zu 44 % der Referate gab es überhaupt keine Diskussion.

Die Ursachen für nicht ausreichende Diskussionen über vorgetragene Referate können viele sein. Hier seien nur einige genannt: Organisatorische Dinge müssen beredet werden; in den eineinhalb Stunden, die eine Seminarsitzung in aller Regel dauert, müssen, da die Veranstaltungen überfüllt sind, manchmal zwei Referate gehalten werden, damit möglichst viele Teilnehmer ihre Qualifikation erlangen können; und: die Vortragsdauer wird von den Referenten oft überschritten.

Arbeitsplatz Lesesaal. Ein Erfahrungsbericht

An dieser Stelle soll auf einige Erscheinungen eingegangen werden, denen die Arbeit im Lesesaal ausgesetzt ist, und die zugleich von eben dieser Arbeit auch hervorgerufen werden. Exemplarisch soll dies anhand eigener Erfahrungen geschehen, die in der Bibliothek der Neuphilologischen Fakultät gemacht wurden.

Diese Bibliothek erstreckt sich über zwei Stockwerke. Ihr angegliedert sind ein Schreibmaschinenzimmer, ein Zeitschriftenraum, ein Mikrofilmleseraum und ein Raum mit Kopierautomaten. Zwischen die einzelnen Fachblöcke (Germanistik, Anglistik, Romanistik etc.) verteilt befinden sich ca. 750, zum Teil gegeneinander abgeschirmte Arbeitsplätze. Die Schritte werden mehr oder weniger, je nach Schuhwerk, durch einen Teppichboden gedämpft. Wenn überhaupt Unterhaltungen stattfinden, dann meist in gedämpftem Ton. Die meisten der Anwesenden sind in ihre Arbeit vertieft und scheinen von ihrer Umgebung keine Notiz zu nehmen. Dies sind die ersten Eindrücke beim Betreten dieser Arbeitsstätte des Geistes.

Sitzt man selbst jedoch einmal einige Zeit an einem der Tische, um irgendwelche Arbeiten auszuführen, bemerkt man sehr schnell, daß man je nach Tagesform einiges an Konzentration aufbringen muß, um bei der Feder zu bleiben. Da kommt jemand und muß, ausgerechnet in nächster Nähe zum eigenen Arbeitsplatz, ein Bücherregal durchwühlen. Am Hintertisch raschelt sich jemand durch einen Ordner mit einer gewaltigen Menge Unterlagen. Am Nebentisch wird getuschelt, gefolgt von unterdrücktem Gelächter. Die Tür zum Kopierraum wird – sicherlich ohne böse Absicht – etwas heftig geschlossen, nicht ohne daß kurz die Betriebsgeräusche der Kopierautomaten hörbar werden. Zwischenzeitlich geht man los, um sich ein benötigtes Buch zu holen, das dann vielleicht nicht aufzufinden ist, entweder, weil es entwendet wurde oder aber, weil jemand es für Prüfungsvorbereitungen benötigt und es deshalb, um es immer griffbereit vorzufinden, an einen anderen als seinen üblichen Platz gestellt hat. Bei der Rückkunft an den eigenen Arbeitsplatz stellt man freudig fest, daß die Unterhaltung am Nebentisch inzwischen eingestellt wurde, macht dann aber die betrübliche Entdeckung, daß an deren Stelle erörtert wird, ob nicht etwa eine kleine Arbeitspause fällig wäre. Leicht zermürbt gibt man schließlich der inzwischen auch an einen selbst ergangenen Aufforderung nach, sich in die Cafeteria zu begeben, um dort 'nur auf einen Kaffee' (oder eine Zigarette) zu verweilen. Daß diese Pause dann doch wieder länger wird als ursprünglich geplant, läßt kaum noch einen bewegenden Eindruck zurück, ganz zu schweigen von Gewissensbissen.

Noch ein anderer Gesichtspunkt dieses Problems der 'Ruhe in der Bibliothek' muß in Betracht gezogen werden. Hierbei handelt es sich darum, daß die 'Ruhe' nicht – wie in obiger, etwas geraffter und überzeichneter Schilderung – als störender Geräuschpegel empfunden wird, sondern als – in gleichem Maße störende – Grabesstille.

Formale und inhaltliche Mängel studentischer Schreibarbeiten in der Sicht von Lehrenden

Nach Werner Faulstich geht das studentische Schreiben qualitativ "auf Null zu":

> "Wenn das Nichtbeachten der Kommaregeln auch nicht ausschlaggebend ist, so ist doch das Lesen sehr mühsam. Wenn Sie vierzehn Arbeiten korrigieren und Sie müssen jeden Satz zweimal lesen, weil keine Kommas gesetzt sind, und Sie können ihn vorher nicht verstehen, ist das mit der Zeit sehr mühsam."

Fast von allen befragten Lehrenden wird die Tatsache beanstandet, "daß nicht nur falsche Sätze, falsche Kausalitäten gesetzt werden, sondern Inhalte nicht richtig transportiert werden" (Martin Scharfe). "Die Umsetzung origineller und interessanter Gedanken in aktive Rede und Schreibe ist sehr unterentwickelt" (Gerhart von Graevenitz).

Diese Kritikpunkte an studentischem Schreiben überhaupt sollen hier anhand des Genres "Thesenpapier" spezifiziert werden.

Beispiel: Thesenpapier

Das Thesenpapier ist eine Textsorte, die in der Schule nicht gelernt wird. Auch im universitären Alltag ist sie nicht obligatorisch. So ist es durchaus nicht verwunderlich, daß nicht nur Studienanfänger mit diesem für sie neuen Genre

Schwierigkeiten haben, sondern auch Studenten im Hauptstudium.

Im Zeitdruck des Studienbetriebs lesen dann zwar die Studenten die Arbeitsanleitung für ein Thesenpapier vielleicht noch durch. Da aber die Erstellung eines solchen Papiers im Vergleich zu einem Referat einen bedeutenden Mehraufwand an Arbeit erfordert, dies aber meist fälschlicherweise nicht berücksichtigt wird, werden häufig kurze Inhaltsangaben als Thesenpapiere präsentiert. Solche Inhaltsangaben haben natürlich auch ihren Sinn, aber dem Anspruch, Thesen zu einer Diskussion zu liefern, genügen sie eben nicht.

Leider werden – unserer Erfahrung nach – solche Papiere von den Lehrenden in den seltensten Fällen zum Anlaß genommen, einen didaktischen Exkurs über diese Schreibform zu machen.

Zu den Erfahrungen von Lehrenden im Umgang mit studentischen Thesenpapieren hier einige Auszüge aus Interviews:

> "Die Form des Thesenpapiers – man zieht es ja ab, man teilt es aus und man schmeißt es wieder in den Papierkorb – die verleitet dazu, daß man sie in den Papierkorb schmeißt, weil sie so unansehnlich sind, weil sie mit Tippfehlern gemacht sind, weil sie schlecht abgezogen sind. Das ist das Gleiche wie mit Führungsblättern in Museen; wenn die zu billig gemacht sind, nimmt man sie zwar mit, schmeißt sie aber so wie einen Prospekt wieder in den Papierkorb. (...) Das ist mehr äußerlicher Art. Ich will dabei nicht stehenbleiben. Ich finde schon, daß es einen Sinn hat, Thesenpapiere zu machen für Seminare. Und zwar deshalb, weil gute schriftliche Durchdringung nicht unbedingt identisch ist mit einem guten Vortrag im Seminar." (Martin Scharfe)

Nach den ästhetischen Gesichtspunkten des Thesenpapiers die inhaltliche Seite:

> "In der Praxis werden Thesenpapiere nicht geschrieben von Studenten – jedenfalls in den Seminaren vom Englischen Seminar, was ich so kenne – nicht Thesenpapiere, die wirklich Thesenpapiere genannt werden können. Ein Thesenpapier kann ja erst erstellt werden, wenn die Arbeit geschrieben ist, das heißt, erst wenn ich ein Problem bewältigt habe, kann ich versuchen, meine Ergebnisse in Thesen zu formulieren und das gegensätzlich aufzubauen, um Diskussionsanreize zu liefern für das Plenum. (...) Und in aller Regel werden deshalb keine Thesenpapiere erstellt, weil die Studenten meinen, wenn sie die Hausarbeit oder das Referat fertighaben, dann brauchen sie nicht mehr weiterzuarbeiten. Das bedeutet ja einen weiteren, zusätzlichen Arbeitsaufwand – aus der Arbeit die relevanten Punkte herauszusuchen. Was als Thesenpapier eingereicht wird in aller Regel, das sind Spiegel von Denkprozessen vor Abschluß der Arbeit, also oft Gliederungspunkte, wie man ein Problem bewältigt, aber nicht, wie es dann dargestellt wird." (Werner Faulstich)

Ähnlich äußert sich Martin Scharfe:

> Er bemängelt, daß "das Material und die Problematik nicht auf einen Punkt gebracht werden. Das heißt: die Thesen sind häufig nicht so ausformuliert, daß sich eine interessante Diskussion daran entwickeln könnte. Und das wiederum hängt mit der vorher

nicht geleisteten Denkarbeit zusammen; und dies wiederum möglicherweise mit der vorher nicht geleisteten schriftlichen Durchdringung des Problems."

Jürgen Hauff bezieht in seine Überlegungen die mit ein, an die das Thesenpapier gerichtet ist:

> "Das Thesenpapier: es erscheint einfach, ist aber wahnsinnig schwierig. Ein Thesenpapier setzt voraus, daß der Gegenstand bekannt ist, daß die Leute sich intensiv mit dem Text beschäftigt haben. Häufig ist das nicht der Fall. Und dann – wenn es ein wirkliches Thesenpapier ist – läuft es häufig ins Leere, weil vielleicht der Gegenstand gar nicht bekannt ist, weil man sich mit dem Problem, das der Gegenstand beinhaltet, nicht vertraut gemacht hat. Und man dann natürlich auch sprachlos ist dem Thesenpapier gegenüber. Und dann, weil ja die Studenten mit dieser Sprachlosigkeit und mit dieser mangelnden Vorbereitung rechnen, versuchen sie immer noch Informationen hineinzubringen. Damit wird aber das Thesenpapier – in seinem eigentlichen didaktischen Charakter – wieder verwässert."

Was die studentische Schreibkultur behindert

Das Wohnungsproblem

Aus den Antworten unserer Fragebogenaktion ergab sich, daß 64 % der befragten Studenten und Studentinnen ihr Material zur Erstellung eines Referats in Bibliotheksräumen sammeln. Die Endfassung ihrer Arbeiten schreiben aber 74 % der Befragten zu Hause – ihre Gründe waren die Atmosphäre in den Bibliotheken, die man "nicht aushält", sowie der Vorzug der persönlichen Umgebung. Die von uns interviewten Studentinnen und Studenten bevorzugten alle das Arbeiten zu Hause.

Aber beim Schreiben in den eigenen vier Wänden gibt es selbstverständlich ebenfalls Ablenkungen. Diese sind freilich anderer Art als die in den Bibliotheken:

> "Ich neige zwar zu Hause eher dazu, Dinge zu tun, die mir persönlich wichtiger erscheinen als die Arbeit, mit der ich gerade beschäftigt bin. Aber ich kann meine individuellen Bedürfnisse wie Essen, Trinken und Rauchen eher befriedigen." (Susanne; sie wohnt in einer Wohngemeinschaft.)

Der Arbeit daheim gewiß abträglich ist in vielen Fällen die Größe oder besser gesagt die geringe Größe des Zimmers. Eine durchschnittliche Studentenbude im Wohnheim ist zehn bis zwölf Quadratmeter groß, größere Zimmer sind eine Seltenheit. Da dieses eine Zimmer sowohl Arbeitszimmer als auch Wohn-, Eß- und Schlafzimmer ist, hat der Tisch oft auch eine multifunktionale Bedeutung. Er ist sowohl Schreibtisch als auch Eßtisch. Meistens sind diese Tische zu klein, es gibt keine Schubladen oder Fächer. Um den Tisch als Arbeitstisch funktionsfähig zu machen, müssen oft größere Um- und Aufräumarbeiten geleistet werden. Die Enge des Zimmers überhaupt bietet kaum Ablagemöglichkeiten für Exzerpte oder sonstige noch nicht aufgearbeitete Zettelwirtschaften. In solchen Zimmern ist für ein effektives Arbeiten ein Höchstmaß an Ordnung erforderlich.

Die Zimmer in Untermiete sind meistens möbliert. Eigene Gestaltung durch Umstellen der Möbel, geschweige denn das Hinzukommen neuer Einrichtungsgegenstände werden nicht oder nur selten toleriert. Das heißt, die notwendige Systematisierung von gesammeltem Material kann nur in beschränktem Rahmen durchgeführt werden.

Realität und Wunsch im Bereich Wohnen:

Die Ergebnisse einer Umfrage des Tübinger Studentenwerks, die im Winter-Semester 1980/81 durchgeführt wurde,[4] *lassen deutlich erkennen, daß die Wohnsituation der Studierenden und ihre Wünsche in diesem Bereich meistenteils deutlich auseinanderklaffen:*[5]

	Realität	Wunsch
Untermiete	36,8 %	12,22 %
Wohnheim	21,6 %	22,87 %
Wohngemeinschaft	15,0 %	33,78 %
eigene Wohnung	12,6 %	28,74 %
bei den Eltern	13,9 %	2,37 %

Erwähnt werden sollte auch das Problem der Entfernung von Wohnung und Arbeitsplatz Universität. In Tübingen studierten 1981 20.500 Studenten.[6] Da der Wohnraum der Stadt für sie nicht ausreicht, pendeln knapp 25 % der Studierenden vom Heimatort zur Universität.[7] (Davon aus dem Raum Reutlingen 5,2 %, aus dem Raum Stuttgart 3,5 %, aus dem Raum Böblingen 1,8 % und aus dem Raum Esslingen 1,1 %.[8])

Der Besuch von Seminaren und Bibliotheken wird unter solchen Umständen

4 GENG-HULKKONEN/PÖRTNER 1981.
5 Vgl. ebd., S. 14.
6 Ebd., S. 10.
7 Ebd., S. 9.
8 Ebd.

möglichst auf eine Minimalzahl an Tagen konzentriert. Arbeitsgruppentreffs sind an diesen vollgepfropften Tagen fast nicht mehr möglich. Für sie müssen dann Extratage vereinbart werden, und das bedeutet nicht nur einen vermehrten Zeitaufwand, sondern auch vermehrte Kosten. Mitunter muß also ein Aufwand betrieben werden, der in keinem Zusammenhang zum Erfolg steht. Das Pendeln beeinträchtigt ja nicht nur die Gruppenarbeit, sondern gegebenenfalls auch die eigene Arbeit der Pendler.

Mängel der schulischen Ausbildung

Von den interviewten Lehrenden wurde mehrfach den Schulen eine unzureichende Schreiberziehung vorgeworfen. Stellvertretend sei hier Walter Jens zitiert:

> "Ich führe das (mangelnde studentische Schreibfähigkeit, d.V.) darauf zurück, daß schon in der Schule kein Wert mehr auf eine möglichst präzise Darstellung von Tatbeständen, von kritischen Meinungen etc. gelegt wird."

Walter Jens betont den Zusammenhang von Lesen und Schreiben:

> "Nicht nur die Schüler sind leseunwillig und schreibunwillig, sondern auch, das muß man ganz offen sagen, ein Großteil der Lehrer – eine nicht ganz kleine Zahl der Lehrer, sagen wir mal vorsichtig – die den Schülern auf der Oberstufe nicht mehr vermitteln können: Ihr werdet am Montag, wenn ihr zum erstenmal Dostojewskij gelesen habt, ein anderer sein, als ihr's jetzt noch seid."

Gregory K. Jember kritisiert, daß in der Schule der Vermittlung von formalen und technischen Dingen zu geringe Beachtung zuteil wird. Es wird versäumt, so meint er, Schreibformen, die an der Universität eine zentrale Bedeutung haben, frühzeitig einzuüben. Die Möglichkeit, sich mit bestimmten Arbeitstechniken vertraut zu machen, sei in zu geringem Maß gegeben. Da dann bei jeder Arbeit immer wieder Probleme formaler und arbeitsorganisatorischer Art zu bewältigen seien, werde die Schreibmotivation, die aus der Auseinandersetzung mit interessanten Inhalten erwachsen kann, mehr oder weniger abgetötet oder jedenfalls gemindert.

Doch nicht nur Probleme aus dem Bereich der Schule wirken sich, so wird behauptet, ungünstig auf studentische Schreibfähigkeit aus, sondern auch Faktoren, die über Schule und Universität hinausweisen. Werner Faulstich sieht im gewandelten Mediengebrauch eine Ursache für mangelnde schriftliche Ausdrucksfähigkeit:

> "Seit etwa zwei Semestern (das Interview wurde im ersten Halbjahr 1981 aufgezeichnet, d.V.) kommt eine Generation von Studenten an die Universität, die sehr eloquent ist, aber nur oral. Das sind die Generationen, die mit dem Fernsehen aufgewachsen

sind. Die lesen nicht mehr Bücher, sondern die haben das Fernsehen und die Märchenschallplatten besonders stark rezipiert. Die haben phantastische Ideen und beteiligen sich an Diskussionen mit sehr viel Engagement, aber wenn sie was aufs Papier bringen sollen, scheitern sie total."

Numerus Clausus und berufliche Perspektivlosigkeit

Ungünstige Auswirkungen auf studentische Arbeitsmotivation und damit auf studentisches Schreiben gehen sicherlich auch von Zulassungsbeschränkungen zur Universität und schlechten Berufsaussichten nach Abschluß des Studiums aus:

"Ich meine in der Tat, daß das studentische Schreiben im Niedergang begriffen ist, daß da negative Entwicklungen sich vollziehen oder vollzogen haben, zumindest in den letzten sechs Jahren. Etwa derart, daß die Art von Studenten, die wir am Englischen Seminar kriegen, ganz andere Studenten sind als noch vor sieben Jahren, wo es den N.C. noch nicht so verbreitet gab (...). Wir bekommen dadurch Studenten, die in der Schule nicht die Besten waren. Das ist der Punkt eins; das muß nicht schlimm sein. Das hat aber eine Verschiebung insofern zufolge, daß wir hier Studenten haben, die eigentlich Medizin studieren wollten und die dafür motiviert waren. Aber auf Grund ihres schlechten Notendurchschnitts haben sie keinen Studienplatz bekommen und weichen deshalb aus. Sie weichen aus auf das, was sie noch studieren können, weil sie studieren wollen, und das ist in aller Regel Literaturwissenschaft. Wir haben es also mit Studenten zu tun, die erstens nicht die allerbesten sind und zweitens nicht motiviert sind. Und wer nicht motiviert ist, der tut auch nur das Allernötigste. Also insofern sehe ich zwischen dem Niedergang des studentischen Schreibens und der allgemeinen Situation größere Zusammenhänge. Natürlich kommen noch viele andere Sachen hinzu." (Werner Faulstich; in ähnlicher Weise äußert sich Fritz Hackert.)

Selbst wenn die Wahl des Fachs nicht durch die Zulassungsbeschränkung beeinflußt wurde und somit eine Studienmotivation durchaus vorhanden ist, kann der Ausblick auf die Zeit nach dem Studium doch sehr 'dämpfend' wirken:

"(...) die miesen Berufsaussichten, die zum Teil bestehen. Wenn man heute mit einer Zwei in der Anglistik keine Lehrerstelle mehr bekommt, dann finde ich das schlicht grotesk. Das wirkt zusätzlich noch entmotivierend." (Werner Faulstich)

Freilich bedeutet auch die Aussicht, mit Sicherheit eine Stelle als Lehrer oder Lehrerin zu bekommen, nicht unbedingt, daß intensiv an der eigenen Schreibfähigkeit gearbeitet wird. Die folgende Passage aus Theodor W. Adornos Vortrag "Philosophie und Lehrer" von 1961 ist ein Hinweis darauf, daß es schon damals, unter ganz anderen Arbeitsmarktbedingungen, mit dem studentischen Schreiben nicht zum besten stand:

"Nach dem Paragraphen 9 der Prüfungsordnung ist auf die sprachliche Form (hier: der Staatsexamensarbeit, d.V.) besonders zu achten; bei ernsten sprachlichen Mängeln müsse die Arbeit als ungenügend bezeichnet werden. Wohin es käme, wenn die Examinatoren daran sich hielten, wage ich nicht auszumalen; ich fürchte, es könnte dann nicht einmal mehr der dringlichste Bedarf an Lehrernachwuchs befriedigt werden, und es erstaunte mich nicht, wenn manche Kandidaten eben darauf sich verließen. Vom Unterschied zwischen der Sprache als einem Mittel der Kommunikation und der als einem des präzisen Ausdrucks der Sache ahnen nur die wenigsten etwas; sie meinen, es genüge, daß man sprechen kann, damit man schreiben könne, während freilich, wer nicht schreiben kann, meist auch nicht zu sprechen vermag."[9]

Der universitäre Betrieb als Schreibbremse

Auch die mangelnde didaktische Ausbildung von Hochschullehrern ist ein Hindernis für studentisches Schreiben: Eine solche Ausbildung wird von Hochschullehrern ja weder verlangt noch, wenn vorhanden, honoriert:

"Die Möglichkeit, eine Stelle als Hochschullehrer zu erhalten, ist ausschließlich abhängig von der Forschungsqualifikation und in keiner Weise von didaktischen Qualifikationen (...). Der Erwerb didaktischer Qualifikationen in speziellen Veranstaltungen für Hochschullehrer bedeutet unter diesem Gesichtspunkt nicht nur keine Verbesserung der beruflichen Karrieremöglichkeit, sondern im Gegenteil Zeitverlust und damit Verschlechterung der Karrieremöglichkeiten."[10]

Zwar wurde die Forderung nach didaktischer Qualifikation immer wieder erhoben, doch wurde so gut wie nichts unternommen, sie auch in die Praxis umzusetzen:

"Diese (die Überprüfung der didaktischen Qualifikationen, d.V.) beschränkt sich meistens auf das 'Vorsingen', einen Probevortrag, bei dem neben der wissenschaftlichen Qualifikation auch die Fähigkeit zum Lehren erprobt werden soll, oder auf Gutachten, die vorausgegangene Lehrerfahrungen als erfolgreich bescheinigen. Daß beides eine Farce bleiben mußte, ist eigentlich selbstverständlich. Dennoch ist man bisher nicht darüber hinausgekommen. Ein punktueller Vortrag kann bestenfalls etwas über den Vorlesungsstil aussagen. Was in Seminaren und Prüfungen geschieht, bleibt völlig im dunkeln."[11]

Auch Fritz Hackert ist der Auffassung, daß auf Grund der gegenwärtigen Organisation des universitären Lehrbetriebs nur die wissenschaftliche Qualifikation eines Hochschullehrers gefragt ist, während seine didaktischen Fähigkeiten eine sehr untergeordnete Rolle spielen. Er glaubt auch nicht, daß von seiten der Hochschulen Initiativen zu einer Veränderung der herrschenden Lehr- und Lernformen zu erwarten sind:

"Ich glaube, daß von selbst derartige Bemühungen nicht einsetzen werden, einfach auf Grund dessen, was auf seiten der Lehrenden im Universitätsbetrieb honoriert wird. Das

---

9 ADORNO 1980, S. 43.
10 KLÜVER 1978, S. I.
11 EWALD/FIGGE 1978, S. 2.

richtet sich ganz schlicht danach, daß also im wesentlichen die sogenannte Forschung honoriert wird, und deshalb glaube ich kaum, daß sich solche praktischen Überlegungen durchsetzen werden – Überlegungen zugunsten der Studenten."

Daß mit der Frage nach didaktischen Fähigkeiten von Hochschullehrern ein zentrales Problem berührt wird, mag ein Bericht von Fritz Hackert über eigene Lehrerfahrungen verdeutlichen.

"Wo wird Gruppenarbeit und das Schreiben von Gruppenreferaten praktisch und auf eine gewisse Dauer hin eingeübt?
Ich muß da selber einen meiner schwersten Fehler bekennen, den ich in einer Art pädagogischer Extrementscheidung mal gemacht habe: Nämlich Anfängergruppen völlig sich selber zu überlassen, nur mit einer Literaturvorgabe, einer Textvorgabe, aus der sie nach Lust und Neigung selber ihre Aufgabe destillieren sollten und zu der sie auch dann selbst – natürlich unter Ausnutzung eines Hilfsangebotes – entsprechende Sekundärliteratur suchen konnten. Das war völlig falsch. Es entspricht überhaupt nicht den Lerngewohnheiten und Lernbedürfnissen, die schließlich von der Schule ja dreizehn Jahre lang eingeübt sind. Und das Seminar hat auch gruppendynamisch ganz richtig reagiert – die haben revoltiert, und ich bin dann zum bösen Schuldigen gestempelt worden, und im Grunde war ich das auch. Ich habe als Lehrer mich der Verantwortung entzogen. Und insofern glaube ich, auch hier bleibt Gruppenarbeit oft im Bereich des Vorwandes, es wird nicht zu ihr angeleitet, und wie zu ihr angeleitet wird, wird auch an der Universität von Lehrenden nicht gelernt."

Arbeits- und Schreibhindernisse aus Fachschaftssicht

Aus der Sicht der Betroffenen, der Studenten, wird ebenfalls deutlich, daß auch die heutigen Studienordnungen nicht unbedingt geeignet sind, Lernen und Arbeiten zu fördern. Ein Flugblatt des Fachschaftsrats Germanistik von 1981 kritisiert:

"Studienverschärfungen begegnen uns allerorten. Wie an allen Universitäten der Bundesrepublik wurden auch bei uns am Brecht-Bau Prüfungen verschärft, eine höhere Anzahl von Scheinen verlangt (im Hauptstudium jetzt vier statt nach der alten Prüfungsordnung zwei) und mehr Klausuren geschrieben. Kritische Lehrinhalte fallen immer mehr unter den Tisch. Hand in Hand mit verschärftem Leistungsdruck geht die Unterdrückung fortschrittlicher politischer Ansichten und ihrer Verbreitung an der Universität."[12]

Diesen Verschärfungen der Studienbedingungen kommt sicher entgegen, daß die Organisationsformen des Universitätsbetriebes auch nach der Studentenrevolte die gleichen blieben:

"Trotz Studentenrevolte und Hochschulreform hat sich an den eigentlichen Strukturen wenig geändert, und dies wenige Mehr an Demokratie wird auch noch durch das Hoch-

---

12 Flugblatt des Fachschaftsrats Germanistik vom 3.2.1981.

schulrahmengesetz liquidiert. Die Prüfungen abnehmenden Behörden tun ihr übriges."[13]

Moniert wird in dem zitierten Flugblatt weiter, daß durch diese Verschärfungen Bestrebungen unterstützt würden, die universitäre Ausbildung auf "formal 'wissenschaftliche(s)' Training" zu reduzieren, daß lediglich versucht werde, die Studenten "frühzeitig fürs Examen zu trimmen". Geopfert werde so "eine inhaltliche Auseinandersetzung mit Literatur und Gesellschaft", das Erkennen von "Zusammenhängen zwischen Kunst und Politik" sowie die Herstellung aktueller Bezüge.[14]

Auf Grund der Forderung eines Lehrenden am Ludwig-Uhland-Institut für empirische Kulturwissenschaft, daß in seinem Seminar die von der Prüfungsordnung "in der Regel" geforderten zehnseitigen Referate in der Tat anzufertigen seien, wurde am Institut mit einiger Heftigkeit über Sinn und Zweck derartiger formaler Normen diskutiert. Von studentischer Seite wurde eingewandt, daß damit zur weiteren Verschärfung der Studienbedingungen beigetragen sowie studentische Kreativität auf unerträgliche Weise eingeschränkt werde. Zu diesem Thema verfaßte die Fachschaft EKW auf unsere Bitte hin die folgende Stellungnahme:

"(...) ist in der Regel die Anfertigung eines Referats im Umfang von ca. 10 Seiten bzw. die Mitarbeit bei der Anfertigung eines Gruppenreferats, wobei die individuelle Leistung deutlich abgrenzbar und bewertbar sein und mindestens den Umfang eines Einzelreferats haben muß" (Zwischenprüfungsordnung der Fakultät für Sozial- und Verhaltenswissenschaften für die Magisterstudiengänge der Universität Tübingen v. 12.11.1979, S. 1349f.).

– studentisches Schreiben: von oben verordnet

Schreiben ist eine Art, sich mit dem vorgegebenen Stoff und dessen enthaltenen Problemen auseinander zu setzen. Für die Institution Universität zwar eine übliche Form – jedoch nur eine unter vielen.

Leider wird dieser Tatbestand durch die Verschärfung der ZPO weiter festgeschrieben und zementiert. Ist es nicht so, daß hier in positivistischer Manier eine Methode vorgegeben wird, mit deren Hilfe Inhalte behandelt werden müssen? Dabei lassen sich viele der an der Universität gelernten und vermittelten Inhalte durchaus auch mit Hilfe anderer Methoden (Video, Theater, Gedicht, Kollage, Ausstellung ...) darstellen und aufarbeiten. Diese "anderen" Methoden haben leider nur einen Schönheitsfehler: sie gelten als unwissenschaftlich; sie entsprechen nicht dem als wissenschaftlich erachteten Stil an der Universität.

Mit dieser Festschreibung, wie Inhalte dargestellt werden müssen, wird erneut ein Ver-

13 STANGE 1977, S. 158.
14 Flugblatt (wie Anm. 12).

such unternommen, Kreativität, Spontaneität aber auch Subjektivität zu unterbinden, aus den heiligen Hallen der Wissenschaft zu verdrängen.

Damit soll uns eine Möglichkeit genommen werden, Form und Inhalt studentischen Lernens selbst zu bestimmen. In autoritärer Weise wird von oben bestimmt, wie wir zu lernen haben (was wir zu lernen haben, wird an anderer Stelle peinlichst genau festgehalten.)

Dieses "Muß" der ca. 10 Seiten langen Referate, unabhängig vom Inhalt des Stoffes (versteht sich) kann sich nur hemmend auf studentisches Lernen und Arbeiten auswirken. Doch eines wird dabei sicherlich erreicht: das, was Wissenschaft und wissenschaftliches Arbeiten zu sein hat, wird festgeschrieben, als etwas selbstverständliches dargestellt.

Gerade jedoch diesen Anschein des Selbstverständlichen müssen wir herausstellen und aufzeigen; die hinter den 10-Seiten-Referaten stehende Ideologie herausarbeiten.

Gleichzeitig versuchen wir, uns andere Methoden anzueignen. Wir wollen das, was und wie wir lernen, selbst bestimmen, selbst nach unserem Nutzen gestalten.

Fachschaft EKW

Schriftlicher Kommentar eines Lehrenden zu dieser Fachschafts-Erklärung:

Die Stellungnahme der FS läßt viele Fragen offen.

Die erste ist die, wie das "Muß" der 10-seitigen Referate denn nun wirklich aussieht. Bei genauem Hinsehen handelt es sich nicht um ein Muß, sondern um ein Soll. In der Prüfungsordnung heißt es: "in der Regel". Es gibt also auch Ausnahmen. Diese können ja durchaus Arbeitsergebnisse einschließen, die in Form von Videofilm, Gedicht, Collage, Theater, Ausstellung erstellt werden.

Die zweite Frage ist: Ist sich die FS bewußt, daß künstlerische Genres wie die von ihr genannten – deren Einbeziehung in das Studium sicher sinnvoll ist – die wissenschaftliche Form des Denkens nicht ersetzen? Die FS-Argumentation klingt fast so, als sei es gleichgültig, ob eine Meinung in Gedicht- oder Referatform, in Spiel- oder Vortragsform ausgedrückt werde, ja als ob die genannten künstlerischen Medien nur ein kreatives Plus gegenüber dem Referateschreiben aufwiesen, dem kein Minus gegenüberstehe. Dabei würde in sträflicher Weise übersehen, daß wissenschaftliches Reden – anders als alltägliches und auch als künstlerisches Sichausdrücken – u.a. die besonderen Eigenschaften hat, die empirischen, literarischen usw. Quellen für Tatsachenbehauptungen ihrem Adressaten zur Verfügung zu stellen und auch den Weg der Wahrheitsfindung, die Art, wie man Tatsachen prüft, aus Tatsachen folgert, dem Adressaten offenzulegen. Diese Form des möglichst umfassenden Herleitens von Meinungen und Behauptungen braucht natürlich nicht schriftlich zu erfolgen, sie kann auch mündlich oder auf Videoband vorgetragen werden, sie ist aber durch nichtargumentative Äußerungsformen wie Rollenspiel, Collage usw. nicht zu ersetzen. Die FS unterscheidet also nicht genügend zwischen dem – wenn es so bestünde, in der Tat unsinnigen – formalistischen Gebot, in jedem Seminar ein 10-seitiges Referat zu schreiben, und der Notwendigkeit eines herleitenden und argumentierenden Denkens: Dies stellt durchaus keine Formalität dar, bedeutet nicht Willkür, sondern ist unerläßlich, soll der Willkür des bloßen Wunschdenkens, des bloßen Verordnens von Wahrheiten aus Machtpositionen heraus usw. etwas entgegengesetzt werden.

Resümee: Die FS-Äußerung zum Schreiben versäumt es, sich darüber Gedanken zu machen, was Kreativität innerhalb des wissenschaftlichen Argumentierens wäre – sie spricht nur von Kreativität überhaupt. Sie sagt also auch nicht, was an bestimmten Formen des Schreibens bzw. des Formulierens wissenschaftlich unkreativ ist und wie demgegenüber kreative Referate usw. aussehen könnten. Die Diskussion hierüber muß also erst begonnen werden.

Bernd Jürgen Warneken

Vorschläge zur Verbesserung studentischer Arbeit

In diesem Abschnitt sollen einige Bestrebungen dargestellt werden, studentisches Arbeiten effektiver zu gestalten. Es wird darauf zu achten sein, welchen Stellenwert das Schreiben im jeweiligen Rahmen dieser Bemühungen einnimmt.

Anleitungen zum wissenschaftlichen Arbeiten

An dieser Stelle wird auf eine Anzahl von Büchern eingegangen, die die handwerklichen Grundlagen wissenschaftlichen Arbeitens zum Thema haben (Vollständigkeit wurde nur insofern angestrebt, als diejenigen Schriften erfaßt wurden, die innerhalb einer der Instituts-Bibliotheken zugänglich waren.[15])

Die Verfasser dieser Anleitungen haben im allgemeinen die Absicht, den – studentischen – Lesern "Ratschläge und Regeln" an die Hand zu geben, "die (ihnen) die sinnvolle Ordnung (des) Forschungsmaterials sowie die Vorbereitung einwandfreier Manuskripte für Universitätsseminar oder Verlag erleichtern sollen."[16] Behandelt werden dabei solche Gebiete wie "Grundregeln für schriftliche Aufzeichnungen", "allgemeine Lesetechnik", "Thesenblatt", "Protokoll", "die Arbeit in Kleingruppen", bis hin zu "Form wissenschaftlicher Arbeiten" und "Anregungen zur Planung" derselben.[17]

Von den Autoren, die sich nicht nur mit formalen Problemen beschäftigen ("Wie zitiere ich richtig?"), wird in der Regel der Begriff des effektiven Arbeitens im Rahmen des herkömmlichen Studienbetriebs nicht problematisiert.

---

15 BANGEN 1961, BÖTTCHER / ZIELINSKI 1973, FAULSTICH / LUDWIG 1978, HANSEN / NYSSEN / RÜTZEL 1978, HEYDE 1966 (Erstauflage 1931), JUNNE 1976, KRÖBER 1957, KUNZE 1957, The MLA Style Sheet 1970, POENICKE 1964, POENICKE / WODKE-REPPLINGER 1977, STANDL 1971, SPIELER 1946, STANDOP 1965, WAGNER 1977, ZELEWITZ 1974.

16 POENICKE 1964, S. 3.

17 FAULSTICH/LUDWIG 1978, S. 7.

Einige Autoren jedoch versuchen, die Notwendigkeit eines kritischen Studiums sowie Ansatzpunkte dazu herzuleiten und darzustellen (Junne, Wagner, Zelewitz; vgl. Anm. 15).

Bei der Durchsicht der aufgeführten Veröffentlichungen fällt auf, daß zwar nicht wenige sich auf die eine oder andere Weise zur "Niederschrift"[18] äußern, doch bleiben sie im großen und ganzen außerhalb des Problembereichs der schriftlichen Formulierung von Gedanken stehen. Immerhin gehen mehrere Verfasser darauf ein, daß meistens die erste Fassung einer Arbeit nicht die endgültige ist.[19] Aber lediglich Heyde und Wagner behandeln dieses Problem ausdrücklich und geben ausführlichere Hinweise darauf, wie man vom angesammelten Material über mehrere Arbeitsphasen zur eigenen schriftlichen Darstellung kommt.[20]

Seminarkonzepte

Im folgenden wird auf die Schrift "Das literarische Proseminar im Studium der Anglistik. Konzepte und Reflexionen" (Hg. Hans-Werner Ludwig) eingegangen.[21] Mit dieser Schrift wird versucht, einen Schritt in neues Gebiet zu tun; es sollen darin Konzepte und Vorschläge für Unterrichtsentwürfe an der Hochschule vorgestellt werden – eine Pionieraufgabe.

> "Während die Veröffentlichung von Unterrichtsmodellen und -projekten für Grundschule, Sekundarstufe I und II gang und gäbe ist (...), stehen wir bei der Veröffentlichung von Unterrichtsentwürfen für den Hochschulunterricht noch ganz am Anfang."[22]

Ludwig und seine Mitarbeiter rücken für das Proseminar vor allem die Vermittlung von Arbeitstechniken im Rahmen der Literaturwissenschaft in den Brennpunkt des Interesses. Dabei nennt z.B. Werner Faulstich als "unverzichtbare Übung" das "Anfertigen von Sitzungsprotokollen" wie auch das "Erstellen von Exzerpten".[23]

In seinem Beitrag führt Hans-Wilhelm Schwarze als eines der Lernziele das "Verfassen von Texten" auf:

---

18 HEYDE 1966, S. 89.
19 BÖTTCHER / ZIELINSKI 1973, S. 146–155; POENICKE / WODKE-REPPLINGER 1977, S. 109–112; HEYDE 1966, S. 89; STANDL 1971, S. 45; SPIELER 1946, S. 158; WAGNER 1977, S. 99.
20 HEYDE 1966, S. 89–93; WAGNER 1977, S. 98–100.
21 LUDWIG 1977.
22 Ebd., S. 7.
23 FAULSTICH 1977, S. 24.

"Die Teilnehmer sollen
- lernen, selbständig in der Zielsprache Englisch einfache fiktionale Texte herzustellen."[24]

Als Ergebnis wird angestrebt, daß "die Teilnehmer (typische Erzählformen, die im Seminar erarbeitet werden, d.V.) nicht bloß rezeptiv lernen, sondern sie produktiv anwenden."[25]

Creative Writing

Walter Jens bietet am Seminar für Allgemeine Rhetorik Creative-Writing-Kurse an. Er orientiert sich hierbei an amerikanischen Vorbildern. In diesen Kursen geht es nicht darum, Studenten zu Schriftstellern auszubilden, sondern sie in das Handwerk des Schreibens einzuführen. Das geschieht anhand von Vorgaben (Antigone, Winckelmanns Tod), die zuerst aufgearbeitet werden (Was haben andere geschrieben, Wie haben die voneinander gelernt?):

"Die Studenten spielen Modelle durch, und plötzlich sehen sie: Das kann ich ja auch, das ist ja alles verschüttet, das könnte ich im Grunde genommen viel genauer darstellen als der, der es geschrieben hat." (Walter Jens)

Entwickelt werden soll so auch die Kritikfähigkeit der Teilnehmer als Rezipienten von Literatur: "Man liest ganz anders unter handwerklichen Gesichtspunkten, wenn man selbst einmal geschrieben hat." (Walter Jens)

Im Lehrplan philologischer Fächer stellt diese Veranstaltungsform eine Ausnahme dar:

"Das ist eine Veranstaltung, die es in Amerika häufig gibt, die auch Adolf Muschg in Zürich betreibt. Das kann natürlich nur von praktizierenden Schriftstellern, von Wissenschaftlern, die auch praktizierende Schriftsteller sind, betrieben werden. Das gibt's halt nicht so sehr viel (Berlin – Walter Höllerer; Zürich – Adolf Muschg; Tübingen – Walter Jens, d.V.). Das ist eine Sonderform, aber ich halte sie für außerordentlich wichtig." (Walter Jens)

Damit ist auch eine Grenze dieser Veranstaltungsform bezeichnet, denn Wissenschaftler, die gleichzeitig Schriftsteller sind, scheinen in der Tat nicht sehr zahlreich vorhanden zu sein.

Walter Jens begreift dies Schreibenlernen als Mittel zur persönlichen und politischen Emanzipation, das die Studenten dann auch weitergeben sollten:

"Schreiben lernen, das ist eine eminent politische Aufgabe, eine Aufgabe, ohne die es, wie ich glaube, weder im Kleinen noch im Großen, weder im Privaten noch im Allge-

---

24 SCHWARZE 1977, S. 78.
25 Ebd., S. 81.

> meinen Emanzipation gibt. (...) Studenten sind privilegiert. Sie sollten ihre Lehrenden zwingen – wobei auch nicht alle Lehrenden in der Lage sind, exakt zu schreiben, ein kleiner Teil jedenfalls nicht, wenn man sich das Deutsch mancher Aufsätze ansieht –, sollten ihre Lehrenden zwingen, mit ihnen gemeinsam diese Kunst des Schreibens – ohne deren Beherrschung keiner ein politisches Wesen ist – viel mehr zu lernen, und dann diese Fähigkeit – das ist ihre eigentliche Aufgabe – an die Unterprivilegierten, die keine andere Möglichkeit haben, als sich in der Bild-Zeitungs-Sprache zu verständigen, weiterzugeben und denen zu zeigen: Das ist nicht die Wirklichkeit, sondern die Wirklichkeit sieht anders aus, und damit plötzlich die Wirklichkeit auf den Begriff zu bringen."

Reformbedingungen

Eine Forderung, die im Zusammenhang "Schreiben an der Universität" von Walter Jens erhoben wird, ist, daß "die Lehrenden Mut machen und den Studenten etwas abverlangen müssen." Zum einen sollen die Lehrenden von den Studenten fordern, daß sie schriftlich ausgearbeitete Referate (Vortragsdauer höchstens 30 Minuten) erstellen lernen, auf der anderen Seite müssen die Studenten die Forderung an die Lehrenden stellen, daß Schreibtechniken von Referaten etc. vermittelt werden.

Hierzu noch einmal Walter Jens – auf den Einwand antwortend, daß die bisherige Organisation des Universitätsbetriebes, die dem Schreibenlernen entgegenstehe, weitgehend geändert werden müßte:

> "Das meine ich auch. Und hier käme es darauf an, daß auch Studenten Forderungen erheben: Und dies ist etwas, was wir lernen möchten. Wir haben keine Möglichkeit, schon die Technik eines Referates, geschweige denn die Technik einer Rezension zu erlernen. Dieses müßte man einstudieren, auch mit Hilfe von Rollenspielen z.B. – wie es in früheren Jahrhunderten geprobt wird. Angenommen, es ereignet sich – ich nehme ein beliebiges Beispiel – eine Hausbesetzung. Du übernimmst bis zur nächsten Woche das Plädoyer des Oberbürgermeisters; Du das des Universitätspräsidenten; Du die Rolle der Hausbesetzer; Du des Beobachters einer konservativen, Du einer linken Zeitung. So daß Studenten lernen, schreibend zu argumentieren."

Es ist freilich fraglich, ob Lehrende bereit sein werden und wieweit es ihnen möglich ist, auf solche Vorschläge einzugehen. Nötig dazu wären der Abbau von Hierarchien (" gemeinsam diese Kunst des Schreibens lernen", Walter Jens), andere Arbeitsbedingungen, als sie an der Massenuniversität vorherrschen, und im übrigen eine andere Bildungspolitik, auch für die außeruniversitären Bereiche.

Zusätzlich wäre zu überlegen, ob unter den besonderen Voraussetzungen für Creative-Writing-Kurse – mit Wissenschaftlern, die auch Schriftsteller sind, als Lehrenden –, nicht die Gefahr besteht, daß diese Veranstaltungsform lediglich zur exotischen Nische gerät.

Auf Schwierigkeiten, die sich ergeben können, wenn die Bedingungen, unter denen universitäres Schreiben stattfindet, außer acht gelassen werden, macht Heiner Boehncke in seinem Aufsatz "Nicht nur Referate schreiben. Schreibseminare an der Universität" aufmerksam.[26]

Boehncke beschreibt, wie ein von ihm geplantes Schreibseminar in einem ersten Anlauf scheiterte – und zwar deshalb, weil "der Wunsch zu schreiben, die eigene Geschichte zu veröffentlichen, (...) den universitären Verkehrsformen (widerspricht), die sich nicht durch schöne Projekte verändern lassen."[27] Beachtet werden müßten bei dem Versuch, andere Schreibformen als Referate, Protokolle oder Examensarbeiten zu erproben, die Bedingungen, unter denen universitäre Arbeit stattfindet – vor allem in jüngerer Zeit.

> "In mehreren Schüben, vor allem in den Rückwärtsreformen der letzten Jahre, sind die Universitäten an die allgemeinen Kriterien von Effizienz, ökonomischer Rationalität und Aufstiegskonkurrenz herangeführt worden."[28]

In einem weiteren Anlauf wurde in dem genannten Schreibseminar versucht, den erwähnten Problemen Rechnung zu tragen, doch kann wohl mit Recht bezweifelt werden, daß derartige Überlegungen häufiger angestellt werden.

Rahmenbedingungen einer besseren Schreibkultur

Es soll nicht bestritten werden, daß das Erlernen wissenschaftlichen Arbeitens ein gerüttelt Maß an Schwierigkeiten mit sich bringt und daß deshalb Übung im Umgang mit wissenschaftlichen Arbeitsformen nottut. Doch wenn Einübung gefordert wird, ohne daß, wie oben angedeutet, die Arbeitsbedingungen berücksichtigt werden, denen man ausgesetzt ist, kann ein Unbehagen von seiten der Betroffenen nicht ausbleiben. Wenn "Übung" für die Studenten gefordert wird, müssen auch die Konsequenzen, die sich aus der praktischen Umsetzung dieser Forderung ergeben können, mitgedacht werden.

> "Diese Papierkorbthese" – 'Papierkorbthese' bezieht sich auf eine von uns im Interview gestellte Frage: Ob die meisten der von Studenten vorgelegten Arbeitspapiere wohl nur für den Papierkorb taugten – "ist die Artikulation eines Unbehagens, das aber auch aus dem Unwillen erwächst, zu qualifizieren und eine feste Form, zunächst einmal zumindestens bei Anfängern, eine feste Form vorzumachen und einzuüben mit den Leuten." (Fritz Hackert)

> "Das Anfertigen von Sitzungsprotokollen dient als Grundübung zum Erlernen der Fixierung wichtiger Erkenntnisse in ihren thematischen Zusammenhängen. (...) Auch das Er-

---

26 BOEHNCKE 1980.
27 Ebd., S. 178.
28 Ebd.

stellen von Exzerpten ist eine unverzichtbare Übung für den weiteren Verlauf des Studiums."[29]

"Es muß wieder die Fähigkeit des schriftlichen Referats, das einer gemacht hat, die muß wieder gelernt werden." (Walter Jens)

Wenn Forderungen dieser Art – so berechtigt sie sein mögen – ohne Berücksichtigung der oben dargestellten Zusammenhänge nachgegeben wird, besteht die Gefahr, daß durch "Qualifizieren", "Einüben", "(Er)Lernen" etc. sehr leicht Reglementierungsinteressen autoritärer Art, und sei es unbeabsichtigt, in die Hände gearbeitet wird.

Literatur

ADORNO, Theodor W.: Philosophie und Lehrer. In: Ders.: Eingriffe. Neun kritische Modelle. Frankfurt/M. ^{9}1980, S. 29–53.

BANGEN, Georg: Die schriftliche Form germanistischer Arbeiten. Stuttgart ^{4}1962.

BOEHNCKE, Heiner: Nicht nur Referate schreiben. Schreibseminare an der Universität. In: Ders. / HUMBURG, Jürgen, Hg.: Schreiben kann jeder. Reinbek bei Hamburg 1980, S. 177–211.

BÖTTCHER, Wienfried / ZIELINSKI, Johannes: Wissenschaftliches Arbeiten. Theoretische Grundlagen und praktische Einübung. Düsseldorf 1973.

Deutsch für Deutsche. In: Die Zeit vom 25.7.1980, S. 30.

EWALD, Günter / FIGGE, Udo L.: Einleitung. In: Dies., Hg.: Lehrende lernen das Lehren. Zur pädagogischen Ausbildung von Hochschullehrern. Hamburg 1978, S. 2. (= Hochschuldidaktische Materialien Nr. 66).

FAULSTICH, Werner: Einführung in die Romananalyse ('Wuthering Heights'). In: LUDWIG, Hans-Werner, Hg.: Das literarische Proseminar im Studium der Anglistik. Konzepte und Reflexionen. Hamburg 1977, S. 23–47. (= Hochschuldidaktische Materialien Nr. 60).

FAULSTICH, Werner / LUDWIG, Hans-Werner: Arbeitstechniken für Studenten der Literaturwissenschaft. Tübingen 1978.

GENG-HULKKONEN, Gisela / PÖRTNER, Rudolf, Hg.: Zur Wohnsituation der Tübinger Studenten. Ergebnisse einer Umfrage des Studentenwerks Tübingen im Wintersemester 1980/81. Tübingen 1981.

HANSEN, Georg / NYSSEN, Elke / RÜTZEL, Josef: Einführung in wissenschaftliches Arbeiten. Grundlagen – Techniken – Verfahren. München 1978.

HEYDE, Erich: Technik des wissenschaftlichen Arbeitens. Berlin ^{9}1966 (Erstauflage 1931).

JUNNE, Gerd: Kritisches Studium der Sozialwissenschaften. Eine Einführung in Arbeitstechniken. Stuttgart 1976.

29 FAULSTICH 1977, S. 24.

KLÜVER, Jürgen: Vorwort. In: Ewald, Günter / Figge, Udo L., Hg.: Lehrende lernen das Lehren. Zur pädagogischen Ausbildung von Hochschullehrern. Hamburg 1978, S. I. (= Hochschuldidaktische Materialien Nr. 66).

KRÖBER, Walter: Kunst und Technik der geistigen Arbeit. Heidelberg ^{2}1957.

KUNZE, Horst: Wissenschaftliches Arbeiten. Eine Einführung. Berlin ^{2}1957.

LUDWIG, Hans-Werner: Einleitung. In: Ders., Hg.: Das literarische Proseminar im Studium der Anglistik. Konzepte und Reflexionen. Hamburg 1977, S. 7–21. (= Hochschuldidaktische Materialien Nr. 60).

The MLA Style Sheet. New York ^{2}1970 (Modern Language Association of America).

POENICKE, Klaus: Das wissenschaftliche Manuskript. Materialsammlung und Gestaltung von Manuskripten für Universität und Verlag. München 1964.

POENICKE, Klaus / WODKE-REPPLINGER, Ilse: Wie verfaßt man wissenschaftliche Arbeiten. Systematische Materialsammlung – Bücherbenützung – Manuskriptgestaltung. Mannheim 1977.

SCHWARZE, Hans-Wilhelm: Einführung in die Textanalyse. in: Ludwig, Hans-Werner, Hg.: Das literarische Proseminar im Studium der Anglistik. Konzepte und Reflexionen. Hamburg 1977, S. 77–98.

STANDL, Oskar Peter: Die Organisation der wissenschaftlichen Arbeit. Braunschweig 1971.

SPIELER, Josef: Einführung und Anleitung zu wissenschaftlichem Denken und Arbeiten. Olten 1946.

STANDOP, Ewald: Die Form der wissenschaftlichen Arbeit. Dortmund ^{4}1965.

STANGE, Gerhard: Anstiftung zum Ausbruch aus Konsumentenhaltung und Konkurrenz. Überlegungen eines Dozenten zur Situation von Studienanfängern. In: Zur aktuellen Situation an den Universitäten. Hg.: Hochschulkommission der Arbeitsgemeinschaft katholischer Studenten- und Hochschulgemeinden. Bonn 1977, S. 155–164; hier S. 158.

WAGNER, Wolf: Uni-Angst und Uni-Bluff. Wie studieren und sich nicht verlieren. Berlin 1977.

ZELEWITZ, Klaus: Einführung in das literaturwissenschaftliche Arbeiten. Stuttgart 1974.

Personenregister

Sachregister
(ohne Dokumentation S. 24–199)